MAINE DE BIRAN

SA VIE ET SES PENSÉES

PUBLIÉES

PAR

ERNEST NAVILLE

PARIS

JOEL CHERBULIEZ, LIBRAIRE
10, RUE DE LA MONNAIE

A GENÈVE, MÊME MAISON

—

1857

MAINE DE BIRAN

SA VIE ET SES PENSÉES

SAINT-DENIS. — TYPOGRAPHIE DE BROUARD.

AVANT-PROPOS

DE L'ÉDITEUR.

Maine de Biran est mort il y a trente-trois ans. On ne possède, toutefois, que d'une manière fort incomplète l'exposition des doctrines de ce philosophe, que M. Cousin a nommé « le plus grand métaphysi- « cien qui ait honoré la France depuis Malebranche »; une période entière du développement progressif de ses théories est presque ignorée; ses œuvres les plus importantes sont inédites. Aussi, bien que son nom soit souvent mentionné, on le lit peu et on le connaît mal, même en France. L'Angleterre et l'Allemagne ont gardé, à son égard, un silence presque absolu.

En un mot, s'il a une place marquée dans l'histoire de la philosophie, il n'a pas encore obtenu dans cette histoire sa place légitime.

Il existe cependant une édition, en quatre volumes, des œuvres de Maine de Biran, et cette édition a été mise au jour par l'homme d'Europe le mieux placé pour accomplir convenablement une telle œuvre. La notice annexée à cet avant-propos dira quelles circonstances ont paralysé les efforts d'un éditeur illustre qui, désirant publier les œuvres capitales du penseur éminent qui avait été l'un de ses maîtres, a été réduit, par la force des choses, à n'imprimer que quelques écrits spéciaux et de simples fragments.

Cette même notice expliquera comment il est devenu possible de mettre en lumière aujourd'hui les grandes compositions scientifiques de M. de Biran.

Le présent volume sera, je l'espère, l'avant-coureur d'une telle publication : il n'en est pas le commencement. Ce volume forme un tout parfaitement distinct et s'adresse à un public beaucoup plus étendu que celui qui aborde les abstractions de la philosophie proprement dite. Je ferai connaître en peu de mots sa nature et son but.

M. de Biran a laissé des cahiers de souvenirs dont M. Cousin a, depuis longtemps, signalé l'existence. Ces cahiers, joints à quelques documents analogues, constituent le *Journal intime* de l'auteur qui se compose dans sa totalité de :

1° Un manuscrit assez volumineux portant les dates de 1794 et 1795.

2° Quatre cahiers formant une série non interrompue, et dont la rédaction commence en février 1814, pour se terminer deux mois avant la mort de l'auteur, en mai 1824.

3° Quelques agendas de poche et un grand nombre de feuilles volantes de diverses époques. Deux de ces agendas et quelques-unes des feuilles volantes appartiennent à la période qui sépare 1795 de 1814 ; il n'existe pas de rédaction plus complète pour cet intervalle de dix-neuf années.

Tous ces papiers réunis forment un ensemble de plus de douze cents pages, qui offrent une grande variété dans leur contenu. Des dissertations politiques, le récit souvent fort détaillé des incidents de la vie journalière, des aperçus philosophiques offrant toute la spontanéité d'une pensée qui vient de naître, s'y mêlent à des analyses d'une nature personnelle et intime, à l'expression des mouvements les plus secrets de l'âme. La rédaction, dans son ensemble, n'offre aucune régularité : tantôt il ne se passe pas un jour dont quelques lignes ne conservent la trace ; tantôt il y a des lacunes de plusieurs semaines ; ici les moindres circonstances du dehors sont scrupuleusement enregistrées ; là les produits de la réflexion remplissent seuls des pages qui revêtent un caractère scientifique. Ces variations mêmes sont un des traits essentiels de ce tableau dans lequel l'écrivain a vivement empreint son image.

En me confiant ces documents précieux, avec l'autorisation d'en faire tel usage qui me paraîtrait convenable, le fils de l'auteur, M. Félix Maine de Biran, m'a honoré d'une confiance pour laquelle je le prie de vouloir bien agréer ici mes publics remercîments.

La pensée d'extraire de cet ensemble de matériaux la partie propre à être communiquée au public s'offrait tout naturellement. Telle est l'origine des *Pensées de M. de Biran* qui ne sont autre chose qu'un choix de fragments textuellement empruntés aux manuscrits du *Journal intime*. Il était nécessaire de choisir. L'étendue des rédactions originales et les répétitions fréquentes qu'elles renferment ne permettaient pas de les publier intégralement ; les lois de la discrétion interdisaient de reproduire telle page relative à des personnes encore vivantes ; les dissertations politiques, enfin, auraient rompu l'unité d'intérêt que ce recueil peut offrir. Ce qu'il fallait demander avant tout aux cahiers de souvenirs de M. de Biran, c'était M. de Biran lui-même, dans sa personnalité vivante. Montrer le mouvement de la vie intérieure de l'écrivain, mettre le lecteur à même de discerner, dans les expériences personnelles du philosophe, l'origine de ses théories métaphysiques et de ses pensées religieuses ; retracer, en un mot, la marche que suit, dans son développement, cette âme remarquablement sincère ; tel est le but qui m'a servi de guide dans mon choix, au milieu des hésitations inséparables d'un travail de cette nature. Le lecteur, du reste, sera mis à même de se former une idée exacte de la physionomie du *Journal intime,* dans son intégrité : les pages relatives aux mois de mars et avril 1818 ont été transcrites tout entières dans ce volume, à titre de spécimen.

La pensée ou, pour mieux dire, l'âme de M. de Biran, prise à son point de départ, et suivie dans ses phases diverses, jusqu'au moment où elle se tourne avec ardeur vers le monde invisible et les espérances éternelles, offre un spectacle d'une haute moralité. Cette considération justifiera, je l'espère, ce qui aura toujours besoin d'être justifié par un but sérieusement utile, ce que, sans cela, les exemples les plus nombreux et même les plus illustres ne sauraient absoudre à mes yeux : le fait de livrer au public des pages confidentielles. Du reste, s'il en était besoin, on pourrait invoquer, en faveur de la convenance de cette publication, l'autorité de l'homme que M. de Biran choisit lui-même pour son exécuteur testamentaire : M. Lainé. Après avoir parcouru les cahiers laissés par son ami, M. Lainé écrivait que « dans ce persévérant ouvrage de tous les jours on » trouverait beaucoup de pensées capables de faire » honneur à la mémoire du défunt. »

On voudra bien ne pas chercher dans ce livre une forme achevée et un style toujours correct, se rappelant qu'on a sous les yeux une rédaction rapide que l'auteur n'a jamais revue et que l'éditeur a dû respecter. Le manuscrit renferme un grand nombre de citations qui quelquefois ne sont séparées du texte par aucun signe distinctif. J'ai indiqué toutes celles de ces citations que j'ai su reconnaître ; mais il n'est pas impossible que plusieurs aient échappé à mes regards, et qu'un certain nombre de lignes étrangères demeurent ainsi confondues avec l'œuvre propre de M. de Biran.

Dans la biographie qui ouvre le volume [1] les questions métaphysiques ne sont abordées qu'au degré nécessaire pour l'intelligence des *Pensées*.

---

[1] Des fragments considérables de cette biographie ont été publiés déjà dans la *Revue des deux Mondes* (15 juillet 1851).

L'exposition étendue et spéciale que méritent les doctrines de l'auteur trouverait sa place naturelle dans l'introduction qui pourrait être mise en tête de ses écrits philosophiques.

Ce livre ne s'adresse pas seulement aux métaphysiciens. Son contenu est fait pour intéresser toutes les âmes sérieuses ; sa forme le rend accessible à tous les esprits cultivés. Mais, pour en reconnaître le mérite, il est indispensable de le lire tout entier. Son caractère extérieur ne doit pas faire illusion ; en apparence, on a sous les yeux des fragments détachés, mais en réalité ces fragments sont les moments successifs et étroitement enchaînés d'un mouvement continu. La fin seule donne au commencement son intérêt véritable, et le commencement à son tour peut seul donner à la fin toute sa valeur.

Ernest NAVILLE.

Genève, le 16 février 1857.

HISTOIRE
DES MANUSCRITS INÉDITS
DE
MAINE DE BIRAN.

M. de Biran n'a publié lui-même que trois de ses écrits : un *Mémoire sur l'habitude*, production de sa jeunesse, un *Examen des leçons de philosophie de M. Laromiguière*, et un *article sur Leibnitz*, rédigé pour la Biographie universelle. Il avait de plus commencé, en 1807, l'impression d'un mémoire sur la *décomposition de la pensée* ; mais au moment où il avait corrigé les épreuves du tiers environ de son travail, une circonstance inconnue, et qu'il désigne lui-même comme « un événement ex- » traordinaire sur lequel il doit garder le silence, » le fit renoncer à cette publication.

Des trois écrits publiés, le premier ne faisait nullement connaître les théories de M. de Biran telles qu'elles existaient dans son esprit, à l'époque de la maturité de sa vie ; les deux autres étaient des ouvrages de circonstance qui ne présentaient ces mêmes théories que dans quelques-unes de leurs applications, et ne permettaient pas d'en apprécier, d'une manière suffisante, la valeur et la portée. Ce philosophe, cependant, avait exposé ses doctrines dans des rédactions étendues, mais, au moment de sa mort, ces rédactions étaient encore inédites. Il ne fit dans son testament aucune mention de ses manuscrits, se bornant à désigner verbalement et d'une manière générale M. Lainé, son ami, pour son exécuteur testamentaire. Celui-ci pria M. Cousin de prendre connaissance des papiers du défunt, et d'indiquer le parti qu'on pouvait en tirer. Au moment où s'effectua cette démarche, dont on pouvait attendre les meilleurs résultats, un fait regrettable s'était malheureusement accompli : des brochures et des manuscrits faisant partie de la succession de M. de Biran avaient été jetés dans une corbeille, sans le discernement convenable, à titre de *paperasses*, et portés chez l'épicier par un des domestiques de la maison. Cette fâcheuse incurie a probablement été la cause de pertes irréparables.

M. Cousin dressa, sous la date du 15 août 1825, l'inventaire des écrits qui lui avaient été confiés [1]. Cette pièce ne pouvait faire mention de tous les travaux de M. de Biran, plusieurs de ses manuscrits

---

[1] Voir cet inventaire dans les *OEuvres philosophiques de Maine de Biran*, publiées par Victor Cousin ; tome IV, p. 1 à IV.

étant restés en Périgord, et n'ayant pas été remis par conséquent aux mains de M. Lainé. Toutefois, M. Cousin jugea les ouvrages qu'il avait sous les yeux assez importants pour justifier le projet d'une édition en quatre volumes. Ni ce projet, ni l'inventaire qui en était la base ne parvinrent à la connaissance de la famille de M. de Biran, qui reçut au contraire l'avis que dans les papiers philosophiques du défunt « on pourrait trouver un » volume digne de la réputation de l'auteur, mais » que les sujets de métaphysique étaient si peu » du goût du public qu'il était à craindre qu'en » imprimant on ne retrouvât pas les frais [1]. » La famille de M. de Biran pensa, que si, des volumineux travaux d'une vie entière, on ne pouvait tirer qu'un seul volume, et un volume destiné à laisser le public indifférent, il fallait que l'on fût réduit à livrer à l'impression des fragments mutilés, ou des ébauches de nature à donner une idée incomplète et peut-être erronée de la pensée de l'auteur. Elle répondit, en conséquence, que M. Lainé était libre de disposer des ouvrages de son ami, mais que la famille de celui-ci estimait que « sa réputation » et sa mémoire ne devaient pas être compromises » par un ouvrage posthume insignifiant. » Ainsi, l'inventaire du 15 août 1825 ne fut pas transmis aux personnes les plus intéressées à le connaître ; et il survint un malentendu qui eut de fâcheuses consé-

[1] Lettre de M. Lainé à M. Félix Maine de Biran.

quences. M. Cousin dut rendre tous les papiers qui lui avaient été confiés, à l'exception d'un manuscrit sur les *rapports du physique et du moral de l'homme*. L'écrivain que ses éminentes facultés, sa haute renommée et ses relations avec le défunt désignaient entre tous pour éditer les œuvres de son maître et son ami, ne put remplir cette tâche dans le moment le plus favorable. Dix années s'écoulèrent sans qu'aucune partie des travaux de M. de Biran fût communiquée au public.

Des intérêts graves et divers étaient cependant attachés à la publication de ces manuscrits. La réfutation des doctrines, longtemps régnantes, du Condillacisme, par un écrivain qui avait acquis une connaissance d'autant plus intime de ces doctrines qu'il s'en était cru le disciple, avait une valeur spéciale ; la France philosophique se devait à elle-même d'établir que, pour abjurer de trop longues erreurs, elle n'avait pas attendu les influences de l'Écosse et de l'Allemagne ; enfin des sentiments de l'ordre le plus sérieux devaient faire désirer la mise au jour d'écrits qui promettaient de fournir de nouvelles armes aux défenseurs de la dignité de la nature humaine et des saintes espérances de son avenir.

Cette dernière considération était surtout présente à l'esprit de l'un des amis les plus chers du défunt, qui, mieux qu'un autre, pouvait apprécier la valeur morale des travaux de celui qu'il pleurait. M. Stapfer, qui s'était écrié que la mort de M. de Biran était une calamité, exprimait ce qu'il y avait de plus profon

dans ses regrets en disant : « Je m'imaginais que la
» philosophie religieuse avait besoin de lui. » La
correspondance de cet homme de bien offre le commentaire de ces paroles, commentaire d'un intérêt trop vrai pour être ici déplacé : « Hélas ! (écrivait-il
» le 21 septembre 1824), sa mort si prématurée, si
» douloureuse pour sa famille et pour ses amis,
» pour l'État et pour sa contrée natale, est encore
» un deuil pour la religion et la morale, sciences
» auxquelles l'ouvrage qui l'occupait aurait donné
» de nouveaux appuis. La partie que sa santé et ses
» nombreuses occupations de devoir et de bienfai-
» sance lui ont permis d'achever appartient à la saine
» philosophie, non moins qu'à sa gloire person-
» nelle, qui au reste n'est jamais entrée pour la plus
» petite part dans les motifs nobles et désintéressés
» qui lui ont mis la plume à la main. Dans l'inté-
» rêt des sciences, qu'il cultivait avec tant de succès,
» et qu'il a enrichies de plus d'un écrit remarquable,
» il est vivement à souhaiter qu'aucun de ses tra-
» vaux, même simplement ébauchés, ne soit perdu
» pour les doctrines sur lesquelles reposent les plus
» chères espérances de l'homme, sa dignité morale
» et sa foi en une meilleure existence. »

Quelques années après, Stapfer revenait sur le
même sujet : « Les manuscrits qu'il a laissés con-
» tiennent un trésor de pensées aussi originales et
» neuves que solides et dignes de l'attention des
» hommes religieux. Leur publication fournirait aux
» défenseurs de la spiritualité et de l'immortalité de

» l'âme des armes précieuses pour la défense des
» plus grands intérêts de l'humanité. Des erreurs
» funestes (que la secte des Saint-Simoniens a re-
» nouvelées et ne propage qu'avec trop de succès),
» n'ont jamais été aussi bien réfutées que par Maine
» de Biran. Le panthéisme, en particulier, qui lève
» de nouveau sa hideuse tête, et qui fait sa proie de
» beaucoup de jeunes gens studieux et adonnés aux
» spéculations philosophiques, serait victorieuse-
» ment combattu à l'aide de ses doctrines psycholo-
» giques. »

Un fragment d'un autre lettre complète l'indication précise de la nature des espérances que Stapfer faisait reposer sur les profondes investigations de son ami. C'est à M. de Biran lui-même qu'il s'adresse :
« Il y a quelque chose de calmant et de fortifiant à
« la fois, dans les sacrifices qu'on fait au devoir.
« Nous exerçons alors, à un plus haut degré, notre
» prérogative d'êtres libres et moraux, et nous nous
» élevons par moments à une intelligence de la vérité
» bien plus vive, et, pour ainsi dire, plus intuitive
» que celle qui est le fruit de la spéculation ou de
» l'analyse psychologique. Cette parole du Sauveur :
» *Faites la volonté de Dieu, et vous saurez alors*
» *si ma doctrine vient de lui*, est un grand aver-
» tissement de ne pas chercher la vérité par des
» moyens uniquement rationnels. L'action par la-
» quelle l'être libre, se dégageant des chaînes ma-
» térielles, et faisant abnégation de toute vue per-
» sonnelle, d'intérêts purement individuels, s'élève

» au sentiment d'une indépendance qui plane sur
» la matière et les penchants, cette action est un
» élément nécessaire dans la recherche des choses
» immuables et du grand *criterium* qui est la pierre
» d'achoppement de la métaphysique. Il me semble
» que votre principe doit, dans le déroulement de
» ses conséquences, conduire à des résultats ana-
» logues, plus clairement développés et plus scien-
» tifiquement établis. »

Les regrets et les vœux dont on vient de lire l'expression, existaient sans doute dans le cœur de plus
d'un ami de la science, et une longue attente n'avait
pu les éteindre, lorsque, en 1834, M. Cousin
donna au public un volume des œuvres de Maine
de Biran. Ce volume contenait avec l'*Examen des
leçons de philosophie de M. Laromiguière*, et l'*Exposition de la doctrine philosophique de Leibnitz*,
le traité sur les *Rapports du physique et du moral*,
dont il a été fait mention plus haut, et un autre
ouvrage inédit de moindre étendue. Cette publication, dont une préface de l'éditeur augmentait l'importance, était loin toutefois de répondre à la légitime attente de ceux qui connaissaient le nombre
et la nature des manuscrits de M. de Biran. Il suffisait, pour s'en convaincre, de lire avec attention
l'inventaire de 1825, que M. Cousin avait introduit
dans sa préface. Le traité sur les *Rapports du physique et du moral* était un travail soigné et d'un
grand intérêt; mais c'était un écrit spécial, l'application des principes de l'auteur à une question par-

ticulière. Ces principes, dans leur généralité, avaient été développés dans le *Mémoire sur la décomposition de la pensée*, couronné par l'Institut de France, puis dans un mémoire couronné par l'Académie de Berlin, puis encore dans un mémoire couronné par l'Académie de Copenhague ; enfin M. de Biran avait travaillé pendant de longues années à réunir et à compléter tous ces écrits dans un vaste travail renfermant l'exposition complète de sa théorie, travail qui devait être terminé ou à peu près : tout cela était de notoriété publique, et aucun de ces ouvrages importants ne figurait dans le volume qui venait de paraître. Ce volume n'était donc, selon les propres expressions de l'éditeur « qu'une pierre d'at-
» tente au monument que méritaient les travaux de
» Maine de Biran. »

M. Cousin ne pouvait considérer comme terminée
« la pieuse tâche qu'il s'était imposée de conserver
» et de répandre les travaux et la mémoire de celui
» qui avait été un de ses maîtres, et qu'il pouvait ap-
» peler le premier métaphysicien de son temps [1]. »
Aussi tenta-t-il de nouveaux efforts. Il ne put atteindre, par suite de circonstances qui me sont inconnues, les manuscrits que la mort de M. Lainé avait fait passer entre les mains des héritiers de cet homme d'État ; mais il réussit à se procurer un Mémoire de M. de Biran *sur les phénomènes du som-*

---

[1] *OEuvres philosophiques de Maine de Biran*, tome I, pages X et XI.

meil, qu'il lut à l'Académie des sciences morales et politiques, le 31 mai 1834, et qui fut inséré dans les recueils de cette Académie. Il écrivit à Berlin, à Copenhague, et fit des recherches dans les archives de l'Institut de France pour y découvrir les Mémoires couronnés par ces corps savants ; mais ces démarches ne pouvaient avoir de résultat, ces divers travaux ayant été retirés par M. de Biran. M. Cousin, pour continuer son œuvre, autant que le lui permettaient les circonstances, ne put donc que se procurer de divers côtés quelques autres écrits qui virent le jour en 1841. Ces écrits, joints à la réimpression du traité sur l'*Influence de l'habitude*, et du *Mémoire sur les phénomènes du sommeil*, et au volume de 1834, constituèrent une édition des *OEuvres philosophiques de Maine de Biran*, édition que l'éditeur et le public étaient réduits à considérer comme définitive [1].

Cette publication, bien que digne d'intérêt à plus d'un égard, était cependant un mécompte, soit pour les amis de M. de Biran, soit pour les amis des études philosophiques. Au nombre des nouveaux écrits que M. Cousin s'était procurés, on trouvait la partie du *Mémoire sur la décomposition de la pensée*, imprimée en 1807 ; c'était un texte donné par l'auteur lui-même, mais ce n'était qu'un commencement. Les autres écrits étaient des fragments plus

---

[1] Le volume publié en 1834 est devenu le volume quatrième et dernier de l'édition de 1841.

ou moins étendus, mais tous incomplets, parfois sans liaison apparente d'un alinéa à l'autre, pour tout dire, fort difficiles à entendre, soit dans quelques-uns de leurs détails, soit dans leur but et leur ordonnance générale. Enfin et surtout, le travail destiné à résumer les Mémoires couronnés à Paris, à Berlin et à Copenhague, l'écrit principal de M. de Biran, l'écrit qui résumait sa pensée, que lui-même destinait à l'impression, faisait absolument défaut. Cette circonstance éveilla d'une manière toute spéciale l'attention de M. Naville, de Genève [1].

M. Naville avait rencontré Maine de Biran à Genève, dans l'automne de 1822. Se trouvant à Paris, au printemps de 1824, il saisit avec empressement l'occasion de cultiver une relation à laquelle il attachait le plus haut prix. Il a exprimé lui-même l'impression qu'il reçut de la conversation du philosophe dans les lignes suivantes, extraites de l'un de ses manuscrits : « Au printemps de 1824, j'eus » l'honneur d'être admis dans la réunion qui s'as- » semblait chez lui tous les vendredis. Là se trou-

---

[1] François-Marc-Louis Naville, pasteur, né à Genève, le 11 juillet 1784, mort à Vernier (canton de Genève), le 22 mars 1846.

Plusieurs notices sur sa vie et ses travaux ont été publiées, entre autres, par M. le professeur Diodati, dans la *Bibliothèque Universelle de Genève* (août et septembre 1846); par M. J.-J. Rapet, dans le *Journal de la Société pour l'instruction élémentaire* (Paris, février 1847) ; et par M. le comte Petiti di Roreto, de Turin, dans les *Annali universali di Statistica* (Milan, septembre 1846).

» vaient, entre autres, M. Lainé, pair de France,
» son plus intime ami, MM. Ampère, Stapfer, Degé-
» rando, Droz, Frédéric Cuvier..... La conversa-
» tion tombait-elle sur la politique ou sur les grands
» intérêts moraux du pays et de l'humanité,
» M. Lainé, muet d'ailleurs toutes les fois qu'il s'a-
» gissait de métaphysique, s'animait alors, et dans ses
» paroles il y avait une si grande élévation d'idées,
» tant de chaleur de sentiment, une éloquence si
» entraînante, qu'il ravissait tous les esprits, et que
» sa supériorité ne pouvait être méconnue. Mais,
» lorsque la conversation roulait sur la philosophie,
» ce qui était l'ordinaire, Maine de Biran avait in-
» contestablement l'avantage. Quand tous les savants
» qui composaient cette réunion seraient encore vi-
» vants, je n'en affirmerais pas moins, sans crainte
» d'être démenti, que chacun d'eux avait alors la
» conscience de son infériorité, et écoutait le grand
» philosophe avec une attention respectueuse, qui
» semblait renouveler l'aveu de Royer-Collard : *Il
» est notre maître à tous.* »

Sous l'empire d'impressions semblables, on comprend et le chagrin de M. Naville lorsque, peu de mois après son retour à Genève, il apprit la fin de celui qu'il avait vu, selon ses propres paroles, « dans
» toute la séve et tout le triomphe du génie, » et le vif intérêt avec lequel il s'informa des destinées de ce grand ouvrage dont l'auteur lui avait parlé. « Le fruit de ses méditations serait-il donc perdu
» pour la philosophie? » écrivait-il à M. Stapfer, dès

le 31 août 1824. « Cet ouvrage de psychologie, au-
» quel il travaillait depuis si longtemps, et qui pa-
» raissait être si avancé, ne serait-il pas en état de
» paraître ? » Il adressa les mêmes questions à
M. Lainé. Enfin, après les publications successives
de 1834 et de 1841, partagé entre la satisfaction de
posséder ces quatre volumes et le chagrin de devoir
se résigner à la perte des parties les plus essentielles
de l'œuvre du philosophe défunt, il s'appliqua à une
étude approfondie et consciencieuse des ouvrages mis
au jour. Son désir était surtout de se rendre un compte
exact des degrés successifs par lesquels avait passé
l'esprit de M. de Biran dans le développement qui le
conduisit si loin du Condillacisme, son point de départ. Ce travail reçut une destination spéciale, sur la
demande de M. le professeur de La Rive, qui désirait l'insérer dans la *Bibliothèque universelle de Genève*. M. Naville poursuivit le but avec tant de zèle
qu'il le dépassa. Sa rédaction achevée, il se trouva
en présence d'un écrit trop étendu et pénétrant trop
avant dans le champ des abstractions métaphysiques
pour convenir à un recueil périodique, sérieux à la
vérité, mais dont la philosophie n'était pas l'objet
spécial : l'article était devenu un livre. Le manuscrit, privé de la sorte de sa destination primitive,
méritait d'être publié à part [1]. Cette publication pouvait acquérir plus de valeur par l'adjonction d'une

---

[1] L'auteur renonça plus tard à cette publication, à laquelle la
découverte subséquente des manuscrits de M. de Biran enlevait
toute opportunité.

notice biographique et de quelques fragments inédits. Dans le but de se procurer les matériaux de cette notice et les fragments désirés, M. Naville s'adressa à la famille de Biran.

M. Félix Maine de Biran, étranger, par la nature, de ses occupations, aux sciences philosophiques, mais animé envers la mémoire de son père de sentiments dont les années n'avaient point affaibli la vivacité, accueillit avec empressement la demande qui lui était adressée, et fit immédiatement des démarches auprès des héritiers de M. Lainé. Ces démarches furent couronnées d'un succès sans aucune proportion avec les espérances qui les avaient provoquées. M. Naville reçut en décembre 1843, non pas les simples fragments qu'il avait demandés, mais une caisse considérable pleine de manuscrits. En septembre 1844, il reçut une nouvelle caisse contenant d'autres manuscrits retrouvés à Grateloup, résidence de Maine de Biran en Périgord. Ce double envoi renfermait la plupart des pièces consignées dans l'inventaire de 1825, beaucoup d'autres qui, étant restées en Périgord, n'avaient pu figurer dans cet inventaire dressé à Paris, et, en particulier, sous le titre d'*Essai sur les fondements de la psychologie et sur ses rapports avec l'étude de la nature*, une vaste composition, qui était visiblement la refonte de tous les mémoires couronnés, la psychologie si souvent réclamée.

On comprend que ce fut avec une grande satisfaction que M. Naville prit connaissance du *trésor* (il

b.

n'usait pas d'une autre expression), mais pour se représenter la plénitude de sa joie, il faut en avoir été témoin. Il avait fini par désespérer du succès de démarches multipliées pendant près de vingt ans ; et une démarche dernière, à laquelle il ne demandait plus qu'un médiocre résultat, réalisait, et au delà, les espérances les plus ambitieuses qu'il eût jamais conçues. Quelque vif que fût ce sentiment de joie, il se mélangea immédiatement d'un regret, le regret que les œuvres de M. de Biran n'eussent pas été publiées au temps le plus propice, et par leur éditeur naturel. Il est certain que, à dater de 1844, une édition des œuvres de Maine de Biran ne pouvait que bien difficilement réunir les conditions de succès d'une édition donnée par M. Cousin en 1825. Mais le mal ne pouvait être mieux réparé que par la remise des manuscrits à celui qui venait d'en prendre possession. M. Naville, en effet, était éminemment propre, par les facultés de son esprit, par ses antécédents scientifiques et par son caractère, à la tâche de veiller à l'édition posthume d'ouvrages tels que ceux dont il s'agissait.

Il avait manifesté, jeune encore, avec une grande puissance d'imagination, une prédilection marquée pour les recherches de la pensée spéculative. Cette direction de son esprit, combinée avec un ardent amour du bien, dirigea ses premières études sur les fondements de la morale. Après de longues méditations sur ce problème capital, sa vie intellectuelle prit, pour un temps, un autre cours : il aborda, presque à titre de délassement, des questions prises dans les sphères plus immédiatement pratiques de l'éducation et de l'organisation de la charité [1]. Les succès flatteurs que lui valurent les travaux de cet ordre ne diminuèrent en rien son penchant pour la métaphysique, science à laquelle il revint, sur la fin de sa carrière, avec un esprit qui, pour avoir acquis plus de maturité, n'avait rien perdu de cette tendance vers l'idéal, qui, trop souvent, s'émousse au rude contact des réalités de la vie. Il se disposait à entreprendre un travail philosophique, qui fût l'expression directe de sa pensée, lorsqu'il se décida, sans l'apparence même de l'hésitation, à consacrer tout son temps à l'œuvre secondaire et sans éclat d'un éditeur. Lorsque quelques-uns des amis de M. Naville, jaloux d'une renommée personnelle qu'il leur paraissait compromettre, lui représentaient qu'il pouvait faire mieux que d'enfouir ses talents dans l'étude des manuscrits d'un autre, il répondait par un sourire dans lequel une sorte d'ironie se mêlait à la bienveillance. L'œuvre jugée ingrate par ceux qui, pensait-il, ne savaient la comprendre, était, à ses yeux, un service rendu à la noble cause de la science et à la sainte cause du bien, une *bonne œuvre* dans toute l'étendue

---

[1] *De l'éducation publique considérée dans ses rapports avec le développement des facultés, la marche progressive de la civilisation et les besoins actuels de la France.* Cet ouvrage obtint, en 1829, une médaille d'or dans un concours ouvert par la Société des méthodes d'enseignement.

De la charité légale. Cet ouvrage, couronné en 1831, par l'Académie française, fut imprimé en 1836.

du terme. Aussi, sous l'empire d'une imagination toujours jeune, s'adonnait-il avec une sorte d'enthousiasme à une tâche qui satisfaisait à la fois les deux grands intérêts de sa vie : la pensée et la conscience. Ce sentiment, si vrai, si profond, est peut-être le plus bel hommage que pût recevoir la mémoire d'un philosophe distingué et d'un homme de bien.

La première chose à faire était de mettre quelque ordre dans des papiers qui s'offraient dans un état de complète confusion. « De cette masse énorme de
» manuscrits [1], écrivait M. Naville, un tiers environ
» présente une écriture lisible ; ceux-ci sont rédigés
» avec ordre, mais ils appartiennent aux premières
» époques de la carrière philosophique de l'auteur,
» ou se rapportent à des ouvrages déjà publiés, et
» nous avons dû immédiatement les mettre de côté.
» Le reste est d'une écriture qui devient toujours plus
» mauvaise à mesure que le temps avance. Plusieurs
» circonstances se réunissent pour les rendre diffi-
» ciles à déchiffrer : ce sont des mots illisibles, des
» rédactions diverses entassées soit entre les lignes,
» soit dans les marges, sans que l'auteur ait pris soin
» d'effacer celles qui devaient disparaître ; c'est une
» multitude de renvois au milieu desquels on se
» perd. En outre, la plupart des feuilles sont déta-
» chées, sans qu'aucun numéro en indique l'ordre,
» et souvent sans qu'aucun indice en tête ou en

---

[1] Les manuscrits philosophiques de Maine de Biran, dans leur totalité, les ébauches et les variantes comprises, forment une masse de plus de douze mille pages.

» marge puisse aider à en établir la série. Les ratures
» et les corrections, qui se multiplient surtout à la
» fin et au commencement des pages, augmentent
» encore à cet égard les difficultés. Quelle tâche que
» celle de porter la lumière dans ce chaos ! »

Cette tâche était acceptée dans toute son étendue. M. Naville se sentait soutenu dans un travail presque mécanique, par la perspective d'arriver à un point où son œuvre obtiendrait le concours unanime de tous les Français éclairés. « Lorsque nous pourrons na-
» viguer à pleine voile sur la mer de la pensée, écri-
» vait-il, il ne manquera pas de hautes intelligences,
» disposées à nous seconder. Que ne pouvons-nous
» pas attendre de M. Cousin, qui a donné tant de
» gages d'attachement à Maine de Biran, et de l'in-
» térêt qu'il porte à sa mémoire !.... Nous ne crai-
» gnons pas d'être trompé dans notre espoir, lors-
» que nous comptons sur le haut patronage, l'in-
» térêt actif et les directions lumineuses du chef
» actuel de la philosophie française. M. Charles de
» Rémusat, à qui nous avons fait part en détail de
» nos découvertes, nous a promis non-seulement son
» appui et ses précieux conseils, mais aussi une coo-
» pération active à l'œuvre de la publication. La nature
» des travaux qui ont dû nous occuper jusqu'à pré-
» sent, ne nous a pas encore mis dans le cas de ré-
» clamer l'assistance de si hautes facultés ; mais on
» comprend quelle est la confiance que nous inspi-
» rent les bienveillantes dispositions d'un homme
» doué du plus noble caractère, et qui s'est honora-

» blement signalé dans le champ de la philosophie.
» Enfin, si les occupations multipliées de ces deux
» esprits éminents venaient à nous rendre nécessaires
» d'autres secours, nous trouverions sûrement des
» aides dans cette jeune élite de penseurs qui, sous
» l'influence d'un souffle vivifiant, se sont déjà fait des
» noms dans la plus haute des sciences. Ils s'estime-
» raient heureux, sans doute, de contribuer avec
» nous à une œuvre destinée à jeter un jour nou-
» veau sur les grands problèmes qui les préoccupent,
» et bientôt ils trouveraient la récompense de leur
» dévouement dans les nobles jouissances d'un com-
» merce intime avec un esprit, d'une profondeur
» extraordinaire, avec une âme qui, exclusivement
» captivée par le pur amour de la vérité, exercerait
» moralement sur eux la plus salutaire influence. »

Encouragé par de telles pensées, M. Naville poursuivait son travail avec ardeur. Il reconstituait les manuscrits, en en recueillant les feuilles dispersées, et les classait après une étude consciencieuse : en même temps, il jetait sur le papier les premières ébauches d'une biographie de M. de Biran, et d'un article que M. Franck lui avait demandé pour le *Dictionnaire des sciences philosophiques*. Cependant un pressentiment souvent exprimé l'avertissait que la vie lui ferait défaut avant que sa laborieuse tâche fût achevée. Cette prévision, loin de ralentir son zèle, ne faisait que le redoubler; et bien qu'il eût l'espoir fondé de voir son œuvre poursuivie après lui, il désira, à tout événement, ne négliger aucune des précautions que pouvait lui inspirer une prudence pleine de sollicitude. « Il est peu vraisemblable que » nous vivions assez longtemps pour voir la fin de ce » travail (écrivait-il une année avant sa mort), en » conséquence nous avons cru qu'il convenait d'at- » tirer dès à présent sur notre œuvre l'attention des » amis de la philosophie, en sorte qu'après nous il ne » manque pas de personnes désireuses de l'achever. » Dans ce but, il inséra dans la *Bibliothèque universelle de Genève*, quelques fragments de Maine de Biran, et fit connaître en même temps le nombre et la valeur des manuscrits déposés en ses mains. Ce travail fut le dernier. M. Naville souffrait depuis longtemps d'une maladie d'estomac, contre laquelle la vigueur de son tempérament et sa force morale soutenaient une lutte inégale, mais toujours renouvelée. Jamais il ne renonça ni au travail de la pensée, ni à l'accomplissement de devoirs plus immédiatement pratiques qu'il avait volontairement multipliés dans son existence. Son activité ne fut, jusqu'à la fin, que momentanément suspendue, durant les plus violents accès du mal; et, dans les heures mêmes où la résignation du Chrétien demeurait comme le seul devoir imposé, sa pensée, lorsqu'elle se tournait encore vers les choses de ce monde, s'arrêtait avec un intérêt que rien ne pouvait altérer sur cette œuvre modeste d'éditeur, qu'il avait entreprise avec la conscience de rendre un service à la sainte cause de cette vérité qui ne passe pas. Le dernier fragment publié dans la *Bibliothèque universelle* porte la date de mars 1846. C'est à la même époque que la famille et les amis de M. Naville conduisaient à leur dernière demeure les dépouilles mortelles de celui qui leur avait été redemandé.

Les manuscrits de Maine de Biran avaient été arrachés à l'oubli; les travaux que réclamait la publication des œuvres inédites de ce philosophe étaient largement ébauchés; il ne fallait plus que marcher dans une route ouverte. Celui des fils de M. Naville qui a continué dès lors l'œuvre commencée espère, en accomplissant cette tâche, rendre un service à la science; mais son premier désir est de remplir avec fidélité un devoir filial.

Au mois de juillet 1847, je fus informé, par l'entremise de MM. Franck, membre de l'Institut, et de la Valette, député de Bergerac, qu'il serait possible d'obtenir du ministère de l'instruction publique une souscription de nature à faciliter beaucoup la publication des œuvres de M. de Biran. Cette espérance se réalisa, après des transactions assez longues, l'entreprise ayant obtenu l'appui de M. de Salvandy. L'impression commença par l'*Essai sur les fondements de la psychologie*[1]. Dix feuilles étaient composées au moment où éclata la révolution de février 1848. Cet

---

[1] Je dois acquitter une dette, en remerciant ici M. J.-J. Rapet, pour la complaisance rare avec laquelle il m'avait promis, et avait commencé à me prêter son concours, dans l'accomplissement de ma tâche d'éditeur. La mort de M. Juventin d'Andilly ne me permet plus que de déposer sur sa tombe un souvenir reconnaissant de même nature.

événement inattendu arrêta l'œuvre commencée, le gouvernement issu de la crise révolutionnaire n'ayant pas jugé à propos d'accorder à M. Ladrange, libraire qui s'était chargé de l'édition, l'appui que lui avait promis le gouvernement qu'on venait de renverser.

Ce contre-temps eut, en réalité de très-heureuses conséquences. En effet, de nouveaux manuscrits découverts dans la bibliothèque de Grateloup, et une révision nouvelle de tous les documents antérieurs, qui dut être faite à l'occasion de cette découverte fournirent la preuve qu'il fallait modifier le plan des *Œuvres inédites de Maine de Biran*, tel qu'il avait été arrêté en 1847. À ne consulter que les manuscrits contenus dans les deux envois successifs de 1843 et 1844, on devait croire que l'*Essai sur les fondements de la psychologie* était la dernière expression de la pensée de l'auteur; mais les écrits retrouvés en dernier lieu établissaient, de la manière la plus positive, que, depuis la composition de cet ouvrage, une transformation essentielle s'était accomplie dans les vues de M. de Biran. Cette transformation, provenant surtout de l'importance nouvelle accordée aux questions religieuses, avait donné naissance à un nouveau travail intitulé: *Nouveaux essais d'anthropologie*, travail qui devait prendre la place de l'*Essai*. Cet écrit n'existe que par fragments, et il est visible qu'il n'a pas été terminé, mais il n'était pas moins indispensable d'en recueillir avec soin les débris, avant de présenter au public le livre dont les événements avaient suspendu la publication.

Ce n'est qu'à la fin de 1850, que le nouvel examen des ouvrages de M. de Biran fut assez avancé pour qu'il fût possible de dresser un catalogue raisonné de tous les écrits de ce philosophe. Ce catalogue fut présenté le 26 avril 1851, à l'Académie des sciences morales et politiques [1]. M. Franck en fit l'objet d'un rapport verbal. « MM. de Rémusat, Mignet, Passy,
» Vivien prirent la parole après M. Franck et insis-
» tèrent sur l'utilité et les moyens de la publication
» des manuscrits de M. de Biran, et l'Académie
» exprima le vœu de voir encourager l'impression
» d'ouvrages aussi importants pour la science philo-
» sophique et le regret qu'elle éprouverait si le public
» en était privé plus longtemps. Elle décida que ce
» vœu et que ce regret seraient consignés dans son
» procès-verbal [2]. »

Fort d'un tel appui, je m'adressai au ministre de l'instruction publique de cette époque, le priant d'accorder à mon entreprise des encouragements semblables à ceux qu'on avait obtenus de M. de Salvandy. Cette demande fut appuyée d'une lettre que signèrent, avec les membres de la section de philosophie, le secrétaire et le président de l'Académie des

[1] Notice historique et bibliographique sur les travaux de M. de Biran, contenant 1° l'Histoire des manuscrits inédits de ce philosophe; 2° le Catalogue raisonné de ses ouvrages, tant inédits que publiés; 3° le Catalogue des écrits relatifs à sa vie et à ses doctrines; broch. in-8° de XXXIV et 49 pages. — Cette brochure n'a pas été mis en vente.

[2] Compte rendu des séances et travaux de l'Académie des Sciences morales et politiques.

sciences morales et politiques. La réponse du ministre fut négative. Ce refus ne m'a pas fait hésiter dans l'accomplissement d'une tâche que je considère comme un devoir. Mais j'ai dû, cédant aux circonstances, me borner à publier pour le moment, au lieu des écrits philosophiques de M. de Biran, un ouvrage plus court, et accessible par son contenu à un public plus nombreux.

Les *Pensées* de M. de Biran auraient vu le jour depuis longtemps, sans l'influence de circonstances personnelles, dont je n'ai ni le droit, ni le désir d'occuper le lecteur. Je tiens à dire cependant que l'état actuel de ma santé me faisant de tout travail une fatigue, M. Edmond Scherer a bien voulu mettre à mon service son expérience et son amitié pour la correction des épreuves du présent volume.

VIE

DE

MAINE DE BIRAN.

> Domine, fecisti nos ad te, et inquietum
> est cor nostrum donec requiescat in te.
> (AUGUSTINI CONFESSIONES.)

VIE

DE

MAINE DE BIRAN.

—o—o—

La vie de Maine de Biran n'offre point ces circonstances extraordinaires qui éveillent la curiosité générale. Les orages de la Révolution l'atteignent à peine ; il fournit une longue carrière politique sous l'Empire et la Restauration, et, une seule fois, il se trouve appelé à prendre une part active à un de ces faits qui s'inscrivent pour toujours dans les annales des nations. Pour un homme mêlé aux plus grandes affaires de son pays, et placé de manière à ressentir le contre-coup des commotions publiques, on ne pourrait guère se représenter une vie moins accidentée dans des temps si fertiles en événements. Les destinées extérieures du philosophe ont le même caractère que celles de l'homme d'Etat. M. de Biran agite des problèmes du plus haut intérêt et dépose des germes féconds dans le sol de la science : mais, étranger à l'enseignement, et n'ayant publié que de rares et courts écrits, sa réputation ne dépasse pas l'enceinte des corps savants de l'Europe, et le cercle étroit des hommes spécialement voués, en France, à l'étude de la métaphysique. Nulle discussion passionnée ne retentit autour de ses ouvrages. C'est un penseur solitaire : la route isolée dans laquelle il s'avance se croise à peine avec les voies tumultueuses où s'agitent ces écrivains dont le nom demeure lié avec éclat aux contestations religieuses ou aux querelles politiques de leur époque.

A la considérer du dehors, une telle vie, tout à fait vide d'aventures, pourrait ne pas sembler digne d'un intérêt particulier. Mais tout change d'aspect lorsqu'on fixe les yeux sur le développement intérieur de l'homme, sur ses affections et ses pensées. On se trouve alors en présence d'une âme extraordinaire par sa sincérité, recueillant les expériences de la vie pour en soumettre les résultats à l'examen d'une intelligence pleine de finesse et de profondeur. M. de Biran fut un *observateur de soi-même* comme il n'en est qu'un bien petit nombre ; c'est ce qui peut donner auprès des esprits sérieux une valeur réelle au récit de son existence. C'est en dedans surtout qu'il faut le regarder vivre : car, singulièrement attentif aux faits qui se produisent sur la scène intérieure de la conscience, il le fut moins à ce qui se montre au dehors sur la scène du monde. La tâche du biographe n'est donc pas ici celle d'un narrateur ordinaire : loin de se borner à raconter des faits, il faut qu'il s'applique avant tout à reproduire des pensées, à exprimer ces mouvements du cœur, ces besoins de la conscience qui constituent la vie secrète d'une âme humaine; tâche dont l'intérêt est grand, mais dont les difficultés égalent l'attrait.

I

La jeunesse de Maine de Biran et ses débuts en philosophie.

— 1766 à 1803 —

François-Pierre Gonthier de Biran [1], fils d'un médecin qui pratiquait son art avec quelque distinction, naquit à Bergerac, le 29 novembre 1766. Après la première éducation reçue dans la maison paternelle, il fut envoyé à Périgueux pour y suivre les classes dirigées par les *Doctrinaires*. Tout ce qu'on sait de son enfance, c'est qu'il parcourut le champ des études avec facilité, et fit preuve surtout d'une aptitude marquée pour les mathématiques. Il avait hérité de ses parents une constitution délicate et un de ces tempéraments nerveux caractérisés d'ordinaire par la vivacité et la mobilité des impressions. Toute sa vie il subit au plus haut degré les influences du dehors ; le vent qui change modifie ses dispositions ; l'état de son âme varie avec le degré du thermomètre. Le *Journal intime* renferme des notes souvent très-détaillées sur la température,

---

[1] Le nom de *Maine* ne se trouve pas dans l'acte de naissance et paraît avoir été un prénom de fantaisie ajouté à ceux que l'enfant avait reçus au baptême. Ce prénom s'est conservé cependant dans le nom patronymique de la famille du philosophe.

l'état du ciel, l'humidité ou la sécheresse de l'atmosphère. Vous croiriez avoir affaire à un physicien. Rien cependant de plus éloigné des goûts et des habitudes de l'auteur que l'observation scientifique des faits de la nature. Si ces faits attirent ainsi son attention, c'est uniquement par leur rapport avec ses impressions personnelles. Un temps humide ou sec, un air agité ou tranquille, se traduisent immédiatement dans telle disposition particulière de son être intellectuel et moral : chaque saison, chaque état de l'atmosphère le retrouvent, en se reproduisant, triste ou gai, confiant ou découragé, enclin à des méditations paisibles ou attiré par les distractions du monde. Si ses dispositions intérieures varient ainsi avec tout ce qui change au dehors, elles ne varient pas moins avec les états divers de son organisation physique. C'est dans une circulation du sang lente ou rapide, dans une digestion facile ou laborieuse, bien plus que dans des événements extérieurs, qu'il faut chercher le plus souvent la cause de ses espérances ou de ses craintes, du regard serein ou sombre qu'il jette sur le monde et sur les hommes.

On ne peut contester que ce tempérament délicat n'ait exercé une très-vive influence sur la direction des études de M. de Biran. Une constitution si mobile et si faible contribua pour beaucoup à diriger son attention sur les faits intérieurs dont l'âme est le théâtre.

« Quand on a peu de vie ou un faible sentiment de » vie, » écrit-il en 1819, « on est plus porté à observer » les phénomènes intérieurs ; c'est la cause qui m'a rendu » psychologue de si bonne heure [1]. » Plus de vingt années

---

[1] Tous les passages cités qui ne portent pas d'autre indication que celle de leur date sont extraits du *Journal intime*.

auparavant, il traçait déjà les lignes suivantes, dans lesquelles il semble envisager comme la condition normale du philosophe cet état de maladie que Pascal considérait comme l'état naturel du chrétien : « Le sentiment de
» l'existence devient insensible, parce qu'il est continu.
» Lorsqu'on ne souffre pas, on ne songe presque pas à
» soi ; il faut que la maladie ou l'habitude de la réflexion
» nous forcent à descendre en nous-mêmes. Il n'y a
» guère que les gens *malsains* qui se sentent exister ;
» ceux qui se portent bien, et les philosophes mêmes,
» s'occupent plus à jouir de la vie qu'à rechercher ce que
» c'est. Ils ne sont guère étonnés de se sentir exister. La
» santé nous porte aux objets extérieurs, la maladie nous
» ramène chez nous. » On serait d'autant moins fondé à révoquer en doute la justesse de ces observations, que Cabanis expliquait, comme M. de Biran, l'origine physique des succès de ce penseur dans l'étude de la psychologie. « La nature, » lui écrit-il [1], « vous a donné une organisa-
» tion mobile et délicate, principe de ces impressions
» fines et multipliées qui brillent dans vos ouvrages, et
» l'habitude de la méditation dont elles vous font un be-
» soin ajoute encore à cette excessive sensibilité. »

Un savant qui oublie les faits pour construire une théorie, peut se proposer d'expliquer l'homme tout entier par le jeu de la machine organisée ; il peut, suivant une voie contraire, perdre de vue, dans un idéalisme abstrait, le rôle très-positif que joue la matière dans notre existence ; il peut enfin parler de l'âme et du corps comme de deux êtres simplement juxtaposés et presque sans relations entre eux. Un observateur attentif et de bonne foi

---

[1] Le 19 ventôse an XI (10 mars 1803).

arrivera à des conclusions bien différentes, et reconnaîtra qu'il n'est peut-être pas un seul des modes de notre vie, si purement physique ou si uniquement moral qu'il puisse paraître au premier abord, qui ne soit le résultat de deux forces différentes, dont l'une procède de l'âme et dont l'autre vient du corps. C'est une des gloires de M. de Biran d'avoir solidement établi cette vérité dans la science. En opposition aux vues exclusives du matérialisme et de l'idéalisme, il a déterminé avec une grande profondeur d'analyse, la vraie nature du problème des rapports du physique et du moral de l'homme. Il a dû sans doute ses vues sur ce sujet à la patience de ses recherches et à une bonne méthode ; mais, on ne peut le méconnaître, ses recherches furent facilitées, sa méthode lui fut comme imposée par sa nature personnelle. Le besoin de réflexion qui le dominait ne devait pas lui permettre de confondre longtemps les phénomènes sensibles avec les réalités intérieures ; tandis que, d'un autre côté, il était trop accessible à toutes les impressions du dehors, et ressentait trop vivement l'influence des moindres modifications de ses organes pour méconnaître la large part de l'élément matériel dans les faits de notre double nature. Son tempérament particulier lui servit de préservatif contre plus d'une illusion : une santé plus forte, une constitution plus énergique, auraient altéré peut-être son analyse de la nature humaine, et il le savait bien.

Ces considérations seraient prématurées si M. de Biran ne nous apprenait lui-même que sa curiosité philosophique s'éveilla presque au début de sa vie. « Dès l'enfance, » dit-il, je me souviens que je m'étonnais de me sentir » exister ; j'étais déjà porté, comme par instinct, à me re-

» garder au dedans pour savoir comment je pouvais vivre
» et être moi [1]. » Cette question, sitôt posée par l'écolier
de Périgueux renfermait tout son avenir scientifique. Se
regarder en dedans, se *regarder passer*, comme il le dit
ailleurs, ce fut toujours le besoin le plus impérieux de sa
nature intellectuelle.

Parvenu au terme des études qu'il pouvait faire dans
sa province, le jeune de Biran entra dans les gardes du
corps en 1785, cédant aux sollicitations de quelques-uns
de ses parents qui suivaient la même carrière. A cette
époque de sombres nuages s'amoncelaient déjà sur l'horizon politique de la France. La royauté n'avait pas cependant perdu tout son éclat ; et les salons de la capitale
réunissaient encore une société aimable et frivole. Le
jeune garde du corps se produisit dans le monde ; il était
fait pour y réussir. Une figure charmante, à laquelle il
attachait du prix, ce qu'il se reprocha souvent dans la suite,
un esprit aimable, le goût et le talent de la musique
étaient pour lui des éléments de succès. Mais ce succès
tenait plus encore à son caractère. Cette même faiblesse
d'organisation qui lui faisait subir l'influence des variations de la température, tendait aussi à le placer sous la
dépendance des personnes avec lesquelles il entretenait
des rapports. Il ne pouvait supporter sans peine des marques de froideur ; un regard hostile le troublait, la pensée
d'être en butte à des sentiments haineux bouleversait son
âme. La bienveillance d'autrui était comme une atmosphère en dehors de laquelle sa respiration morale devenait pénible. Aussi était-il porté à prévenir chacun de ceux
qu'il rencontrait, à se placer sur le terrain où il se trou-

[1] 27 octobre 1823.

verait en sympathie avec ses interlocuteurs, à se faire tout à tous, pour que l'affection générale le plaçât dans le milieu que sa nature lui rendait nécessaire. Tout cela se faisait sans effort, sans l'apparence de calcul. Il désirait la bienveillance du plus humble de ses semblables comme celle de l'homme le plus haut placé. On comprend qu'une disposition pareille contribue à faire trouver dans le monde un accueil favorable. Cette disposition chez M. de Biran s'unissait à une vraie bonté de cœur. Tout contribuait donc à le rendre d'une parfaite obligeance dans les relations sociales. Il devait à la nature un besoin de plaire qui coûta par la suite plus d'un gémissement au philosophe; il dut à la fréquentation du monde cette politesse exquise, cette parfaite urbanité qui distinguèrent la société française dans des temps qui ne sont plus. Au sein de la civilisation nouvelle qui sortit du chaos révolutionnaire, Maine de Biran demeura, pour l'amabilité des formes et l'élégance des manières, l'un des représentants de la civilisation détruite; l'étranger même qui ne le voyait qu'en passant en faisait la remarque.

L'élève des doctrinaires avait passé sans transition des études de sa jeunesse à une période de dissipation assez complète. L'enseignement religieux qu'il dut recevoir de ses instituteurs paraît n'avoir laissé qu'une faible trace dans son âme. En l'absence de toute conviction arrêtée, il n'avait d'autre préservatif contre les écarts des passions qu'un goût naturel pour les convenances, et un très-vif instinct d'honnêteté. Cette vie d'étourdissement ne fut pas de longue durée : l'an 89 arriva. Aux journées des 5 et 6 octobre, M. de Biran eut le bras effleuré par une balle. Demeuré sans état par suite du licenciement de son corps, il forma le projet d'entrer dans le génie militaire, et reprit, à cette occasion, l'étude des mathématiques. Il a dit plusieurs fois par la suite qu'il considérait les habitudes intellectuelles qu'il avait contractées, ou plutôt confirmées à cette époque, comme une des causes de ses succès en philosophie. Cependant, sa qualité d'ancien garde du corps étant un obstacle à tout avancement dans la carrière qu'il avait en vue, il dut renoncer à ses projets, et, nul motif ne le retenant plus dans la capitale, il se décida à regagner ses foyers. Pendant son séjour à Paris, la mort lui avait enlevé son père, sa mère et deux de ses frères. Un frère et une sœur étaient les seuls membres de sa famille qui survécussent.

Le décès de ses parents l'avait mis en possession de la terre de Grateloup, domaine de sa famille maternelle, situé à une lieue et demie de Bergerac. Cette habitation isolée s'élève, entourée de bouquets d'arbres et de prairies, vers le sommet d'une éminence. Au pied de la colline un cours d'eau serpente dans un paisible vallon. De la terrasse du château la vue s'étend sur un terrain accidenté couvert de riches cultures, ou planté d'arbres vigoureux, qui sans offrir les beautés grandioses des contrées alpestres, ne manque ni de charme, ni de variété. C'est un aspect qui porte à l'âme de douces impressions : il ne rappelle que l'éternelle majesté de la nature et les paisibles travaux des habitants des campagnes.

Tel fut l'asile où M. de Biran passa les lugubres années qui couvrirent la France de crimes, de sang et de deuil. Triste et découragé, comme un jeune homme sans vocation pour le présent et sans espoir prochain pour l'avenir, il avait encore le cœur oppressé par les malheurs qui affligeaient ou menaçaient sa patrie. Le récit des attentats révolutionnaires venait, dans sa solitude, remplir son âme d'une douloureuse terreur. Sa position et son caractère lui interdisant également de prendre un rôle actif dans un drame aussi terrible, il éprouvait le besoin de se mettre à l'écart et d'oublier, autant que possible, des calamités pour le soulagement desquelles il ne pouvait rien entreprendre. Il se remit à l'étude « avec une sorte de fureur, » c'est ainsi qu'il s'exprime, et ce fut alors que, pour citer encore ses propres paroles, « il passa d'un saut de la frivolité à la philosophie. » L'étude ne trompa pas son attente. Le travail intellectuel et un contact journalier avec les sereines beautés de la nature, lui procurèrent un calme aussi grand qu'il pouvait l'espérer en des jours pareils. « Dans les circonstances actuelles, » écrit-il à un ami, « et vu ma manière de penser, la vie que j'ai adoptée est » la seule qui puisse me convenir. Isolé du monde, loin » des hommes si méchants, cultivant quelques talents que » j'aime, moins à portée que partout ailleurs d'être témoin » des désordres qui bouleversent notre malheureuse patrie, » je ne désire rien autre chose que de pouvoir vivre ignoré » dans ma solitude. » Ce désir fut satisfait dans les limites du possible. Il est vrai que, dans toute l'étendue du pays, il n'existait alors aucun refuge assuré contre la soif du sang et du pillage ; mais le Périgord était une province relativement paisible, et la vie retirée de M. de Biran, la douceur de son caractère, la modicité de sa fortune surtout, lui valurent de n'être pas troublé dans sa retraite. Il n'échappa pas cependant aux inquiétudes dont, au sein d'une commotion immense, nul ne peut être exempt. Tantôt il craint d'être obligé de fermer ses livres et d'abandonner sa retraite pour aller à la frontière grossir les rangs des armées de la révolution ; tantôt il aperçoit dans les populations qui l'entourent des symptômes de sinistre augure, et des craintes pour sa sûreté personnelle viennent se joindre dans son cœur agité à la douleur du deuil public. « Je m'étais flatté pendant quelque temps, écrit-il, » de pouvoir vivre ignoré dans ma solitude, mais je com- » mence à perdre cette espérance. Les agitateurs soufflent » dans tous les coins de la France le tumulte et la dis- » corde; leur haleine empoisonnée se fait sentir partout, » et mon pays commence à participer à la contagion. S'il » en est ainsi, je ne vois plus où fuir, et il ne me reste » d'autre parti que d'apprendre à souffrir et à mourir s'il » le faut. » Il ne fut pas appelé à cette épreuve. Les flots soulevés par la tempête révolutionnaire se brisèrent autour de lui sans l'atteindre. Mais s'il n'assista qu'à distance aux spectacles de la terreur, il n'en conserva pas moins des événements de cette époque une impression que rien ne put effacer, et qui exerça une influence décisive sur la ligne politique qu'il devait adopter plus tard.

Il est deux manières de juger les événements : on peut ou les envisager dans leurs conséquences, ou fixer son attention sur leur nature, sur la valeur morale des agents qui les ont accomplis. Ces deux jugements font nécessairement partie de l'appréciation complète d'un fait. Le premier appartient à la raison de l'historien, appelé à discerner le rapport qui unit le passé au présent, un acte à ses résultats; le second est le verdict immédiat de la conscience. Souvent ils peuvent différer, puisqu'il est manifeste qu'une action mauvaise peut, dans des circonstances données, et contre l'intention de celui qui en est l'auteur, avoir des conséquences favorables et inattendues; l'histoire en fournirait des preuves au besoin. Dans un cas pareil, il est indispensable de faire des parts distinctes à deux éléments profondément divers; de reconnaître avec gratitude l'intervention d'une Providence miséricordieuse qui sait tirer le bien même de nos intentions perverses, sans que cette considération atténue en rien le jugement de condamnation porté sur des actes criminels. Dieu pense en bien ce que nous avons pensé en mal ; Dieu est bon, sans que l'homme en demeure moins mauvais. Autrement il faudrait que les sages remerciassent dans leur cœur les meurtriers de Socrate, de leur avoir fourni l'exemple d'une mort si belle, et que les Chrétiens vouassent un culte de reconnaissance aux Juifs qui élevèrent la croix de Golgotha.

Ces distinctions, élémentaires pour qui croit à la liberté de l'homme et à l'action souveraine de Dieu, ne disparaissent que trop souvent sous la plume de l'historien. Comment, par exemple, les faits de la révolution française sont-ils appréciés par plus d'un auteur contemporain ? Ne voyons-nous pas absoudre les plus grands coupables en considération des résultats heureux que l'on attribue à leurs actes ? Parce que certains abus qui frappaient tous les regards avant 89 n'ont pas reparu dès lors, ne nous propose-t-on pas d'élever presque au rang des bienfaiteurs de l'espèce humaine des hommes dont le nom ne devrait inspirer que l'horreur et l'épouvante ? N'entendons-nous pas, pour atténuer, pour justifier même les plus horribles attentats, invoquer les intérêts de la cause révolutionnaire comme une sorte de nécessité suprême que se bornaient à subir ceux qui élevaient la guillotine et versaient le sang à flots ? Suivez la pensée de ces historiens, poussez-la à ses conséquences dernières, vous voyez l'homme et Dieu disparaître, pour ne laisser à leur place qu'une sorte de loi inexorable, qu'accomplissent avec toute la précision de la fatalité des agents irresponsables, parce qu'ils sont destitués de libre arbitre. Une raison licencieuse élève ainsi un système dans lequel tout ce qui a été devait être, et la conscience se tait, car sa voix ne trouve plus de place où se faire entendre.

Une semblable théorie peut séduire l'homme de cabinet, qui ne voit les événements que de loin, surtout s'il aspire à cette triste impartialité qui nous élève au-dessus de la sphère où l'on approuve et s'indigne tour à tour. La condition des contemporains est autre. Le crime leur apparaît dans sa réalité saisissante; les sentiments de leur âme ébranlée jettent tout leur poids du côté du jugement de la conscience; la perversité morale que supposent les faits dont ils sont témoins, les spectacles de douleur qui passent sous leurs yeux, absorbent leur attention, et, tout entiers au présent, il leur est difficile d'ouvrir leur âme au lointain espoir que la main réparatrice du Dieu qui gouverne le monde saura faire porter quelques fruits heureux à l'arbre empoisonné des crimes et des folies des hommes. Il n'y a donc pas lieu de s'étonner si M. de Biran fut exempt de toute disposition à atténuer le caractère odieux des scènes de la terreur. Pour lui, comme pour Royer-Collard, « ces hommes, que nous avons depuis transformés » en Titans fantastiques et providentiels, restèrent *de la* » *canaille pure et simple*[1]. » Il ne se dissimulait ni les plaies de l'ancienne société, ni la destruction définitive d'un ordre de choses qui, dans plusieurs de ses éléments, ne devait jamais reparaître; mais il ne trouvait pas de paroles assez fortes pour rendre l'indignation qu'excitaient en lui les scènes de violence, d'oppression et d'anarchie dont il était le triste spectateur.

[1] Royer-Collard, dans la *Galerie des Contemporains illustres.*

« Le sang précieux versé par les tyrans de la patrie
» infortunée » lui paraît suffire « à effacer la mémoire de
tous les bûchers allumés par la féroce inquisition [1], » et il
exprime constamment son horreur profonde pour le principe que le salut du peuple justifie tous les crimes et
transforme en actes licites les plus odieux attentats.

Il n'est pas sans intérêt de remarquer que les pages dans
lesquelles il consignait, à cette époque, ses réflexions de
chaque jour offrent la preuve qu'il entrevoyait déjà le lien
qui unit l'incrédulité du XVIIIe siècle aux excès de la révolution. Les théories d'Helvétius et de Raynal lui paraissent
une des causes déterminantes des malheurs de la patrie ;
il s'élève avec une certaine énergie contre « ces philo-
» sophes qui ont répandu le mépris d'une religion si con-
» solante pour les gens de bien, si nécessaire pour arrêter
» le bras du méchant ; » enfin, dans un projet d'adresse à
ses concitoyens, rédigé à l'occasion du rétablissement de
la liberté des cultes, on voit percer un sentiment vif du
droit des consciences et du rôle social de la religion. Mais
ce ne sont là que des impressions. Son christianisme paraît
se borner, à cette époque, à la maxime « qu'il faut une religion au peuple, » ou à quelqu'une de ces vagues rêveries
qui, faisant errer l'imagination sur les confins de ce
monde invisible où la foi seule donne entrée, peuvent tout
au plus tromper l'instinct religieux du cœur.

Les travaux dans lesquels M. de Biran cherchait l'oubli
des malheurs publics étaient de diverses natures. Les mathématiques, les sciences naturelles, les écrivains classiques occupaient tour à tour ses loisirs. Mais l'étude qui,
plus que toute autre, le captivait, c'était l'étude de lui-

---

[1] Avril 1795.

même. Seul, en face de sa pensée, il aime surtout à analyser ses sentiments, à se rendre compte de ses impressions, à rechercher dans les circonstances du dehors ou dans l'état de sa santé la cause de ses mouvements alternatifs de joie ou de tristesse, d'espérance ou de découragement. Il se trouva ainsi conduit tout naturellement sur le terrain propre des recherches qui ont la nature humaine pour objet. Pour bien comprendre la carrière philosophique de M. de Biran, il ne faut jamais oublier qu'il ne fut pas conduit à la philosophie par le désir de connaître les secrets de l'univers, ni même par le désir d'acquérir la science de l'homme en général, mais par le besoin de se rendre compte de son propre *moi*. Le *connais-toi toi-même*, avant d'être pour lui une règle de méthode scientifique, fut tout d'abord un instinct.

Cet instinct le conduisit immédiatement à la question qui s'offre la première à un homme ainsi disposé : Où est le bonheur, et que pouvons-nous pour l'atteindre? Cette question se lia tout de suite dans son esprit à un problème plus général : Que pouvons-nous? Qu'est-ce qui dépend et ne dépend pas de notre volonté? La tendance générale de la première solution que M. de Biran donna à ce problème, n'est pas douteuse. Le bonheur ne se trouve pas dans les circonstances extérieures, dans la fortune, dans la puissance, dans les mouvements violents des passions; il consiste dans un état de bien-être qui ne se rencontre que dans le calme, et provient, avant tout, de l'équilibre et du jeu régulier des diverses fonctions de la vie. Pour atteindre à ce bonheur, tout ce que nous pouvons se borne à fuir les excès en tout genre et à rechercher les causes qui produisent en nous des sensations douces; et comme l'énergie de notre volonté dépend elle-même de dispositions involontaires, ce que nous pouvons véritablement se réduit, si ce n'est à rien, du moins à peu de chose. Telle est la première face sous laquelle la nature humaine se présenta à Maine de Biran. La direction de son esprit n'est nulle part plus nettement marquée que dans un passage où il recommande la pureté de la conscience et l'exercice de la bienfaisance comme contribuant à « cet état *physique* dans » lequel il fait consister le bonheur. [1] » L'idéal qu'il poursuit, c'est le calme de l'imagination et de la pensée, provenant de ce calme des sens que favorisent l'air pur de la campagne, le spectacle d'une belle soirée, et une santé en équilibre. En présence d'un état intérieur semblable il demande :

S'il est vers le bonheur une autre route à suivre
Et si l'art d'être heureux n'est pas tout l'art de vivre.

C'est à ce résultat que devait arriver facilement un homme d'un tempérament délicat, sans occupation extérieure, et employant les heures de sa solitude à analyser ses sensations, lorsque cet homme était dépourvu des convictions qui auraient pu lui révéler des sphères plus hautes dans la vie humaine et une autre espèce de bonheur : il faut le dire surtout : C'est là que devait arriver un novice en philosophie, vivant en France, à la fin du XVIIIe siècle.

Le condillacisme régnait alors, et ses partisans n'hésitaient pas à le considérer comme le dernier mot de la pensée humaine. Il était donc admis que l'image la plus fidèle de l'homme est une statue animée, qui reçoit du dehors, et par le canal des sens physiques, tous les élé-

---

[1] 1795.

ments de sa vie, tant intellectuelle que morale. L'esprit humain est un vase où la connaissance se dépose, sans qu'il y ait dans la pensée même un principe d'activité qui lui appartienne en propre; toute science réelle est renfermée dans les résultats de l'observation sensible; le reste est vaine fantaisie de l'imagination : voilà pour la théorie de l'intelligence. La volonté est un agent presque mécanique qui cherche les occasions de jouissance et fuit les causes de douleur; le bien et le mal ne sont que d'autres manières de désigner le plaisir et la peine : voilà pour l'ordre moral. La manière dont Maine de Biran était porté à résoudre le problème du bonheur se trouvait dans une harmonie parfaite avec cette théorie, et il n'est pas facile de dire dans quelle mesure son point de vue résultait de ses observations personnelles, et dans quelle mesure il provenait de l'influence de l'école philosophique de l'époque. Quoi qu'il en soit, il se sait en accord avec les penseurs de son siècle et de son pays, et nomme Condillac, Locke et Bacon, comme les chefs dont il révère la mémoire et suit fidèlement les traces. A la vérité, lorsqu'il se heurte contre les doctrines de Hobbes et d'Helvétius, il recule devant cette négation si expressément formulée de toute liberté, de tout ordre moral, et fait entendre des réclamations, parfois assez vives, en faveur de la liberté humaine. Mais n'oublions pas que nous sommes en présence, non pas d'un système mûrement médité, mais des premiers tâtonnements d'une pensée qui s'essaie et cherche son chemin. Cette réserve faite, on peut affirmer, que le sensualisme fut la doctrine à laquelle M. de Biran donna son adhésion, lorsqu'il aborda pour la première fois l'étude de l'homme sous la forme scientifique. Cette adhésion est explicite et complète. Si l'on voit la théorie fléchir dans ses conséquences extrêmes, devant les exigences du sens moral, c'est qu'un bien petit nombre d'esprits réussissent à éviter les inconséquences, et que, malgré ce qu'il pouvait y avoir de personnel à M. de Biran dans sa première conception du bonheur, le système sensualiste, comme système formulé et exclusif, ne fut toutefois pour lui qu'un vêtement d'emprunt. Sa pensée, dans son développement naturel, devait bientôt faire éclater sur plus d'un point cette enveloppe artificielle et la rejeter enfin entièrement.

Cette transformation ne devait pas s'accomplir sur-le-champ, et au sein de la retraite où l'époque de la terreur avait jeté notre jeune philosophe. Des jours plus calmes commençaient à luire pour la France, et quelques-uns des hommes que le régime de 1793 avait exclus de toute participation aux affaires du pays, commençaient à reparaître sur la scène politique. Le 25 floréal an III (14 mai 1795), Maine de Biran fut nommé administrateur du département de la Dordogne, par le représentant du peuple Boussion. Il se concilia dans l'exercice de ses fonctions la confiance de ses administrés, car le 24 germinal an V (13 avril 1797), il fut envoyé au conseil des Cinq-Cents. Les manuscrits politiques et administratifs de cette première période de sa carrière publique, établissent que, dès qu'il fut en position de le faire, il agit avec une grande énergie contre les tendances révolutionnaires. Aussi son élection fut annulée à la suite du coup d'État du 18 fructidor (4 septembre 1797). Les commotions politiques le laissaient une seconde fois sans position officielle; mais les circonstances étaient très-différentes de celles dans lesquelles il se trouvait en 1789. Un mariage, selon son cœur, l'avait uni depuis quelque temps à une femme qui faisait le charme de sa vie [1]. Le bonheur domestique était mieux d'accord avec les facultés aimantes de son cœur et les qualités de son esprit que les émotions de la politique et les délibérations tumultueuses d'une assemblée parlementaire. Ce fut donc avec joie, qu'après être resté quelques mois à Paris pour y profiter des cours publics, il retourna dans ses foyers. Le garde du corps licencié était rentré tristement dans une demeure presque déserte; le député destitué ramenait avec lui une compagne aimée qui devait embellir sa solitude en la partageant. Ce fut le 13 messidor an VI (1er juillet 1798), qu'il établit de nouveau son domicile à Grateloup.

Le jeune penseur avait été mûri par les années. Rendu à ses études par la cessation de ses fonctions administratives et politiques, il se sentit assez fort pour produire au dehors le résultat de ses méditations. Une question posée par l'Institut sur *l'influence de l'habitude* éveilla son intérêt, et un succès des plus flatteurs lui apprit que le travail opiniâtre auquel il s'était livré n'avait pas été perdu. Le *Mémoire sur l'habitude*, couronné en 1802, à l'unanimité des suffrages, fut imprimé en 1803. Cet écrit eut un succès d'estime des plus prononcés, il n'eut pas un succès de vogue; la nature du sujet ne le comportait pas, et le mode de rédaction de l'ouvrage s'y serait d'ailleurs opposé. Le style du *Mémoire sur l'habitude* (et cette remarque s'applique à toutes les productions métaphysiques de l'auteur) porte l'empreinte de la réflexion seule, et d'une réflexion solitaire. Non-seulement l'écrivain se tient en garde contre les suggestions de tout sentiment un peu vif, mais on

---

[1] Louise Fournier. — Le mariage avait eu lieu le 5e jour complémentaire de l'an III (21 septembre 1795), devant l'officier public de la commune de Périgueux.

voit qu'il lui suffit de bien s'entendre lui-même. Uniquement préoccupé du désir de se rendre compte de sa propre pensée, il songe peu à mettre ses idées en relief, dans une exposition qui en facilite à tous l'intelligence. De là un style qui donne lieu parfois au reproche d'obscurité, et ne se prête pas mieux que le fond même de la pensée à un succès populaire ; ainsi que l'a fort bien observé M. Damiron, « M. de Biran n'est pas un écrivain, » c'est un penseur qui se sert des mots comme il l'entend » et sans songer au lecteur. »

Lorsqu'on connaît l'avenir qui était réservé à l'auteur du *Mémoire sur l'habitude*, il n'est pas difficile de découvrir dans ce premier écrit, en germe, mais très-distinctement, plusieurs des vues qui le conduisirent plus tard à rompre avec l'école de Condillac. Mais l'écrivain n'a pas conscience de sa position véritable. Son but n'est autre que d'appliquer les principes généralement admis à la solution d'une question de détail. Il fait ouvertement et avec bonne foi profession de fidélité à la doctrine régnante, et il appelle ses maîtres les hommes qui venaient alors de prendre avec éclat le sceptre de l'école sensualiste : Cabanis et de Tracy. Maine de Biran devint l'ami de ces deux écrivains, il eut sa place marquée dans les rangs des *idéologues*, et on le considéra, autant que pouvait le permettre son séjour habituel en province, comme un membre de la société d'Auteuil [1].

---

[1] Il y a eu, à proprement parler, deux sociétés d'Auteuil. La première où figuraient Turgot, Franklin, d'Alembert, Thomas, Condillac, Condorcet, s'assemblait chez Mme Helvétius. La seconde se réunissait dans la même maison, dont Mme Helvétius avait légué la jouissance à Cabanis. Outre le célèbre médecin qui en était le centre, cette société comptait au nombre de ses mem-

A la même époque où il jetait ainsi les bases de sa réputation ; le lauréat de l'Académie fut atteint par l'épreuve la plus cruelle. La compagne de sa vie, la mère de trois enfants qui étaient venus animer et réjouir sa demeure, fut retirée de ce monde le 23 octobre 1803 [1]. La blessure fut profonde et ne se cicatrisa jamais entièrement. Le temps fit son œuvre ; la mélancolie succéda à la douleur amère, mais le souvenir du bonheur perdu était placé dans cette région de l'âme que l'indifférence ou l'oubli ne sauraient atteindre. Ce souvenir demeura jusqu'à la fin l'une de ces tristesses précieuses qu'on ne changerait pas contre les joies les plus brillantes de ce monde. D'autres lieux, d'autres circonstances, d'autres affections, rien ne put l'effacer. Le 23 octobre demeure une journée à part, une journée triste et douce qui ramène souvent dans le *Journal intime* quelque mention, telle que celle-ci : « Hier (23 octobre 1814) fut le jour anniversaire de la » mort de Louise Fournier, ma bien-aimée femme. Ce jour » me sera triste et sacré toute ma vie. *Semper amarum,* » *semper luctuosum habebo.* »

---

bres « les principaux représentants de l'école sensualiste : Garat,
» le plus éloquent professeur de cette école, Tracy, son plus
» profond logicien, de Gérando, son plus érudit historien,
» Volney, son plus brillant moraliste, l'ingénieux Laromiguiè-
» res qui avait commencé par la suivre, et qui devait finir par
» s'en séparer, Maine de Biran qui s'en montrait le disciple
» avant d'en devenir le réformateur, le savant Daunou qui en
» avait transporté les principes dans les lois, et les jugements
» dans l'histoire, l'élégant critique Ginguené, l'habile helléniste
» Thurot, le spirituel Andrieux. » (Mignet. *Notice sur Cabanis.*)

[1] M. de Biran avait eu deux filles qui sont mortes sans alliance, et un fils, M. Félix Maine de Biran, propriétaire actuel du domaine de Grateloup.

II

Maine de Biran dans le département de la Dordogne.

— 1803 à 1812 —

Rédaction de Mémoires couronnés par divers corps savants de l'Europe. — Fonctions administratives.

Les débuts de M. de Biran dans la carrière de la publicité philosophique, et le coup dont il avait été frappé dans ses affections forment un point d'arrêt naturel dans le récit de ses destinées. Ces deux circonstances, de natures très-diverses, eurent un même résultat : elles contribuèrent l'une et l'autre à lui faire poursuivre avec une nouvelle ardeur ses études commencées. L'Institut venait de mettre au concours la question de la *Décomposition de la pensée*. L'auteur couronné du *Mémoire sur l'habitude* trouva dans un premier succès les encouragements nécessaires pour aborder un sujet capable d'effrayer une intelligence timide. D'autre part, son propre témoignage établit qu'en s'imposant un long et difficile labeur, il obéit au besoin de trouver dans des recherches sérieuses et ayant un but immédiat, une diversion à sa cuisante douleur. Un travail persévérant sur la question proposée développa ses vues personnelles au degré nécessaire pour lui faire comprendre qu'il était loin, en réalité, de suivre les traces des hommes qu'il avait nommés ses maîtres. Les germes déposés dans le *Mémoire sur l'habitude* avaient pris tout leur accroissement, et l'écrivain s'était compris lui-même plutôt qu'il n'avait changé de direction. C'était un changement toutefois, et, à ne pas regarder les choses de près, un changement complet. Les doctrines explicitement soutenues dans le *Mémoire sur la décomposition de la pensée* étaient de telle nature que Cabanis et Destutt de Tracy ne purent méconnaître dans l'homme qui ne cessait pas d'être leur ami, un philosophe prenant place au nombre de leurs antagonistes. Le Mémoire cependant remporta le prix, et bientôt après, le 1er frimaire an XIV (22 novembre 1805), l'auteur fut agrégé à l'Institut en qualité de membre correspondant de la classe d'histoire et de littérature ancienne ; la classe des sciences morales et politiques venait d'être supprimée. Ainsi que l'a remarqué M. Cousin, il est honorable pour les juges qui, en 1802, avaient couronné leur disciple dans l'auteur du *Mémoire sur l'habitude*, d'avoir su, en 1805, rendre une justice éclatante « au nouveau mémoire qui sous les formes les plus » polies leur annonçait un adversaire. »

Les idées fondamentales du *Mémoire sur la décomposition de la pensée*, remaniées dans une rédaction nouvelle, devinrent la base d'un *Mémoire sur l'aperception immédiate* qui obtint, en 1807, un accessit accompagné de la mention la plus honorable à un concours ouvert par l'Académie de Berlin. Ces mêmes idées, développées dans quelques-unes de leurs applications spéciales, fournirent un *Mémoire sur les rapports du physique et du moral de l'homme*, qui remporta, en 1811, un prix proposé par l'Académie de Copenhague.

Maine de Biran était exempt à un degré rare des séductions de la vanité littéraire. Fort sensible aux marques de bienveillance et à l'opinion que pouvaient avoir de lui les personnes avec lesquelles il se trouvait dans un contact immédiat, sa nature ne le portait pas à se préoccuper beaucoup de l'opinion à distance; l'affection et l'estime de ses alentours répondaient bien mieux aux inclinations naturelles de son cœur que les lointains échos de la gloire. Ses recherches philosophiques d'ailleurs avaient un caractère si parfaitement sérieux, si intime, si personnel, qu'elles demeurèrent toujours étrangères à la préoccupation d'un effet à produire au dehors. Il était trop bien en face de lui-même, lorsqu'il scrutait les secrets de notre nature, pour admettre en tiers, dans ses entretiens intimes, la pensée des jugements du public. Il est impossible cependant qu'il n'ait pas senti, et assez vivement, ce qu'il y avait de particulièrement flatteur dans ses succès répétés. Il avait été deux fois couronné par l'Institut de France; il remportait les suffrages du premier corps savant de l'Allemagne à une époque où ce pays, sons l'influence de Kant, était entré dans une voie qu'un abîme séparait de la culture intellectuelle de la France de Condillac; l'Académie de Copenhague lui offrait enfin, comme les Académies de Paris et de Berlin, un gage éclatant de son estime. Le suffrage commun de juges si divers ne pouvait s'expliquer ni par une faveur personnelle, ni par des sympathies acquises d'avance aux doctrines de l'écrivain; le succès obtenu n'était à aucun degré un succès de complaisance. On ne pouvait pas non plus en faire honneur au charme dont une plume particulièrement éloquente aurait su revêtir des idées d'une médiocre valeur. C'était donc bien le fond de sa pensée qui valait à M. de Biran l'approbation des philosophes français et étrangers; ce qu'on appréciait dans ses écrits, c'était bien ce qui en faisait le mérite à ses propres yeux : ses découvertes dans l'exploration de la nature humaine. Un penseur isolé qui voyait les méditations, filles de sa solitude, recevoir un semblable accueil dans les grands foyers de la culture scientifique de l'Europe, dut éprouver une vive et légitime jouissance. Mais ce que Maine de Biran désirait trouver avant tout dans ses couronnes académiques, ce n'était pas une satisfaction d'amour-propre, c'était la preuve que ses théories avaient des bases solides et une sérieuse part de vérité. L'approbation de tant de juges compétents était bien de nature à accroître sa confiance dans les motifs qui l'avaient porté à rompre avec l'école de Condillac. C'est cette rupture dont il convient de faire comprendre maintenant la nature et la portée.

Le dernier mot de l'école sensualiste française se trouve dans cette définition de Saint-Lambert : « L'homme est » une masse organisée qui reçoit l'esprit de tout ce qui » l'environne et de ses besoins. » Supprimez les impressions diverses qu'il doit aux sens extérieurs, et les appétits qui naissent du jeu des fonctions organiques, vous lui enlevez par là même toutes ses idées et toutes ses volontés. Tout ce qui est en lui est sensation pure ou sensation transformée. Considéré dans sa nature propre, il n'est rien qu'une table rase, une simple capacité de sentir. Telle est la thèse que M. de Biran attaquait déjà sans s'en rendre compte dans le *Mémoire sur l'habitude*, et qu'il combat expressément dans ses écrits postérieurs. Voici la marche générale de son argumentation.

Je conviens, dit-il à ses adversaires, que les impressions faites sur les organes des sens sont une condition indispensable de la connaissance du monde extérieur.

Pour qu'un objet soit vu, il faut bien qu'il se trouve à portée de notre regard ; un corps n'est touché que lorsqu'il est pressé par nos mains : ceci n'est pas matière à contestation. Je vous accorde bien aussi, ou plutôt je m'empresse de constater avec vous que nos besoins, nos désirs, nos penchants vont se rattacher, comme à leur origine première, soit aux fonctions de la machine organisée, soit à l'attrait que peuvent nous inspirer des objets extérieurs qui sont devenus pour nous des causes de jouissance. J'ai mangé, sous l'empire de la faim, un fruit dont la saveur est agréable ; je vois un fruit pareil, — je le désire, je me meus pour m'en emparer ; le plaisir que j'éprouve de nouveau redouble le penchant développé déjà par une première expérience. Il y a bien dans ces faits et dans tous les faits analogues un ensemble parfaitement coordonné d'impressions, d'appétits et de mouvements ; il y a bien là une vie toute passive dans son principe ; mais cette vie est-elle la vie totale de l'homme ? Vous l'affirmez ; je le nie.

Commençons par les faits relatifs à la connaissance. Je trouve dans mon esprit des pensées qui n'ont pu manifestement me parvenir par l'intermédiaire des sens. Je vois de mes yeux un corps changer de place, et j'entends de mes oreilles le bruit qu'occasionne son mouvement ; mais ni la vue ni l'ouïe ne peuvent être l'origine de l'idée de *cause* que j'associe à ce fait, lorsque je dis et sais que le mouvement dont je suis le témoin a très-certainement une cause. Bien d'autres idées sont dans le même cas. Sans prendre mes exemples dans les sciences métaphysiques, que vous traitez de chimères, tout géomètre saura vous dire que le triangle dont il démontre les propriétés est un triangle que l'esprit conçoit, mais qui ne tombe pas sous les sens. Outre les idées qui se rapportent aux objets sensibles, il est donc une foule d'autres idées dont vous chercheriez en vain, dans votre point de vue, à expliquer la nature, bien que vous soyez réduits à en faire usage comme nous, en dépit de votre théorie. Mais voici le point capital. A vous entendre, il suffit qu'un objet soit devant nos yeux pour être vu, qu'un son frappe notre oreille pour être entendu. J'observe cependant que je vois plus ou moins, toutes les circonstances restant les mêmes au dehors, en vertu d'un fait purement intérieur. Si je donne toute mon attention, je vois distinctement. Mon regard devient-il indécis? ma vue est vague. Tombé-je dans une rêverie profonde? je ne vois plus, et les mêmes tableaux cependant continuent à se peindre sur ma rétine. La sensation et l'impression organique, qui en est pour vous la condition unique et suffisante, sont donc bien loin d'expliquer le fait de la connaissance, puisque la connaissance même du monde matériel défie vos explications.

Votre théorie de la volonté a le même sort. Le besoin et le plaisir que nous avons éprouvés créent en nous des désirs, et ces désirs nous sollicitent à agir pour les satisfaire ; qui en doute? Mais c'est bien vainement que vous pensez trouver dans cette sollicitation l'origine de la volonté. La volonté cède souvent au désir, mais parfois aussi elle lui résiste ; et, soit qu'elle lui cède, soit qu'elle lui résiste, elle n'en est pas moins une force autre, une force absolument différente. Est-ce un attrait, né des jouissances sensibles, qui retient sur un brasier ardent la main de Mucius Scévola? Comment vous accorder que la jouissance qui porte à braver la douleur est de la même nature que l'entraînement naturel qui nous pousse à l'éviter? Ne parlons pas des héros. La vie de l'homme de bien n'est-elle pas une lutte prolongée contre la sollicitation des joies sensibles? Après vous être mis hors d'état d'expliquer l'origine de la connaissance, vous vous rendez encore incapables de rendre compte des actions d'un honnête homme.

Vous parlez sans cesse d'une sensation qui se transforme. Mais quel est, je vous prie, le principe transformateur? L'animal voit, entend, goûte comme nous; comme nous il éprouve la faim et la soif. Pourquoi donc ses sensations ne se transforment-elles pas comme les nôtres? N'est-il pas évident que sous ce terme vague de *transformation* vous admettez au fond une sorte de vœu magique qui modifie, à l'usage de l'homme exclusivement, le résultat de ces impressions organiques qui lui sont communes avec l'animal? Il manque donc à votre analyse de la nature humaine un élément et un élément capital. Vos transformations, que rien n'explique, ne sont qu'un moyen de masquer la lacune énorme de votre théorie. Quand le jour paraît, les ténèbres ne se transforment pas en lumière, mais le soleil se lève. Il doit y avoir aussi quelque soleil intérieur, quelque principe méconnu par vous, qui d'un être purement sensitif fait un homme.

Ce principe, je le cherche, et une observation attentive me le fait découvrir. Aussi longtemps que je me sens exister, que j'ai la conscience de moi-même, j'ai, en même temps, la conscience d'exercer une action. J'agis et j'agis continuellement: c'est même parce qu'il est continuel, et, en conséquence, voilé par une habitude profonde, que ce fait fondamental de ma nature m'était d'abord caché. Mais, en y regardant de plus près, je m'aperçois qu'une activité dont je me sais le principe, une activité dont je dispose librement, est le fond même de mon existence. L'action des objets extérieurs tend sans cesse à me faire oublier mon action propre, mais je ne *vois* pas sans *regarder* en quelque mesure, je *n'entends* pas sans *écouter* jusqu'à un certain point ; je ne me connais, je ne suis *moi* que par mon activité, et, comme je me sens intimement uni à un organisme qui m'obéit en me résistant, mon activité est toujours un *effort*[1]. L'effort baisse-t-il en degré ? la conscience que j'ai d'exister devient plus faible ; en même temps les impressions des objets deviennent vagues, et je cède de plus en plus aux sollicitations des causes étrangères de peine ou de plaisir. L'effort est-il entièrement suspendu ? je tombe dans l'état de sommeil ; la vie obscure persiste, les impressions des objets extérieurs se révèlent encore par les mouvements instinctifs qu'elles suscitent ; mais le *moi*, la personne intelligente et morale, a disparu pour faire place à l'animal qui de-

---

[1] Il convient peut-être de donner ici l'explication de quelques termes scientifiques que le lecteur rencontrera dans les *Pensées*. L'effort étant pour Maine de Biran la condition de la conscience, et la conscience étant la condition de toute connaissance, l'effort est nommé, d'après une terminologie empruntée au programme de l'Académie de Berlin, le *fait primitif du sens intime*. Par l'effort exercé sur nos organes le *moi* est constitué en l'absence de toute impression du dehors. Cette connaissance purement intérieure du *moi* et de tout ce qui en dépend est nommée, encore d'après le programme de Berlin, une *aperception interne immédiate*. Ce qui se révèle dans l'effort, c'est le *moi* ou notre existence même, en tant que cette existence est aperçue. Le principe de notre existence aperçue ou non, ce principe qui doit demeurer, lors même que la conscience est suspendue, comme il arrive dans le sommeil complet, ou l'évanouissement, par exemple, est l'*âme* par opposition au *moi*. Tout ce qui se révèle à la conscience est un *phénomène*, un élément *subjectif*. Ce qui est conçu comme existant d'une manière absolue, et indépendamment de la conscience que nous pouvons en avoir, est un *noumène*, un élément *objectif*.

meure seul [1]. L'activité, en se réveillant, réveille la conscience, et plus l'effort croît en énergie, plus les connaissances deviennent claires et distinctes, plus aussi les penchants rentrent sous le joug de la volonté.

Il y a donc dans l'homme deux éléments parfaitement distincts, et non un seul élément qui se transforme. Vous essayez inutilement de rapporter à une source unique les faits de deux vies diverses, l'une passive, l'autre active. L'activité, voilà le principe transformateur qui vous manque. Ne me demandez pas quelle est l'essence de l'homme considéré dans la totalité de son être, puisque l'homme est profondément double à mes yeux, puisque sa vie complète est pour moi le résultat de deux forces différentes. Cependant, s'il me fallait répondre à cette question, je n'hésiterais pas à dire que l'essence de l'homme est la volonté, et non point une simple capacité passive, une pure réceptivité. A titre d'être sensitif, l'homme possède tous les éléments de l'animalité, mais ce n'est qu'en tant qu'il agit, qu'il veut, qu'il est homme : là est l'élément vraiment caractéristique de sa nature spéciale. Le sens commun et le langage déposent ici en ma faveur : lorsque nous disons *moi*, c'est avec notre volonté que nous nous identifions, et la formule, si souvent usitée en parlant d'un penchant : « Cela est plus fort que moi », exprime très-nettement la séparation de cet élément passif qui fait

---

[1] La conception d'une vie sensitive et sans conscience, qui ne consiste pas toutefois uniquement en impressions matérielles faites sur les organes, est un des points les plus difficiles de la théorie de M. de Biran. (Voir les *Pensées*, 22 septembre 1814.) L'auteur nomme également cette vie *vie animale* ou *vie affective*. Le mot *affection* désigne, dans sa langue, ce qui devient une sensation proprement dite, lorsque la conscience est là.

partie de notre nature, et de l'élément actif qui nous constitue expressément.

C'est à cet élément, c'est à l'effort qu'il faut rapporter, comme à leur source commune, la science et la moralité.

Sans l'attention qui distingue et classe les faits confusément présents à nos sens, nous ne connaissons réellement rien. Or, l'attention n'est autre chose que la volonté même en exercice. Il y a plus : la science vraie n'est pas tant celle des phénomènes qui se succèdent autour de nous, changent et varient sans cesse, que la science des causes qui les produisent; des lois unes qui président à leur variété infinie. Or, les idées de *cause*, *d'unité*, et toutes les notions immatérielles ne procèdent pas du dehors; nous les trouvons en nous-mêmes. J'accorde que ces notions ne sont pas innées, elles supposent une expérience, mais une expérience purement intérieure, celle de notre existence personnelle. Je suis cause de mes actes, je demeure un et identique dans la puissance propre qui me constitue au sein des mille modifications de la nature sensitive : c'est à cette source, c'est dans le fait du *moi* causal, un, identique, que nous puisons, pour les appliquer ensuite au dehors, ces notions fondamentales, base de toute science. Toute idée supra-sensible ne vient pas du monde à l'homme, mais est puisée dans l'homme intérieur qui en est le type primitif, pour être transportée dans le monde. Il en résulte que c'est en nous séparant des impressions sensibles, par une réflexion qui a la volonté pour principe, que c'est en rentrant dans le sanctuaire intérieur de la conscience, que nous sommes en présence des éléments réels d'une science digne de ce nom.

La moralité a la même condition. Suivre toutes les impulsions de la sensibilité, s'abandonner à tous ses instincts, à tous ses penchants, c'est se dégrader, c'est se ravaler au rang de l'animal ; lutter, au contraire, contre les sollicitations du dehors, en triompher par l'énergie de la volonté, c'est accomplir sa destinée, c'est faire son *métier d'homme.* La science et la vertu sont au prix d'une même lutte ; la lutte de la puissance proprement humaine contre les impulsions d'une nature animale.

Telles sont les pensées développées par M. de Biran dans divers mémoires. Fortement indiquée déjà dans le travail sur la *Décomposition de la pensée,* sa lutte contre le sensualisme devient plus nette et plus ferme à mesure qu'il avance. Aucun des écrits couronnés à Paris, à Berlin et à Copenhague ne fut donné au public [1]. L'auteur avait reçu à cet égard les invitations les plus flatteuses. Mais avant de produire ses doctrines au grand jour de la publicité, il voulait les exposer avec tout le soin possible, et sous la forme la plus propre à les faire accepter. Dans cette intention, il s'affranchit des barrières que lui avaient imposées les questions mises au concours par les corps savants auxquels il avait adressé ses mémoires, et résolut de compléter et de refondre ses rédactions précédentes, dans un écrit qui fût l'expression directe et libre de sa pensée.

L'amitié lui vint en aide dans ce travail. Ampère, dont le nom est si grand dans la science de la nature, cultivait avec une prédilection marquée l'étude de l'homme et les recherches métaphysiques [2]. Il avait formé avec M. de

[1] L'impression du Mémoire sur la *Décomposition de la pensée* avait été commencée, mais elle fut interrompue après le tirage de quelques feuilles.

[2] « La philosophie surtout avait été l'objet des recherches per-

Biran des relations, qui existaient déjà en 1805, et prirent bientôt le caractère d'une solide et vive affection. Une correspondance suivie s'établit entre eux, et les lettres d'Ampère témoignent de l'intérêt presque passionné avec lequel il abordait et approfondissait sans relâche les problèmes de la psychologie. Lorsqu'il a dû, pour un moment, entretenir son ami de quelque autre sujet, il se hâte d'écrire : *Revenons maintenant à notre science chérie;* et ses lettres s'allongent alors et prennent les proportions de véritables mémoires. C'est bien le même homme qui, malade à Lyon, et recevant la visite de son ami Brédin, s'aperçut que celui-ci, par ménagement pour une santé affaiblie, voulait éloigner la conversation de tout sujet abstrait, et s'écria : *Ma santé ! Il doit bien être question de ma santé; il ne doit être question entre nous que de ce qui est éternel.* Lorsque M. de Biran entreprit la rédaction du livre dans lequel devaient se coordonner tous ses écrits antérieurs, Ampère, tenu au courant de ses travaux, lui adressa des observations, discuta les principaux points de sa théorie, lui conseilla des lectures à faire, mit, en un mot, à sa disposition tous les secours que peut offrir le plus utile des collaborateurs : un critique ami.

L'ouvrage, résultat de tant de travaux, est demeuré inédit jusqu'à ce jour, bien qu'il soit presque entièrement

» sévérantes de mon père. J'espère tirer des fragments qu'il a
» laissés une partie au moins du système entièrement nouveau
» par lequel il était parvenu à se rendre compte de l'origine, de
» la nature et de la certitude de nos idées. » — Ainsi s'exprime
M. J. J. Ampère dans l'Avertissement placé en tête du second volume de l'*Essai sur la philosophie des sciences*. Si ces lignes tombent sous les yeux de M. Ampère, il voudra bien y voir, non-seulement l'énoncé d'un fait, mais aussi l'expression d'un désir.

terminé ; il a pour titre : *Essai sur les fondements de la psychologie et sur ses rapports avec l'étude de la nature.* Après avoir posé les bases de sa théorie, l'auteur se livre à des analyses étendues, ayant pour but de démontrer que tous les faits qu'on peut observer dans l'homme s'expliquent par les combinaisons diverses de la vie animale et de l'activité personnelle. Il réduit ces combinaisons à quatre principales qu'il nomme *Systèmes;* chaque système est caractérisé par le degré de déploiement de la volonté, dans ses rapports avec les éléments involontaires de la vie affective. Au bas de l'échelle se trouve l'homme réduit à l'animalité, soit que la conscience n'ait pas encore reçu l'éveil, soit qu'elle se trouve éteinte ; à l'autre extrémité apparaît l'homme élevé par la réflexion au-dessus de toutes les impressions sensibles, et contemplant dans les profondeurs de sa conscience les éléments de l'ordre intellectuel et de l'ordre moral, pris à leur source même. Tel est le cadre dans lequel doivent rentrer tous les modes réels de notre existence normale, et dans lequel aussi doivent trouver place les cas de suspension, d'altération ou de manifestation extraordinaire de nos facultés : le sommeil, le délire, la folie, le somnambulisme, etc.

Pour se faire une idée équitable de la valeur de l'*Essai* et de l'intérêt qu'offre sa lecture, il faut savoir que c'est surtout dans la finesse et la profondeur des développements que se manifestent les qualités les plus éminentes de l'esprit de M. de Biran. Ces qualités ne peuvent être mises en évidence dans un extrait sommaire ; l'exposition qui précède suffit toutefois à établir quel chemin avait parcouru l'ancien disciple de Condillac.

A la doctrine qui débute en faisant de l'homme une simple capacité de sentir, et conclut inévitablement en niant sa liberté, on ne pouvait opposer une doctrine plus contraire que celle qui fait de la liberté, non pas une thèse démontrée, mais un axiome élevé au-dessus de toute contestation. Or, dans la théorie de M. de Biran, l'activité et la liberté sont partout identifiées, et toute attaque livrée, au nom de la raison, à la réalité du libre arbitre, est écartée par une fin de non-recevoir. Nous ne pensons que sous la condition d'agir; contester, au nom de l'intelligence, la réalité de notre puissance, c'est donc révoquer en doute un fait sans lequel l'intelligence ne serait pas; c'est nier par le moyen du raisonnement le principe même de la faculté de raisonner; c'est obscurcir la source de toute évidence. La liberté, en effet, n'est pas seulement un fait de sens intime, c'est le fait de sens intime par excellence, puisque c'est la condition de la conscience que chacun a de soi. L'homme est libre par essence, puisqu'il n'est homme que par la volonté. Mais il est sollicité sans cesse de céder aux impulsions sensibles, d'abdiquer devant des forces étrangères; telle est la conséquence de sa double nature. Qu'il agisse donc, qu'il fasse effort, qu'il réalise, en triomphant de toutes les impulsions de la vie animale, cette indépendance souveraine à laquelle il est appelé, et sa destinée sera accomplie. Tel est, s'il est permis de le dire, le mot d'ordre de M. de Biran dans sa lutte contre l'école qui fut celle de sa jeunesse.

Ce mot d'ordre, il se l'était donné, il ne l'avait pas reçu. Son développement philosophique fut individuel et spontané au plus haut point. « Nul homme, nul écrit contem-
» porain n'avait pu modifier sa pensée; elle s'était modifiée
» elle-même par sa propre sagacité [1]. Habitant une pro-

[1] *OEuvres philosophiques de M. de Biran*, publiées par V. Cousin, tome IV. Préface de l'éditeur, page VII.

vince reculée, vivant plus avec ses pensées qu'avec les livres, il marcha toujours dans le sentier de ses propres réflexions. Les grandes bases de sa théorie étaient arrêtées déjà lorsque la France, sortant de l'isolement intellectuel auquel la révolution l'avait condamnée, commença à ressentir l'influence des écoles philosophiques de l'Écosse et de l'Allemagne. Les vues de M. de Biran portent d'ailleurs en elles-mêmes la preuve non équivoque de leur caractère spontané. A la vérité, lorsqu'il oppose aux thèses du sensualisme la présence dans notre esprit d'idées non sensibles par essence, lorsqu'il cite en exemple la géométrie et ses démonstrations, il ne fait que reproduire les arguments dont l'école spiritualiste a fait usage depuis le temps de Pythagore, et il serait puéril de prétendre qu'il dut à ses seules réflexions des vérités dont il avait souvent trouvé l'énoncé explicite dans les pages de Descartes et de Leibnitz. Mais l'existence des idées supra-sensibles, bien qu'elle tienne une place dans la polémique de M. de Biran, est très-loin d'y jouer le premier rôle ; c'en est plutôt le côté le plus faible, ainsi qu'on le verra plus loin dans ces pages, et il faut chercher ailleurs ce qui fait la valeur propre de sa pensée.

Cette valeur résulte d'abord, ainsi qu'il vient d'être dit, de la position faite à la volonté. La volonté libre, la vraie volonté, paraît ici sur le premier plan, tandis que l'histoire de la philosophie établit que cette force constitutive de l'homme a presque toujours été méconnue. La plupart des philosophes ont donné une attention trop exclusive aux faits de la sensibilité ou à ceux de l'intelligence, et la liberté a été niée en dernier résultat, dans l'école de Descartes et de Leibnitz, tout autant que dans celle de Condillac. Or, M. de Biran ne se borne pas à signaler la volonté comme un élément à côté d'autres éléments, à revendiquer en sa faveur une place un peu plus large, il en fait le fond même de l'existence de l'homme, la montre dans tous les modes de cette existence, cherche à démontrer qu'elle est la base commune de tout ce qui est humain. C'est là ce qui caractérise son œuvre en premier lieu. Ce qui donne encore à cette œuvre une physionomie spéciale, c'est la théorie des rapports du physique et du moral de l'homme. Toute action de l'âme y est présentée comme un effort, et un effort dans lequel le corps apparaît à titre d'élément qui résiste. Ce n'est pas du dehors et par le moyen d'une observation extérieure, à la manière des physiologistes, que M. de Biran constate le rôle du corps dans notre vie ; c'est à la conscience seule, à une connaissance purement intérieure qu'il en appelle pour établir ce point de doctrine. Il ne lui est pas difficile d'établir que pour être inaperçue, par une suite de l'habitude, la résistance musculaire est aussi réelle dans nos mouvements les plus aisés que dans ceux que la fatigue rend pénibles. Il va plus loin, et il affirme que dans l'exercice de la pensée la plus pure en apparence le sentiment de l'organisme est toujours là et se révèle à une observation attentive : nous ne nous connaissons à titre de pur esprit dans aucun des modes de notre existence, car si nous ne pouvons mouvoir nos membres sans triompher de la résistance que les muscles opposent à notre volonté, nous ne pouvons penser sans éprouver de la part des organes du cerveau une résistance qui, pour être plus obscure, n'en est pas moins réelle. D'un autre côté, l'organisme est le siége, non-seulement de douleurs ou de jouissances matérielles assez vives pour fixer notre attention, mais d'une foule de sentiments vagues, confus, qui, bien qu'ils échappent à une observation superficielle, n'en contribuent pas moins à déterminer la teinte de notre imagination, la direction de nos pensées et l'état de notre humeur. Nous sommes donc et continuellement dans un double rapport avec l'organisme : nous agissons sur lui par une action qui dure autant que l'état de veille, puisque cette action est la condition de la conscience ; nous subissons constamment son influence dans les modes divers de notre sensibilité, et cette influence détermine notre caractère et exerce un empire prononcé sur notre intelligence.

M. de Biran s'arrête avec une complaisance marquée sur les considérations de cet ordre. C'est sur ce terrain qu'il bat les sensualistes d'autant plus sûrement que, plus il a fait une large part au physique et à tous les éléments passifs de notre nature, mieux il est placé pour constater l'existence et revendiquer les droits de cette libre puissance avec laquelle l'homme s'identifie, et dont la mission est de triompher d'une nature inférieure et animale, et non de subir sa loi. Or, cette vue nette et vive du lien intime qui unit les deux éléments qui nous composent, M. de Biran ne la devait qu'à lui-même ; il ne pouvait l'emprunter ni à la psychologie cartésienne, ni aux physiologistes de l'école de Cabanis. C'est ici que l'influence de sa nature personnelle se fait le plus vivement sentir. C'est bien son propre portrait qu'il a tracé dans les lignes suivantes : « Il est des hommes d'une certaine
» organisation ou tempérament, qui se trouvent sans cesse
» ramenés au dedans d'eux-mêmes par des impressions
» affectives d'un ordre particulier, assez vives pour attirer
» l'attention de l'âme. De tels hommes entendent, pour
» ainsi dire, crier les ressorts de la machine ; ils les sentent se monter ou se détendre, tandis que les idées se

» succèdent, s'arrêtent et semblent se mouvoir du même
» branle [1]. »

La révolution accomplie dans l'esprit de M. Biran, depuis l'époque où dans ses premières ébauches il suivait les traces de Condillac, s'effectua en dehors de toute prévention pour une doctrine philosophique préconçue, et non moins en dehors de l'influence de toute croyance religieuse proprement dite. Rétablir le rôle de la volonté dans l'homme fut pour lui le résultat d'une observation simple et directe; les conséquences morales et religieuses des systèmes, qui occupent une certaine place dans les fragments de 1794, n'en ont plus aucune dans ses travaux subséquents. Il fixa son regard sur les faits intérieurs de notre nature intellectuelle; ces faits lui parurent altérés dans la doctrine régnante; il les rétablit tels qu'il les voyait. Il est permis de croire cependant qu'en dehors de ce point de vue strictement psychologique, l'expérience de la vie et des observations dont son état moral fournissait la matière, contribuèrent pour leur part à la modification profonde de ses pensées. Les documents de sa vie intime, très-rares malheureusement pour cette période, jettent cependant quelque jour sur ce sujet.

On a vu le jeune solitaire de Grateloup demander le bonheur aux jouissances passives que des causes étrangères peuvent déposer dans l'âme. Les joies de cette espèce sont bien fugitives. Attendre sa félicité du calme des sens ou de la satisfaction des désirs qu'ils éveillent; avoir pour son idéal le plus élevé les impressions vivifiantes d'une matinée de printemps, ou cet état de calme et d'énergie

---

[1] *Rapports du physique et du moral de l'homme*, dans l'édition de M. Cousin, tome IV, page 118. — Voyez aussi le tome I, page 291.

qui résulte du jeu régulier de toutes les fonctions vitales, c'est se mettre à la merci de la maladie, du vent qui souffle, des variations de la température, de tous les caprices d'une imagination tantôt riante et tantôt sombre; c'est se condamner à n'atteindre, à de rares intervalles, le but auquel on aspire, que pour le voir échapper aussitôt. Fussions-nous, par exception à la règle commune, favorisés d'impressions constamment agréables, un sentiment de vide viendrait encore décolorer nos joies. Tout change au dehors, tout se modifie incessamment dans notre organisation ; s'attacher aux objets extérieurs, s'abandonner aux influences des états variables du corps, c'est accepter une mobilité continuelle pour l'état fondamental de notre âme. Cette âme, cependant, si mobile et si légère qu'elle soit, réclame quelque chose qui demeure, un sentiment fixe au sein de la variété. Entourez-la de joies sans cesse renouvelées, mais diverses et fugitives ; en la privant d'un but constant, d'une affection permanente, vous la frappez, au sein même des plaisirs, d'un sentiment douloureux. L'instabilité de tout ce qui l'environne et la fluctuation perpétuelle dans laquelle elle se trouve, lui sont un supplice, supplice que l'étourdissement peut suspendre, sans avoir la puissance de le détruire. Un double enseignement résulte donc, pour un esprit sérieux, du simple cours de la vie : les joies sensibles sont un appui trop fragile pour le bonheur, puisqu'elles périssent au moindre choc ; et, fussent-elles continuellement renouvelées, elles ne sauraient encore nous rendre heureux parce qu'elles varient incessamment, et que nous avons besoin de donner une base fixe à notre vie. Les résultats de cette double expérience sont fortement exprimés dans ces paroles de M. de Biran, qui datent de 1811, époque où la seconde forme de sa pensée philosophique atteignait l'apogée de son développement : « Je ne suis plus heureux par mon » imagination.... Ma vie se décolore peu à peu........ » « Y a-t-il un point d'appui et où est-il ? » Le point d'appui qui ne se trouve pas au dehors, c'est au dedans, c'est dans la puissance intérieure de l'âme qu'il faut le chercher. Se roidir contre les impressions variables, au lieu de s'y abandonner; se retirer dans le sanctuaire intérieur de sa conscience, et braver de là la souffrance et la maladie, aussi bien que les coups de la fortune; se rendre maître de soi et chercher sa joie dans cette possession, dans le sentiment de sa dignité, dans l'orgueil d'une bonne conscience.... telle est la voie qui s'ouvre assez naturellement aux hommes qui, sans avoir renoncé à trouver le bonheur, ont constaté que ce bonheur ne saurait découler pour nous de sources qui nous sont étrangères. Cette voie, M. de Biran y entre et s'y avance. Il est comme poursuivi par le besoin de l'*unité,* par le besoin de trouver une base ferme et une règle qui ne varie pas, au sein de la mobilité des choses du dehors et des états intérieurs de l'âme. Dans ce but il veut s'appuyer sur sa force personnelle; ne pouvant plus *se jeter aux appuis étrangers,* comme il le dit en empruntant des paroles de Montaigne, il se propose *de recourir aux propres, seuls certains, seuls puissants à qui sait s'en armer.*

« Il faut voir, dit-il encore, ce qu'il y a en nous de libre
» ou de volontaire et s'y attacher uniquement. Les biens,
» la vie, l'estime ou l'opinion des hommes ne sont en
» notre pouvoir que jusqu'à un certain point : ce n'est
» pas de là qu'il faut attendre le bonheur; mais les bonnes
» actions, la paix de la conscience, la recherche du vrai,
» du bon, dépendent de nous, et c'est par là seulement

» que nous pouvons être heureux autant que les hommes
» peuvent l'être [1]. »

Ces lignes sont fortement marquées de l'empreinte du stoïcisme, et celui qui les traçait n'ignorait pas que ses réflexions l'avaient conduit sur un terrain dès longtemps exploité par une école célèbre; il le reconnaît expressément : « L'art de vivre consisterait à affaiblir sans cesse
» l'empire ou l'influence des impressions spontanées, par
» lesquelles nous sommes immédiatement heureux ou
» malheureux, à n'en rien attendre, et à placer nos jouis-
» sances dans l'exercice des facultés qui dépendent de
» nous, ou dans les résultats de cet exercice. Il faut que
» la volonté préside à tout ce que nous sommes. Voilà le
» *stoïcisme*. Aucun autre système n'est aussi conforme à
» notre nature [2]. » Maine de Biran retrouve sa propre pensée dans la distinction si nettement établie par les disciples du Portique entre les affections et les désirs d'une part, et la volonté de l'autre ; il applaudit à ces maximes dont la tendance uniforme est de séparer des sens et de tous les phénomènes du dehors l'âme renfermée dans le sentiment de sa dignité et de sa force, comme dans une forteresse inexpugnable. Plus d'une fois il commente avec amour les paroles de Marc-Aurèle, et se montre disposé à admettre qu'il a été donné aux disciples de Zénon d'apercevoir la vérité tout entière. Ce ne sont là sans doute que des aperçus; on ne serait pas en droit d'affirmer que M. de Biran ait fait, à une époque quelconque de sa carrière, une profession positive de la doctrine des stoïciens, mais il eut, par moments au moins, une tendance

[1] 9 juillet 1816.
[2] 23 juin 1816.

assez marquée à résoudre la question du bonheur dans le même sens que ces philosophes.

Il existe un parallélisme marqué entre les deux théories philosophiques que nous avons vues se substituer l'une à l'autre et les jugements contradictoires successivement portés par l'auteur sur les conditions de la vie heureuse. Vouloir être heureux par les impressions agréables de la sensibilité, c'était bien mettre en pratique les conséquences morales du sensualisme. Il appartenait d'autre part au restaurateur de la doctrine de la volonté, de demander ses jouissances au libre développement de l'activité intérieure : les pensées du philosophe et les expériences de l'homme se présentent ici en harmonie et dans une dépendance mutuelle. Il n'en est pas toujours ainsi. Les systèmes métaphysiques étant souvent une production de l'intelligence seule, demeurent en quelque sorte étrangers à celui-là même qui les a conçus. Lorsqu'on ne fait qu'enchaîner logiquement des idées, sans confronter les résultats auxquels on parvient avec les besoins divers de l'âme, et sans se demander si on s'avance sur le terrain solide des réalités, ou si on se perd dans le vide des abstractions, on retrouve, en rentrant dans son cabinet d'études, une série de pensées qu'on avait oubliées en en sortant : le système suit une voie, l'existence réelle en prend une autre. Ce n'est pas là certes une des moindres causes des aberrations des esprits systématiques : c'est parce qu'on a fait du raisonnement une sorte de jeu, grave à la vérité, mais dépourvu d'un sérieux réel, qu'on a vu d'honnêtes gens ériger en théorie la négation absolue du devoir, et des hommes qui obéissaient comme les autres à la foi naturelle du genre humain, prêcher dans leurs écrits le scepticisme le plus absolu. Les vues scientifiques de M. de Biran présentent un tout autre caractère. Comme il observe beaucoup plus qu'il ne raisonne, et cherche moins à faire une théorie sur la nature humaine, qu'à rendre compte de ce qu'il éprouve en lui-même, sa pensée est toujours près de sa vie, et sa vie agit incessamment sur sa pensée. On peut dire de lui, en modifiant une parole célèbre, ce qu'on peut dire avec vérité d'un si petit nombre de métaphysiciens, que le *système c'est l'homme.*

Les travaux qui se résumèrent dans les trois mémoires couronnés à Paris, Berlin et Copenhague, et vinrent se coordonner dans l'*Essai sur les fondements de la psychologie,* se placent entre 1803 et 1812 environ. Suffisants, semble-t-il, pour avoir rempli ces neuf années, ils ne furent toutefois que les délassements studieux d'une carrière administrative. Le 22 ventôse an XIII (13 mars 1805), Maine de Biran avait été nommé par un décret impérial conseiller de préfecture du département de la Dordogne ; un nouveau décret impérial l'appela le 31 janvier 1806 au poste de sous-préfet de Bergerac. Ni ses facultés ni ses goûts ne semblaient le destiner à des fonctions administratives. Toutefois, s'il dut sentir, par moments, quelque désaccord entre la direction naturelle de son esprit et les devoirs de sa charge, il eut au moins le bonheur d'échapper à un sentiment pénible que plus d'un homme de lettres, après des succès tels que les siens, aurait senti se glisser dans son cœur. Il n'accusa pas sa destinée parce que, après avoir réussi à conquérir les suffrages des premiers corps savants de l'Europe, il se trouvait placé dans une petite ville de province à la tête d'une administration de troisième ordre. Jamais on ne l'entendit grossir le nombre de ces plaintes que la vanité blessée se plaît à mettre sur le compte du génie méconnu. Il écrit, il est vrai, dans son journal : « Lorsqu'on est tombé des hauteurs de la philo- » sophie dans la vie commune, il est difficile de remonter » des habitudes de la vie commune à la philosophie; » mais ce n'est pas à Bergerac qu'il trace ces lignes, c'est à Paris, en 1818, lorsque, mêlé au mouvement social de la capitale, appelé à prendre part aux plus grandes affaires de la monarchie, il avait une position dont une vanité assez exigeante aurait pu s'accommoder. Au lieu de s'abandonner à des plaintes stériles sur les obstacles que pouvaient apporter à ses recherches philosophiques les occupations d'une sous-préfecture, il sut mettre à profit ses moments de loisir pour continuer ses travaux. Des veilles prolongées lui firent trouver un temps qu'il aurait eu de la peine à dérober aux occupations du jour, mais contribuèrent probablement à altérer sa santé et à rapprocher le terme de sa vie.

L'isolement intellectuel est assez généralement le partage d'un homme qui cultive, dans une petite ville de France, les lettres ou la philosophie. A cet égard encore, on voit M. de Biran agir au lieu de se plaindre, et lutter contre les inconvénients de sa situation. Parmi les hommes qui l'entouraient, les médecins lui parurent ceux avec lesquels il pouvait entretenir le plus utilement quelques relations scientifiques. Il fonda, sous le nom de *Société médicale*, une réunion périodique dont l'objet devait être l'étude de l'homme. En même temps qu'il adressait des mémoires à Berlin et à Copenhague, il composait des écrits importants pour cette modeste réunion [1]. Se plaçant sur le terrain de la physiologie : l'observation des

---

[1] M. Cousin a publié un de ces écrits dans le deuxième volume

phénomènes de notre nature physique, il partait de là pour s'élever à des considérations d'un autre ordre, et s'efforçait surtout de maintenir la réalité des faits supra-sensibles contre les prétentions du matérialisme. Il est à présumer que les collègues de M. de Biran n'étaient guère que ses auditeurs, et que la Société médicale ne renfermait pas dans son sein les éléments d'une controverse philosophique bien active. Cette société toutefois se maintint pendant plusieurs années ; elle ne manqua donc pas absolument son but, et son fondateur y rencontra, sinon des émules ou des contradicteurs compétents, au moins ce contact personnel et immédiat avec d'autres intelligences qui conserve sa valeur dans tous les cas. La correspondance lui rendait un service analogue. Ampère était, comme on l'a vu, son correspondant principal. Des lettres de Destutt de Tracy et de Cabanis, restés les amis de leur disciple infidèle, venaient aussi de temps à autre le chercher dans sa retraite. Ancillon adressait de loin au lauréat de l'Académie de Berlin les témoignages d'une sincère admiration et d'une cordiale sympathie. Le philosophe de Bergerac fut toutefois un penseur solitaire : il lui manqua le mouvement d'un centre scientifique qui élargit l'horizon de la pensée, et la discussion fréquente et sérieuse qui rend l'expression plus nette, la parole plus ferme et plus incisive. Ces circonstances produisirent dans son développement des lacunes dont lui-même se rendit compte plus tard. Sous l'empire trop exclusif de certaines préoc-

---

de son édition. Les *Nouvelles Considérations sur le sommeil, les songes et le somnambulisme*, furent rédigées pour la Société médicale de Bergerac. Des *Observations sur le Système du docteur Gall*, encore inédites, ont la même origine.

cupations, il semble passer à côté de questions importantes sans en entrevoir toute la portée. Aussi M. Cousin a pu dire, avec justice, non de la pensée de M. de Biran, dans la totalité de son développement, mais de la théorie du sous-préfet de Bergerac, qu'elle est profonde mais étroite [1]. C'est là le résultat assez naturel des méditations d'un solitaire. Mais tout a ses inconvénients ; et une pensée qui s'étend dans toutes les directions, qui embrasse tous les problèmes, sous les excitations d'un grand centre intellectuel, risque de ne s'étendre qu'en surface. On voit tout superficiellement lorsqu'on regarde trop de choses à la fois ; on finit par ne posséder aucune conviction arrêtée lorsque, dans le contact continuel des hommes, on se laisse entraîner à émettre au dehors et sur tous les sujets des opinions à peine formulées dans l'intérieur de la conscience. Il arrive aussi que lorsque c'est le public qui excite les méditations du philosophe, le philosophe pense pour le public, et non plus pour la vérité, et cet écueil est pire que celui de la solitude. Maine de Biran dut aux habitudes d'esprit qu'il contracta dans la retraite de conserver intactes la parfaite sincérité qui préside à ses recherches et l'exquise bonne foi qui fait le caractère spécial de ses vues scientifiques.

La fondation de la Société médicale ne fut pas le seul effort tenté par M. de Biran, pour faire circuler la vie intellectuelle et morale dans l'arrondissement remis à ses soins. Membre, ou même président de la loge maçonnique de la *Fidélité*, il s'efforça d'imprimer à cette réunion une tendance utile, de lui donner un but élevé de bien public

---

[1] *OEuvres philosophiques de M. de Biran*, tome IV. Préface de l'éditeur, page XLI.

et d'active bienfaisance. La réputation de Pestalozzi commençait à franchir les frontières de la patrie de cet ardent ami de l'humanité. Maine de Biran apprécia hautement l'esprit général de la nouvelle méthode, à la base de laquelle il rencontrait des vues assez semblables aux siennes sur le rôle et l'importance du principe actif dans la vie humaine. Approuver théoriquement un principe d'éducation était l'affaire du philosophe; l'administrateur ne s'en tint pas là. Une école gratuite fut instituée à Bergerac, une correspondance ouverte avec Pestalozzi, et un jeune maître vint utiliser sur les rives de la Dordogne le résultat d'études faites à Yverdun.

Un sous-préfet tel que M. de Biran était peu propre, sous plus d'un rapport, à être l'un des agents du grand homme de guerre, de l'administrateur puissant, de l'ennemi des idéologues qui gouvernait alors la France; aussi ne voit-on pas qu'il ait eu des chances d'avancement sous le gouvernement impérial. Il reçut à la vérité la croix de la Légion d'honneur en mars 1810, après avoir été chargé de complimenter l'empereur à l'occasion de la paix de Vienne; mais une telle distinction était alors trop commune pour être une faveur. C'est par une autre voie que le sous-préfet devait arriver à une position plus haute dans la hiérarchie officielle. La conscience qu'il apportait à l'accomplissement des devoirs de sa charge et la parfaite obligeance qui le distinguait, et dont il eut sans doute bien des occasions de donner des preuves, lui avaient concilié l'affection et l'estime de ses administrés; en 1809, il fut envoyé au corps législatif à la presque unanimité des votes. Ce choix modifia profondément son genre de vie. Il conserva pendant quelque temps encore sa sous-préfecture, mais le 24 juillet 1811, M. Delaval le remplaça à Bergerac, et dans le courant de 1812, laissant ses enfants en Périgord aux soins d'une parente, il vint se fixer à Paris, où devait être dès lors sa résidence habituelle.

III

Maine de Biran à Paris.

— 1812 à 1824 —

Circonstances extérieures. — Opinions politiques.

Les événements sinistres, avant-coureurs de la fin du régime impérial, se déroulaient rapidement. Maine de Biran fut appelé par la confiance de ses collègues au corps législatif, à prendre part à un acte diversement apprécié, mais assez important aux yeux de tous pour avoir inscrit le nom de ceux qui en furent les auteurs dans les annales de l'histoire politique.

A la fin de 1813, Napoléon, qui voyait de mémorables revers succéder à des succès inouïs, leva trois cent mille soldats nouveaux pour repousser l'étranger qui de toutes parts envahissait l'empire, et réclama dans ce moment de crise le concours de tous les pouvoirs de l'Etat. Le corps législatif saisit cette occasion pour faire entendre au général vaincu des vérités trop longtemps dissimulées à l'empereur victorieux. Maine de Biran siégea avec MM. Lainé, Raynouard, Gallois et Flaugergues dans la fameuse commission qui demanda qu'avant de déclarer la guerre nationale, l'assemblée fît entendre au monarque les plaintes et les vœux du pays, et réclamât des garanties sérieuses pour la paix de l'Europe, et la liberté des citoyens français. Il était uni à M. Lainé par les liens d'une étroite amitié, et tout devait le porter d'ailleurs à s'associer à la démarche dont cet homme d'Etat fut le principal instigateur. Les événements étaient de nature à réveiller les espérances des royalistes, et c'est en qualité de royaliste que M. de Biran avait été exclu de la représentation nationale à la journée de fructidor. Sa nature personnelle ne le prédisposait pas à la fascination que la gloire de l'empereur faisait éprouver à d'autres ; homme de paix et de théorie, il ne crut pas qu'on dût sacrifier la liberté des individus à l'indépendance de la nation et le bonheur à la gloire. Il accepta donc pleinement la séparation établie par les alliés, dans la déclaration de Francfort, entre la France et l'homme qui venait de présider à ses destinées. Les conséquences que devait entraîner un nouveau triomphe de Bonaparte lui semblaient beaucoup plus à craindre que l'humiliation passagère d'une conquête. « On » craint d'être pillé, ruiné, brûlé par le cosaque, » écrit-il en février 1814, « cette crainte absorbe tout autre senti- » ment, et on ne se souvient pas de la cause première de » tant de maux; on ne prévoit pas ceux que la même » cause doit entraîner encore, si on la laisse subsister. On » fait des vœux pour les succès du tyran, on s'unit à lui » pour repousser l'ennemi étranger, on oublie que l'en- » nemi le plus dangereux est celui qui restera pour nous » dévorer, pendant que les autres passeront. » La violence dont usa Bonaparte, la saisie du rapport de M. Lainé, la clôture de la salle des séances, l'ajournement indéfini de la législature, et la hautaine arrogance avec laquelle l'empereur déclara que « c'était lui seul qui représentait la France, » que « la nation avait plus besoin de lui qu'il n'avait besoin de la nation ; » tous ces souvenirs encore récents expliquent l'amertume des paroles qu'on vient de lire, paroles qui sont loin d'être les plus acerbes de celles qu'on trouve à cette époque dans le *Journal intime*.

Dans la position de la France, à la fin de 1813, applaudir à la chute de Bonaparte et appeler de ses vœux le retour de la dynastie des Bourbons, ce n'était guère que les deux faces d'une même pensée. Maine de Biran, depuis cette époque, demeura toujours attaché à la politique royaliste ; il fut jusqu'à la fin inébranlablement fidèle à cette cause. La dissolution du corps législatif l'avait momentanément rendu à la solitude ; ce fût dans sa campagne du Périgord qu'il assista de loin à l'invasion toujours plus complète du territoire, et à la première chute de l'empire. Il contracta à cette époque un second mariage qui ne lui donna pas d'enfants [1]. La restauration le rappela à Paris ; il reprit, pour la forme, l'habit de garde du corps dans la compagnie Wagram et fut immédiatement appelé à la chambre des députés ; les fonctions de questeur lui furent confiées le 11 juin. Il se reposait à Grateloup des travaux de la première session, lorsque la nouvelle du débarquement de Bonaparte vint le jeter dans une agitation fiévreuse. Il part en hâte pour Paris, où ses fonctions réclament sa présence. Le départ du roi décidé, il reprend avec M. Lainé le chemin du midi. Rentré dans sa retraite, dès qu'il est un peu remis du choc de

---

[1] La seconde femme de M. de Biran lui a survécu, elle est morte il y a peu d'années.

tant d'impressions diverses, il se décide à joindre à Bordeaux la duchesse d'Angoulême et M. Lainé qui s'était rendu auprès de cette princesse. Parvenu un peu au delà de Libourne, il trouve les passages interceptés par les troupes impériales, et doit regagner ses foyers. Des avis menaçants lui parviennent : sur les instances de sa famille, il abandonne sa demeure que la gendarmerie cerne et visite. Sa position de fugitif lui devient promptement à charge ; il forme la résolution de se mettre lui-même aux mains des autorités, et après deux entretiens successifs dans lesquels il fait connaître au préfet et au général commandant à Périgueux ses sentiments et ses intentions, il est rendu à la liberté et au repos.

La courte période de la première restauration r.:ait suffi pour lui inspirer un attachement sincère à la personne du roi, et ses affections avaient ainsi donné un appui nouveau à ses principes politiques. Pendant les *Cent-Jours* nulle pensée de faiblesse ne vint aborder son âme ; aussi, malgré l'extrême sévérité des jugements qu'il portait sur lui-même, il put écrire, en récapitulant ses impressions et ses actes de cette époque : *J'ai été assez content de moi*. L'idée de se rallier de nouveau au régime qui semblait renaître ne paraît pas même avoir effleuré son esprit ; étranger désormais à des événements sur lesquels il ne peut exercer d'influence, son seul désir est de s'enfermer dans sa solitude, de demander encore une fois aux travaux de l'esprit une diversion à sa profonde tristesse. Le journal intime de cette époque le montre en effet se livrant avec ardeur à la philosophie, et donnant le reste de ses journées à la vie de famille, à la société de ses voisins, et même à sa harpe longtemps délaissée. Il ne réussit pas toutefois à détourner sa pensée des grands événements qui viennent de s'accomplir. L'empire de Bonaparte relevé, c'est à ses yeux la révolution qui reprend son cours, la guerre au dehors, l'oppression et la souffrance à l'intérieur, c'est enfin l'avilissement de la nation française qui, oubliant tant d'expériences récentes, se livre elle-même à son oppresseur. A ces pensées, l'indignation et le découragement se partagent son âme, et la lecture du *Journal intime* prouve que la préoccupation de la chose publique lutte souvent avec avantage contre son désir de renouer en paix le fil de ses recherches métaphysiques. Nulle expression ne lui semble assez forte pour rendre les sentiments qui l'animent; il emprunte au livre de Job ses plaintes les plus amères, au prophète Isaïe ses plus redoutables menaces, et c'est avec les mélancoliques paroles qu'inspiraient à Jérémie les désolations de Jérusalem, qu'il pleure les malheurs auxquels la France lui semble réservée. Les citations de l'Ancien Testament abondent alors sous sa plume et prouvent que dès cette époque il lisait fréquemment le volume des saintes Ecritures.

Les événements se pressent; la nouvelle de Waterloo arrache le philosophe à ses travaux à peine repris. L'espoir rentre dans son cœur, mais l'inquiétude le balance. « Le parti républicain s'agite en ce moment, » écrit-il le 27 juin, « personne n'a encore prononcé le nom de » Louis XVIII et des Bourbons. La France semble dans la » stupeur, le cri national se fera-t-il bientôt entendre? » Vive le roi! sans le roi légitime point de salut. » Ses désirs furent exaucés, et, le 20 juillet, il venait occuper de nouveau au palais Bourbon l'appartement du questeur.

A partir de ce moment, la vie de M. de Biran revêt à l'extérieur un caractère très-uniforme. Sauf pendant la session de 1817, il siégea jusqu'à sa mort à la chambre des députés [1]. En octobre 1816, il fut nommé conseiller d'État en service ordinaire, attaché à la section de l'intérieur; il prit enfin une part assez active aux travaux du comité d'Instruction primaire que le préfet de la Seine avait constitué en 1815 pour l'introduction de l'enseignement mutuel. Passant seul à Paris la plus grande partie de l'année, il allait chaque automne en Périgord auprès de sa famille. En 1816 et 1819, sa santé toujours faible et quelquefois chancelante le conduisit aux eaux des Pyrénées. Une seule fois il sortit de France; ce fut pour parcourir, en 1822, quelques-uns des cantons suisses. Dans cette rapide excursion, il vit M. de Fellemberg à Hoffwyll, et fit à Yverdun la connaissance personnelle de Pestalozzi. Tels sont, avec les recherches philosophiques toujours poursuivies, les principaux éléments d'une existence assez peu accidentée.

Bien que siégeant à la Chambre et au conseil d'État, jamais, depuis 1813, M. de Biran n'apparaît sur le premier plan. Les succès oratoires lui étaient interdits; sa voix était si faible qu'il avait peine à se faire entendre dans une assemblée nombreuse; souvent il était obligé de faire lire le développement écrit de ses opinions par quelqu'un de ses collègues. Il était toujours près de perdre contenance lorsqu'un grand nombre de regards se fixaient sur lui; c'est avec angoisse que, dans des occasions assez rares, il monte lui-même à cette *redoutable tribune*, comme il l'appelle, et plus d'une fois, en en descendant, il forme le projet de ne jamais y reparaître. Toutes ses

---

[1] Il présida en octobre 1816, en septembre 1817, et en octobre 1820, le collège électoral de Périgueux; en mai 1822 et en février 1824, le collège de Bergerac. Il fut réélu député en 1817, 1822 et 1824.

qualités d'ailleurs étaient précisément l'inverse de celles qui font l'orateur. Le besoin de creuser toujours en profondeur au lieu de s'étendre en surface, l'habitude de repousser, comme autant d'obstacles dans la recherche de la vérité, les élans de l'imagination et les suggestions des sentiments passionnés : c'étaient là les dispositions directement contraires à celles que réclament les luttes des assemblées parlementaires, et ces brillants tournois de paroles dans lesquels les conseils d'une raison sévère ne sont trop souvent que des armes émoussées. Mais la disposition qui, plus que toute autre, éloignait Maine de Biran des succès de la tribune, comme aussi de l'ambition d'un homme d'État, c'était l'absence d'un intérêt vrai pour cet ordre de choses : une grande position dans le monde politique ne répondait pas mieux à ses facultés et à ses goûts que l'administration d'une sous-préfecture. De loin en loin le succès de tel de ses collègues, la place éminente occupée par son ami Lainé, éveillaient en lui quelques germes d'émulation ; mais ce n'étaient là que des mouvements fugitifs, durant peu et disparaissant sans laisser de traces. Par instinct, par habitude, par réflexion, il plaçait ailleurs que dans la politique ce qui fait le prix de l'existence. Ses impressions à cet égard se traduisent par cette formule qui revient souvent sous sa plume : « J'erre comme un somnambule » dans le monde des affaires. » Ses papiers sont là pour établir que, sauf dans des moments de commotion extraordinaire, une puissance presque irrésistible détournait son esprit du théâtre orageux des affaires publiques pour le conduire dans le paisible domaine de la spéculation. Un cahier qu'il destinait à recueillir des notes sur l'histoire contemporaine revêt bientôt le caractère prédominant d'une série d'ébauches sur la nature humaine ;

ses carnets présentent quelques notes assez rares relatives aux délibérations du conseil d'État, perdues au milieu de réflexions psychologiques. Il fallait que le sentiment du devoir vînt incessamment le soutenir dans une carrière où les mobiles ordinaires lui faisaient défaut. C'est sous l'empire de ce sentiment qu'il traçait les lignes suivantes sur son agenda de poche de 1815 : « Je vais
» faire partie d'une assemblée qui doit décider du sort de
» la France. Quel rôle suis-je appelé à y jouer ? Je met-
» trai de côté toute vanité, tout sentiment personnel ; je
» serai de bonne foi dans l'assemblée. Qu'importe ce
» qu'on pensera de moi, si j'ai rempli le devoir pour le-
» quel je suis envoyé ? » On serait heureux de rencontrer de telles paroles dans les papiers d'un grand nombre d'hommes d'État.

Les circonstances amenèrent M. de Biran à être un homme politique, les liens de l'habitude l'enchaînèrent à cette carrière, mais jamais il ne la poursuivit avec une volonté réfléchie. Ce n'est pas à dire qu'il ne se laissât préoccuper et inquiéter par les émotions journalières, nées des événements. Si *l'intérêt dans le calme* est la condition du bonheur, c'était une position malheureuse que celle d'un homme qui s'agitait pour des choses qui, dans le fond, lui demeuraient indifférentes. Aussi Maine de Biran s'afflige de cet entraînement qu'il subit sans y consentir ; il tourne des regards d'envie vers ces temps heureux de la monarchie, où les débats de la Chambre et les séances du conseil d'État n'arrachaient pas les hommes de lettres à la solitude du cabinet ; il forme des plans de retraite, il médite de rompre tous les liens qui l'enveloppent et de se remettre exclusivement à ses études chéries. Rien de plus simple, semble-t-il, que l'exécution de ces projets. Le

moment propice arrive : le temps des réélections à la Chambre est venu ; le philosophe se rend en Périgord ; un mot à ses électeurs va suffire ; ses chaînes tombent, et il est rendu à la liberté. Ce mot, vous l'attendez en vain ; l'habitude l'emporte, les impressions du moment étouffent tous les désirs antérieurs ; Maine de Biran est presque aussi préoccupé de sa réélection qu'un ambitieux pourrait l'être. Ce désaccord pénible entre le genre de vie qu'il s'imposait lui-même, et cependant malgré lui, et la vie à laquelle il se savait réellement propre, redouble lorsque les préoccupations deviennent plus intenses. En décembre 1818, une crise ministérielle éclate ; Maine de Biran trace les lignes suivantes : « J'ai passé tout mon temps au
» ministère de l'intérieur, occupé de causeries sur le su-
» jet du jour. Que me font tous les changements de minis-
» tres et toutes les tracasseries des hommes avides de pou-
» voir, tous ces mouvements orgueilleux et insensés de
» petits hommes qui croient chacun commander au destin
» dont ils sont les instruments ? Pourquoi ne me tiens-je
» pas tranquille, borné au rôle d'observateur qui me con-
» vient uniquement, triste témoin des déchirements et de
» la dissolution de notre patrie que je ne puis servir au-
» trement que par des vœux impuissants, le ciel m'ayant
» refusé l'énergie de corps et d'âme nécessaire pour in-
» fluer sur les hommes et sur le temps et le lieu où l'on
» vit ? Cette vérité de sens intime devrait me rendre tran-
» quille, et pourtant je m'émeus, je m'agite avec toute le
» monde, oubliant la véritable place qui me convient et
» mon rôle passif d'observateur, aspirant quelquefois à
» influer comme les autres. Fatigué de ces efforts inu-
» tiles, je perds toute contenance, tout aplomb, et je suis
» averti par la conscience intérieure de la platitude de

» mon rôle, chose dont les autres hommes ne s'aper-
» çoivent pas. *Quousque ?*

Le rôle d'observateur était véritablement celui qui lui convenait, et c'est l'appréciation des événements publics, et non le récit de circonstances particulières et peu connues qui fait l'intérêt de la partie politique du *Journal intime* [1].

M. de Biran était royaliste. Ce fait est suffisamment

[1] Il serait facile de faire un volume en réunissant les discours prononcés à la chambre par M. de Biran, la partie politique de son journal et quelques manuscrits d'un caractère analogue. Mais les sources de l'histoire de France sous l'Empire et la Restauration sont si nombreuses déjà, qu'une publication de cette nature serait peut-être superflue.

Les discours de M. de Biran à la chambre sont reproduits soit dans le *Moniteur*, soit dans des brochures. En voici la liste, *Octobre* 1815 : Proposition relative à quelques changements au règlement de la chambre. — *Janvier* 1816 : Opinion sur le projet de loi d'amnistie. (Il se prononce pour l'amnistie telle qu'elle a été proposée par le roi.) — *Mars* 1816 : Opinion sur les traitements. (Il demande une exception à la loi contre le cumul en faveur des professeurs et des savants.) — *Avril* 1816 : Opinion sur la proposition de M. Lachèze-Murel tendant à supplier le roi de faire proposer un projet de loi pour rendre aux curés et desservants les fonctions d'officiers de l'état civil, et l'attribuer aux ministres des autres cultes chrétiens. (Il repousse la proposition.) — *Décembre* 1817 : Opinion sur le projet de loi relatif à la répression des abus de la liberté de la presse. (Il accepte le projet.) — *Février* 1818 : Opinion sur des modifications proposées au règlement de la chambre. — *Mars* 1819 : Opinion sur la résolution de la chambre des Pairs relative à la loi des élections. (Il adopte la résolution.) — *Mars* 1820 : Développements de la proposition de M. Maine de Biran sur les pétitions (imprimés par ordre de la chambre). — *Janvier* 1821 : Opinion sur la nécessité d'introduire quelques modifications dans le règlement de l'assemblée. — *Mai* 1821 : Opinion sur le projet de loi relatif au clergé. (Il se prononce pour le projet.)

établi par ce qui précède; ce qui reste à constater, c'est dans quel sens et par quels motifs il consacra sa carrière publique tout entière à la défense des droits et des prérogatives de la couronne.

Le repos, l'ordre : telle est en matière politique son invariable devise. L'observateur le plus superficiel saisira la relation de cette tendance de son esprit avec sa constitution physique et morale. Impressionnable comme il l'était, ressentant dans le trouble de ses sentiments et même dans le désordre de son organisation, le contre-coup douloureux des commotions extérieures, il ne pouvait contempler qu'avec effroi le spectacle des tempêtes politiques. D'autres ont besoin des excitations du dehors pour se sentir exister; il leur faut de fortes secousses pour préserver de la langueur une nature qui s'affaisse dans le calme. Il portait, lui, dans ses nerfs agités, dans les mille variations d'une sensibilité presque fébrile, une source de mouvement qui n'était que trop abondante. Une base fixe, un point d'appui constant, tel était, nous l'avons vu, le premier désir de son âme; lorsqu'il portait sa pensée sur les faits sociaux, ce désir se manifestait avec autant d'énergie qu'en toute autre occasion. Il n'est pas rare qu'on souhaite la paix au dehors, avec d'autant plus de vivacité qu'on la trouve moins au dedans de soi. Les vues de M. de Biran sur la marche des sociétés se rattachent donc par un lien assez étroit à sa nature personnelle. On ne saurait toutefois, sans faire injure à sa mémoire, expliquer uniquement par les faits de cet ordre la ligne de conduite qu'il adopta. Une politique qu'on pourrait nommer politique d'instinct, trouva une base plus ferme dans ses opinions réfléchies.

On ne peut pas établir entre la théorie de l'*Essai sur les fondements de la psychologie*, et les votes du questeur de la chambre, un lien direct et immédiat. Il n'est pas impossible, cependant, de découvrir une tendance commune à la politique de M. de Biran et à sa philosophie. En métaphysique, il avait restauré les droits de la volonté, qui fait la personne. C'est encore dans la valeur accordée à la personne humaine, qu'est le point de départ de sa doctrine sociale. Si sa vie se fût prolongée, nul n'eût été mieux préparé à combattre, au nom de la vraie science, au nom de l'observation réelle des faits, ces modernes théories qui sacrifient le citoyen à l'État, l'homme à l'humanité ; le socialisme, sous toutes ses formes, n'eût pas rencontré de plus ardent adversaire, puisque le socialisme n'est autre chose, dans son principe, que la négation de la valeur et des droits de la liberté personnelle. Aux yeux de M. de Biran, la seule fin légitime de l'état était de placer chaque individu dans un milieu convenable pour son développement normal. « Il m'est bien évident, écrit-il, » que le seul bon gouvernement est celui sous lequel » l'homme trouve le plus de moyens de perfectionner sa » nature intellectuelle et morale et de remplir le mieux » sa destination sur la terre.[1] » Dans cette destination, il ne faisait pas entrer l'idée de l'exercice des droits politiques : un homme, à ses yeux, pouvait être un homme complet sans avoir à déposer son suffrage dans l'urne électorale. Il considérait l'état politique, non comme un but à réaliser, mais comme un simple moyen pour la réalisation du vrai but : le bien véritable de chacun des membres du corps social. Que demander dès lors à l'état politique d'une nation ? Non pas d'être conforme à tel ou tel système, mais de fournir à chaque citoyen la garantie de

---

[1] 12 juillet 1818.

ses intérêts de toute nature : l'ordre qui assure le repos.

Le repos réclamé par les intérêts matériels des peuples est réclamé encore par des intérêts d'une nature plus élevée. Dans les temps de crise, l'ordre politique, qui ne doit jamais être qu'un moyen, devient un but. Influer, parvenir, est alors le mobile universel ; chacun s'absorbe dans une action purement extérieure, et au sein de préoccupations passionnées, néglige les intérêts de son développement intérieur, les seuls véritables ; les événements du jour font oublier le monde invisible. Ces dangers qui sont la condition habituelle des hommes d'État, se généralisent et atteignent toutes les classes de la société lorsque la préoccupation politique devient universelle. Il y a plus : les commotions sociales excitent des passions basses et cupides, et fournissent à l'orgueil, à la vanité des aliments continuels. Les crises publiques allument les haines et placent les hommes en face de leur semblables comme des ennemis ou des rivaux ; l'ambition, la jalousie, le besoin de parvenir, l'esprit de révolte et l'esprit de domination, toutes ces dispositions funestes que les troubles civils excitent ou fortifient sont directement contraires à la véritable culture des âmes. Cette culture est la vraie liberté, la liberté à laquelle une créature raisonnable doit attacher le plus haut prix ; c'est donc en se plaçant au point de vue le plus élevé qu'on peut dire que « le repos est le plus grand besoin de la société [1]. »

Ce repos, comment y parvenir ? Ce n'est pas, répond M. de Biran, à la souveraineté du peuple qu'il faut le demander. Sans parler de ces exemples odieux qui n'établissent que trop que la souveraineté du peuple est sou-

[1] 11 octobre 1817.

vent le manteau dont se recouvre un despotisme abject, comment chercher une base fixe dans les impressions fugitives, dans les caprices de la foule? La multitude, cédant aux émotions qui l'animent tour à tour, obéit un jour à une généreuse impulsion, mais applaudit le lendemain à la violence et à l'injustice. On ne construit rien de solide sur le sable mouvant des opinions populaires ; vouloir puiser l'ordre social à cette source serait agir comme un homme qui cherche le repos en s'abandonnant à toutes les impressions de ses sens, à toute la mobilité de ses désirs. « La souveraineté du peuple correspond en politique » à la suprématie des sensations et des passions dans la » philosophie et la morale [1]. » Le repos de la société qu'on ne peut attendre de la souveraineté du peuple, il ne faut pas l'attendre non plus du règne de la force matérielle, du despotisme d'un seul. Le despotisme n'est le repos qu'en apparence ; la contrainte n'est pas le calme. D'ailleurs, comme le but dernier de l'ordre social est la protection du libre développement de chacun, un gouvernement qui ne maintient une paix extérieure que par la destruction violente de toute liberté individuelle, manque par cela même au premier but de son institution. Il faut donc trouver une voie moyenne entre le despotisme et la souveraineté du peuple, qui n'est encore que le despotisme sous une autre forme. Cette voie moyenne est l'existence d'une *autorité* élevée par une adhésion unanime et traditionnelle, au-dessus de toute contestation. Un pouvoir appuyé sur la foi politique des peuples et non sur la force des armes ou sur les passions de la multitude, assure seul à la société cet ordre véritable, qui est le juste mélange de la puissance

---

[1] 30 janvier 1821.

du gouvernement et de la liberté des citoyens. Or, l'idée de la *légitimité* est éminemment propre, par les sentiments qu'elle inspire, à atteindre ce but; car elle obtient soumission volontaire pour le présent et confiance pour l'avenir. La succession à la couronne ne peut être interrompue que par une puissance qui se place de fait au-dessus de l'autorité royale. Cette puissance est celle d'une foule insurgée ou celle d'un usurpateur; dans les deux cas le règne de la force se substitue à celui de l'adhésion traditionnelle et paisible des peuples. « Hors de la légiti- » mité je ne vois qu'anarchie ou despotisme [1]. »

Telles sont les vues politiques de M. de Biran, résultat assez naturel des dures expériences par lesquelles il avait passé. Après les excès de la révolution qui condamnaient sans retour à ses yeux la théorie de la souveraineté du peuple, après l'empire qui lui avait appris à redouter la main de fer du despotisme militaire, il demandait à la paisible puissance du trône le repos, l'ordre et la garantie de toutes les libertés. S'il ne crut pas au droit divin des Bourbons, il crut à la nécessité sociale de la dynastie. Il eût accepté volontiers pour le résumé de ses opinions ces brèves et sentencieuses paroles que Royer-Collard adressait en 1816 aux électeurs de la Marne : *Le roi c'est la légitimité, la légitimité c'est l'ordre, l'ordre c'est le repos.*

Maine de Biran, tout préoccupé de la restauration de la puissance royale, faisait assez bon marché des pouvoirs et des prérogatives de la chambre; il aurait consenti volontiers à voir ce corps réduit au rôle d'un conseil de la couronne, fait pour éclairer le monarque et jamais pour le dominer. L'état moral de la réunion des députés de la

---

[1] 12 novembre 1818.

France lui cause souvent de l'irritation : « Dans nos
» grandes assemblées, tout est pour la vanité, rien pour
» la vérité, » écrit-il en 1816 ; et en 1820, après une plus
longue expérience : « Passions, intérêts personnels, men-
» songes perpétuels, comédie... voilà le gouvernement
» représentatif. » Ces appréciations sévères ne sont pas les
motifs les plus sérieux de son opposition à l'extension de
la puissance parlementaire. Le pouvoir de la chambre,
c'est le pouvoir démocratique, toujours envahissant de sa
nature et qui ne peut s'étendre sans menacer les bases
mêmes de la monarchie. Les députés de la nation cessent-
ils de faire preuve de ce respect de l'autorité, de cette fidélité au monarque dont ils doivent donner l'exemple ?
Veulent-ils gouverner eux-mêmes, au lieu de prêter leur
concours au gouvernement du roi ? Dès lors les rôles sont
intervertis, la base de l'ordre politique est ébranlée, et la
révolution recommence. L'état particulier de la France
ajoute un nouveau poids à ces considérations. Sur ce sol
si cruellement labouré, deux partis et comme deux peuples
se trouvent en présence, animés de passions hostiles
prêtes à reprendre au moindre souffle leur redoutable
énergie. A ces partis en lutte il faut un médiateur ; or,
ce n'est pas dans une assemblée que la puissance médiatrice peut résider. Cette assemblée en effet est composée
d'hommes des deux factions entre lesquelles le pays se
divise ; née de la lutte des partis, elle les représente.
L'assemblée gouverne-t-elle au gré d'une majorité chan-
geante ? le pays est condamné à passer tour à tour de la
domination d'un parti à la tyrannie d'un autre. La force
médiatrice doit venir du dehors et du plus haut ; c'est dans
le monarque seul qu'elle peut résider. « On aurait tout
» accordé au roi, on aurait subi sa loi telle quelle, mais

» la domination d'une majorité d'assemblée froisse, irrite
» tous les amours-propres : on ne consent pas à céder à
» ses égaux. Pour terminer la révolution, il ne fallait
» pas d'assemblée délibérante, mais un pouvoir dictato-
» rial qui aurait uni à la bonté, à la clémence, beaucoup
» d'énergie et de fermeté. Nous sommes encore dans
» l'ornière révolutionnaire [1]. »

Il fallait donc que le monarque fût puissant, et, pour être puissant, il fallait qu'il fût libre. Il ne devait pas plus subir le joug des amis de la monarchie que celui des hommes qui pouvaient regretter la république ; sa cause, enfin, devait être nettement séparée de la cause à jamais perdue de l'ancien régime et des priviléges de la noblesse. Un double danger menaçait la couronne : le triomphe des libéraux, qui ne la voulaient pas, ou ne la voulaient pas sérieuse ; le triomphe des *ultra*, qui cherchaient surtout à revenir aux abus d'un autre temps, ou à satisfaire un aveugle instinct de vengeance. Ces deux factions avaient en leur faveur toute la fougue des passions ; il fallait opposer avec une égale insistance, à leurs prétentions rivales, les conseils d'une saine raison et les vrais intérêts de la France ; il fallait amener les parties belligérantes à déposer les armes et à s'abriter ensemble sous la puissance bienfaisante du trône.

Fidèle à ce point de vue purement royaliste, M. de Biran siégea successivement dans deux parties opposées de la chambre, sans cesser d'obéir à la même conviction. Il avait accueilli la première restauration comme une délivrance inespérée. En réfléchissant sur les événements des *Cent-Jours*, il n'avait pu méconnaître que les propos im-

[1] 17 mars 1816.

prudents de la noblesse, en inquiétant le peuple dans ses intérêts et la bourgeoisie dans sa vanité, avaient beaucoup contribué à préparer cette mémorable péripétie. Dans cette chambre *introuvable*, de 1815, que Louis XVIII dut dissoudre, la couronne lui parut surtout menacée par les ultra-royalistes qui, sous prétexte de zèle, voulaient forcer la main au monarque, et tendaient ainsi à anéantir la prérogative royale : il siégea donc sur les bancs de la minorité. — De retour dans son département, il manifesta hautement son opinion, et, comme les électeurs avaient besoin d'un représentant qui partageât leur fureur réactionnaire, il ne fut pas renvoyé à la chambre. Ce fut alors que le gouvernement, comme pour réparer une injustice commise, l'appela au conseil d'État. Un esprit plus modéré prévalut en 1817, et il fut revêtu de nouveau des fonctions de député, que dès lors il ne devait plus abandonner. Bientôt il dut constater que les dangers, sans changer de nature, avaient changé d'origine. Il écrit au mois de juillet : « Je m'agite depuis quelque temps avec
» autant d'inquiétude et d'impatience contre les ultra-
» libéraux que je le faisais il y a un an contre les ultra-
» royalistes. Je vois le danger d'un côté opposé à celui où
» je le voyais alors ; je lutte contre ce qui m'environne en
» faveur de la monarchie, et je vois avec inquiétude que
» les sentiments, les habitudes monarchiques sont tout à
» fait détruits. Dans les hommes d'aujourd'hui, la ten-
» dance est toute républicaine. Qu'arrivera-t-il de là ? Le
» présent est gros de révolutions [1]. » Ces lignes signalent le moment où l'auteur se sépare de l'opposition libérale dans les rangs de laquelle il avait siégé à une précédente

---

[1] 31 juillet 1817.

législature. Elles établissent aussi très-clairement les motifs de ce changement de position, qui n'était que la conséquence de la fidélité à un principe. L'homme qui n'avait d'autre but que de maintenir intacte la puissance royale, devait se porter sur les points où cette puissance était le plus directement menacée, sans considérer s'il conservait ou non les mêmes compagnons d'œuvre. Maine de Biran, du reste, ne cessa de constater jusqu'à la fin ce qu'il y avait de funeste dans les exagérations du parti royaliste. Comprenant bien que le désir de restaurer les anciens priviléges ne pouvait conduire qu'à une catastrophe, il déplorait un esprit de réaction aveugle; il s'indignait surtout de voir le roi paralysé dans son action par des hommes qui se disaient ses partisans. Il écrit, en 1821 : « Nous » sommes dans le faux en toutes choses... les plus ardents » royalistes sont ceux qui portent les plus terribles coups » au pouvoir monarchique, en prétendant le maîtriser, le » diriger à leur manière. La république est au moins au- » tant du côté droit que du côté gauche [1]. » Cependant, tout en voyant le danger des deux côtés, il estima que la puissance hostile, qui seule créait des dangers sérieux, se trouvait dans le parti libéral; les excès du royalisme ne lui paraissaient guère à craindre qu'en vue de la réaction qu'ils devaient provoquer.

Des convictions de cette nature étaient pour le questeur de la chambre la source de vives inquiétudes. En présence de l'esprit révolutionnaire à peine éteint, et déjà prêt à se rallumer, partagé entre les lugubres souvenirs qui se retraçaient à sa mémoire et les noires prévisions dont il était assiégé, il disait avec Chimène :

[1] 31 janvier 1821.

Le passé me tourmente et je crains l'avenir.

Ses prévisions s'assombrissent d'année en année. Dans mainte page du *Journal intime*, des commotions nouvelles sont ici vaguement entrevues, là clairement prophétisées. La révolution du Piémont, succédant aux autres révolutions du midi de l'Europe, vient mettre le comble aux inquiétudes de l'auteur et lui inspire les réflexions suivantes : « Cet état des sociétés est nouveau et n'a
» d'exemple que dans l'histoire du Bas-Empire, lorsque
» les soldats disposaient de tout et que les peuples étaient
» plongés dans l'incurie et l'avilissement. Mais la civili-
» sation, les lumières de l'esprit étaient alors bien en ar-
» rière de ce qu'elles sont aujourd'hui. Que doit-il arriver
» de cette combinaison d'un état de civilisation aussi
» avancé que l'est celui des sociétés actuelles de l'Europe,
» ou plutôt de la grande société européenne, avec l'ab-
» sence ou le discrédit de toutes les institutions politiques
» et religieuses qui ont paru jusqu'ici les plus propres à
» donner de la stabilité aux nations ou à maintenir l'ordre
» social? Dieu le sait et le temps nous l'apprendra. Ce
» qu'il y a de certain, c'est que les trônes ne sont plus
» entourés de la force et de la majesté nécessaires pour
» pouvoir protéger efficacement l'ordre public des sociétés
» où ils sont établis : ils ne peuvent plus communiquer
» aux institutions émanées d'eux la permanence, la force
» et le respect qui leur manquent. Il faut pourtant que les
» sociétés soient gouvernées ou qu'elles se gouvernent
» elles-mêmes. N'est-ce pas précisément par les mêmes
» causes qu'elles sont aujourd'hui si difficiles à être gou-
» vernées et impuissantes à se gouverner elles-mêmes?

» Il n'y a point d'amour de liberté et d'égalité sans éléva-
» tion de caractère moral, sans désintéressement de soi-
» même. Jamais ce désintéressement ne fut plus rare, ja-
» mais les hommes, plus concentrés dans leurs intérêts
» propres, ne furent moins gouvernés par des idées ou des
» sentiments expansifs. On a comparé le mouvement ac-
» tuel des sociétés en Europe à celui qui eut lieu à l'épo-
» que de la réformation religieuse. Mais c'étaient alors des
» idées et des sentiments qui entraînaient les esprits;
» l'ordre social demeurait assis sur ses bases, la réforma-
» tion ne prétendait pas s'étendre jusque-là. Ici ce sont
» des barbares armés qui ont en haine l'ordre qui les
» protége et n'aspirent qu'à le renverser violemment [1]. »

De semblables craintes attristèrent jusqu'a sa fin celui qui avait tracé ces lignes. Mort en 1824, il ne vit pas s'accomplir les événements qu'il avait prévus. On peut apprécier ces événements de différentes manières; on ne saurait méconnaître que ce qu'il avait craint et annoncé est précisément ce qui s'est passé sous nos yeux.

[1] 15 mars 1821.

IV

Maine de Biran à Paris.

Développement religieux. — Dernière direction de ses travaux philosophiques.

Tandis que dans la vie publique, M. de Biran se sentait assailli de mille inquiétudes, dans la vie intérieure, il s'élevait, au travers de bien des luttes, à une vue de plus en plus sereine et complète des choses de l'âme. Y a-t-il un point d'appui et où est-il? A cette question depuis longtemps posée, M. Biran, éclairé par une première expérience, avait répondu : « Ce point d'appui ne peut se trouver au dehors, les objets passagers du monde qui nous entoure ne sauraient nous donner le repos, » et il inclinait au stoïcisme, à la doctrine qui fait chercher dans la seule force de l'âme le point d'appui nécessaire. Au sein des commotions qui amenèrent à deux reprises la chute de l'empire, l'expression de ses besoins intérieurs revêtit une nouvelle forme. L'instabilité des choses humaines était écrite dans ces événements avec des caractères trop visibles pour que son esprit, mûri par les années, n'en reçût pas instruction. Pendant les *Cent-Jours*, ses espérances furent détruites, son avenir se trouva compromis, son présent était incertain. Froissé dans toutes ses convictions, inquiet pour lui-même et pour sa famille, il fut comme contraint à chercher, pour y reposer son âme, une pensée

fixe, une pensée éternelle : « Pour me garantir du déses-
» poir, » écrit-il à cette époque « je penserai à Dieu, je
» me réfugierai dans son sein [1]. »

Ce recours à Dieu signale un moment décisif dans l'état intérieur de M. de Biran. La religion n'est plus ici, comme en 1794, une poétique et douteuse espérance, ou un élément nécessaire à la stabilité des institutions sociales; c'est un besoin personnel, une aspiration qui est le résultat de l'expérience la plus intime. Dieu jusqu'ici n'avait joué aucun rôle dans les théories philosophiques de l'auteur; ses recherches, relatives uniquement aux éléments constitutifs de la nature humaine, s'étaient maintenues dans une sphère où les questions religieuses n'apparaissaient pas. L'idée de Dieu ne se manifesta donc pas en premier lieu dans son intelligence, pour devenir ensuite l'objet des sentiments de son cœur. Ce fut au contraire le besoin de Dieu qui, faisant irruption dans son âme, appela l'idée de Dieu dans son esprit. Il est nécessaire de bien constater ce fait pour saisir sous son aspect véritable la nouvelle période dans laquelle nous entrons. La pensée de Dieu ne fut pas pour Maine de Biran un point de doctrine, une thèse logiquement démontrée, mais la réponse à ce besoin d'appui qui fait de toutes manières le trait caractéristique de son développement intérieur. Avant d'aborder les conséquences de ce fait capital, il faut fixer notre attention sur les expériences intimes qui furent le résultat de cette vie de Paris dont nous n'avons considéré jusqu'ici que la partie extérieure.

Placé définitivement après la seconde restauration au sein du mouvement social de la capitale, le questeur de la

[1] 16 avril 1815.

chambre fut bientôt entraîné par le tourbillon. Bien que son travail de cabinet ne fût jamais entièrement interrompu, la vie du monde consuma une partie assez considérable du temps dont les affaires publiques le laissaient disposer. D'anciennes habitudes se réveillaient sous l'empire des circonstances, et il s'abandonnait facilement, quitte à s'en faire ensuite des reproches, à son instinct de sociabilité. Un spectateur étranger pouvait le juger dans son élément lorsqu'il se livrait, dans un cercle choisi, aux charmes de la conversation. Un grand fonds de bienveillance, une politesse exquise, une foule d'aperçus heureux provenant d'un esprit cultivé par la réflexion, lui conciliaient la faveur générale et semblaient faire de lui un homme du monde, dans le meilleur sens de ce mot; mais il payait cher les succès de cet ordre et les jouissances momentanées qu'il pouvait rencontrer dans les salons de Paris. Une voix intérieure lui répétait sans cesse que tandis qu'il se livrait ainsi au mouvement du dehors la vie intérieure tendait à s'affaiblir. N'avait-il rien de mieux à faire qu'à user dans des conversations, toujours comparativement frivoles, des facultés dignes d'un meilleur emploi? Ne lui suffisait-il pas de passer de longues heures dans des corps politiques où il aurait mieux fait de ne pas être, sans consumer le reste de son temps dans des réunions insignifiantes? « Pourquoi vais-je dans le grand
» monde? Est-ce que je suis homme de salon? Quel rap-
» port y a-t-il entre ces hommes et moi [1]? O misère que
» cette vie de Paris où je perds tout ce que je vaux [2] ! »
Ces plaintes remplissent le *Journal;* elles sont d'autant

[1] 8 janvier 1817.
[2] 20 novembre 1818.

plus vives que l'auteur semble méconnaître les avantages réels qu'offre sa nouvelle résidence pour le développement de sa pensée. A la solitude de son département il voyait succéder autour de lui le mouvement intellectuel d'une des belles périodes des lettres françaises; une société philosophique le réunissait à de courts intervalles à des hommes tels que MM. Royer-Collard, Ampère, Cousin et Guizot; mais les ressources extérieures étaient de peu de prix aux yeux du philosophe de Bergerac. Un regard persévérant attaché sur les faits de l'âme était pour lui la seule condition de la science : comme Descartes, il ne connaissait pas d'autre voie pour parvenir à la vérité, que se rendre attentif dans le silence et la solitude à la lumière intérieure. Rien ne s'accordait moins avec une telle vue que le séjour de Paris, la chambre, le conseil d'Etat et les salons.

Un théâtre sur lequel le résultat des travaux de la pensée pouvait se produire avec éclat, n'avait rien non plus de propre à le captiver. La gloire entrait pour bien peu de chose dans les motifs qui l'excitaient au travail : le désir de fixer l'attention des autres lui semblait la disposition la plus contraire à la recherche de la vérité. Il va si loin dans cette conviction, qu'il semble admettre entre le succès d'une pensée et sa vérité une opposition absolue; l'éclat que peut répandre au dehors une découverte philosophique lui paraît presque une preuve que la découverte n'est pas réelle, et que l'imagination qui séduit la foule a remplacé chez l'auteur cette réflexion calme et profonde qui n'est jamais appréciée que du petit nombre. Satisfait de penser pour lui-même, il éprouvait donc au moindre degré possible le désir de propager ses idées, d'agir sur les autres, de se faire des disciples. Paris était certainement un milieu plus convenable que Bergerac, pour y fonder une école philosophique ; mais fonder une école, c'est à quoi M. de Biran n'a jamais songé. On peut apprécier diversement cette absence de tout esprit de prosélytisme ; mais ce qui doit honorer sa mémoire, c'est le caractère profondément désintéressé de ses recherches. La vérité lui sembla toujours une suffisante récompense des travaux qu'elle réclame ; faire de sa réputation de métaphysicien un moyen de parvenir dans le monde est une idée qui n'aborda jamais son esprit ; jamais il n'abaissa la science jusqu'à en faire un moyen dans la poursuite d'intérêts d'un ordre inférieur.

Il est digne de remarque du reste que l'esprit du monde ne le suivait nullement dans le silence du cabinet. Désireux de plaire dans les réunions qu'il fréquentait, et susceptible de quelques mouvements de vanité, il semble qu'il dépose ces sentiments en quittant les salons à la porte desquels il avait pu les revêtir. Dès qu'il est seul, il se retrouve en face de lui-même, en présence des besoins de son âme ou des recherches de sa pensée, et les bruits du dehors n'ont plus d'écho dans le sanctuaire intime. Le *Journal* présente à cet égard un fait trop caractéristique pour être passé sous silence. Dans ce recueil volumineux où sont consignés souvent les incidents les plus ordinaires de la vie de tous les jours, il ne se trouve pas un mot qui ait trait aux distinctions honorifiques dont l'auteur fut l'objet. La croix de Saint-Louis qu'il reçut le 5 juillet 1814, les grades d'officier, puis de commandeur de la Légion d'honneur, qui lui furent accordés le 23 décembre 1814, et le 27 avril 1819, n'obtiennent pas la mention la plus légère dans ces cahiers où les moindres variations de la température et les modifications les plus fugitives de l'âme sont scrupuleusement enregistrées.

La vie de Paris, si bien faite pour les hommes aux yeux desquels la culture de la pensée est avant tout un instrument de puissance ou de renommée, était donc à charge de toutes manières à M. de Biran. Se trouvant déplacé dans les assemblées politiques, déplorant le temps qu'il perdait dans le monde, redoutant les mille distractions de ce centre de mouvement et de bruit, ne demandant rien à ce foyer de gloire intellectuelle, il gémissait sur les liens qui l'enchaînaient à la capitale. Ces liens, il était en son pouvoir de les rompre : il y aspire, il en forme le projet; mais la volonté lui manque; une puissance à laquelle il ne sait résister, une sorte de fatalité inexorable le ramène sans cesse à cette vie de Paris qu'il maudit et dont il a besoin. Il épuise donc l'expérience du genre de vie auquel il reste comme enchaîné; et d'année en année il acquiert une conviction plus profonde que, dans les corps politiques ni dans les salons, dans les affaires de l'État ni dans la vie du monde, il ne saurait rencontrer cet intérêt calme et constant, ce repos de l'âme, première condition du bonheur.

L'enseignement fut complet et porta ses fruits. Revêtu de charges publiques importantes, jouissant d'une haute considération scientifique auprès des hommes capables de l'apprécier, Maine de Biran n'était pas heureux ; un amer sentiment de vide le poursuivait, sa vie morale manquait de base. On ne le voit jamais demander le bonheur à une position plus haute, à de plus grands revenus, à une réputation plus étendue : il sait qu'il ne trouverait dans cette voie que déceptions et mécomptes, il le sait de cette science profonde qui arrête jusqu'aux désirs de l'imagination. Lorsque, fatigué du tourbillon de la société et du tumulte des affaires, il se recueille un moment et laisse

7.

ses vœux prendre un libre essor, c'est dans sa terre du Périgord que sa pensée le transporte. Une vie solitaire, des soins consacrés à l'éducation de ses enfants, dont il vivait trop séparé, les joies paisibles de la nature, ses études chéries dont rien ne viendrait plus le distraire : tels sont les tableaux dans lesquels son âme se complaît. Ce qu'il demande avec le poëte, c'est :

<blockquote>
La douce solitude,
Le jour semblable au jour lié par l'habitude.
</blockquote>

Le bonheur que le séjour de la capitale lui refuse, c'est dans la retraite qu'il le place, dans la retaite qu'il a aimée dès sa jeunesse et qui lui réserve, pense-t-il, des jours de paix et de tranquillité pour le soir de sa vie. L'automne arrive avec ses loisirs. Libre de quitter Paris, il se hâte de partir ; il arrive chez lui, il retrouve sa famille, et les souvenirs de ses premières années ; la suspension des affaires publiques lui permet de goûter tous les charmes de cette vie retirée qu'il ambitionne. Son cabinet de travail, ses livres, ses manuscrits, sont à sa disposition. Hélas ! de nouveaux mécomptes l'attendent. La solitude est monotone pour qui a connu une vie plus animée; le foyer domestique fatigue quelquefois par sa tranquillité même; le travail de l'esprit procure de douces et nobles joies, mais il est difficile de s'y adonner avec la persévérance nécessaire. On s'agite lors même qu'on est seul avec ses idées ; on erre dans une bibliothèque comme dans les rues d'une cité; on se dissipe avec les livres aussi bien qu'avec les hommes. Pour être douce, l'étude doit être paisible, et on ne réussit pas toujours à lui donner ce caractère. Toute disposition n'est pas également propre au travail, il est des heures, des jours où l'esprit, inactif malgré tous les efforts, retombe sur lui-même et s'affaisse dans une désolante langueur. L'étude, d'ailleurs, donne-t-elle ce qu'elle semble promettre? Si le voile qui couvre la vérité semble se lever un instant, ne le voit-on pas souvent retomber ensuite plus lourd et plus sombre qu'auparavant? La retraite et le travail, pas plus que les agitations de la vie sociale, ne sauraient donner le bonheur : les affections les plus douces laissent des intervalles vides dans le cœur ; les labeurs de l'esprit offrent des jouissances éphémères et souvent trompeuses ; il n'y a point là de base fixe, de mobile permanent, de point d'appui qui mette l'âme en repos.

Telles sont les plaintes du solitaire qui succèdent à celles de l'habitant de la capitale. Toutefois, à Paris, M. de Biran continue à désirer la solitude ; dans la solitude, sans rencontrer ce qu'il cherchait, il ne désire pas la vie du monde. Il reconnaît avec une clarté toujours plus vive que nous demanderions en vain le repos aux circonstances du dehors, quelle que soit leur nature. Pour être heureux, il faut que la vie soit une, et la sienne se disperse et se dissipe. « Je n'ai pas de base..... pas d'appui..... pas de » mobile constant..... Je souffre [1]. » Je souffre ! telle est la parole qui revient sans cesse sous la plume de l'écrivain comme une sorte de refrain mélancolique. Il a vécu dans le monde et le monde a laissé son âme vide ; il a désiré la solitude, et la solitude a trompé son attente. Sa volonté s'est trouvée faible lorsqu'il fallait rompre les chaînes dont la vie sociale le chargeait ; sa volonté a manqué d'énergie lorsqu'il a fallu régler sa vie dans la retraite. Les jours passent, les années fuient, tout ce qui l'environne est en

---

[1] 1er mai 1817.

proie à une mobilité continuelle ; son état intérieur varie incessamment, et il n'a pas encore trouvé le repos, il n'a pas rencontré le terrain solide sur lequel il pourrait jeter l'ancre. « Où trouver quelque chose qui reste le même,
» soit au dehors, soit au dedans de nous ? Au dedans, le
» temps emporte dans son cours rapide toutes nos affec-
» tions les plus douces ; les sentiments et les idées qui
» animaient notre vie intellectuelle et morale s'effacent
» et disparaissent. Les objets changent aussi pendant que
» nous changeons, et, fussent-ils toujours les mêmes,
» nous cessons bientôt de trouver en eux ce qui peut rem-
» plir notre âme et nous assurer une constante satisfac-
» tion. Quel sera donc le point d'appui fixe de notre
» existence ? Où rattacher la pensée pour qu'elle puisse se
» retrouver, se fortifier, se complaire ou s'approuver dans
» quelle chose que ce soit [1] ? »

A cette question posée de nouveau, et avec toute l'autorité d'une expérience triste et prolongée, l'auteur répond, par la pensée sainte que les secousses politiques avaient pour la première fois fait jaillir de son âme avec une certaine énergie, par la pensée de Dieu. Le repos, le mobile constant, la base fixe de l'existence, on ne les trouve pas dans le monde ; c'est en Dieu seul qu'il faut les chercher. Dieu, seul être immuable, est aussi le seul qui puisse offrir un but constant ; le seul auprès duquel se trouve un repos assuré. Cette pensée pouvait sembler, en 1815, au milieu des convulsions politiques, le simple résultat de cet instinct qui fait agenouiller le matelot au sein de la tempête ; mais, à mesure que le temps avance, on voit le désir de la vie divine grandir et se fortifier chez

[1] 29 août 1819.

M. de Biran. Le besoin d'appui qu'il éprouvait, besoin, dans le principe, vague et sans but déterminé, devient, d'une manière toujours plus précise, le besoin, ou, pour parler avec le Psalmiste, *la soif de Dieu*. C'est en 1818 que cette crise se prononce d'une manière définitive, et que les préoccupations religieuses deviennent dominantes. A dater de ce moment, le *Journal* devient de plus en plus *intime;* les circonstances de la vie journalière, les événements politiques, passent décidément au second plan pour laisser sur le premier l'expression des mouvements intérieurs de l'âme. A dater de ce moment aussi, on voit se multiplier les plaintes de l'auteur sur sa déchéance intellectuelle et morale. Le jugement qu'il porte sur lui-même devient plus sévère dans la même proportion que la pureté de son idéal augmente, et, par un contraste dont le secret n'échappera pas aux observateurs attentifs de notre nature morale, plus il s'élève, plus il a le sentiment de descendre.

Il est dans notre commune destinée, à nous tous qui traversons cette vie, d'arriver plus ou moins vite au sentiment de la vanité des choses d'ici-bas. Celui qui ne possède pas, dans une sphère supérieure à celle des objets qui nous entourent, un complément à ses joies, une consolation à ses douleurs, et la source d'une espérance qui survive à tous ses mécomptes, celui-là marche à la rencontre du découragement. Les hommes superficiels souffrent sans reconnaître la source de leur malaise, et trouvent dans l'étourdissement un préservatif contre le désespoir. Les esprits sérieux ne peuvent s'abuser sur notre condition ; ils reconnaissent, après une expérience plus ou moins prolongée, l'insuffisance de tous les biens de la vie pour nous donner le bonheur. « Tournant les yeux

» vers tous les ouvrages que mes mains avaient faits, » dit le fils de David, « j'ai reconnu qu'il n'y avait que vanité » et affliction d'esprit dans toutes ces choses, et que rien » n'est stable sous le soleil [1]. » Ces paroles ne résument pas seulement une destinée personnelle, elles sont la mélancolique expression de l'expérience du genre humain. Il est naturel que les âmes désabusées cherchent, ailleurs que dans le monde, un bonheur à l'espérance duquel elles ne sauraient renoncer ; déçues par les objets passagers, elles aspirent à reposer leur pensée sur quelque chose d'immuable. Le besoin de l'infini, de l'Éternel, le besoin de Dieu, pour employer ce mot sacré dans une acception tout à fait générale que l'usage autorise, tel est le résultat assez ordinaire de l'épreuve de la vie pour tous ceux qui évitent le double écueil de la légèreté et du découragement.

Mais ce recours à Dieu, considéré à ce point de vue général, se présente sous plusieurs formes et peut correspondre à des états intérieurs très-différents. Tel homme est frappé du contraste entre l'instabilité des choses humaines et l'éternelle majesté de la nature. Cette vie générale, toujours la même, tandis que les hommes passent et que les générations s'écoulent, le remplit d'une admiration religieuse. La force secrète qui préside à la fois aux mouvements des astres et à la génération de l'insecte est pour lui le Dieu inconnu auquel il dresse un autel dans son âme. Un autre, plus habitué aux abstractions de la pensée, s'attache à la considération de ces lois générales

---

[1] Livre de l'*Ecclésiaste*, chap. II, verset 11. Maine de Biran, à la fin de sa vie, a écrit ces paroles sur la première page du *Mémoire sur la Décomposition de la pensée*, couronné par l'Institut.

qui président au cours des choses et des événements ; il s'abîme dans la contemplation du plan qui se manifeste dans le monde, et c'est ce plan éternel, cette *idée* souveraine, également dominatrice dans la double sphère de la nature et de l'humanité, qu'il place dans son esprit sur le trône de l'univers. Il n'y pas d'illusion à se faire à cet égard : bien qu'il ne bâtisse plus des temples et n'élève plus de statues, l'ancien paganisme n'en subsiste pas moins au sein de nos sociétés modernes. Le panthéisme renouvelle, sous des formes différentes, dans le cabinet des savants et dans la demeure de l'homme du peuple, les conceptions antiques : l'adoration de la nature et le culte du destin n'appartiennent pas uniquement à l'histoire.

Des religions semblables diffèrent beaucoup, sans doute, de l'adoration du Dieu des chrétiens ; mais il ne faut pas méconnaître qu'elles placent l'homme dans une condition autre que celle qui lui est faite, lorsque les petits événements et les mesquines préoccupations de la vie journalière absorbent seuls ses pensées. Il n'est pas sans douceur de se perdre dans la contemplation de cette vie universelle dont on sent les pulsations dans les battements de son cœur ; il y a une joie mélancolique à suivre du regard le cours inexorable de la destinée, et à s'incliner sans résistance devant cette puissance invincible sous laquelle on voit ses semblables se débattre vainement : un ordre éternel, une loi immuable, si le cœur ne peut leur offrir que le tribut d'une résignation forcée, fournissent du moins à la pensée un objet fixe, une base qui ne varie pas, et deviennent ainsi la source d'une espèce de repos, de quelque chose qui ressemble à la paix.

Ces considérations suffisent à établir qu'avoir montré M. de Biran cherchant un point d'appui dans une sphère plus haute que les objets de la terre, ce n'est pas désigner d'une manière suffisante la voie dans laquelle il s'engageait. Pour arriver, à cet égard, à des données plus précises, il est nécessaire de constater l'influence exercée par des circonstances nouvelles sur le développement général de sa pensée. C'est en 1818 que ses besoins religieux se montrent avec une intensité particulière ; c'est à la même époque qu'un élan nouveau et considérable se manifeste dans ses idées philosophiques. Cet élan doit être attribué en partie à quelques lectures, au premier rang desquelles figure celle des ouvrages de M. de Bonald. M. de Biran avait accordé peu d'attention à la *Législation primitive;* les *Recherches philosophiques,* publiées en 1818, éveillèrent son intérêt au plus haut degré. Il prit la plume avec le projet de publier un examen critique du livre nouveau, et entreprit diverses rédactions dont aucune n'est achevée. L'auteur des *Recherches* et son critique étaient séparés par toute la distance de leurs natures intellectuelles. Écrivain ingénieux et brillant, plutôt qu'observateur attentif des faits, se complaisant dans l'élégance de son style et dans l'étendue de ses aperçus, résolvant volontiers les questions métaphysiques par des comparaisons et des métaphores, M. de Bonald, malgré le titre de son ouvrage, livrait au public des solutions plutôt que des recherches. Il parcourait rapidement le monde des idées, sous l'impulsion d'une imagination vive et d'un sentiment passionné. Les habitudes d'esprit de M. de Biran le préparaient aussi mal que possible, à subir l'influence d'un talent de cette nature. Accoutumé à s'enfermer dans une seule question et à la creuser dans toutes les directions, se défiant de l'imagination, se tenant en garde contre l'influence de tout sentiment un peu prononcé, il éprouve, en présence d'une philosophie qui lui semble trop facile pour être profonde, et trop brillante pour être vraie, des impressions qui touchent quelquefois à la mauvaise humeur. Il se plaint dans le *Journal* de ce qu'ayant rencontré M. de Bonald à la chambre, il n'avait pas même réussi à lui faire comprendre son point de vue scientifique[1]. C'est donc pour le combattre qu'il prend la plume ; mais on se trouve souvent redevable à ses adversaires, et ce fut ici le cas. Les *Recherches* se rattachaient assez directement, par la question de l'origine du langage, à cette étude de la nature humaine qui seule jusqu'alors avait absorbé M. de Biran ; mais, d'un autre côté, cet ouvrage attirait l'attention du lecteur sur l'histoire de la philosophie, la théorie des rapports sociaux et la religion révélée. M. de Biran, qui a trouvé l'auteur sur son propre terrain, est amené à le suivre bientôt sur un autre ; il donne une attention nouvelle pour lui aux grands systèmes métaphysiques ; il conçoit plus clairement que pour être sérieuse et complète, une doctrine philosophique ne peut laisser de côté, ni les rapports de l'homme avec ses semblables, ni l'examen de la religion révélée : l'horizon de sa pensée s'agrandit en divers sens.

Le milieu intellectuel dans lequel était placé M. de Biran, et tout particulièrement les réunions de sa société philosophique, exercèrent sur son esprit une influence de même nature et plus prononcée encore. M. de Biran n'était plus à Bergerac, réduit aux faibles ressources de la société médicale. Royer-Collard l'initiait de plus en plus à la philosophie écossaise, Stapfer lui faisait connaître Kant, M. Cousin enfin développait devant lui cette pensée

---

[1] 18 décembre 1818.

ardente et vaste, cette vive intelligence des plus hauts problèmes de la science philosophique et de son histoire, qui commençaient à fixer si hautement l'attention sur les cours de la Sorbonne. Ces hommes d'élite appelaient M. de Biran leur maître. Ils le nommaient ainsi avec raison, car ils reconnaissaient en lui, au sein de la rénovation de la philosophie française, l'auteur du mouvement le plus spontané, de la seule pensée véritablement originale ; ils acceptaient en commun sa polémique victorieuse contre le sensualisme, et tenaient pour définitive la restauration des droits et du rôle de la volonté : utile et glorieux résultat des méditations solitaires du Périgord. Il est juste d'ajouter que le maître dut à ses disciples des connaissances plus étendues, un sentiment plus distinct de l'ensemble des problèmes philosophiques, et par suite une vue plus nette de ce qui lui restait à faire pour compléter sa théorie.

Cette théorie, nous l'avons vu, relative uniquement aux éléments constitutifs de la nature humaine, expliquait l'homme par le concours de deux forces différentes : la vie animale résultant des impressions externes et de l'état de l'organisme ; la vie humaine dont la volonté était le centre et l'essence. Telle était la dualité que M. de Biran avait substituée à l'unité fictive du sensualisme. Cette doctrine, exposée avec tous les développements nécessaires dans le manuscrit inédit de l'*Essai sur les fondements de la psychologie*, ne fut communiquée au public que sous une forme indirecte et fragmentaire dans deux courtes publications : l'*Examen des leçons de philosophie de M. Laromiguière* (1817) et l'*Exposition de la doctrine de Leibnitz*, dans la *Biographie universelle* (1819). L'explication de l'homme proposée par M. de Biran présentait une lacune assez apparente, aux yeux mêmes de ceux qui avaient connaissance de ses manuscrits. Les faits volontaires avaient été, de sa part, l'objet d'une observation aussi sagace que féconde; il n'en était pas de même des faits de l'intelligence proprement dite, et des données de la raison. A la vérité, dans sa polémique contre Condillac, il s'était fait une arme de l'existence des idées *supra-sensibles;* mais il n'avait pas approfondi la question de l'origine de ces idées, et semblait même admettre parfois qu'elles proviennent de la volonté comme de leur source. Ce point de vue ne pouvait être défendu. Lorsqu'une idée de l'ordre purement intellectuel est présente à mon esprit, lorsque je pense, par exemple, à l'éternel, à l'infini, il est manifeste que de telles notions ne procèdent pas des sens; il est manifeste également que ce n'est pas moi qui les produis par un acte de ma volonté. L'activité intérieure est bien la condition de la présence des idées, puisqu'elle est la condition de la conscience même; mais une condition n'est pas une cause; les conceptions de l'éternité, de l'infinitude, et les autres idées de même ordre ne procèdent ni de la vie animale, ni de la vie propre du *moi*. D'où viennent-elles? A cette question, la théorie de l'*Essai* ne fournissait pas de réponse suffisante; c'est là qu'était la lacune. Cette lacune, M. de Biran l'avait déjà précédemment entrevue; les objections de ses collègues de la société philosophique, l'examen attentif des grands systèmes métaphysiques achèvent de l'éclairer. La science de l'homme elle-même appelle une autre science. Quelle est la source des idées? Quelle est tout particulièrement la source des idées de l'éternel et de l'infini, en un mot de l'absolu? La question est précise. Un mot suffit à la résoudre, et ce mot, M. de Biran l'a déjà prononcé ; les besoins de son âme ont devancé les nécessités de sa philosophie. Le Dieu qu'il a réclamé pour appui de sa vie morale lui apparaît encore comme la seule explication possible de ces idées que n'expliquent ni l'homme ni le monde, comme le principe de l'éternel et de l'infini.

Dieu est trouvé, mais quel Dieu ? Ce n'est pas seulement la force suprême, la raison éternelle qu'admettent en commun le panthéiste et le chrétien. Un philosophe, aux yeux duquel la volonté avait été et continuait à être la condition même de l'intelligence, un philosophe qui tenait la liberté humaine pour la première donnée du sens intime et la plus certaine des vérités, ne pouvait placer sur le trône de l'univers une intelligence sans volonté ou une force aveugle et fatale. Aussi, Dieu est-il bien pour M. de Biran l'être personnel et libre duquel toutes choses dépendent ; son Dieu est un Dieu vivant, et il n'hésite pas à déclarer *athées* « ceux qui n'admettent pas la per-
» sonnalité de Dieu, alors même qu'ils attribuent la plus
» haute intelligence ou la pensée infinie à Dieu comme
» au grand Tout [1]. » La pensée, la pensée éternelle et suprême est bien pour lui un des attributs de l'Être des êtres ; mais ce n'est pas là, à ses yeux, la conception fondamentale : la volonté, la puissance prennent rang avant l'idée.

Dieu, introduit dans une théorie où il n'avait pas de place, ce n'est pas, on peut le comprendre, la simple addition d'un point de doctrine. M. de Biran n'abandonne pas ses vues antérieures ; les résultats de son analyse de l'homme demeurent acquis à ses yeux, mais la base

[1] 15 mars 1821.

même de la science est changée. Le monde et l'homme, dans leur action réciproque, ne sont plus désormais que des éléments subordonnés du problème philosophique. Nulle solution n'est complète si elle ne remonte jusqu'à la source même de toute existence. Le vrai, le bien, le beau, tout ce qui élève la pensée, tout ce qui peut intéresser les âmes, repose dans le sein de la Divinité. Toute question finit par conduire à cette haute sphère, l'œil ne peut suivre un des rayons qui descendent éclairer notre route ici-bas, sans remonter à la source éternelle de toute lumière.

Constater la nécessité de l'idée de Dieu pour la solution des problèmes philosophiques : telle était donc la vue nouvelle qui venait modifier profondément l'exposition des doctrines de M. de Biran, à la même époque où le besoin de Dieu se faisait sentir à son âme, avec une vivacité particulière. De nouvelles perspectives se dévoilaient maintenant à sa pensée : après avoir approfondi les faits de la nature humaine et les rapports du physique et du moral, il était en voie d'étendre l'horizon de ses recherches et d'embrasser, dans un vaste système, les rapports de l'homme et du monde avec le Créateur. C'était aborder les problèmes agités par ces écoles célèbres dont il venait de prendre une connaissance un peu plus complète que par le passé ; c'était aussi abandonner l'observation directe et immédiate pour donner une plus haute importance à l'enchaînement logique des idées. Cette voie ne fut pas la sienne : l'homme arrêta chez lui l'essor du logicien, et un instinct impérieux le retint comme enchaîné à ces faits du sens intime, constant objet de ses études. Entre toutes les questions nouvelles qui traversèrent son esprit, une seule réussit à le captiver entièrement

8.

une question pratique et qui était avant tout pour lui une question personnelle : quels étaient les rapports de son âme avec ce Dieu dont il venait de reconnaître la place souveraine? Savoir que Dieu pouvait seul lui prêter un appui qu'il avait appris à ne plus espérer du monde, ne suffisait pas en effet; cet appui, à quel titre et dans quel sens devait-il lui être accordé? Dieu, auteur éternel de tout ordre et de tout bien, offrait à sa volonté un but immuable, élevé au-dessus de toutes les variations de la sensibilité, de tous les accidents de la fortune : poursuivre ce but invariablement, c'était trouver cette base fixe si ardemment souhaitée, et par conséquent ce repos, objet de tant de désirs; mais la volonté suffit-elle à cette tâche? Dieu qui l'a créée s'est-il borné à lui donner une règle à suivre, et doit-elle, ne comptant que sur elle-même, suivre cette règle par son propre effort, ou bien le Dieu, notre Créateur, continue-t-il à être auprès de nous, doit-il subvenir à notre faiblesse et nous communiquer une force que nous ne trouvons pas dans notre seule nature? La vie est dans tous les cas une lutte, mais est-ce avec notre propre force que nous devons soutenir le combat, ou avec une force étrangère? Que pouvons-nous seuls? Que devons-nous attendre de Dieu? Telle est l'alternative qui se pose à la pensée de M. de Biran.

Cette question est celle du stoïcisme ou de l'Evangile, car la croyance en un Dieu personnel et créateur, lorsqu'on admet du reste que l'homme, une fois créé, ne doit s'appuyer que sur lui-même, ne modifie en rien dans son essence la morale du Portique. Ne compter que sur soi, c'est la doctrine des disciples de Zénon. Appeler la grâce de Dieu, c'est l'espérance des chrétiens. Maine de Biran a une vue très-nette de sa situation ; il sait que sa pensée oscille entre la plus noble école de l'antiquité et les promesses de Jésus-Christ. Nous l'avons vu, répudiant la morale du sensualisme, s'avancer vers les doctrines stoïciennes ; la question était de savoir s'il en resterait à ce point de son développement, ou si les tendances chrétiennes prévaudraient définitivement dans son âme.

Les deux éléments de la lutte qui s'établissait ainsi dans sa pensée lui étaient également connus. C'est dans la lecture de Marc-Aurèle qu'il paraît avoir principalement puisé sa connaissance du stoïcisme ; l'esprit de cette école lui avait au reste été révélé, ainsi qu'on l'a vu, par la tendance de ses propres doctrines. D'un autre côté, il avait eu l'occasion de réparer cet oubli des enseignements du christianisme qui longtemps avait été son partage. L'étude de la Bible lui avait fait puiser à la source la connaissance de la doctrine révélée ; il nous apprend lui-même que, en 1815 déjà, il commençait chacune de ses journées par la lecture d'un chapitre de l'Écriture sainte, habitude probablement contractée à cette époque même, sous l'empire des impressions que l'ébranlement de la société avait produites dans son âme. Plus tard, on le voit continuer un commentaire sur l'Evangile de saint Jean, commentaire que son jeune ami Loyson avait entrepris et lui avait légué en mourant. Pascal avait souvent fourni un texte à ses méditations ; il commence par le combattre, mais, en le combattant, il apprend à le connaître, et finit par se rapprocher de lui. L'*Imitation de Jésus-Christ* et les *OEuvres spirituelles* de Fénelon sont les deux livres auxquels il revenait le plus souvent et dans lesquels il semble avoir rencontré l'expression des vérités chrétiennes qui répondait le mieux aux instincts de son cœur et aux besoins de son esprit. Quelques relations personnelles contribuèrent enfin à fixer sa pensée sur les vérités chrétiennes et à lui en faire apprécier la valeur. Stapfer qui, en 1807, lui avait servi d'intermédiaire dans ses relations avec Pestalozzi, et qui dès lors avait pris rang au nombre de ses amis les plus chers, Stapfer, en particulier, lui apprit par son exemple qu'une foi sincère et un zèle actif pour la propagation de l'Evangile pouvaient se rencontrer dans une intelligence cultivée et éprise d'un vif amour pour les spéculations philosophiques.

C'est donc en toute connaissance de cause que M. de Biran était mis en demeure de choisir entre la philosophie stoïcienne et la foi des chrétiens. La question ne se présente pas toujours à lui sous un jour identique; elle semble même quelquefois s'évanouir à ses yeux. Ces deux doctrines, qui l'une et l'autre s'offrent à l'homme comme un point d'appui, comme un moyen de bonheur, lui paraissent alors n'être point opposées, et présenter, au contraire, une même vérité sous deux faces un peu différentes. Qu'on en appelle au Portique ou à l'Evangile, qu'importe? Ne trouve-t-on pas des deux parts une proscription égale de la recherche des jouissances sensibles et de l'entraînement des passions? Ce dont il s'agit dans les deux cas, n'est-ce pas de se séparer du corps, de ne rien attendre des objets extérieurs, de renoncer à ses propres désirs, à ses inclinations personnelles, pour se soumettre sans réserve à cette loi éternelle que les uns nomment Dieu, tandis que les autres l'appellent la Raison suprême ou le Destin. Lorsqu'on se place en face de la vie ordinaire du monde et de la morale du sensualisme, le christianisme et la doctrine de Zénon, qui tendent l'un et l'autre à nous transporter dans une sphère supérieure, ne se distinguent que par des nuances. Cette manière de voir

qui supprime le problème, traverse parfois l'esprit de
M. de Biran, mais il ne s'y arrête jamais d'une manière
définitive. Plus il cherche sa voie avec une attention sévère, plus il saisit fortement le contraste entre ces deux
tendances, dont l'une porte l'homme à placer en lui-même tout son espoir, tandis que l'autre le pousse à s'abandonner à une force plus haute que la sienne et à y
chercher tout son appui. Il lui arrive alors de penser qu'il
peut y avoir de l'exagération des deux côtés. Le stoïcisme,
sans doute, nous attribue une puissance illusoire, lorsqu'il
met à la seule disposition de notre volonté, non-seulement
nos actions, mais aussi notre bonheur; pour demeurer
conséquent à ses principes, il doit recourir à d'insoutenables paradoxes et nier la réalité de la douleur. Mais la doctrine des chrétiens sur la grâce ne tend-elle pas, d'un autre
côté, à méconnaître la force propre qui nous appartient?
ne risque-t-elle pas de conduire à la négation de la liberté? Il y aurait donc lieu à faire un juste mélange des
deux doctrines opposées, pour constituer une théorie
exacte de la nature humaine.

Il est rare qu'un compromis de cette espèce puisse fixer
définitivement l'esprit de l'homme et satisfaire aux instincts de son cœur : la base de la vie morale doit être
une. La conscience, sans doute, ne saurait adhérer à ces
conceptions systématiques qui, pour expliquer les rapports de l'homme et de Dieu, recourent au procédé commode de supprimer l'homme ou de nier Dieu. Il faut
toutefois que l'un des termes prédomine et réalise ainsi
l'unité par la voie de subordination ; l'homme doit demeurer son propre centre, ou placer le centre de sa vie
hors de lui. Maine de Biran, dirigé par ce besoin d'appui
qui joue un si grand rôle dans sa vie intérieure, devait

subir plus qu'un autre cette loi du développement des âmes. Un cœur partagé était la source de ses douleurs morales ; chercher une transaction entre la sagesse du Portique et les promesses de l'Evangile, ce n'était pas trouver l'unité, ce n'était pas rencontrer la paix. Aussi le voit-on s'avancer vers le christianisme d'une manière de plus en plus décidée ; les motifs qui chaque jour plus l'éloignent des stoïciens se résument dans les considérations suivantes :

Si, lorsque l'idée du bien est présente à la pensée, la volonté trouvait en elle-même une force suffisante pour réaliser ce bien, nonobstant les séductions des sens et les suggestions des penchants, nous n'aurions rien à demander à Dieu : il nous suffirait de lui rendre grâce d'avoir gravé ses préceptes dans notre conscience, et de nous avoir faits actifs et libres pour les accomplir. C'est là, sans doute, l'homme idéal ; mais est-ce bien l'homme réel ? L'expérience établit qu'il en est autrement. Pour accomplir le bien, il ne suffit pas de le connaître : avec la vue la plus claire du devoir, la volonté retombe souvent sur elle-même dans le sentiment intime de sa faiblesse ; la raison ne suffit pas pour fournir des motifs à la volonté. C'est là, sans doute, une condition misérable, mais cette misère est réelle ; la question n'est pas de décider ce que l'homme pourrait ou devrait être, mais de fournir à l'homme tel qu'il est les secours qui lui sont nécessaires. Or, ces secours, le stoïcisme ne les offre pas ; il ne nous donne pas d'appui, parce qu'il méconnaît notre faiblesse : « Il est » bon pour les forts, mais non pour les faibles, les pé- » cheurs et les infirmes [1] » ; il est fait pour un homme

---

[1] 20 octobre 1819.

imaginaire et abandonne l'homme réel à toutes les infirmités de sa nature. Quelle ressource encore offre dans la souffrance, commun partage de l'humanité, cette doctrine orgueilleuse? Une triste et froide résignation est tout ce qu'elle nous enseigne ; mais cette résignation est encore une souffrance. Ce qu'il nous faut pour soulager la douleur, c'est un moyen de nous la faire accepter, d'obtenir de nous une adhésion libre, joyeuse même, aux intentions mystérieuses de la puissance qui nous afflige. Ce secours cherché pour la volonté défaillante, cette adhésion du cœur à la souffrance, supposent un sentiment commun : l'humilité, et se résument dans un seul acte : la prière. La prière et l'humilité, tels sont les caractères spéciaux et distinctifs de la doctrine chrétienne. La prière est à la fois un appel de la grâce qui fortifie et un abandon filial de l'homme aux desseins, quels qu'ils soient, d'une Providence miséricordieuse. Aussi, lorsque M. de Biran s'écrie : « Oh ! que j'ai besoin de prier ! » ou lorsqu'il trace dans son *Journal* les lignes suivantes : « Jour-
» née de bien-être, de calme et de raison, effet de la
» prière », il porte la sentence de condamnation du stoïcisme, car le stoïcien, lorsqu'il est conséquent à ses principes, ne prie pas.

Ce que le stoïcisme refuse, l'Evangile le promet, et c'est conduit par le besoin de la grâce que M. de Biran s'avance vers Jésus-Christ. Est-il besoin de rappeler que ce ne sont pas là pour lui des conceptions théoriques et de simples vues de l'esprit? Cette insuffisance de la volonté livrée à elle-même, il en a fait pour son compte la triste expérience. C'est lui qui a constaté que la vue la plus claire du devoir ne suffit pas à nous le faire accomplir, lui, qui a senti que la doctrine des forts n'est pas celle qui nous convient; lui, qui a éprouvé qu'une résignation sans confiance et sans amour ne saurait briser l'aiguillon de la douleur. Chacune des vérités qu'il découvre, il la conquiert au prix d'une espérance déçue, d'un froissement de cœur, d'une heure de découragement ou d'angoisse ; c'est le cours naturel de la vie qui l'amène, par une voie lente et souvent douloureuse, aux promesses et aux espérances de la foi des chrétiens. Du reste, on serait dans l'erreur, si on supposait qu'il marche par des degrés précis, et comme à pas comptés, vers le but auquel il tend. Il hésite, il s'arrête, il recule même, et ce n'est qu'en considérant des périodes de quelque étendue, qu'on discerne, au milieu de ses incertitudes et de ses chutes, la direction toujours plus claire de sa pensée, ou, pour mieux dire, le courant toujours plus marqué de son âme. Son développement religieux rencontre plus d'un obstacle, dont les uns se présentent pour tous, et dont les autres sont le résultat particulier de sa nature personnelle.

Le monde n'a guère d'illusions pour lui : il a trop bien et trop souvent constaté ce qu'il y a de trompeur dans ses joies et dans ses espérances ; mais il n'en subit pas moins l'empire des habitudes et l'entraînement des dispositions naturelles au cœur humain. Dans la solitude il a nourri son âme des grandes pensées de l'éternité, il s'est élevé avec joie dans une sphère supérieure aux intérêts de la terre; il rentre dans le monde : des affections mal éteintes, de petites passions, de petits intérêts reprennent leur empire ; les hautes pensées, les aspirations saintes semblent s'être évanouies. Il souffre de cet état, il en souffre d'autant plus qu'il ne cesse pas de demeurer à lui-même en spectacle, et ne se dissimule point la triste révolution qui s'opère en lui, au moment même où il en est la victime.

Cette constante habitude de réflexion, préservatif inefficace contre les rechutes, devient elle-même la source d'obstacles à ses progrès, plus sérieux peut-être que ceux qui naissent des influences mondaines. Tout lui devient matière à problème : il éprouve dans son état intérieur les bienfaits de la religion ; des lueurs de calme et de paix lui sont accordées ; mais est-ce là véritablement le don de la grâce, l'accomplissement des promesses divines ? Cet instant de joie, cette heure douce et paisible, ne faut-il pas les attribuer à une circonstance toute physique, à un état exceptionnel des fonctions de la vie ? Est-ce Dieu qui agit ? Est-ce le simple résultat de l'organisme ? Il prie, et il a dû à la prière une journée de calme, de raison et de paix : c'est un fait à examiner ; il faudrait considérer les effets psychologiques de la prière. D'où provient son efficace ? La force obtenue est-elle vraiment un don surnaturel ? N'est-ce point une simple réaction de l'âme opérant sur elle-même, dans des conditions déterminées ?... Ainsi tout fait soulève une question, toute question suscite un doute. En parcourant les pages du *Journal intime*, on est presque tenté de regretter cette habitude d'analyse qui vient se poser en travers du chemin de l'âme. Il semble parfois que l'on ait à faire à un physiologiste qui refuse de prendre sa nourriture avant de l'avoir décomposée pour en reconnaître les éléments.

Cet instinct scientifique qui avait fait les succès de l'auteur dans les travaux de la pensée, vient traverser à un autre titre encore son développement religieux. La dissipation et la légèreté d'esprit sont fort opposées sans doute aux dispositions qui rapprochent l'homme de Dieu ; mais tout a ses abus, et l'habitude de la réflexion sur soi-même, de l'analyse détaillée de ses impressions et de ses mobiles, ne doit pas dépasser certaines limites, pour demeurer salutaire. Il arrive qu'en s'observant trop, on finit par regarder au lieu d'agir ; on consume dans ce travail de la pensée des forces qui font ensuite défaut, lorsque les luttes de la vie les réclament. Le désir de se rendre compte de tout ce qui se passe dans son âme, devient-il une préoccupation dominante ? la curiosité de l'esprit finit par acquérir un tel empire, que la conscience s'émousse ; le bien et le mal s'égalisent en quelque sorte comme étant l'un et l'autre des objets d'observation d'un intérêt pareil. On se sait gré de se connaître si bien, on éprouve même une sorte de joie orgueilleuse et secrète à n'être pas la dupe de mobiles mauvais, que l'on juge tout en s'y abandonnant, et auxquels on s'abandonne peut-être d'autant plus facilement, qu'on éprouve quelque plaisir à les juger. D'ailleurs, s'observer sans cesse, même pour se condamner, c'est encore se faire le propre centre de ses pensées, c'est encore une manière de s'occuper de soi et de se complaire en soi. L'analyse de son propre cœur peut donc être nécessaire pour amener une crise à un moment donné, pour éclairer l'homme sur son état moral, le détourner de la poursuite de biens trompeurs, et lui faire sentir le besoin du secours divin ; mais si elle continue à prédominer, si elle devient le fond de la vie intérieure, elle détourne cette vie de sa direction légitime, elle retient l'âme captive en elle-même, elle la maintient dans la région de l'inquiétude et du trouble, l'empêchant de trouver son repos dans un abandon filial à la volonté de Dieu. Maine de Biran avait trouvé dans la lecture de Fénelon, l'un de ses auteurs favoris, l'expression réitérée de ces vérités ; mais il s'était surtout instruit à cet égard, par les difficultés qu'opposaient à son avancement spirituel ses habitudes méditatives. Aussi, après avoir écrit en 1795 : « Je crois que le seul qui soit sur la route de la » sagesse ou du bonheur, c'est celui qui, sans cesse oc- » cupé de l'analyse de ses affections, n'a presque pas un » sentiment, pas une pensée dont il ne se rende compte à » lui-même ; » en 1821, après une expérience de vingt-six années, il trace les lignes suivantes : « L'habitude de » s'occuper spéculativement de ce qui se passe en soi- » même, en mal comme en bien, serait-elle donc immorale? » Je le crains, d'après mon expérience. Il faut se donner » un but, un point d'appui hors de soi et plus haut que » soi, pour pouvoir réagir avec succès sur ses propres mo- » difications. »

Au travers de tant d'obstacles, l'idéal chrétien toutefois apparaît de plus en plus nettement à son esprit. Réaliser cet idéal, tel est le vœu toujours plus ardent de son âme. Il avait opposé au sensualisme la distinction de l'élément actif et de l'élément passif de notre nature, et cette distinction purement psychologique avait longtemps captivé son attention d'une manière exclusive. Maintenant, c'est dans le sens et avec les paroles de l'apôtre saint Paul, qu'il oppose à cet *homme animal*, qui ne vit que pour lui-même et pour les joies passagères de la vie, qui cède aux entraînements des passions et met sa volonté au service de ses désirs, cet *homme spirituel* élevé au-dessus de tout ce qui passe, renouvelé par l'esprit de Dieu et commençant sur la terre la vie divine, qui doit être son partage durant l'éternité. On ne rencontre pas cependant dans le *Journal*, à l'égard des vérités chrétiennes, l'expression d'une conviction proprement dite. Les aspirations, les désirs, les vues qui se dirigent de ce côté y abondent et se multiplient à mesure que le temps avance ; le mouvement est visible, et on ne peut en méconnaître la direction, mais on ne lit nulle part la profession d'une foi positive et complète. Les doutes, les incertitudes subsistent jusqu'à la fin ; l'âme de l'auteur est pareille à l'aiguille d'une boussole qui, déviée de sa direction naturelle, ne cesse pas d'y tendre, mais oscille avant de s'y fixer.

Le besoin d'appui était devenu chez M. de Biran le besoin de la grâce, et le besoin de la grâce avait naturellement dirigé ses regards vers celui qui en a fait la promesse : c'est là le trait caractéristique et tout à fait prédominant de son développement religieux, le seul qui soit mis en évidence dans ce qui précède. A cette vue fondamentale s'en joint une autre qui occupe le second rang. Jésus-Christ résume dans sa personne tous les traits de l'existence supérieure, de la vie divine à laquelle nous pouvons aspirer ; celui qui a fait la promesse de l'Esprit Saint est en même temps, dans sa vie et dans sa mort, le type accompli de l'idéal qui convient à l'homme dans les conditions de son existence ici-bas. Ces deux éléments : le secours promis, l'idéal réalisé, sont à peu près les seuls que M. de Biran saisisse dans l'ensemble des dogmes chrétiens ; l'idée du pardon n'a pas de place dans son esprit. Dans les dernières lignes de son *Journal*, il invoque à la vérité le divin *Médiateur;* mais ce médiateur n'est pas celui qui se place entre le coupable et le juge ; c'est l'ami qui empêche l'homme de succomber sous le poids de la solitude.

Cette espèce d'oubli d'une doctrine aussi capitale dans l'économie générale de la vérité chrétienne n'est point un accident dans la pensée de M. de Biran, c'est le résultat de l'ensemble de son développement intérieur. Dans ses profondes analyses de l'homme, il n'avait jamais fixé ses regards avec quelque soin sur l'obligation morale et sur la responsabilité qui en est la conséquence. Les problèmes qu'il agitait n'avaient pas dirigé son attention de ce côté, et sa constitution personnelle avait éveillé son intérêt sur les rapports de l'âme avec l'organisme, plutôt que sur les rapports de la volonté avec la loi du devoir. Lorsqu'il dirige sa pensée sur la morale, ce qui le préoccupe, c'est la beauté d'une vie ordonnée, paisible, conforme aux lois de la raison et de l'harmonie, par opposition à une vie agitée, sans base fixe, dominée par des passions inquiètes et mobiles ; c'est encore la douceur et la convenance des sentiments bienveillants et cet accord des âmes qui résulte d'une affection réciproque ; il va même jusqu'à identifier la conscience morale avec la sympathie qui unit les hommes entre eux. Mais le devoir, dans sa sévérité majestueuse, le devoir qui oblige et qui condamne, ce fait que Kant posait à la base de toute sa doctrine, le philosophe français ne l'avait jamais regardé en face, et par suite n'en avait pas apprécié toute la portée. Il déplorait donc la faiblesse de la volonté plutôt que ses fautes, et la misère d'une vie subordonnée aux impressions extérieures et aux mille variations de la sensibilité plutôt que le caractère coupable d'une existence étrangère à l'observation des commandements divins. « Mon Dieu, » s'écriait-il, dans les angoisses qui présageaient sa dernière maladie, « mon Dieu, délivrez-moi du mal, *c'est-à-dire* » *de cet état du corps* qui offusque et absorbe toutes les » facultés de mon âme [1] ! » Faiblesse, misère, c'est là ce qu'il découvre avec douleur en lui et dans ses semblables, non le péché proprement dit, la transgression de la loi

[1] 27 mars 1824.

Il éprouve donc le besoin d'être délivré de la source des agitations et des misères de la vie, plus que le besoin de rentrer en grâce auprès d'un Dieu offensé, il cherche la délivrance et l'appui plutôt que le pardon.

Maine de Biran arrive ainsi à la grâce sans avoir passé par l'intermédiaire de la loi. On comprend dès lors pourquoi l'*Imitation de Jésus-Christ* et les *OEuvres spirituelles de Fénelon* étaient ses lectures de prédilection. Ces ouvrages, en effet, supposent le dogme chrétien bien plus qu'ils ne l'exposent et se rapportent d'une manière presque exclusive aux opérations de l'Esprit de Dieu dans l'âme du croyant. Cette action de Dieu et les états intérieurs qui en sont la conséquence, sont la seule partie du domaine de la religion qui se prête à une observation directe et immédiate, parce que la conscience même de l'individu en est le théâtre ; c'était un nouveau motif pour que les faits de cet ordre fussent de la part de Maine de Biran l'objet d'une préoccupation exclusive. Abordant les questions religieuses, nouvelles pour lui, il était conforme à tous ses antécédents de se placer sur le terrain du sens intime et de s'y renfermer. La doctrine du pardon qui lui avait échappé, parce que le fait du devoir ne l'avait pas suffisamment occupé, lui échappait donc encore à un autre titre. L'existence réelle d'un Sauveur est un fait extérieur au croyant, bien qu'en relation intime avec sa conscience, un fait historique, produit de la libre volonté du Dieu de miséricorde. Lorsqu'on y croit, on éprouve en soi-même les conséquences de cette foi ; mais le fait, on le croit, on ne l'éprouve pas ; le sens intime tout seul ne saurait jamais l'atteindre. Or, Maine de Biran était toujours porté à constater ce qu'il éprouvait, bien plus qu'à croire ce qui pouvait se passer hors de lui ; le pardon accepté rentrait donc beaucoup moins dans son point de vue que la grâce immédiatement sentie. Il subsiste donc une lacune considérable dans sa conception du christianisme; je dis une lacune, non une négation. On ne le voit pas en effet se placer en face de l'enseignement de l'Eglise pour en accepter une partie et en rejeter une autre ; il est bien loin de se refuser à la doctrine du pardon : il semble ne pas l'apercevoir.

Ce n'est ici qu'une face particulière d'un caractère général de la religion de M. de Biran. Cette religion repose presque uniquement sur les expériences intérieures et les faits de sens intime, sans base extérieure, historique, sans aucune élément *objectif*, pour employer un terme que l'usage a consacré. Jésus-Christ s'offre comme un idéal que la conscience accepte : mais l'Homme-Dieu est-il venu dans le monde? Faut-il voir en lui un être réel, historique, qui a paru sur la terre, manifestation de la miséricorde éternelle? Ce problème est comme nul à ses yeux. Il rencontre la promesse de la grâce et il s'y attache; l'idéal chrétien répond aux instincts de son cœur, et il l'admet; tout se borne là. Ce fait purement individuel, cette adhésion de sens intime est pour lui le fondement à peu près unique de ce qu'on hésite à nommer ses croyances.

Il semble avoir été fortifié dans cette tendance purement *subjective* par les efforts d'écrivains illustres qui tentaient de ramener les peuples à la religion, soit au nom des intérêts de la société, et en faisant appel aux préoccupations politiques, soit au nom des souvenirs et en s'appuyant sur les prestiges de l'imagination. Telle était l'œuvre accomplie dans un sens par l'auteur du *Génie du Christianisme*, et dans l'autre par MM. de Bonald et de Lamennais. Ces tentatives de restauration religieuse avaient un caractère trop extérieur pour obtenir les sympathies d'un homme dont le développement était aussi profondément individuel que l'était celui de M. de Biran. Dans ces brillantes théories, dans ces élans d'imagination, dans ces appels éloquents et souvent sublimes à des mobiles puissants, mais étrangers à la sphère propre de la conscience, il ne rencontrait pas l'expression des besoins qui l'avaient conduit à invoquer le Dieu de grâce et de paix. Les lignes suivantes semblent dictées par le sentiment de l'opposition entre la voie qu'il suivait et celles où se trouvaient engagés les écrivains que je viens de nommer. « Ce n'est pas par l'imagination et les passions, » mais par la réflexion et le sens intime qu'on ramènera » les hommes de notre siècle à la morale et à la véritable » religion. » Il n'éprouvait qu'à un faible degré ce besoin d'autorité doctrinale qui formait, avec les considérations tirées de l'ordre social, la source principale à laquelle MM. de Bonald et de Lamennais puisaient leurs arguments. Le point d'appui qu'il réclamait pour son cœur et sa volonté était autre chose que cette règle fixe que désirent pour leurs pensées les intelligences travaillées par le doute. Dans ses réponses inédites aux arguments que M. de Bonald tirait des variations et de l'impuissance des systèmes philosophiques, M. de Biran avait insisté beaucoup sur les éléments de vérité que présente la pensée antique. Il en était venu à se persuader lui-même ou à se laisser persuader par d'autres, que sauf des dissidences accidentelles, la philosophie avait toujours reconnu et proclamé les grands dogmes relatifs à la destinée humaine; que l'existence du Dieu Créateur, l'idéal du devoir, la vie à venir, tombaient immédiatement sous l'œil de la conscience. Il ne possédait comme maint philosophe contemporain, qu'une vue incomplète de l'action du christianisme sur le développement des pensées humaines, et ne se rendait pas compte que les assertions fermes et précises de notre *théologie naturelle*, ne se sont produites que dans le milieu et sous l'influence de la tradition évangélique. Rien ne l'appelait donc à fixer particulièrement sa pensée sur l'importance de la révélation à l'égard des doctrines. Son point de vue lui permettait de se concentrer de plus en plus dans la considération pure et simple des phénomènes dont l'âme est le théâtre.

C'est bien là le terrain nécessaire à des convictions religieuses véritablement solides ; mais la foi chrétienne, bien qu'elle s'appuie avant tout sur ces dispositions intérieures, qui seules la rendent efficace, n'en est pas moins dans sa plénitude la rencontre de deux classes de faits d'ordre différent. L'œuvre de Dieu, dans les âmes, a pour condition et pour moyen une œuvre de Dieu extérieure à l'individu. Cette œuvre de Dieu extérieure à l'individu est l'objet de la foi; et la notion même de la foi s'évanouit lorsqu'on la dépouille d'un objet extérieur. C'est parce que Jésus-Christ est venu dans le monde, qu'il y a des chrétiens. Or, si la venue au monde de Jésus-Christ devient le principe d'où découle l'état de l'âme du croyant, elle ne saurait être confondue avec cet état; c'est un fait qui agit sur la conscience, en devenant l'objet de la foi, mais qui s'est accompli hors de la conscience. La religion positive se compose donc de deux éléments parfaitement distincts, bien qu'intimement uni : un *sentiment* personnel de sa nature, et une *croyance* qui transporte l'âme hors d'elle-même, la plaçant en face d'une intervention de Dieu et de toutes les conséquences qui en résultent.

Le sentiment sans doute incline l'âme à la croyance, de même que la croyance est à son tour l'origine de sentiments nouveaux; mais tout ne se borne pas à des phénomènes purement intérieurs. L'homme qui accepte la réalité de la révélation divine se trouve placé, par sa croyance même, en présence d'un ensemble de vérités et de promesses qui s'imposent à l'adhésion de son esprit, indépendamment des phases diverses du sentiment proprement dit. Les vérités chrétiennes agissent sur moi avec une intensité dont le degré varie, mais, au sein même de cette variation, je continue à savoir que ce sont des vérités; elles ne cessent jamais d'être à mes yeux une *autorité légitime*.

On ne peut supprimer l'un de ces deux éléments, l'un extérieur, l'autre interne, sans que les bases de la vie religieuse en soient profondément ébranlées. La valeur du fait intérieur est-elle méconnue? Il ne reste qu'une croyance pure, qui ne sort pas de la région de l'intelligence et ne saurait agir sur la vie pour la transformer. Concentre-t-on toute la religion dans les seuls sentiments de l'âme, en supprimant la croyance? Une sorte de vague mysticisme qui repose tout entier sur des états individuels et passagers, prend la place de la foi. Les sentiments, et même les plus élevés, sont mobiles et variables par leur nature ; on ne peut rien construire de fixe sur un terrain aussi mouvant; chez celui qui ne croit qu'en raison de ce qu'il éprouve, un ralentissement de zèle devient un doute, la froideur de l'âme est presque une négation, et la vérité, flottant au gré d'impressions fugitives, ne peut devenir l'objet d'une conviction proprement dite.

La philosophie de M. de Biran avait débuté par la seule étude des phénomènes intérieurs. Il en était venu à reconnaître la nécessité d'élargir ce terrain trop étroit : après avoir tenté d'appuyer les idées sur le seul fondement du *moi* individuel, il avait reconnu qu'elles n'avaient de base solide qu'au sein de Dieu, l'existence suprême. De même les sentiments intérieurs du chrétien s'offrent d'abord à lui comme constituant le christianisme tout entier ; si sa carrière d'écrivain eût été plus longue, il en serait venu sans doute à proclamer aussi la nécessité d'abandonner ce point de vue insuffisant pour rétablir dans sa place légitime l'élément extérieur de la religion révélée. La supposition est d'autant plus légitime qu'un des courants de sa pensée se dirige positivement de ce côté. On le voit, en effet, saisir et marquer parfois assez nettement le contraste entre la position de l'homme qui demeure livré à toutes les fluctuations du sentiment intérieur, et l'état des âmes qui ont trouvé la paix dans une foi précise et solidement fondée.

Si les vues de M. de Biran sur le christianisme étaient incomplètes, elles avaient un caractère profondément sérieux, comme il arrive toujours lorsque le mouvement de l'esprit a pris sa source dans les besoins de la conscience. Il fut conduit à subordonner la chaîne entière de ses idées aux lumières nouvelles qui venaient de briller à ses yeux. Le mur de séparation que l'on élève souvent entre la religion et les recherches purement rationnelles ne devait pas subsister dans sa pensée. Il avait fait usage de ce point de vue dans sa controverse avec M. de Bonald. Il traçait alors une ligne de démarcation prononcée entre des vérités qui procèdent du dehors et s'imposent par voie d'autorité, et une science personnelle et libre, qui résulte du seul développement de la raison et des expériences que chacun peut faire au dedans de soi-même. C'était séparer la religion et la philosophie au point de vue de la méthode, et c'est ainsi que l'on procède d'ordinaire. Mais cette distinction n'a point toute la valeur qu'on lui accorde parfois ; que les dogmes chrétiens soient enseignés du dehors à l'individu, et s'imposent avec autorité à l'adhésion de l'esprit dès le moment qu'on croit à la divinité de leur origine, c'est ce qui ne fait pas, et ne peut pas faire sérieusement question. Mais ces dogmes répondent à des nécessités du cœur et de la conscience, qui se laissent observer directement, et de plus, ils produisent dans l'âme qui les accepte des effets immédiatement observables aussi. Se refuser à l'examen des faits de cet ordre, ce serait suivre une voie analogue à celle d'un philosophe qui prétendrait étudier l'esprit humain dans sa pureté absolue, sans faire mention d'aucun des phénomènes qui résultent de ses rapports avec des existences étrangères. Une telle étude cependant ne peut être, en définitive, qu'une vaine et stérile abstraction. Or, si les vérités religieuses produisent dans l'âme des effets particuliers, si l'homme est placé par les conséquences de sa foi dans des états spéciaux, s'il trouve dans les promesses évangéliques des consolations qu'il ne rencontre pas ailleurs, s'il reçoit dans la prière une force qui lui faisait défaut, une science de l'homme qui se tairait sur les faits de cet ordre, ne serait-elle pas étrangement mutilée ? Ce serait une pauvre philosophie, en vérité, que celle qui se condamnerait à garder le silence sur les développements les plus élevés de la vie humaine, par le motif que ces développements se rattachent à des vérités que la raison n'a pas découvertes. On serait mal fondé, d'autre part, à proscrire la philosophie, sous prétexte que la religion résout tous les grands problèmes de l'existence, et ne laisse hors de son sein que des recherches inutiles ou dangereuses. La foi n'est pas la science, et la conscience peut avoir trouvé la paix, sans que le désir de savoir cesse de solliciter l'intelligence. Le développement des âmes éclairées et fortifiées par la communication d'une vie supérieure et divine, loin de faire obstacle à l'étude de l'homme, lui fournit au contraire l'objet de ses plus riches développements, de ses considérations les plus élevées.

M. de Biran fut donc conduit à négliger la distinction reçue entre la religion et la philosophie, pour concevoir le plan d'une science unique, qui donnerait leur place aux faits de l'ordre religieux ; il fut conduit à former, au point de vue spécial de la psychologie, le projet d'une *philosophie chrétienne*. Il dut, par suite, modifier assez profondément l'exposition antérieure de ses doctrines. *L'Essai sur les fondements de la Psychologie* était resté en portefeuille depuis 1813. L'auteur avait souvent retouché cet écrit, mais un désir continuel d'amélioration et les préoccupations d'une carrière politique ne lui avaient pas permis de le donner au public. Lorsque les idées religieuses commencèrent à acquérir de l'importance dans son esprit, il crut peut-être, pendant un temps, qu'il suffirait de faire quelques additions à son ouvrage ; mais en 1823, il éprouva le besoin de le remanier complétement. Dans l'*Essai* il avait profondément distingué deux principes constitutifs de notre nature : une vie inconsciente ayant ses lois spéciales étrangères à toute intervention de la volonté, et une vie proprement humaine dont la conscience est le caractère, et dont la volonté est l'agent. La destination de l'homme lui paraissait alors se résumer dans le triomphe de la volonté sur les lois d'une existence inférieure. Maintenant, sans rejeter les bases de cette analyse, il la trouvait insuffisante. Un élément nouveau, en effet, le rapport de l'homme avec l'esprit de Dieu

lui était apparu, et cet élément réclamait une place telle que toute l'économie de la construction philosophique précédente s'en trouvait modifiée. Le secours de la grâce étant accepté comme un fait, il en résultait deux conséquences d'une importance égale : la première, que la volonté ne triomphe pas seule dans la lutte contre les penchants, mais doit être soutenue par une force supérieure ; la deuxième, que le but dernier de la volonté n'est pas de se posséder elle-même et de se complaire dans son triomphe, mais de se donner à Dieu tout entière. Dieu en effet, puisqu'il est l'appui de l'âme, la force de sa faiblesse, devient par là même sa seule fin légitime ; la volonté ne se soutenant que par la grâce, se doit au Dieu dont cette grâce procède. A l'époque de la rédaction de l'*Essai*, M. de Biran disait avec Fénelon : « Nous n'avons
» rien à nous que notre volonté, tout le reste n'est point à
» nous. La maladie enlève la santé et la vie ; les richesses
» nous sont arrachées par la violence, les talents de l'es-
» prit dépendent de la disposition du corps ; l'unique
» chose qui est véritablement à nous, c'est notre volonté. »
Il ajoutait désormais avec le même auteur : « Aussi est-ce
» elle (la volonté) dont Dieu est jaloux, car il nous l'a
» donnée, non afin que nous la gardions et que nous en
» demeurions propriétaires, mais afin que nous la lui ren-
» dions tout entière, telle que nous l'avons reçue et sans
» en rien retenir [1]. » Le triomphe de la volonté sur la nature sensible, qui était précédemment le terme et le but du développement humain, n'apparaissait plus que comme un moyen ; l'abandon de la volonté à Dieu devenait le but final : l'*Essai* passait donc sous silence le fait

---

[1] *OEuvres spirituelles*. Conformité à la volonté de Dieu.

capital dans lequel se résume la destination légitime de la créature humaine.

Cette vue nouvelle présida au plan des *Nouveaux Essais d'Anthropologie :* tel est le titre du dernier écrit dans lequel M. de Biran entreprit de développer sa pensée. Cet écrit répartissait dans trois vies différentes l'ensemble des faits que présente notre nature, envisagée dans les degrés successifs de son développement complet.

La première vie ou *vie animale* est régie par les impressions de plaisir ou de douleur, dont la machine organisée est l'occasion. Cette vie est le siége des passions aveugles, de tout ce qu'il y a en nous d'inconscient et d'involontaire ; c'est l'état de l'enfant en bas âge, avant le premier éveil de la conscience, l'état dans lequel nous retombons toutes les fois qu'abdiquant le gouvernement de nos destinées, nous acceptons le joug des penchants organiques qui constituent notre tempérament. Les états de sommeil, d'aliénation mentale et autres analogues trouvent ici leur place.

La seconde vie ou *vie de l'homme* commence à l'apparition de la volonté et de l'intelligence, dont un premier déploiement de la volonté est la condition. Les idées et la parole s'ajoutent aux instincts ; la force personnelle entre en combinaison avec ces instincts, lutte avec eux ou s'abandonne plus ou moins à leur impulsion. Il y a conflit entre deux puissances d'ordre différent : les penchants inférieurs subsistent et font sentir encore leur empire, tandis que la raison entrevoit une sphère plus élevée, une existence meilleure.

La troisième vie est la *vie de l'esprit*. La volonté, au lieu de chercher un point d'appui en elle-même, s'abandonne à l'influence supérieure de l'Esprit divin. La lutte cesse alors ; l'homme identifié, autant qu'il est possible, avec la source éternelle de toute force et de toute lumière, trouve la joie et la paix dans le sentiment de son union intime avec son Dieu ; l'animalité est vaincue, le triomphe de la vie divine assuré.

L'effort est le caractère distinctif de la deuxième vie; c'est à *l'amour* qu'il est réservé d'élever l'homme à la troisième. « Le véritable amour consiste dans le sacrifice en-
» tier de soi-même à l'objet aimé. Dès que nous sommes
» disposés à lui sacrifier invariablement notre volonté
» propre, si bien que nous ne voulons plus rien qu'en lui
» et pour lui, en faisant abnégation de nous-mêmes, dès
» lors notre âme est en repos, et l'amour est le bien
» de la vie. »

L'homme est donc placé dans une position intermédiaire entre Dieu et la nature. En s'abandonnant à ses appétits et à toutes les impulsions de la chair, il subit la loi des forces naturelles et trouve une sorte de triste repos dans l'unité d'une vie purement animale. En s'abandonnant sans réserve à l'influence de *l'Esprit-amour*, il trouve dans l'abnégation de sa volonté propre la joie du renoncement et parvient à la paix dans l'unité de la vie divine. Dans l'état moyen où l'homme lutte contre les impulsions sensibles, sans s'abandonner à la puissance supérieure de l'Esprit divin, se trouve la région des luttes, du trouble et de l'inquiétude. C'est à ce degré de son développement, que l'homme qui n'est ni abaissé jusqu'à la nature ni élevé jusqu'à Dieu, se trouve particulièrement attentif aux relations qu'il soutient avec ses semblables; c'est pourquoi la vie moyenne peut être désignée aussi sous le titre de *vie sociale*.

Si l'on se rappelle que l'auteur de cette théorie ne possédait pas dans des dogmes positifs une règle propre à le préserver des excès de sa propre pensée, on comprendra facilement qu'il pût tomber par moments dans les écarts du mysticisme. Aussi lui arrive-t-il de sacrifier cette liberté humaine, qu'il avait si hautement défendue, à cette vue exagérée et fausse de la doctrine de la grâce dont il avait jadis fait une objection contre le christianisme. Il lui arrive de présenter comme « le plus haut degré où puisse » atteindre l'âme humaine, » l'état où, absorbée en Dieu, « elle perd même le sentiment de son *moi* avec sa li- » berté. » Cette tendance se fait jour plus d'une fois dans les fragments de la dernière période. Ce n'est pas là cependant le point de vue habituel de l'auteur : le plus souvent il reconnaît que l'homme et Dieu concourent, dans une union mystérieuse, à la délivrance de l'âme ; il constate que l'effort, et la prière qui est encore un effort, sont les conditions imposées à celui qui aspire à la vie de l'esprit ; il sait que Dieu se fait trouver à ceux qui le cherchent, qu'il nous faut tendre à la foi par la pratique de la volonté divine et appeler la grâce par la pureté de la vie. S'il reproche aux stoïciens d'attribuer à la volonté une puissance qu'elle n'a pas, et de placer une paix imaginaire dans la deuxième vie, qui est le siége d'un trouble continuel ; d'un autre côté, réagissant contre une tendance à laquelle il cède quelquefois, on le voit reprocher aux quiétistes de supprimer l'homme même, en faisant abstraction de la force libre et personnelle qui le constitue. Il n'aurait pas été difficile d'obtenir de lui le désaveu de quelques passages dans lesquels il fait trop bon marché de la personnalité humaine ; en complétant sa pensée, il aurait dit clairement que l'action de Dieu sur les âmes a pour but, non de détruire, mais de relever au contraire l'existence de la créature. Le plus haut degré auquel nous puissions atteindre n'est pas un état où la volonté cesse d'être, ainsi que le veulent les partisans de l'extase, mais un état où la volonté, restaurée par la grâce divine, affranchie du joug des passions, dans la plénitude de sa liberté reconquise, renonce à se donner des lois à elle-même pour se soumettre sans restriction aux décrets de la Sagesse éternelle. C'est dans ce sens que s'explique au fond M. de Biran, c'est dans ce sens certainement qu'il se fût expliqué plus catégoriquement encore s'il eût pu revoir les ébauches de la dernière époque de sa vie.

On peut maintenant se faire une idée générale des *Nouveaux Essais d'Anthropologie*. Prendre l'homme a son point de départ, à cette période de l'enfance où quelques symptômes, gages de l'avenir, le distinguent seuls de l'animal ; observer l'éveil de la conscience, et remarquer les degrés successifs par lesquels la personne morale se dégage du sein des instincts et des penchants ; assister aux alternatives de triomphe et de revers, de joie et de douleur de l'âme qui se connaît et se possède, en lutte contre les puissances aveugles de la machine organisée ; montrer enfin cette âme déçue dans les espérances de la vie et découragée par sa propre faiblesse, trouvant dans le Dieu vers lequel elle se tourne avec espoir, la force, le repos et la lumière véritable, et voyant dès lors s'ouvrir devant elle les radieuses perspectives d'une vie qui ne doit pas finir : tel était le cadre étendu dans lequel l'auteur se proposait de faire entrer tous les faits réels de l'existence. Il voulait substituer une histoire vivante de nos destinées aux classifications souvent arbitraires et aux analyses presque toujours arides de la psychologie ordinaire. Son but n'était pas seulement de distinguer, de séparer, de disséquer, pour ainsi dire les éléments de la vie, mais de présenter ces éléments dans leurs combinaisons réelles et d'expliquer par ces combinaisons les états divers par lesquels passent successivement les âmes humaines.

Cette œuvre ne fut pas terminée. Au mois d'octobre 1823, l'auteur déposa sur le papier le plan des *Nouveaux Essais d'Anthropologie*; neuf mois après il avait cessé de vivre. Des fragments et des ébauches conservent seuls la trace du dernier mouvement de sa pensée, mais ces documents imparfaits, joints au plan qui en marque la place, pourront suffire à sauver de l'oubli la dernière théorie à laquelle s'était arrêté cet esprit, dominé dans toutes ses recherches par un besoin sérieux de la vérité.

La carrière philosophique de M. de Biran offre l'image d'un voyage prolongé dans des régions toujours nouvelles. Des intérêts personnels, des considérations d'amour-propre ne vinrent jamais immobiliser sa pensée, jamais il n'hésita à abandonner, pour en chercher une autre, une région que la lumière pure de la vérité ne lui semblait plus éclairer. Nul homme, peut-être, dans les recherches de l'intelligence, n'aboutit à un terme aussi éloigné de son point de départ : il commence avec Condillac et la morale de l'intérêt, il finit avec Fénelon et la morale du renoncement absolu.

Les pages qui terminent le *Journal intime* sont écrites sous la visible influence des douleurs qui présageaient la maladie à laquelle l'auteur devait succomber. On sent qu'une main fiévreuse a tracé ces lignes, auxquelles la pensée d'une mort si prochaine imprime un caractère solennel. M. de Biran n'avait pas encore trouvé la paix; on le voit se débattre jusqu'à la fin contre les incertitudes de son esprit, les habitudes de son imagination et les retours des anciens penchants qui l'attachent au monde. Mais la faiblesse croissante de l'organisme et un désenchantement toujours plus prononcé de la vie terrestre, tournent de plus en plus ses regards vers le séjour du repos éternel : la nécessité de la grâce est la dernière pensée inscrite sur ces pages, auxquelles avaient été confiées tant de pensées diverses ; l'appel de la grâce est le dernier cri de l'âme déposé dans ces cahiers, confidents de tant d'impressions intimes.

Les dernières lignes du *Journal* portent la date du 17 mai 1824 ; le 20 juillet, M. de Biran remettait son âme entre les mains de Dieu. Que se passa-t-il dans cette âme pendant ces deux mois, qui virent succéder à de vagues angoisses les souffrances d'une maladie déclarée ? Il n'appartient pas à une main humaine de soulever le voile qui couvre l'accomplissement des secrets desseins de Dieu à la dernière heure de la vie ; mais la fin de M. de Biran porta tous les caractères d'une mort chrétienne, et il est permis, après tout ce qui précède, de voir dans l'expression de ses derniers sentiments, non pas un de ces retours tardifs et suspects à des espérances trop longtemps dédaignées, mais le couronnement d'une vie dirigée au travers de bien des obstacles et des douleurs vers les consolations de la foi.

Les obsèques de M. de Biran eurent lieu le 22 juillet, à l'église de Saint-Thomas d'Aquin, et son corps fut déposé dans le cimetière du Père-Lachaise.

FIN DE LA VIE.

PENSÉES

DE

MAINE DE BIRAN.

PENSÉES

DE

MAINE DE BIRAN

—o—

ANNÉE 1794.

Grateloup, 27 mai. J'ai éprouvé aujourd'hui une situation trop douce, trop remarquable par sa rareté, pour que je l'oublie. Je me promenais seul, quelques moments avant le coucher du soleil ; le temps était très-beau ; la fraîcheur des objets, le charme qu'offre leur ensemble, dans cette brillante époque du printemps, qui se fait si bien sentir à l'âme, mais qu'on affaiblit toujours en cherchant à la décrire ; tout ce qui frappait mes sens portait à mon cœur je ne sais quoi de doux et de triste. Les larmes étaient au bord de mes paupières. Combien de sentiments ravissants se sont succédé ! Si je pouvais rendre cet état permanent, que manquerait-il à mon bonheur ? J'aurais trouvé sur cette terre les joies du Ciel. Mais une heure de ce doux calme va être suivie de l'agitation ordinaire de ma vie ; je sens déjà que cet état de ravissement est loin de moi, il n'est pas fait pour un mortel. Ainsi cette malheureuse existence n'est qu'une suite de moments hétérogenes, qui n'ont aucune stabilité. Ils vont flottant, fuyant rapidement, sans qu'il soit jamais en notre pouvoir de les fixer. Tout influe sur nous, et nous changeons sans cesse avec ce qui nous environne. Je m'amuse souvent à voir couler les diverses situations de mon âme; elles sont comme les flots d'une rivière, tantôt calmes, tantôt agitées, mais toujours se succédant sans aucune permanence. Revenons à ma promenade solitaire.

Après m'être livré à cet état qui remplissait mon cœur, lorsque j'ai commencé à revenir à moi le soleil était couché; ses rayons de pourpre ne répandaient plus leur éclat brillant sur la verdure; tout prenait une teinte plus sombre; l'approche de la nuit, le silence des bois invitaient à la réflexion. Mes pensées ont commencé à se porter sur moi-même, sur l'état de calme que j'éprouvais. J'ai pu me dire : Je suis heureux, car un instant auparavant je le sentais sans me le dire. A quoi tient cet état de contentement? me suis-je demandé—au calme de mes sens—Ai je jamais joui d'une satisfaction semblable dans l'agitation des passions? Ce que le monde nomme plaisir, je l'ai goûté dans toute son étendue; quand ai-je éprouvé des moments semblables à celui-ci? Cependant je croyais jouir de la vie. Insensé que j'étais! j'allais à l'opposé du bonheur, je courais après lui et je le laissais derrière moi. Que les hommes sont aveugles! ils veulent absolument se rendre heureux par les passions, et ce sont elles qui troublent leur vie, en la remplissant d'amertume: Comment l'inutilité de leurs efforts ne les désabuse-t-elle pas? Souvent, en sentant le calme que me laissait l'absence des passions, je me suis plaint, je me suis indigné contre moi-même, j'étais comme un paralytique qui voudrait à toute force s'agiter et marcher. Je me disais : Tant que tu seras dans cet état d'indifférence, tant qu'aucune passion ne te donnera du mouvement, tu mèneras toujours une vie obscure, languissante, incapable d'aucun élan ; tu resteras toujours nul, toujours faible, toujours méprisé des hommes, parce que tu leur seras inutile. Vois-tu ces hommes qui ravissent les suffrages, qui, dans les divers états de la société, s'attirent l'estime, la considération ? vois-tu ces hommes de lettres, dont les écrits éclairent l'humanité et ont des droits à la reconnaissance universelle dans tous les siècles, dans tous les âges ? Qu'est-ce qui fit les grands personnages de tous les genres ? l'exaltation dans les passions, sans doute. Sors donc de ton état de paix, fais violence à tes organes, élance-toi hors de toi-même, crée-toi un objet qui excite tes facultés engourdies, et deviens homme, puisqu'on ne l'est que par la force des passions !

Je luttais ainsi contre mon organisation, qui m'entraînait invinciblement au repos ; je me consumais en vains efforts, et toujours mécontent et malheureux par le sentiment injuste de mon abjection, je désespérais de moi-même, et je me regardais avec douleur comme un homme dégénéré. C'est sans doute mon bon génie qui m'a éclairé sur ma vraie destination, et l'état que je viens d'éprouver fait une révolution heureuse dans mes idées. J'examine avec plus d'attention les biens factices que produisent les passions, je les compare avec les maux réels dont elles sont la source, j'étudie en moi quel est le vrai bonheur auquel la nature nous invite, et j'en remercie l'Etre qui me fit tel que je suis ; je bénis ma faiblesse, loin de me dépiter injustement contre elle. N'eussé-je de ma vie que cette heure de bonheur, que j'ai passée dans le calme, je ne puis désirer d'autre félicité. La nature semble m'avoir indiqué du doigt la route que je dois tenir, et si jamais, amorcé par les passions, je me laissais égarer sur leurs traces, je n'aurais pour me désabuser qu'à me rappeler ma promenade solitaire.

Convaincu que les passions ne donnent pas le bonheur qu'elles promettent, et mon organisation et ma raison me défendant également de courir après leurs biens factices, je fuis l'agitation, je rentre en moi-même, j'erre dans les bois, je me livre à mes rêveries, et j'attends toujours que quelque heureux moment, semblable à celui que j'ai goûté, vienne jeter des fleurs sur ma monotone existence. Il en vient quelquefois, et je m'y livre avec douceur ; mais je sais bien qu'il n'est pas en mon pouvoir de me donner des ravissements semblables à celui dont je ne perdrai jamais le souvenir. Ce qui dépend de moi, c'est de ne pas me rendre malheureux, en faisant violence à mon organisation, pour me procurer de faux biens que ma raison égarée me faisait trop apprécier. Désabusé heureusement, je me dis que je dois tirer de l'état où je suis le meilleur parti possible, et qu'avec une faible constitution qui ne tend qu'au repos, je ne dois pas me faire le même système de bonheur que ces hommes dont le sang bouillonne avec force, et que leur activité entraîne invinciblement vers les objets extérieurs. Je suis assez raisonnable même pour ne pas envier leur sort ; et quand je vois les peines si inutiles qu'ils se donnent, les tourments dont ils s'accablent volontairement, je me félicite de ma faiblesse, qui me garantit de ces illusions dont je serais sans doute l'esclave comme les autres, si j'étais organisé comme eux. C'est tout ce que je puis pour mon bonheur, c'est là l'unique pouvoir de ma raison, et je sens que je m'éviterai par là bien des combats qui troubleraient ma vie. Je resterai à la place que me fixe la nature, et je n'userai pas, pour en sortir, le peu de forces qu'elle me donna pour me rendre aussi heureux que je puis l'être tel qu'elle me fit. Mais pour me procurer ces sentiments délicieux, cette paix de l'âme, ce calme intérieur que j'éprouve par accès instantané, je sens que je ne puis rien, mon activité est nulle, je suis absolument passif dans mes sentiments, je suis presque toujours ce que je ne voudrais pas être et presque jamais tel que j'aspire à être.

De quoi dépend donc l'état de mon âme? D'où viennent ces sentiments confus, tumultueux au travers desquels je ne me connais plus? Je fuis l'agitation, et sans cesse elle se reproduit en moi malgré mes efforts; ma volonté n'exerce aucun pouvoir sur mon état moral; elle approuve ou elle blâme, elle adopte ou elle rejette; elle se complaît ou elle se déplaît; elle se livre ou elle fuit tels ou tels sentiments donnés, mais jamais elle ne les procure, jamais elle ne les écarte. Qu'est-ce donc que cette activité prétendue de l'âme? Je sens toujours son état déterminé par tel ou tel état du corps. Toujours remuée au gré des impressions du dehors, elle est affaissée ou élevée, triste ou joyeuse, calme ou agitée, selon la température de l'air, selon ma bonne ou mauvaise digestion. Je voudrais, si jamais je pouvais entreprendre quelque chose de suivi, rechercher jusqu'à quel point l'âme est active, jusqu'à quel point elle peut modifier les impressions extérieures, augmenter ou diminuer leur intensité, par l'attention qu'elle leur donne; examiner jusqu'où elle est maîtresse de cette attention. Cet examen devrait, ce me semble, précéder un bon traité de morale. Avant de chercher à diriger nos affections, il faudrait sans doute connaître ce que nous pouvons sur elles. Je n'ai vu cela traité nulle part. Les moralistes supposent que l'homme peut toujours se donner des affections, changer ses penchants, détruire ses passions ; à les entendre, l'âme est souveraine, elle commande aux sens en maîtresse. Cela est-il bien vrai, ou jusqu'à quel point cela l'est-il ? Comment cela peut-il se faire ? C'est justement ce qu'il faudrait bien établir.

N'étant pas sujet à des mouvements violents, il semble que je devrais être maître de moi plus qu'un autre ; cependant, soit par un effet de ma mauvaise constitution, soit que l'homme soit fait ainsi, je passe successivement par mille états divers en un jour. Mille pensées, mille idées que je voudrais rejeter, que je ne recherche pas, qui me font même pitié, me passent dans l'esprit. Ma raison n'est pas souvent endormie ; elle voit tout cela, elle gémit, elle blâme ou elle approuve ; ce sont là ses seules fonctions. Si quelque bon sentiment s'élève, croyez-vous que ce soit à elle qu'il faille en faire honneur ? Non ; elle se borne à lui donner son assentiment, elle use de tout son pouvoir pour le maintenir. Vains efforts ! Ce bon mouvement va bientôt faire place à une misère que cette révolution perpétuelle, cette roue toujours mobile de l'existence va emmener à son tour. Ainsi se passe la vie. Quelle misérable condition ! Cependant j'ai l'idée d'un état supérieur à celui dont je jouis maintenant, la conscience de ma misère m'est plus sensible par la conscience d'une dignité dont j'ai le modèle. L'homme ne serait-il qu'un être dégénéré ? ou bien est-il destiné à une plus grande perfection ? Quoi qu'il en soit, puisque le désir de notre bonheur est toujours permanent, dans le cours de notre existence actuelle, si notre raison nous le montre, quoiqu'elle ne puisse presque rien pour nous le donner, faisons du moins nos efforts pour nous rapprocher le plus qu'il sera possible du but qu'elle nous montre; et si nous ne pouvons pas y parvenir, tâchons de pouvoir nous dire avec justice : Je me suis élevé, par ma volonté, vers le bonheur auquel m'appelait ma nature, je ne fus malheureux que par ma faiblesse.

Si je jouis quelquefois du contentement d'esprit que me laissent l'absence des passions et une conscience pure, je ne chercherai plus à enchaîner ce contentement; j'ai éprouvé trop souvent que ces projets n'étaient que des folies. J'en jouirai quand il viendra, je me tiendrai toujours en état de le goûter, je ne l'éloignerai pas par ma faute, mais puisque mon activité est nulle pour me le donner ou pour le retenir, je ne me consumerai plus en vains efforts, comme je faisais il y a quelque temps, pour me donner des passions, du mouvement et m'arracher à ce calme plat. Persuadé que le bonheur est un état permanent qui n'est pas fait ici-bas pour l'homme, je ne porterai pas mes vues jusqu'à lui. Voyant que tout est, sur la terre, dans un flux continuel, qui ne permet à rien d'y prendre de forme constante, je ne regimberai pas contre la nécessité; je me laisserai paisiblement entraîner au cours mobile que suivent les êtres créés, dont l'existence est successive; je changerai avec tout ce qui m'entoure. Mais, du moins, je sentirai que je change, et ma raison qui m'en démontrera la nécessité (puisque pour rester ordonné avec des êtres changeants il faut bien l'être soi-même), ma raison, dis-je, me fera connaître la misère humaine, me sauvera de l'orgueil, me rendra modéré; et si elle ne confirme pas mes espérances pour un sort plus

11.

parfait dans l'avenir, elle ne me défendra pas de m'y arrêter avec douceur, et ne m'enlèvera pas cette consolation qui m'aidera à porter patiemment le fardeau de la vie. *Hœc sunt somnia optantis non docentis.*

Heureux ceux qui sont dans leur jeunesse, et, lorsque leur caractère n'est pas encore formé, peuvent jouir de la société de personnes vraiment éclairées qui les dirigent, les conseillent et leur montrent la route qu'ils ont à tenir, pour suivre dans leur conduite les traces de la raison. Combien d'ascendant, combien d'influence peuvent avoir sur l'esprit et le cœur d'un jeune homme bien né les discours et l'exemple des sages qu'il fréquente! Ce sont des modèles qu'il a sous les yeux ; il fait des efforts pour se rapprocher d'eux et se mettre à l'unisson ; il est forcé de cultiver son bon naturel. S'il avait quelque vice, la vertu de ses modèles l'en ferait rougir ; à force de travail pour s'égaler à eux, il finirait sans doute par devenir meilleur. Si j'avais eu, et si j'avais encore un pareil bonheur, peut-être en tirerais-je quelque fruit. Mais sans secours, livré à moi seul, et après tant d'années de dissipation et d'oubli de moi-même, quel travail continuel et rebutant j'ai à essuyer, pour parvenir au but de sagesse que je me propose! Tout ce que je vois me détourne de mes projets. Quoique isolé, et dans la retraite, il me reste encore beaucoup trop de mauvais exemples.

Oh! que n'avons-nous des écoles publiques de sagesse comme les Grecs! Que n'y a-t-il des Socrate, des Platon, dans quelque lieu de la terre! J'abandonnerais tout, je renoncerais à tout pour les suivre et me rendre digne d'être leur disciple. Mais autant, dans l'antiquité, on avait de motifs pour s'élever l'âme et devenir homme, autant de nos jours tout rapetisse, tout avilit notre génération corrompue. Un vrai philosophe, s'il en existait aujourd'hui, ne pourrait vivre qu'au fond des déserts. Quel tourment de voir le bien, de l'aimer et de sentir que tout vous en éloigne, lorsqu'on n'a pas assez de caractère pour embrasser la vertu et s'y tenir, sans aucun encouragement! Il ne reste que les livres, mais les livres ne parlent pas; on n'est pas toujours disposé à l'étude; on ne peut pas toujours captiver son attention. Rousseau parle à mon cœur, mais quelquefois ses erreurs m'affligent; Montaigne me plaît, mais ses doutes me laissent dans un état pénible; Mably me fait aimer le bien, mais je ne sais pourquoi il me lasse bientôt (excepté cependant dans ses *Entretiens de Phocion*, ouvrage que je lirai, que je relirai sans cesse, *nocturnâ versabo manu, versabo diurnâ*); Pascal, dans ses Pensées morales, élève mon âme, mais lorsqu'il parle de religion, il ne la rend pas aimable; son tempérament mélancolique perce partout; s'il jette quelquefois du sublime dans ses conceptions, il y répand trop souvent du sombre: O bon Fénelon, viens me consoler! tes divins écrits vont dissiper ce voile, dont ton janséniste adversaire avait couvert mon cœur, comme la douce pourpre de l'aurore chasse les tristes ténèbres. Mais que seraient tous ces écrits, gloire de notre siècle, devant les leçons d'un Socrate! Je me le représente, avec sa figure vénérable, noble et douce, où se peint la sérénité, la candeur de son âme, avec ses cheveux blancs, sa voix animée par l'enthousiasme de la vérité. C'est Orphée éclairant et charmant les mortels. Qui est-ce qui n'aimerait pas la vertu prêchée par Socrate?

Je ne sais pas s'il existe d'homme dont l'existence soit si variable que la mienne. J'attribue ces variations à mon tempérament, ou peut-être à la constitution de mon cerveau, dont les fibres molles et délicates sont susceptibles de prendre successivement toutes les modifications qui peuvent être produites par les objets divers à l'influence desquels je me trouve exposé. Je ne puis garder nulle forme constante, et mes principes me paraissent bien ou mal fondés, selon que je suis dans telle ou telle disposition. Cependant ma volonté est droite, je voudrais être vertueux, et je suis intimement convaincu qu'il ne peut y avoir de bonheur pour moi, sans une conduite sage et conforme aux vrais principes de la morale. Dans certains temps je me sens embrasé pour le bien, j'adore la vertu ; dans d'autres je me sens une tiédeur, un relâchement qui me rend indifférent sur mes devoirs. D'où vient cela? Est-ce que tous nos sentiments, nos affections, nos principes ne tiendraient qu'à certains états physiques de nos organes? La raison serait-elle toujours impuissante contre l'influence du tempérament? La liberté ne serait-elle autre chose que la conscience d'un état de l'âme, tel que nous désirons qu'il soit, état qui dépend en réalité de la disposition du corps sur laquelle nous ne pouvons rien, en sorte que lorsque nous sommes comme nous voulons, nous imaginons que notre âme, par son activité, produit d'elle-même les affections auxquelles elle se complaît ?

Les moralistes ne disent rien à cet égard. Dans leurs traités ils font toujours abstraction du physique ; on dirait qu'ils parlent d'un être purement spirituel et immuable, tant ils tiennent peu de compte du changement que l'état variable de nos organes apporte dans nos affections. Il serait bien à désirer qu'un homme accoutumé à s'observer analysât la volonté, comme Condillac a analysé l'entendement.

Le bonheur est en nous-mêmes. Chacun répète cette vérité ; nul peut-être ne sait ce qu'il entend par là, presque personne du moins n'agit conformément à ce principe. Comment le bonheur est-il en nous? Tient-il à nos sentiments? Mais si ces sentiments sont sans cesse modifiés par les objets extérieurs, ils en sont donc dépendants. Tient-il à un certain état de notre être? Mais, ou cet état est physique, et dépend de la manière dont sont montés certains ressorts corporels, certaines fibres dont nous ignorons le mécanisme; ou bien cet état est intellectuel et tient à la modification de notre âme, sans que le corps exerce sur elle aucune influence. Dans le premier cas le bonheur est indépendant de nous, puisque nous n'exerçons aucune puissance sur le mécanisme de notre organisation; dans la dernière hypothèse, on pourra croire qu'en vertu de notre liberté, nous exerçons un pouvoir actif sur l'économie des affections de notre âme, et que nous pouvons les diriger de telle sorte qu'il en résulte une harmonie, un ordre qui remplisse l'âme de volupté. Je ne prétends rien décider à cet égard. Pour savoir ce qui en est, il faudrait pouvoir lire dans toutes les âmes, être successivement chaque homme, et je n'ai pour moi que mon sens intime. J'ai cherché ce qui constitue mes moments heureux, et j'ai toujours éprouvé qu'ils tenaient à un certain état de mon être, absolument indépendant de mon vouloir. J'ai éprouvé que les sentiments qui m'affectaient dépendaient de cet état, sans le produire; que toutes mes pensées, toutes mes actions étaient dirigées par cette situation; qu'elles variaient avec elle; que tantôt, dans le calme le plus parfait, tantôt dans un désordre, dans un emportement insupportable, je suivais toutes les vicissitudes de cet état incompréhensible; que les choses qui me plaisaient davantage, dans un certain moment, me déplaisaient dans un autre; que ce qui quelquefois affectait, navrait mon cœur ou le pénétrait de joie lui était indifférent dans d'autres circonstances. Enfin j'ai toujours trouvé que j'étais conduit par un principe que je ne maîtrisais jamais.

D'après mon expérience je raisonne ainsi : Les hommes qui embrassent telles opinions, qui se livrent à tels sentiments, et qui pensent user de leur liberté, pourraient fort bien, comme moi, être toujours dirigés par l'état où ils se trouvent dans le moment ; et lorsqu'ils attribuent le bonheur ou le malheur dont ils jouissent aux principes qu'ils ont embrassés ou aux choses extérieures dont ils éprouvent l'influence, peut-être cette persuasion vient-elle de ce qu'ils ne s'examinent pas et que, faisant peu d'attention aux vicissitudes de leur être, ils vont toujours chercher la cause de ce qu'ils ressentent hors d'eux, tandis qu'elle a sa raison, uniquement, dans leur disposition intérieure. Un homme, par exemple, qui aura toutes les affections sociales, s'applaudira et croira devoir à sa raison cette disposition heureuse ; mais l'économie de ses affections ne dépend-elle pas de l'équilibre de ses humeurs ? Pour s'en assurer, que cet homme soit attaqué du marasme ou de la consomption, que deviendront ces sentiments moraux ?... Moi-même, qu'ai-je fait de bien lorsque je me trouve dans cet état de calme dont je désire la prolongation ? Suis-meilleur, suis-je plus vertueux qu'un instant auparavant où j'étais dans le tumulte et l'agitation ? D'après mon expérience, que je ne prétends point donner pour preuve de la vérité, je serais donc disposé à conclure que l'état de nos corps, ou un certain mécanisme de notre être, que nous ne dirigeons pas, détermine la somme de nos moments heureux ou malheureux ; que nos opinions sont toujours dominées par cet état ; et que, généralement, toutes les affections que l'on regarde vulgairement comme des causes du bonheur, ne sont, ainsi que le bonheur même, que des effets de l'organisation.

25 décembre. Je suis seul, près de mon feu, retenu dans ma chambre par un froid très-piquant. Puisque je n'ai rien de mieux à faire, que je suis incapable en ce moment de me livrer à aucune étude suivie, il faut que je m'amuse à réfléchir sur ma position actuelle, sur l'état de mon cœur, dans cette époque de ma vie.

Notre existence est tantôt coupée par époques tranchées; tantôt ses diverses périodes se succèdent insensiblement et vont en se confondant, par une gradation qui rend imperceptible le passage de l'une à l'autre. Il est certain que notre existence successive n'offre pas deux instants semblables. L'homme, entraîné par un courant rapide, depuis sa naissance jusqu'à sa mort, ne trouve nulle part où jeter l'ancre; ses sentiments, ses idées, sa manière d'être se succèdent, sans qu'il puisse les fixer; son état moral varie comme son état physique. Les changements de l'âme répondent à ceux qui se font dans le corps, et celui-ci est sujet à toutes sortes de vicissitudes. Outre les changements insensibles qu'il subit dans la succession des périodes générales de l'organisation, c'est-à-dire la naissance, l'accroissement, le décroissement, il est encore sujet à des anomalies irrégulières, occasionnées par l'action des corps extérieurs, les circonstances où il se trouve placé. Les modes de la sensibilité, auxquels correspondent les différents sentiments de l'existence, sont soumis à la fois à un mouvement général et régulier dirigé par les lois de l'organisation, et à des mouvements particuliers qu'on ne peut ni mesurer ni prévoir. C'est ainsi que dans le système du monde les corps célestes sont entraînés dans l'espace par une force générale; mais chaque planète a son mouvement particulier.

Chaque homme devrait être attentif à ces différentes périodes de la vie; il devrait se comparer à lui-même en différents temps, tenir registre de ses sentiments particuliers, de sa manière d'être, en observer les changements, à de courts intervalles, et tâcher de suivre les variations dans l'état physique qui correspondent à ces irrégularités dans l'état moral. S'examinant ensuite, dans des périodes plus éloignées, il comparerait ses principes, sa manière générale de voir dans un temps déterminé, avec les idées qu'il avait dans un autre. Si on avait ainsi divers mémoires faits par des observateurs d'eux-mêmes, quelle lumière rejaillirait sur la science de l'homme !... Si chacun, de plus, avait déterminé à peu près son tempérament et les altérations qu'il a éprouvées, on pourrait connaître, par la comparaison, le rapport des sentiments moraux avec les états divers de la machine, et par un relevé général, déterminer quel est le caractère moral correspondant à tel ou tel tempérament, et résoudre à peu près ce problème insoluble : tel état physique étant donné, déterminer l'état moral, et *vice versâ*. Il me semble, quoique ma vue courte n'entrevoie ce projet que confusément, qu'on ne parviendra jamais autrement à une parfaite connaissance de l'homme, et qu'on ne le dirigera jamais, par des moyens moraux, si on n'y joint la connaissance des moyens physiques.

Mais comment un tel projet pourrait-il s'effectuer ? Les hommes, toujours occupés des objets extérieurs, n'existent que hors d'eux-mêmes; ils répugnent presque tous à s'occuper d'eux. C'est au point qu'il est difficile de leur persuader, lorsqu'ils changent de goûts, de caractère, que ces changements leur appartiennent; ils sont toujours portés à attribuer à ce qui les entoure leurs propres variations. Au lieu de songer à ce qui reçoit les sensations, ils font tout dépendre des objets de ces sensations, comme s'il y avait dans ces objets quelque chose de réel. De là viennent les faux calculs de bonheur. On se dit : Un tel est heureux parce qu'il possède tel bien, sans demander quel est l'état de son cœur. Je serai parfaitement heureux, dit un autre, lorsque j'aurai atteint un tel degré de fortune; il ne réfléchit pas que dans ce temps, peut-être, il sera disposé de manière à ne pouvoir apprécier aucune des jouissances qu'il se promet. Revenons à moi.

Si j'avais exécuté ce que je viens de dire, si, depuis deux ans que j'ai vécu tranquille et m'occupant beaucoup de moi (comme le font ordinairement les gens cacochymes et solitaires), j'avais tenu compte de toutes les variations par lesquelles j'ai passé, il en résulterait maintenant le tableau le plus original, le plus varié, et pour moi le plus instructif. Ma sensibilité concentrée, faute d'objets sur lesquels elle pût s'exercer, ou pour mieux dire, faute d'avoir l'habitude d'être exercée par les objets simples qui m'entouraient, s'était repliée sur elle-même. Avec une machine frêle, presque toujours malade, je ne pouvais guère me répandre au dehors; j'existais donc en moi, je suivais toutes les vicissitudes qui s'opéraient dans ma manière d'être. J'avoue ici que jamais je ne me suis trouvé deux jours de suite dans la même position, jamais le même le matin que le soir; aussi jamais n'y a-t-il rien eu de suivi dans mes goûts, ni dans mes projets. Je n'ai jamais rien désiré avec constance. Ce qui flatte les hommes, ce qui a tant d'empire sur eux, les richesses, l'ambition; rien de tout cela ne m'a tenté un instant ; les affaires ne m'ont jamais occupé. J'ai été dans ma maison, comme un étranger, aimant à user des petites commodités de la vie, mais sans calcul pour me les procurer. Ainsi j'ai manqué de tout ce qui exerce ordinairement l'activité des hommes, et qui leur fait passer leur vie dans le trouble, dans des distractions qui les tourmentent souvent, il est vrai, mais sans lesquelles ils seraient encore plus malheureux, puisque l'ennui empoisonnerait leur vie. Il faut, en effet, que cette activité naturelle s'emploie, se dépense, et, lorsqu'elle manque de moyens, ou elle sait s'en créer, ou bien, forcée de se concentrer, elle tourmente elle-même le malheureux qui la porte avec lui, semblable au feu électrique qui, lorsqu'il se communique également, garde son équilibre, mais qui, accumulé sur un patient placé sur l'*isoloir*, le tourmente, l'agite et finirait par le tuer. Cette activité est un des caractères distinctifs de notre espèce ; elle entre dans les vues de la nature, qui, ayant fait l'homme pour la société, a dû lui donner ce besoin d'occupation, de travail que cet état exige. Mais cette activité est toujours en rapport avec les modes de la sensibilité. Lorsque ces modes sont constants, ou qu'il y a dans le physique ce que les physiologistes nomment *stabilité d'énergie*, elle peut s'appliquer à une certaine série d'objets analogues entre eux, et alors on voit une volonté plus fixe, plus permanente. Lorsqu'au contraire les modes de sensibilité sont variables, et sujets à des écarts continuels, l'homme ainsi affecté se sent continuellement entraîné d'objets en objets ; il ne peut se fixer, s'appesantir sur rien ; nul goût sensé, nul caractère déterminé ; l'irrésolution, l'état le plus pénible remplit sa vie ; il hait aujourd'hui ce qu'il aimait hier ; il ne se conçoit pas lui-même.

Æstuat et vitæ disconvenit ordine toto [1].

J'ai été longtemps dans cet état; ma manière d'être, de sentir, n'a jamais été fixe. Après une vie de tumulte et de dissipation, je me suis retiré dans la solitude, où je vis encore, et je me remets sous les yeux ce qui a successivement exercé mon activité depuis vingt-six mois jusqu'à ce moment. Deux années ont été consacrées à l'étude, je veux dire aux livres, car j'en ai plus feuilleté que je n'en ai appris. L'envie de devenir savant m'a tourmenté longtemps; mais le désir de tout apprendre à la fois, fruit du défaut de stabilité que j'ai dépeint, m'a entraîné dans bien des genres d'étude qui n'ont aucun rapport; j'ai perdu beaucoup de temps que j'aurais pu employer d'une manière utile, sans doute, si je m'étais livré aux parties qui me conviennent davantage, qui sont, je crois, la métaphysique et la morale. L'étude des mathématiques m'a pris bien du temps; j'ai conçu beaucoup de choses dans cette science; mais je n'ai pas une tête à calcul, et ma santé est trop faible pour supporter l'extrême contention qu'exige cette étude. Cependant, quoique je ne profitasse guère, et que parmi la foule d'idées hétérogènes que j'entassais, peu restassent dans mon esprit, j'employais du moins mon peu de superflu d'existence de la manière la plus innocente. J'étais avare de mon temps, je cherchais à l'employer avec scrupule. J'avais acquis par l'habitude de l'occupation une certaine modération, que je croyais être de la philosophie, mais qui venait plutôt, je pense, de la faiblesse de mon tempérament, qui allait en croissant tous les jours. Mes

---

[1] Horace. Ire Epitre du 1er livre.

anciens goûts étaient plutôt assoupis qu'éteints ; des circonstances nouvelles les ont éveillés, et, en me faisant apercevoir que je n'étais pas aussi changé que je l'avais cru, elles m'ont inspiré le projet de tâcher de me former un plan plus solide, plus approprié à mon état réel, que celui que j'avais d'abord voulu embrasser. La sagesse est sur un mont très-escarpé ; si on prend un élan trop fort, si on veut le monter trop vite, on risque de rouler en bas avant d'être arrivé à la cime. Remontons donc à pas lents.

ANNÉE 1795.

Je me demande ce qui pourrait faire mon bonheur dans mon état actuel. Après m'être bien consulté, je trouve que ce n'est pas tel ou tel état de ma fortune qui me rendrait heureux, mais tel état, telle modification de mon être que j'imagine, que j'ai éprouvée, que j'éprouve par temps, par instants, mais qui malheureusement n'est qu'instantanée. Je ne demanderais donc autre chose, sinon que cette modification fût habituelle ou continue, et je me croirais aussi heureux qu'il soit jamais permis à un homme de l'être.

C'est une chose singulière pour un homme réfléchi et qui s'étudie, de suivre les diverses modifications par lesquelles il passe. Dans un jour, dans une heure même, ces modifications sont quelquefois si opposées, qu'on douterait si on est bien la même personne. Je conçois qu'à tel état du corps répond toujours tel état de l'âme, et que tout dans notre machine étant dans une fluctuation continuelle, il est impossible que nous restions un quart d'heure dans la même situation absolue d'esprit. Aussi suis-je bien persuadé que ce que l'on appelle *coups de la fortune* contribue généralement beaucoup moins à notre mal-être, à notre inquiétude, que les dérangements insensibles (parce qu'ils ne sont pas accompagnés de douleurs) qu'éprouve par diverses causes notre frêle machine. Mais peu d'hommes s'étudient assez pour se convaincre de cette vérité. Lorsque le défaut d'équilibre des fluides et des solides les rend chagrins, mélancoliques, ils attribuent ce qu'ils éprouvent à des causes étrangères, et, parce que leur imagination montée sur le ton lugubre ne leur retrace que des objets affligeants, ils pensent que la cause de leur chagrin est dans les objets mêmes. Mais qu'il s'opère un heureux changement dans leur état physique, vous verrez tout à coup ces fronts se dérider, ces visages tristes s'épanouir. D'où vient la métamorphose? Rien n'a changé autour d'eux; la cause de leur peine n'était donc pas hors d'eux-mêmes. Quelle que soit la cause de ces altérations produites si subitement dans les individus, il est certain qu'elle existe. Peut-être la physiologie pourrait-elle aider à la connaître. Je conçois confusément que, dans tel état du cerveau, les fibres appropriées aux objets agréables sont pour ainsi dire paralysées ou incapables de ressort comme une corde détendue, tandis que celles que les affections tristes peuvent faire mouvoir sont de la plus grande mobilité. Dans ces cas-là, nous sommes disposés à la mélancolie, rien ne peut nous égayer; que la machine se remonte sur un autre ton, nous voilà dans un état tout à fait opposé.

Cette explication qui me vient dans l'esprit, n'est peut-être qu'une folie, mais ce qui n'en est pas une, c'est l'utilité que nous pourrions retirer, pour nous conduire dans la vie, de la persuasion que la source des maux de notre condition est bien plus en nous-mêmes que dans les choses extérieures auxquelles nous les rapportons. Si nous étions bien convaincus de cette vérité, nous murmurerions beaucoup moins contre le sort; nous ne nous agiterions pas pour nous délivrer de ces états d'anxiété, nous aurions plus de résignation. Etudiant continuellement ce qui peut le mieux éloigner le trouble, le malaise de notre esprit, et nous mettre dans cet état de paix, de quiétude, qui seul peut nous faire jouir de la vie, indépendamment de tout ce qu'on regarde communément comme le véhicule des plaisirs, nous ne tarderions pas à découvrir que la modération en tout, l'éloignement des plaisirs bruyants, surtout la bienfaisance et le soulagement de l'infortune d'autrui, en un mot, les plaisirs attachés à une conscience pure et à une santé ferme, pourraient seuls nous rapprocher de cet état physique dans lequel je fais consister le bonheur. Nous chercherions donc par ces moyens à parvenir à cet état, ou à nous le rendre habituel; nous deviendrions moins malheureux et par conséquent moins méchants.

On ne saurait imaginer combien l'étude de nous-mêmes si rare, si peu connue, nous serait utile; de combien d'illusions elle servirait à nous guérir; combien elle nous mettrait sur la voie du bonheur. D'après mes premières idées, si nous reconnaissions que l'état de trouble, d'anxiété, est presque purement physique, nous le regarderions comme une maladie, et ayant éprouvé ce qui peut nous en garantir ou nous empêcher d'y tomber aussi souvent, nous mettrions ces moyens en pratique. Alors nous aurions pour parvenir au bonheur un but bien plus fixe, bien plus certain que ceux que nous suivons ordinairement, c'est-à-dire ces chimères, ces plaisirs tumultueux, qui nous éloignent de ce que nous cherchons, ou

qui ne nous distraient un moment que pour nous plonger
ensuite dans l'ennui de nous-mêmes, dans la satiété, dans
le vide, dans la misère. Continuellement occupés à rectifier
ce que nous trouverions de défectueux, de contraire à
notre nature, nous ferions chaque jour de nouveaux pas
vers la perfection et, par conséquent, vers la félicité. Je crois
donc que le seul qui soit sur la route de la sagesse ou du
bonheur (car je ne crois pas qu'on puisse séparer ces deux
choses), c'est celui qui, sans cesse occupé de l'analyse de
ses affections, n'a presque pas un sentiment, pas une pensée dont il ne se rende compte à lui-même, attentif à proscrire tout ce qui pourrait contrarier le modèle de perfection
qu'il s'est fait. Voilà, je crois l'être moral, car je ne crois
pas qu'on puisse donner ce nom à celui qui n'agit que
d'après des sensations ou des impressions presque mécaniques. L'être dont je parle suivrait aussi avec attention
les changements physiques qu'il éprouverait. Ne pouvant
y remédier absolument, il chercherait au moins à les
prévenir et à se maintenir dans un état où il n'eût point
à rougir de lui. Si quelquefois, il était entraîné ; au moins
il ne le serait pas sans qu'il s'en aperçût, et il reprendrait
l'empire dès qu'il le pourrait. Esclave, pour quelques instants, de certains mouvements impétueux, au moins il n'en
serait pas la dupe. Ils l'entraîneraient sans le perdre.

Je suis toujours occupé de ce qui se passe en moi. Lorsque je me sens très-disposé à la joie bruyante, que les esprits animaux sont chez moi dans un grand mouvement, cet
état, si je m'y laissais aller, pourrait être agréable pour
quelques instants, mais je m'en méfie et je le redoute
presque autant que son contraire. Ma grande ambition
serait de me maintenir dans la situation moyenne. Celle-
là m'offre l'image d'une paix si douce ! D'ailleurs, comme

je sais qu'il est de la nature des grands mouvements de ne pouvoir conserver la stabilité, je cherche la situation qui soit la moins sujette aux variations, mais souvent je la cherche en vain.

Il est un certain état que j'éprouve trop souvent, où absolument incapable de penser, dégoûté de tout, impatienté de tout, voulant agir sans le pouvoir, la tête lourde, l'esprit nul, je suis modifié de la manière la plus désagréable. Je me révolte contre mon ineptie; j'essaye pour m'en sortir de m'appliquer à diverses choses; je passe d'un objet à un autre; mais tous mes efforts ne font que me rendre ma nullité plus sensible. Non-seulement les idées abstraites ne peuvent s'arranger dans mon cerveau, mais encore il me semble que les objets sensibles ne peuvent plus faire leur impression. Ce qui contribue à rendre cet état insouffrable, c'est le souvenir d'un état plus parfait et la comparaison que je fais de ces deux manières d'être si opposées. Cette comparaison m'humilie pour le moment actuel, et me rend bas à mes propres yeux, ce qui est la peine la plus cruelle. Un sot toujours sot n'est pas à plaindre, parce qu'il ne s'imagine pas qu'on puisse être autrement que ce qu'il est. Mais je ne conçois pas d'état plus désolant que de se trouver si fort au-dessous de soi-même. Imaginez un musicien habile, accoutumé à tirer des sons mélodieux de son instrument, et qui tout à coup sent ses doigts se raidir et perdre toute leur flexibilité. Je préférerais, je crois, la douleur à cette situation d'anéantissement, car la douleur est toujours accompagnée du vif désir de s'en délivrer. Mais cet état semble nous ôter toute espèce de sentiment. Que faire alors? s'amuser comme je fais maintenant à le décrire, en attendant qu'il passe et que la vie succède à la mort.

J'imagine que presque tous les hommes ressentent, plus ou moins souvent, une pareille infirmité ; mais elle devient plus sensible à celui qui tient habituellement en activité ses facultés intellectuelles. Il faut dans ce cas-là se résigner, supporter sa bêtise comme on supporterait un accès de fièvre, et se soumettre toujours à la nécessité. Mais quelles réflexions affligeantes et humiliantes pour l'humanité ne pouvons-nous pas tirer de là ! Ce qui élève l'homme au-dessus de la brute, ce sont les facultés intellectuelles ; néanmoins cette portion de notre être si grande, quelquefois si sublime lorsque l'on considère jusqu'à quel degré elle s'est élevée, à combien peu de chose tient-elle ? Un rien va la détruire : qu'un certain vent souffle, que l'atmosphère soit un peu plus pesante, ou qu'une digestion soit laborieuse ; ou bien qu'une cause quelconque retarde la filtration du fluide nerveux, l'homme de génie va n'être plus qu'un sot. Buffon était presque tombé dans l'enfance, dit-on, et d'Alembert n'entendait plus à la fin le calcul différentiel.

Quoique l'état dont je viens de parler soit souvent inévitable, en dépit de tous nos soins, cependant on peut le prévenir par quelques moyens, auxquels je me rends bien attentif, pour éloigner ces moments que je regarde comme retranchés de mon existence. La tempérance, la fuite de quelque espèce d'excès que ce soit, la tranquillité de l'esprit et la permanence d'une situation de l'âme, telle qu'on se plaise à descendre en soi-même, et qu'en s'y mirant, pour ainsi dire, on n'y voie que de bons sentiments et jamais des images qui nous fassent rougir : voilà les meilleurs moyens pour éviter ces états d'anéantissement et de trouble qui nous ravalent. Lorsque l'âme est calme et pure, l'esprit ne manque guère de s'en ressentir et il prend un caractère d'exaltation inconnue à ces hommes qui aiment à se vautrer dans la fange du vice. Aussi suis-je bien persuadé que sans la vertu, il n'y a pas de vrai génie; et si l'on voit quelquefois des esprits élevés avec des âmes viles, c'est qu'ils perdent leur bassesse dans le moment où ils écrivent et que le génie élève l'âme pour quelques moments. Ce ne sont plus des hommes vicieux qui écrivent; ils ont oublié leur vraie nature. Encore bien souvent reconnaît-on que les sentiments qu'ils ont dépeints sont factices, et ils parlent à l'esprit sans toucher le cœur.

ANNÉE 1811.

—◦———◦—

Il y a des temps [1], des jours, des moments où le principe pensant et sentant semble percer les nuages qui l'offusquent dans l'état ordinaire, et se dégager des enveloppes de la matière. Ce sont des éclairs qui illuminent tout à coup mon esprit, mais l'obscurité n'en paraît ensuite que plus profonde. A quoi tiennent ces variations, ces passages brusques d'un état de torpeur et d'engourdissement de l'intelligence à un sentiment d'activité et d'élévation? Sans doute à quelque changement dans l'état du corps, à une réaction plus énergique de quelque centre. L'âme ne change pas, mais ce qui entretient en elle ou autour d'elle la lumière peut varier, et elle voit mieux ou moins bien; elle sent ou agit avec plus ou moins d'énergie. J'ai toujours entretenu en moi-même l'idée d'un état intellectuel plus parfait, où mon âme pourrait exercer toutes

---

[1] Les lignes suivantes sont copiées sur quelques feuilles éparses, seul document de la vie intime de l'auteur, qui subsiste pour l'intervalle qui sépare 1795 de 1814.

ses facultés sans obstacle organique, comme elle le fait dans certains moments trop courts et trop rares. C'est ainsi que, dans les maladies qui n'ont pas changé entièrement l'état de la machine, on conserve l'idée et l'espoir de la santé ; mais il y a un progrès de mal où l'on désespère de la santé et où l'on a perdu toutes les idées ou les habitudes qui s'y rapportent. Je touche à ce degré, au moral, et suis bien près de désespérer de moi-même.

Dans la jeunesse toutes nos idées, étant en rapport avec quelques sentiments qui les excitent, ont une vivacité, un attrait particulier qui anime la vie intérieure. J'étais plus heureux autrefois dans la solitude ; mon imagination et ma sensibilité, montées sur un ton élevé, étaient comme les harpes éoliennes, dont les cordes frémissent au moindre souffle et rendent des sons harmonieux. Aujourd'hui j'ai besoin de forts excitants du dehors, ou d'une volonté énergique pour me commander la pensée ; je ne suis plus heureux par mon imagination ; je n'ai plus de ces idées qui charment et auxquelles se rattache un sentiment d'espérance : ma vie se décolore peu à peu. Je n'éprouverais pas ces tristes effets de l'âge, si je m'étais moins laissé aller dans ma jeunesse aux mouvements spontanés de l'imagination et de la sensibilité. Les hommes qui ont exercé de bonne heure leur raison, ou qui se sont plus exclusivement adonnés aux sciences fondées sur l'exercice de cette faculté, ont une jeunesse moins brillante, mais ils ont aussi une vieillesse plus ferme, plus vigoureuse et plus heureuse. Leur intelligence doit même se fortifier par l'âge, parce que n'ayant jamais rien emprunté de la sensibilité, qui n'a pu être pour eux qu'une cause de trouble et de diversion, leurs succès dans la recherche de la vérité doivent être proportionnés à l'affaiblissement de son influence. Ainsi les penseurs gagnent par l'âge tout ce que perdent les hommes à imagination.

14 mars. Le temps emporte toutes mes opinions et les entraîne dans un flux perpétuel. Je me suis rendu compte de ces variations de point de vue depuis ma première jeunesse. Je pensais trouver, en avançant, quelque chose de fixe, ou quelque point de vue plus élevé d'où je pusse embrasser la chaîne entière, redresser les erreurs, concilier les oppositions. Me voilà déjà avancé en âge, et je suis toujours incertain et mobile dans le chemin de la vérité. Y a-t-il un point d'appui, et où est-il?

De même qu'en musique le sentiment dominant du musicien choisit dans la variété des sons ceux qui lui conviennent et donnent à tout l'ensemble un motif unique, de même il doit y avoir dans l'être intelligent et moral un sentiment ou une idée dominante qui soit le centre ou le motif principal ou unique de tous les sentiments ou actes de la vie. Malheur à qui ne se conduit pas d'après un idéal! il peut toujours être content de lui, mais il est toujours loin de tout ce qui est bon et vrai.

ANNÉE 1814.

Paris 29 août (jour de la fête donnée au Roi par la ville de Paris.) Le ciel était pur et serein, l'air frais ; la nature aussi donnait sa fête. Toute la population de Paris était sur pied, répandue le long des quais, depuis le pont Louis XVI jusqu'à l'hôtel de ville. La Chambre des députés délibérait, pendant ce temps, sur le budget qui va presque décider du sort de toute la population française. J'avais arrêté à part moi d'aller voir la fête de l'hôtel de ville ; et j'ai sacrifié pour cela une partie de la séance, première faute dont je fus puni. J'ai traversé seul, à quatre heures, dans ma voiture, les triples haies de peuple et de soldats, et suis arrivé sans peine à l'hôtel de ville. J'ai été long-temps à trouver la salle où m'appelait mon billet. Repoussé de toutes parts, j'errais dans une foule immense, et le trouble, l'ennui se sont tout de suite emparés de moi ; j'étais dans cette fête comme un galérien du bagne, souffrant sans pouvoir m'en aller. L'éclat qui frappait mes yeux de toutes parts, ni la beauté des femmes, ni même le présence de la famille royale n'ont pu changer mes dispositions. J'ai cherché une issue après le dîner, et je suis sorti à pied, pêle-mêle avec les soldats, qui me poussaient. Je suis venu, à pied, de l'hôtel de ville au palais Bourbon, au milieu de l'illumination, dans un accès d'humeur et d'impatience qui ne peut se décrire. Après avoir changé d'habits, j'ai eu encore la curiosité d'aller voir, seul, l'illumination du jardin du palais Bourbon; c'était un mouvement nerveux qui m'entraînait. Enfin, j'ai joui de ma fenêtre du spectacle des fusées et du bouquet du feu d'artifice, qui tombait en pluie d'or dans la cour du palais. J'ai dit en fermant ma fenêtre : C'est une belle chose qu'une fête..... quand on en est revenu; et j'ai lu pour me remettre un fragment de Bergasse sur Dieu, sur la parole et les athées.

Du 30 août au 4 septembre. J'ai été constamment dans un état nerveux, tourmenté par le sentiment intime de mon incapacité et de mon inutilité, au sein de l'activité la plus tumultueuse. Les matinées sont occupées par les visites des solliciteurs qu'il faut entendre, par quelques courses rapides au dehors; puis les bureaux, enfin les séances de la Chambre où je suis quatre à cinq heures de suite comme à un spectacle ennuyeux, suivant des yeux et de l'oreille un orateur, comme on suit les mouvements d'un danseur de corde, sans qu'aucune faculté de l'esprit soit exercée, souvent laissant errer mon imagination dans le vague. Cette vie n'est propre qu'à abêtir. Je ne puis prendre qu'une part passive aux discussions; toutes mes habitudes s'opposent à ce que j'y joue un rôle actif. J'ai contracté, pendant les longues années de ma solitude, des dispositions intellectuelles qui m'éloignent à jamais des affaires publiques. J'aspire à redevenir *moi*, en rentrant dans la vie privée et de famille ; jusque-là, je serai au-dessous de moi-même, je ne serai rien.

Du 4 au 11 septembre. La température a été fraîche, les nuits froides. Mon organisation physique et morale prend un peu de ressort ; je suis moins affaissé, je recommence à vivre et à penser. J'ai le sentiment intime de cette sorte de renaissance ; je prends plus de confiance en moi-même, j'élève la voix, je prends part aux discussions sur les matières qui s'agitent en ma présence ; enfin, il y a un progrès et une amélioration sensibles dans le jeu de toutes mes facultés. Cependant je ne tire guère un meilleur parti du temps et de moi-même. La matinée est toujours vainement employée en correspondances insignifiantes ou de pure complaisance, en réceptions, relations et colloques tout à fait vains ; puis les bureaux, et les séances où je passe trois ou quatre heures dans une inaction d'esprit et un ennui qui tue. Sortant de là je suis toujours tenté d'aller courir et me distraire ; j'ai une sorte d'agitation nerveuse qui ne me permet de m'occuper de rien de suivi jusqu'au dîner. Après le dîner il faut chercher de nouvelles distractions, ou faire des visites, jusqu'à dix ou onze heures du soir. La multiplicité des sensations et le vide d'idées du jour déterminent la pente au sommeil qui dure sept à huit heures. Ainsi s'écoule et se précipite ma vie dont je n'espère plus tirer aucun parti remarquable. J'étais né pour quelque chose de mieux, mais j'ai usé et dispersé mes forces dans le temps opportun.

Le 8, jeudi soir, j'ai reçu chez moi une société philosophique composée de MM. Royer-Collard, Thurot, Ampère, Christian, Guizot, Maurice. J'ai causé de philosophie avec confiance en moi-même ; mes co-sociétaires, m'ont excité, en m'en témoignant. J'ai promis de lire, dans la prochaine séance, un mémoire *sur la force et la causalité*. Mes facultés ont relui quelques instants, pour s'obscurcir bientôt après, au milieu des affaires et des tracasseries, qui flétrissent l'âme et l'entraînent brusquement et tumultueusement au dehors.

22 septembre. J'ai eu la société philosophique : MM. Maurice, Thurot, de Gérando et le directeur de l'Ecole polytechnique Durivau. Le soir sont arrivés MM. Cuvier frères, Royer-Collard, Ampère et Guizot. La séance a été ouverte par la lecture d'un dialogue socratique de M. de Gérando sur l'utilité et le but de la vraie philosophie. J'ai été sollicité pour lire à mon tour un mémoire que j'avais annoncé sur la force et la causalité, mais je n'étais pas assez préparé. Il s'est ouvert une discussion sur les fondements de la science et de la langue psychologique et d'abord sur le sens du mot *perception*. M. Ampère a exposé notre doctrine commune sur le sentiment du *moi* et l'activité. Elle a été attaquée par MM. Cuvier et Royer-Collard, qui refusent absolument de reconnaître des sensations ou des impressions affectives sans *moi*, sans conscience. Comment, disent-ils, concevoir qu'il puisse y avoir des impressions senties, sans un être sentant ? Le *moi* est, pour eux, cet être sentant ou l'âme. De la part de cette âme, sentir des impressions ou se sentir ayant des impressions, c'est la même chose ; une sensation n'est rien si elle n'est pas jointe à la conscience de l'être qui l'éprouve.

Cette discussion m'a fait voir combien j'étais encore loin de bien faire entendre mon point de vue. La théorie de Leibnitz, qui caractérise si bien cet état où la monade, simplement vivante, est réduite à des perceptions obscures, d'où elle s'élève aux aperceptions claires et à la conscience, me servirait d'introduction à l'exposition de ma doctrine, qu'il me sera bien difficile de faire entendre.' — Après une discussion animée, qui n'a conduit à rien, la séance a été levée à dix heures et demie.

9 octobre. J'ai pris un rhume qui me met dans un état pénible et augmente mon incapacité, ma lourdeur et mon état de méfiance de moi-même. Je suis mécontent de tout le monde, parce que je le suis de moi-même. Le bien-être constant, le bonheur, consiste dans la possession d'une destinée en rapport avec nos facultés. Si nos facultés étaient quelque chose de constant et de fixe, il serait possible, dans certains cas, d'arranger sa vie de manière que le rapport qui constitue le bonheur se maintînt; mais nos facultés, nos dispositions, notre manière de sentir et de juger la vie changeant avec l'âge, pendant que notre situation et nos rapports restent les mêmes, ou *vice versâ*, comment pourrions-nous jamais être heureux? J'ai été assez bien, à certaines époques de ma vie, pour désirer de ne pas changer d'état; mais cela n'a pas duré. Maintenant je suis dans la première ville du monde, entouré de tous les moyens de jouissance, libre de m'y livrer, avec une fortune très-supérieure à celle dont j'ai jamais joui, des sociétés agréables et variées, des spectacles...... et rien ne me satisfait. Je m'impose des liens et des privations, je suis toujours dans un état de contrainte, et malheureux. C'est bien peu de chose que les circonstances heureuses ou malheureuses de chaque individu, en comparaison des lois inflexibles de la nature.

Du 9 au 16 octobre. La température a été fraîche, un peu humide; il a plu en petite quantité, c'est l'automne et les vendanges en plein. — Je suis mélancolique, moins disposé à me répandre au dehors, et beaucoup plus à revenir sur moi-même; aussi suis-je porté aux méditations psychologiques, comme par un instinct qui se renouvelle périodiquement avec une force marquée. La société philosophique qui se réunit chez moi, toutes les semaines, a contribué à réveiller cet instinct méditatif, mais la saison y a une influence très-marquée.

Du 16 au 22 octobre. La température se refroidit chaque jour; le ciel est brumeux, pluvieux; les jours deviennent courts, nous touchons à l'hiver. J'éprouve la modification ordinaire attachée à cette saison; il y a en général plus d'aplomb, de calme au fond de mon être, plus de force méditative. J'ai la conscience de cette force, mais je ne l'exerce pas. Les distractions forcées, ou celles que je cherche, les devoirs de ma place, ou ceux que je me donne gratuitement par ma facilité de caractère et le besoin d'être agréable aux autres, les dîners en ville, tout contribue à m'attirer au dehors, et à faire de moi un homme du monde fort ordinaire, tandis qu'en restant tranquille dans mon cabinet, je pourrais laisser quelque trace utile et honorable de mon passage sur la terre. Je suis un homme déplacé et manqué, je ne me trouve en harmonie ni avec les choses ni avec moi-même.

Le lundi 17, j'ai dîné chez le ministre de l'intérieur avec M. Lainé et plusieurs personnes de connaissance; le 18 chez le chancelier. J'ai été occupé de métaphysique pendant ces deux jours, me préparant à la séance de la la société philosophique. Le 19, jour de la séance, j'ai lu un morceau qui a satisfait l'assemblée, et, quoique j'eusse commencé en mauvaise disposition, je me suis trouvé, à la fin, dans une situation d'esprit très-propre à la discussion. Cette discussion s'est ouverte et a continué avec chaleur sur le *moi*, et le fait primitif de conscience. Le *moi*, disent MM. de Gérando et Cuvier, est à la fois sujet et objet pour lui-même ; je ne suis pas éloigné de ce point de vue. Le *moi*, disent MM. Royer-Collard et Guizot, est un objet de croyance, comme toutes les substances que nous n'apercevons ni ne sentons par l'intermédiaire d'aucun sens, mais que nous croyons exister réellement et absolument. Je nie que cette croyance, ou notion de réalité absolue, soit le fait primitif, et je m'attache à montrer comment elle en est déduite. La séance a duré jusqu'à dix heures et demie.

24 *octobre*. En m'éveillant, avant mon heure ordinaire, je me suis trouvé dispos, serein et modifié plus heureusement que je ne l'avais été depuis longtemps ; car, depuis plusieurs mois de séjour à Paris, il ne m'est guère arrivé de m'éveiller sans éprouver un sentiment immédiat de tristesse et de découragement. On ne donne pas assez d'attention à ces phénomènes variables de la sensibilité intérieure, qui ont leur cause dans le principe inconnu de la vie, et non point dans l'activité de l'âme ou du *moi*. Le *moi* les ignore, les trouve tout faits, pour ainsi dire, dès qu'il revient à lui-même, et les reconnaît comme préexistants à son aperception, comme ayant une cause interne autre que lui ou son effort. Il suit de ces expériences intérieures, qu'on pourrait répéter à chaque instant, que les phénomènes de la sensibilité, ou, si on l'aime mieux, les modifications de l'âme passive, se succèdent et varient de mille manières, et constituent la vie sensitive, sans que le *moi* y prenne aucune part. Il y a donc, hors du *moi* ou de la conscience, et indépendamment de la vie de relation, une suite de phénomènes sensitifs qui deviennent les objets de l'aperception interne, mais qui subsisteraient sans elle.

Du 24 au 30 octobre. J'ai été toute la semaine languissant, toussant, souffrant de l'estomac, découragé et désespérant presque de moi-même.

On a discuté à la Chambre la grande question de la restitution des biens des émigrés. J'ai entendu parler beaucoup de collègues, qui se font un point d'honneur de traiter cette question, et j'ai senti pendant tout ce temps que c'était une sorte de honte à moi de garder le silence. Mais comment recueillir mes idées sur des questions complexes, si délicates, où je manque d'idées? Je n'ai pas le talent de faire des phrases sans penser; je n'ai pas l'habitude des affaires, je suis timide et n'ai aucune confiance en moi-même. Pourquoi me mettrais-je en avant quand je ne suis pas strictement obligé par le devoir ou la nécessité? Voilà ma réponse à beaucoup de personnes qui me demandent : Pourquoi ne parlez-vous pas?

Du 15 au 29 novembre. J'ai été assez fortement occupé de métaphysique pendant une semaine. J'ai dicté et corrigé un mémoire où j'attaque le procès-verbal de M. Guizot, et expose ma doctrine [1]. Ce travail a pris sur

[1] Il s'agit d'un procès-verbal d'une des séances de la Société philosophique. Le Mémoire dont parle ici M. de Biran a été imprimé dans l'édition de ses œuvres, publiée par M. Cousin, tome II, pages 377 à 398.

moi tout l'empire d'une idée fixe pendant cinq à six jours, et j'ai été moins agité, moins attiré au dehors ; par suite, plus heureux pendant ce temps.

1er *décembre*. J'ai eu là Société métaphysique chez moi. J'ai lu un long mémoire sur la causalité, qui n'a pas été du tout entendu par les uns et qui a été vivement attaqué par les autres : MM. Royer-Collard, Cuvier et Guizot. Ces discussions ne produisent aucune lumière et ne font que m'irriter. J'ai été agité ensuite, mécontent de moi-même, tournant malgré moi dans ce cercle d'idées, pensant toujours à ce que je devais dire et n'avais pas dit dans le courant de la discussion. Il résulte de là un grand dégoût pour les disputes métaphysiques.

Pourquoi ne parlez-vous jamais dans votre assemblée (à la Chambre) ? — Tout le monde m'adresse cette question, et me fait ce reproche d'une manière directe ou indirecte. Je réponds que je ne parle pas, afin de ne pas dire de sottises ; tant d'autres s'en chargent pour moi ! La nature ne m'a pas destiné à influer sur les autres hommes par la parole. Mes dispositions physiques, ma timidité, le défaut absolu de confiance que j'ai dans mes moyens, l'incertitude de mon caractère qui m'empêche toujours de prendre un parti ou de me déterminer sur-le-champ, l'absence de ces passions animées qui poussent les autres à la tribune et les font parler quelquefois avec éloquence ; enfin, le défaut d'habitude de lier des idées dans une suite de phrases régulières et improvisées, voilà une partie des obstacles qui me tiennent dans le silence et m'empêcheront toujours de jouer un rôle dans une assemblée telle que la nôtre. Cependant, comme les regards du public sont fixés sur cette assemblée, et que les beaux et bons parleurs jouissent d'une grande considération, les éloges que l'on fait d'eux, en ma présence, sont autant de critiques qui s'adressent à moi, et je me sens souvent humilié par ces comparaisons. Voilà un grand obstacle au bonheur extérieur ou d'opinion. D'un autre côté, tant que je ne prends aucune part active aux discussions, je n'y mets pas cet intérêt suivi et animé qu'exigerait l'importance des fonctions dont je suis chargé. Je me relâche sur des devoirs rigoureux, je me laisse aller aux distractions, à la paresse d'esprit qui me gagne chaque jour, et je vis à peu près comme un homme qui n'a rien à faire. J'en suis puni par la perte de cette considération personnelle dont je jouissais il y a un an. Quelle distance s'est élevée dans l'opinion entre mon collègue Lainé et moi ! Nous allions de pair l'année dernière. Il faut désormais que j'apprenne à me passer de considération publique, de renommée, et que je me couvre du manteau philosophique en prenant pour devise : *Bene qui latuit bene vixit* [1].

La mobilité des nerfs fait que les idées qui se succèdent avec un excès de rapidité, déterminent autant de mouvements qui se contrarient et se troublent les uns les autres. C'est un état singulièrement fâcheux, où l'on souffre beaucoup et où l'on n'agit pas, en se remuant toujours. Je suis presque toujours, comme dit M. Deleuze en parlant du somnambulisme, en rapport avec moi-même, et je vois trop en dedans pour bien voir en dehors. Si, dans ma jeunesse, j'avais eu une carrière politique, si mon âme s'était développée par les actions, mon caractère serait pro-

---

[1] Ces mots d'Ovide étaient la devise favorite de Descartes.

bablement plus décidé, plus ferme ou moins mobile. Les passions ou les intérêts m'auraient tracé une route fixe positive ; mais j'y aurais perdu cette flexibilité d'esprit et cette indifférence d'opinion, qui me fait planer assez également sur toutes les manières de voir et toutes les passions des gens du monde.

Du 25 au 31 décembre. J'ai passé cette semaine dans les distractions ordinaires, dînant en ville tous les jours, faisant des courses et des visites, ou perdant le temps aux séances, sans fixer mon attention à rien. J'ai eu pourtant une idée fixe, pendant les trois jours qui ont précédé la réunion de la Société philosophique du jeudi 28. Je suis revenu sur d'anciennes observations, au sujet de l'origine de l'idée de force, en prenant pour texte et pour moyens d'éclaircissement ou de distinction entre les deux points de vue *subjectif* et *objectif*, le septième essai philosophique de Hume et le mémoire de M. Engel, inséré dans la collection de Berlin [1].

J'ai lié et fait transcrire mes observations, ce qui a occupé d'une manière assez active, et par conséquent heureuse, trois matinées consécutives. J'ai lu ce mémoire, le jeudi, à la Société qui était incomplète, et où manquaient MM. Guizot et Royer-Collard ; M. Georges Cuvier a été le seul opposant. J'étais monté pour discuter avec chaleur et vivacité. J'ai pensé que, pour faire de l'effet à la Chambre, il faudrait que je pusse prendre aux matières politiques qui s'y traitent le même intérêt que je prends

---

[1] Le travail ici mentionné est une première rédaction des deux Appendices à l'*Examen des leçons de M. Laromiguière*. — Voir plus loin, année 1817, 1ᵉʳ août.

aux choses de spéculation. Mais mon caractère, les habitudes de mon esprit, et toute ma manière d'être me donnent des dispositions négatives, pour influer sur les autres hommes et marquer dans une assemblée. Je ne puis être en rapport avec mes semblables que par des sentiments de bienveillance; généralement, du reste, je n'entre point assez avant dans aucune des affaires de la vie; je n'entends rien à ce mélange d'intérêts, j'y suis de glace et je ne donne aucune attention à ce qui se dit ni à ce qui se fait.

ANNÉE 1815.

Paris 1ᵉʳ janvier. Il s'est écoulé un siècle d'événements, dans cette année 1814 ; et lorsque je mesure la distance, en me reportant par l'imagination à la fin de décembre 1813, j'ai peine à croire qu'il n'y a qu'un an d'écoulé. Combien d'événements se sont pressés et accumulés dans ce court intervalle ! Etonnante succession de choses extraordinaires ! Que de miracles opérés en faveur de la France et de l'auguste dynastie de ses rois légitimes ! Quelle heureuse révolution dans la destinée commune des Français, et particulièrement dans le sort des fonctionnaires honnêtes qui servaient sous l'ancien gouvernement ! Nous n'admirons pas assez, nous ne sommes pas assez reconnaissants, nous parlons et nous pensons tous, comme si nous avions acquis le droit d'être difficiles en fait de gouvernement et de bonheur; on voudrait une perfection idéale et subite.

Il s'est opéré, dans ma fortune particulière, un changement inespéré : ma place de questeur de la Chambre des députés me donne une aisance à laquelle mon ambition ne s'était jamais élevée ; je jouis de tous les avantages et de toutes les commodités de la fortune. Cependant je n'ai jamais été moins heureux, parce qu'à un certain âge on ne peut être content et heureux que de la manière conforme à des habitudes contractées, et pas autrement. Avec un moral développé et de la réflexion, on a besoin par-dessus tout d'être content de soi-même et d'être considéré par les autres : je n'ai joui ni de l'un ni de l'autre de ces biens, depuis que je suis parvenu à la questure. J'ai été constamment entraîné au dehors et enveloppé par toutes les impressions de la vie extérieure, et ce n'est que dans la vie intérieure et dans l'exercice des facultés actives, dans les profondeurs de l'âme, qu'on retrouve son être moral, qu'on acquiert et qu'on peut conserver le sentiment de sa dignité, qu'on apprend à s'estimer soi-même, en forçant l'estime et la considération des autres.

Dans les premiers mois de l'année qui vient de s'écouler, je vivais heureux sur une bonne réputation, méritée par la manière dont je m'étais conduit dans cette commission des cinq qui luttait contre Bonaparte. Revenu chez moi à la fin de mars, j'y étais entouré d'hommages. Je contractai de nouveaux liens de mariage, et je revins immédiatement après à Paris où a commencé cette nouvelle ère de ma vie, tout extérieure, en représentation, pleine de troubles, d'agitations et de futilités, sans but moral, et opposée à tout perfectionnement intellectuel. J'y ai gagné sous le rapport matériel quelques avantages de fortune et un peu plus d'aplomb dans le monde, plus de disposition à ne pas m'en laisser imposer par les dignités et les grandeurs ; mais ces acquisitions ne compensent pas des pertes bien réelles.

J'ai perdu le *conscium* et le *compos sui*. La faculté de

réflexion, la seule par laquelle je vaille quelque chose, ou qui me donne quelque prix parmi les hommes, s'est considérablement altérée; l'attention aux choses extérieures, qui n'a jamais été active en moi, a perdu aussi une partie de sa force, et la vie agitée, distraite, que j'ai menée pendant huit mois, a contribué à l'affaiblir. La mémoire, qui est toujours proportionnée à l'activité de l'attention donnée aux choses extérieures, ou à celle de la réflexion pour ce qui est intérieur, la mémoire s'est affaiblie dans la même proportion. C'est par la perte de cette faculté que je mesure l'affaiblissement de mes forces intellectuelles. Il y a des moments où je ne puis me rappeler les noms qui me sont les plus familiers; je reste court en parlant, ou même en écrivant, faute de pouvoir me souvenir du nom des choses ou des personnes; c'est une véritable maladie d'esprit, ou un affaiblissement qui correspond à celui des forces physiques. On ne fait attention qu'aux maladies mentales, qui entraînent la perte de la raison, ou des facultés supérieures, comme la manie, le délire, etc. La médecine morale ne tient aucun compte de ces désordres partiels des facultés, de ces anomalies intellectuelles, qui sont au moral ce que les dérangements de santé sont au physique. Ces derniers dérangements s'annoncent au dehors par certains signes, tandis que les anomalies dont il s'agit ne sont perceptibles qu'à l'homme qui s'observe intérieurement, et qui peut se comparer à lui-même en différents temps. Il y aurait un régime à suivre, ou une sorte d'hygiène à observer, pour remédier à ces anomalies ou les rendre moins fréquentes.

La manière pauvre et misérable dont je me suis senti modifié, pendant le cours de cette année, me laisse encore le doute de savoir si cet état de mes facultés est accidentel et maladif, ou s'il n'est pas une suite du progrès de l'âge et d'une vieillesse précoce. Dans le jeune âge, et à une époque qui n'est pas encore éloignée, j'avais plusieurs mobiles d'activité ; je tenais en même temps, et avec assez de force à la vie extérieure par l'imagination, les passions expansives, et à la vie intérieure par la réflexion, faculté naturelle qui a pris de l'activité en moi par plusieurs années de solitude et par la nature de mes travaux. J'avais là deux sortes de principes d'action qui intéressaient ma vie. Aujourd'hui que d'un côté l'âge a détruit les illusions; et que de l'autre côté les affaires et les devoirs, mon laisser-aller de complaisance dans cette tumultueuse capitale, me détournent de mes études ordinaires et de tout exercice suivi de la réflexion, j'aurais besoin, pour être au niveau du commun des hommes, d'être excité par quelque passion sociale, par l'ambition ou le désir constant de m'élever à de grandes places, par l'émulation et le désir de briller dans une assemblée, d'y influer, d'acquérir une réputation. Mais mon organisation, mes habitudes, mon caractère, ma timidité, ma paresse excluent cette sorte de passion. Je reste donc stationnaire et comme *en panne*, dans cette vie qui est toute désintéressée et pleine de petites choses, d'une foule de petits sentiments, de petites idées, entre lesquelles le temps s'éparpille sans résultat, sans progrès, sans fruit d'aucune espèce.

Le 21 janvier (jour anniversaire du meurtre juridique de Louis XVI), j'ai assisté à la cérémonie funèbre qui a eu lieu à Saint-Denis, où ont été transportées les dépouilles mortelles de ce bon roi, victime de son amour pour un peuple ingrat, dont une partie fut coupable et l'autre complice de sa mort.

Parti en voiture du palais Bourbon, avec deux de mes collègues de députation, par un froid très-rigoureux, j'ai vu défiler sur le boulevard le cortége qui conduisait les précieux restes de Louis XVI et de Marie-Antoinette, son épouse, à la dernière demeure des rois de France, déserte depuis si longtemps, et vide de ces tombeaux auxquels se rattachaient tant et de si grands souvenirs. Les différents corps de la maison du roi, qui étaient en avant du cortége, rappelaient les beaux temps de la monarchie française et se montraient pour la première fois dans tout leur éclat. A la suite venaient les voitures de deuil de la cour et des princes, et enfin le catafalque, sur lequel s'attachaient les regards attendris de ceux qui, rapprochant le passé du présent, voyaient encore par la pensée le chariot sombre qui conduisait, il y a vingt-deux ans, l'infortuné Louis XVI au lieu de son supplice, au travers d'une multitude féroce et d'une triple haie de soldats immobiles. Quel peuple ! quelle ville ! Excepté quelques êtres pensants et sensibles, tout le monde voyait le cortége comme un spectacle ordinaire fait pour la curiosité publique. J'ai été témoin de l'indifférence de cette multitude sur le boulevard, et j'en ai gémi. Dans l'église même de Saint-Denis, où nous sommes arrivés à onze heures, j'ai vu l'élite de la société froide et sans aucun signe du sentiment qui devait remplir en ce jour toutes les âmes des Français : il n'y avait point de larmes ni dans le fond ni dans les formes. Cette cérémonie peint un siècle où tous les sentiments religieux sont éteints, où les âmes sont froides et concentrées.

La religion est un sentiment de l'âme, plutôt qu'une croyance de l'esprit ; la croyance est subordonnée au sentiment. C'est le sentiment, et non pas une croyance quelconque, qui peut devenir un principe d'action pour les peuples comme pour les individus ; c'est ce qu'on ne veut pas voir. Améliorez les mœurs publiques, simplifiez les goûts et les habitudes, apprenez aux Français à connaître un peu le sérieux de la vie, cultivez les affections, resserrez les liens de famille, et vous pourrez les ramener peu à peu au sentiment religieux. Ils sentiront en même temps qu'il y a un Dieu, un prince, une patrie ; ils en feront le mobile et le but de leur vie.

Grateloup, 17 *février*. Parti le 25 janvier, je suis arrivé ici le 3 février. A la campagne je laisse volontiers engourdir ma vie; je me rapproche de l'existence matérielle. Délivré des objets d'impressions trop divers qui m'agitent et me tourmentent à Paris, je tends à exister le moins possible, comme par la direction contraire je tendais dans le mouvement à exister le plus possible. Le premier m'est plus facile que le second et plus conforme à ma nature : je n'ai qu'à me laisser aller pour m'engourdir, il faut que je me batte les flancs, surtout dans les premiers jours, pour me mettre au ton des objets et suivre leurs mouvements. Mais pourquoi cet effort? Qui est-ce qui m'oblige à tant me remuer, à aller d'un objet à l'autre? Pourquoi consens-je à perdre, dans ce misérable jeu, toute la gravité qui me convient, tout le sérieux de la vie? Tout mon mal vient de ne pas savoir me tenir tranquille dans une chambre, à Paris comme à la campagne, et de ne pas savoir rester maître de mon propre mouvement.

Il y a toujours dans la dégradation, de quelque espèce qu'elle soit, physique, intellectuelle ou morale, une douleur dont on ne se rend pas compte, mais qui poursuit en secret. L'ennui et la fatigue qu'elle cause se revêtent en vain des formes de la vanité, on ne peut pas s'établir en paix dans cette façon d'être sèche et bornée, qui laisse sans ressource en soi, quand le monde nous quitte et que les objets extérieurs nous échappent.

12 *mars*. Journée pluvieuse. J'étais tranquillement établi dans mon cabinet solitaire, relisant mes manuscrits philosophiques, lorsque je fus interrompu à trois heures par la réception du courrier de Paris. J'achève une note que j'avais commencée et j'ouvre ensuite une lettre qui m'apprend que Bonaparte est en France, que les Chambres sont convoquées, et que je dois me rendre de suite à mon poste. A l'instant il se fait une révolution dans tout mon être, je passe rapidement du calme le plus profond à l'agitation la plus vive ; je dîne à la hâte et j'ordonne mes préparatifs de départ pour le lendemain.

Le 17, arrivée à Paris, après minuit ; je suis plein de tristesse et de noirs pressentiments.

Paris, 18 *mars*. Je me lève d'assez bonne heure, avec un sentiment d'énergie et d'activité ; je reçois plusieurs visites ; je suis affamé de nouvelles. Je vais chez le président et les ministres. — A une heure, séance : discussion animée sur la cocarde nationale ; j'y prends une part active et je parle, pour la première fois, avec assez de suite et d'énergie. — Discussion sur le départ du roi et sur le lieu de sa retraite ; il est convenu que ce sera dans le midi et à Toulouse. — Séance du soir, — conférences animées.

19 *mars, dimanche.* Je prends un bain en me levant. Mes dispositions de la veille sont changées ; mon énergie

physique et morale a disparu : je vais au château, pour jouir encore de la vue de notre bon roi, toujours calme et serein au milieu des orages. La consternation, la crainte, la stupeur sont partout. Ce jour porte avec lui tous les présages de malheurs et de révolutions nouvelles. J'ai vu fuir plusieurs courtisans et flatteurs, les uns pour éviter l'explosion, les autres pour se réunir aux meneurs qui veulent saper encore le palais de nos rois. Je reviens à une heure pour assister à une commission insignifiante, et à la séance où le ministre de l'Intérieur vient de jeter l'alarme ; je ne prends aucune part à la discussion, quoiqu'il y eût beaucoup à dire, mais je manque d'énergie et de présence d'esprit. Je rentre chez moi avec mon fils et d'autres jeunes gens qui vont se dévouer inutilement pour leur roi. Je suis étonné et touché de leur courageux dévouement, mon âme est déchirée par plusieurs sentiments contraires. — A huit heures, j'apprends que le départ du roi est résolu, et qu'il n'y aura pas de combat. Je rentre chez moi, où je trouve de nouveaux sujets de sollicitude : une ordonnance du roi met nominativement à ma disposition une somme de 300,000 fr. pour les besoins de la Chambre. — Visite au ministre des Finances et à la banque pour cette négociation. — Entretien avec M. Lainé. — Annonce du départ du roi pour Lille. — Projet de notre départ pour le lendemain après la séance.

20 mars. Levé avec le jour, je sors à pied, pour aller chez le ministre de l'Intérieur et chez M. Guizot que je trouve partis. Les rues de Paris sont encore désertes ; tout annonce déjà la révolution ; je passe toute la matinée dans la plus vive agitation. — A onze heures et demie séance peu nombreuse, où le président lit la proclamation qui ordonne la séparation et la clôture des Chambres ; une heure après je monte en voiture avec M. Lainé, et nous prenons notre direction sur Versailles. — Crainte d'une arrestation qui paraît se vérifier à Chartres.

Chartres, le 21. Toute la nuit se passe dans les angoisses, ayant sous les yeux un régiment de dragons, commandé par un colonel vendu à Bonaparte, qui, de son autorité privée, avait défendu de donner des chevaux aux voyageurs en poste. Nous partons enfin au lever du soleil.

Tours, le 22. Arrivés à Tours, à midi, nous avons rencontré M. F. avec qui, M. Lainé et moi, nous nous sommes entretenus de confiance sur les événements et les projets ultérieurs. Je suis sans inquiétude et plein d'une confiance qui tient plus à l'irréflexion qu'à des motifs raisonnés.

Angoulême. M. Lainé nous quitte et continue sa route vers Bordeaux. J'éprouve dans la soirée beaucoup de malaise ; le physique est abattu, et je tâche de le remonter par le moral.

Le 24, je pars d'Angoulême avec D. sur des chevaux de louage. — Souffrance et lassitude en arrivant à Brantôme, à l'entrée de la nuit. Nous rencontrons plusieurs paysans qui nous reçoivent avec les cris de *Vive Bonaparte empereur !* — Sentiment pénible. — Tout présage que la révolution est faite dans les esprits de ce pays.

Le 25, j'arrive assez dispos à Périgueux, à huit heures du matin. Je me suis agité, j'ai parlé toute la journée avec assez d'énergie, tâchant de remonter les courages abattus.

Le 26 (jour de Pâques), après avoir passé la matinée en colloques, répétant à tout venant les mêmes propos pour la cause royale, je suis parti plein d'espérance et d'énergie, tirant un bon augure du défaut de courrier de Paris. Je suis arrivé à Grateloup à huit heures du soir, le quatorzième jour après mon départ. Jamais je ne fis de voyage plus précipité; dans aucune époque de ma vie je n'ai éprouvé en un aussi court intervalle autant d'impressions et de sentiments divers. La solitude, qui tempère l'imagination et laisse le champ libre aux réflexions, m'abat et me fait sentir la fatigue. Il faut, pour résister à tant de secousses, être hors de soi. Quand je cherche à rentrer en moi-même, et à trouver dans mes idées des motifs de courage et d'élévation, je ne trouve rien et me laisse aller à des mouvements d'humeur, à des irritations désordonnées. C'est ainsi que j'ai passé la journée.

Le 28, après avoir pris un bain, déjeuné et reçu des visites importunes, je suis parti pour Bergerac. Là j'ai trouvé ce funeste courrier dont le retard servait de fondement à toutes les espérances; j'ai lu, j'ai dévoré ces journaux, ces proclamations dont l'impudence révolte...... Il n'y a plus de nation française, elle n'était pas digne d'un bon roi ; elle ne méritait pas le bonheur qui commençait à luire sur elle. Le peuple français ne mérite que d'être conquis; le voilà sous le joug des soldats et des jacobins plus féroces encore. La génération actuelle, née au sein des orages de la révolution, dépravée et profondément immorale, n'est pas susceptible d'un bon gouvernement.

Le 28, au soir, je rentre dans ma solitude, accablé de ces affreuses nouvelles, et ayant perdu le courage avec l'espérance. J'apprends que le gouvernement de Bonaparte a été proclamé à Périgueux, au son des cloches et de l'artillerie. Ils célèbrent leur asservissement et leur déshonneur; ils vont au-devant de la servitude et de l'ignominie. *Confusi sunt quia abominationem fecerunt; quinimo confusione non sunt confusi, et erubescere nescierunt; idcirco cadent inter corruentes* [1].

Le 29, je passe la journée à Grateloup, où je reçois plusieurs visites de curieux; j'éprouve de la tristesse et du découragement au fond de l'âme; je fais des efforts pour montrer de l'énergie et une force qui me manquent. Je suis inégal, sans aplomb, sans calme ni vraie dignité.

Revue du mois de mars. Le commencement du mois avait été paisible et consacré à des affaires personnelles; je me laissais aller à la mollesse et à l'inaction de la vie privée et campagnarde. J'ai été rudement réveillé le 12 par la terrible nouvelle de l'apparition de Bonaparte. Les voyages précipités, l'agitation de l'âme et de l'esprit, les tourments de l'incertitude, le choc de tous les sentiments de père, d'époux, de citoyen et d'ami du roi ont rempli ce court intervalle de dix-huit jours. Dans aucune époque de ma vie je n'ai été aussi agité d'esprit et de corps; la force nerveuse et l'imagination m'ont soutenu, et, hors la journée du 19 et la matinée du 20, à Paris, où j'ai éprouvé mille mouvements désordonnés que la volonté ne réprimait plus, j'ai été assez content de moi-même pour la force physique et morale.

Après mon voyage de Libourne [2], je croyais prendre du

---

[1] Prophéties de Jérémie, chap. VIII, verset 12.
[2] Le 1er avril, M. de Biran s'était décidé à partir pour Bordeaux, dans l'intention d'y rejoindre la duchesse d'Angoulême

repos et arranger ma vie solitaire, lorsqu'un nouvel orage est venu fondre sur moi.

J'avais passé tranquillement la journée du mardi 4 avril, lorsque je reçus, le soir, deux avis successifs de Bergerac, portant que je devais être arrêté dans la nuit par la gendarmerie. Ma femme, éplorée, me détermine à la fuite ; je vais chercher un asile à G. Les gendarmes viennent le matin visiter mon domicile ; ils cernent la maison et en parcourent les lieux les plus secrets. Instruit de cette visite, je me retire à Corbiac, où je prends la détermination subite d'aller m'offrir moi-même à mes persécuteurs et de leur faire ma profession de foi franche, afin de me délivrer de l'incertitude et de conserver ma tranquillité. Je pars pour Périgueux dans la soirée du 5, et, le 6, j'ai un entretien, très-pénible d'abord, avec le préfet, puis une explication franche et satisfaisante avec le général, qui me rend la liberté et le repos.

Le 7 avril, je rentre à Grateloup, où je reçois toutes les marques d'intérêt et d'affection de mes voisins et de mes amis. Cette aventure, fâcheuse en principe, devient une source d'émotions agréables, et ajoute une preuve de plus aux compensations des destinées humaines.

12 *avril*.

> Quem res plus nimio delectavère secundæ,
> Mutatæ quatient. Si quid mirabere, pones
> Invitus [1].

J'ai eu le bonheur de ne pas me laisser aveugler ni

et M. Lainé. Il avait trouvé les routes fermées par les troupes un peu au delà de Libourne.

[1] Horace. Epitre X^e du Ier livre.

étourdir dans la grande place que j'occupais. Je ne jouissais pas de ses avantages brillants ; j'étais toujours prêt à les quitter sans regret, et je me trouve plus heureux maintenant que je suis libre de soins et de soucis, que je ne suis commandé par aucun devoir, et qu'enfin je suis maître chez moi. Je dispose de ma vie et du choix de mes occupations, de chacun des instants du jour que j'emploie à mon gré. Je n'ai rien *admiré* pendant que j'étais en place ; ce que j'aime et admire dans ma solitude, c'est une belle nature champêtre, les bois verdissants, les prés, les arbres que j'ai plantés et qui me prêtent aujourd'hui leur doux ombrage. Voilà des plaisirs purs ; j'en jouis pleinement, et si l'idée des troubles, des maux de tout genre qui menacent aujourd'hui la France, l'Europe entière, et dont nul individu qui a un peu marqué ne peut espérer de se préserver ; si ces tristes images viennent obscurcir ma pensée, je me dis qu'au moins j'aurai joui dans ma solitude de quelques jours purs et sereins, et du rajeunissement de la nature.

Carpe diem.....
Grata superveniet quæ non sperabitur hora [1].

Les philosophes qui ont écrit sur le bonheur et sur le parti qu'on peut tirer des adversités de la vie, comme Cardan, Maupertuis, ne saisissent guère que certains points de vue abstraits, et se livrent à un certain ordre de considérations tirées du raisonnement ou de la réflexion, sans consulter le sens interne et immédiat de la vie. Il faut faire attention à cette sorte de tendance instinctive qu'a tout être vivant et sentant à persévérer dans *son être* tel

---

[1] Horace. IVe Epitre du Ier livre.

qu'il est actuellement constitué et modifié, indépendamment de toute comparaison, de tout exercice de l'imagination et de la pensée. Alors même que, par l'exercice de ces facultés, et surtout par la comparaison des états successifs par lesquels nous avons passé, nous nous trouvons le plus malheureux et appelons la mort par une sorte d'invocation théâtrale, notre instinct nous fait encore tenir fortement à l'existence telle qu'elle est, et nous fait trouver un plaisir réel à y persévérer. Nous craignons plus de mourir que nous ne désirons de vivre. Si nous nous consultons bien, et que nous soyons de bonne foi avec nous-mêmes, nous conviendrons que, hors certains cas extrêmes où nous sommes hors de notre instinct, il n'y a guère d'état où l'on préfère l'anéantissement à l'existence, parce que le sentiment immédiat de la vie, dont nous souhaitons instinctivement la prolongation, subsiste malgré les affections ou images accidentelles, qui semblent l'absorber et constituent notre état malheureux.

Comme je suis toujours et dans tous les états assez près de mes affections intimes pour pouvoir les juger et apprécier leur influence, j'ai souvent observé en moi-même que, lorsque j'étais le plus tourmenté par des chagrins de position, et dans les situations les plus critiques de ma vie, il y avait au fond de mon être un sentiment intime de la vie qui était heureux par lui-même, alors même que j'étais le plus vexé et désespéré par les circonstances. Il doit être infiniment rare que nos deux natures soient d'accord pour le tourment comme pour le bonheur de notre vie, et c'est là que gît l'erreur de tous ceux qui prétendent faire le calcul des biens et des maux, en négligeant ce qui fait l'élément essentiel et comme la base de ces biens ou de ces maux. De là encore tant de mécomptes dans l'appréciation du bonheur ou du malheur d'autrui. J'ai vu souvent qu'on me plaignait de certaines fatigues ou embarras dont j'aurais été plus malheureux d'être exempt, précisément parce qu'ils animaient en moi le sentiment de la vie. On m'a aussi souvent porté envie pour de prétendus avantages qui étaient la source de ma misère, parce qu'ils contrariaient mon instinct ou gênaient sa tendance naturelle. Toujours c'est le principal qu'on néglige dans ces sortes d'évaluations, pour s'attacher aux accessoires. Les moralistes sont comme certains médecins, chimistes ou mécaniciens, qui prétendent rendre raison de tout ce qui se fait dans le corps vivant, à l'aide des pompes, des leviers, des compositions ou décompositions qu'ils imaginent, en faisant abstraction du vrai principe de tous les mouvements et des déterminations propres de ce principe impulsif.

« Quand je me suis mis à considérer les diverses agita-
» tions des hommes, les périls et les peines où ils s'expo-
» sent à la cour, à la guerre, dans la poursuite de leurs
» prétentions ambitieuses, d'où naissent tant de querelles,
» de passions et d'entreprises périlleuses et funestes, j'ai
» souvent dit que tout leur malheur vient de ne pas sa-
» voir se tenir tranquilles dans une chambre. Un homme
» qui a assez de bien pour vivre, s'il savait se tenir tran-
» quille dans une chambre, n'en sortirait pas pour aller
» sur les mers ou au siége d'une place ; et si l'on ne songeait
» seulement qu'à vivre, on aurait peu de besoin de ces
» occupations si dangereuses. Mais quand j'y ai regardé
» de plus près, j'ai trouvé que cet éloignement que les
» hommes ont du repos et de demeurer avec eux-mêmes,
» vient d'une cause bien effective, c'est-à-dire du mal-
» heur naturel de notre condition faible, mortelle et si
» misérable, que rien ne nous peut consoler, lorsque rien

» ne nous empêche d'y penser et que nous ne voyons
» que nous..... L'homme qui n'aime que soi ne hait rien
» tant que d'être seul avec soi. Qu'on choisisse telle condi-
» tion qu'on voudra, et qu'on y assemble tous les biens et
» toutes les satisfactions qui semblent pouvoir contenter
» un homme, si on ne l'occupe hors de lui, le voilà né-
» cessairement malheureux [1]. »

Il y a beaucoup de choses à dire et à remarquer sur cette manière de voir la nature humaine, et d'expliquer l'ennui et le dégoût attaché pour le commun des hommes à la vie intérieure, à la solitude, à l'immobilité de situation et au manque d'objets extérieurs propres à renouveler et à changer les sensations. Je ferai à ce sujet quelques réflexions qui me sont propres ; mais avant j'indiquerai les erreurs attachées au point de vue très-superficiel et très-faux de Voltaire, qui a fait sur les *Pensées de Pascal* des notes extrêmement ridicules, auxquelles Condorcet en a ajouté de plus ridicules et de plus niaises. On dirait que ces notes ont été faites exprès pour dévoiler tout ce qu'il y a de petit, de misérable et de puéril dans notre philosophie moderne, et faire ressortir l'élévation et la grandeur d'une philosophie opposée à celle des sensations.

Ce mot : *Ne voir que nous* (ou s'attacher uniquement à la vie intérieure), n'offre aucun sens, selon Voltaire [2].
« Qu'est-ce, dit-il, qu'un homme qui est supposé se con-
» templer, et qui n'agirait point ? Non-seulement je dis
» que cet homme serait un imbécile, inutile à la société,
» mais je dis que cet homme ne peut exister ; car cet

---

[1] Pensées de Pascal. *Misère de l'homme.*
[2] M. de Biran attribue par erreur à Voltaire une note de Condorcet.

» homme que contemplerait-il ? son corps, ses pieds ou
» ses mains, ses autres sens ? Ou il serait un idiot, ou il
» ferait usage de tout cela. Resterait-il à contempler sa fa-
» culté de penser? mais il ne peut contempler cette faculté
» qu'en l'exerçant. Ou il ne pensera à rien, ou il pensera
» aux idées qui lui sont déjà venues, ou il en composera
» de nouvelles. Or, il ne peut avoir d'idées que du dehors.
» Le voilà donc nécessairement occupé ou de ses sens ou de
» ses idées ; le voilà donc nécessairement hors de soi, ou
» imbécile. Encore une fois, il est impossible à la nature
» humaine de rester dans cet état d'engourdissement ima-
» ginaire ; il est absurde de le penser, il est impossible
» d'y prétendre ; l'homme est né pour l'action. »

Voilà notre philosophie moderne qui anéantit les facultés supérieures de l'homme, ou celle de la réflexion qui
seule constitue sa prééminence. Ne voir que le *moi*, ou
cultiver, exercer le sens intérieur, cela ne signifie rien
pour nos philosophes sensualistes, et puisque nous n'a-
vons d'idées que du dehors, être à ses idées, c'est être au
dehors. On a raison quand on ne considère que notre nature animale ; mais quand on considère avec Pascal notre
nature intellectuelle et morale, on reconnaît, on s'assure,
par l'expérience du sens intime, que toute l'activité réelle
du principe pensant peut s'exercer en lui-même, lorsqu'il
cherche à connaître sa nature, lorsqu'il cherche Dieu
en lui.

Pascal aurait eu raison de dire que l'homme tel qu'il
est, c'est-à-dire composé de deux natures, ne pouvait être
heureux pleinement par cette vue intérieure, et il aurait
trouvé la véritable raison de ce fait en cela seul que, pour
être heureux, l'homme doit avoir la jouissance pleine et
entière des facultés diverses qui appartiennent à ses deux

natures, ou le constituent. Comme être sentant ou animal, il lui faut des sensations et des mouvements ; comme être intellectuel et moral, il lui faut des idées, un certain exercice de la réflexion. S'il cultive trop, ou exclusivement, l'une ou l'autre partie de lui-même, il souffre dans le fond de son être, il a le sentiment pénible d'un besoin non satisfait. Ce n'est pas la pensée réfléchie de sa misère, ce n'est pas en comparant ou en mesurant le vide des biens réels et solides, qu'il est incapable de remplir, que l'homme souffre ou est malheureux, mais c'est par le sentiment pénible, immédiat et instinctif qui accompagne toujours la gêne de nos facultés, de quelque nature qu'elles soient, ou les obstacles mis à leur développement. Pascal se place trop hors de la nature humaine, et donne une raison chimérique de la misère sentie par l'homme à qui tous les mobiles d'activité extérieure viendraient à manquer. Il veut que ce sentiment de misère naisse de la réflexion que fait sur lui-même un être dégénéré ; tandis qu'il vient tout simplement de ce que cet être mixte n'est pas purement intellectuel, et qu'il a des besoins physiques qui demandent impérieusement à être satisfaits. Pascal raisonne, dans cette occasion, comme Descartes raisonne sur le plaisir et la douleur, le bien ou le mal-être physique, qu'il fait consister, comme le bien et le mal moral, dans la vue intérieure qu'a l'âme de ses perfections ou imperfections.

16 avril. C'est assez longtemps se laisser aller au torrent des événements, des opinions, du flux continuel des modifications externes ou internes, à tout ce qui passe comme l'ombre. Il faut s'attacher aujourd'hui au seul être qui reste immuable, qui est la source vraie de nos consolations dans le présent et de nos espérances dans l'avenir.

Stat ad judicandum Dominus, stat ad judicandos populos [1]. Celui qui n'a pas cette idée sans cesse présente au milieu des bouleversements de toutes choses, lorsque le crime triomphe, que la vertu gémit abattue, proscrite, calomniée, dénaturée; celui qui, avec un sens moral, est témoin de toutes ces choses et ne pense pas à Dieu, à la règle éternelle et invariable du juste et de l'injuste, et aux conséquences nécessaires, inévitables qui suivent de cette règle, celui-là, dis-je, doit tomber dans le désespoir. Pour me garantir du désespoir, je penserai à Dieu, je me réfugierai dans son sein.

Jusqu'à présent j'ai cherché à établir une théorie métaphysique en consultant le sens intime et me rendant attentif, autant qu'il a dépendu de ma faible capacité, aux conséquences dérivées de ces faits de sens intime. Dans ma jeunesse, et lorsque j'étais prévenu pour des systèmes matérialistes qui avaient séduit mon imagination, j'écartais toutes les idées qui ne tendaient pas à ce but, j'étais léger plutôt que de mauvaise foi. Depuis que j'ai été conduit, par mes propres idées, loin de ces systèmes, je n'ai eu aucune prévention pour quelque conséquence arrêtée à laquelle je voulusse arriver; aucune prévention pour les matières de foi ou d'incrédulité. Si je trouve Dieu et les vraies lois de l'ordre moral, ce sera pur bonheur et je serai plus croyable que ceux qui, partant de préjugés, ne tendent qu'à les établir par leur théorie.

---

[1] Prophéties d'Esaïe, chap. III, verset 13.

24 avril. Pourquoi chercher à faire du bruit ? Que les individus comme les générations s'agitent et bouleversent le monde, ou qu'ils traversent la vie en silence, les malheurs, les misères humaines et la mort au bout, ne les en observent pas moins, et sauront de même les atteindre.

Ici, le temps, pour moi, tombe goute à goutte et n'interrompt par aucun bruit la méditation solitaire. Il faut savoir, dans la solitude, se faire encore une existence assez animée, indépendante des hommes comme des choses ; il faut suppléer à l'intérêt des événements par l'intérêt des idées ; la pensée doit remplir toute l'existence. Il était trop heureux pour moi, en avançant en âge, et à mesure que je me sentais échapper à moi-même, en perdant tous les avantages de la nature, l'agrément des formes, la fermeté, la force du corps et celle de l'esprit, de pouvoir suppléer, autant que possible, à ces biens réels, par les avantages et la force *de situation*, par un crédit, une fortune qui me faisaient sentir à chaque instant mon influence morale et m'ôtaient toute crainte sur mon avenir et celui de ma famille. Je ne goûtais, il est vrai, ce genre de bonheur et de confiance que par réflexion ; je ne le sentais pas, et il était loin de me tenir lieu du loisir, du repos, de la liberté que j'avais perdus. Aussi comme je n'étais heureux de ma belle place que par réflexion, je ne souffre de sa perte que de la même manière. Pourvu que je sois bien portant, que j'aie la faculté d'exercer ma pensée, avec le sentiment de mes forces intellectuelles, je ne regrette rien ; je suis même plus heureux qu'auparavant. Comme je ne puis plus, ainsi que dit Montaigne « me jeter aux appuis étrangers, je recours aux propres, seuls certains, seuls puissants à qui sait s'en armer. » Je sens quelquefois que ces appuis propres m'échappent, lorsque mon estomac se prend et que mon esprit s'alanguit avec mes nerfs.

Nervi
Deficiunt animique [1].

La solitude porte à se livrer aux spéculations abstraites; il faut vivre dans le foyer des passions humaines pour sentir le besoin de s'en servir et de les diriger. Il n'y a rien de si innocent, de si respectable que ces conquêtes paisibles de la réflexion qui occupent assidûment des hommes solitaires, sans ambition, sans fortune, sans pouvoir, et qui préfèrent à tout le culte de la pensée. Les goûts simples, qui s'allient avec les études abstraites, donnent une sorte de candeur, de timidité qui fait aimer la vie domestique. Se déployant à son aise, dans le champ des méditations sans bornes, le philosophe solitaire est moins froissé par les hommes; il s'aigrit moins contre eux, il est plus porté à les plaindre et à les aimer. C'est là un très-grand moyen de bonheur; la haine et la jalousie contre ses semblables sont des sentiments très-pénibles.

1er *mai*. « Les hommes s'acquitteraient tous dignement
» envers la vie, si, dans un genre quelconque, un noble
» objet, une grande idée signalaient leur passage sur cette
» terre, et c'est déjà une preuve honorable de caractère,
» que de diriger vers une même entreprise les rayons
» épars de ses facultés et les résultats de ses travaux [1]. »

---

[1] Art poétique d'Horace.
[2] Mme de Staël. *De l'Allemagne.*

C'est ce caractère qui manque à la plupart des hommes, qui seraient capables de bien faire et de bien penser. Je n'ai jamais pu, quant à moi, faire ainsi de ces grandes entreprises qui occupent tout une vie, dont elles deviennent le mobile et le but. Si j'ai dirigé pendant quelques mois les rayons de mes facultés vers un seul et même objet de méditation, comme lorsque j'ai concouru pour des prix académiques, ça été d'abord en me faisant une violence qui a porté sur ma santé, et contrarié tous mes penchants naturels. Cependant, une fois à l'ouvrage, je sentais ma vie plus pleine et plus animée ; et je conçois mieux que jamais que je serais plus à l'abri des sollicitudes, de l'inconstance de la fortune, si je pouvais consacrer maintenant les facultés, les années qui me restent à un seul objet philosophique, propre à servir de monument honorable de mon passage sur cette terre ; *det Deus animum.*

4, 5 et 6 mai. Je suis dans cette disposition nerveuse, assez habituelle chaque printemps, qui ne me laisse la faculté de me fixer à rien, pendant un certain temps, ni d'entreprendre rien de suivi, de lier ma pensée du lendemain à celle de la veille, et à peine la pensée du soir à celle du matin ; état fâcheux, source de remords et de regrets de voir ainsi s'écouler la vie sans en tirer parti : chaque heure est assez bien remplie en elle-même, mais la suite et la liaison manquent. Je suis agité avec mes livres ou avec mes propres idées, comme je l'étais avec les affaires du monde et dans le tourbillon de Paris. Je voudrais suffire à tout, tout saisir, tout faire, tout lire à la fois : je vais précipitamment d'un objet à l'autre, je quitte ma lecture pour en prendre une autre, je glisse sur tout et n'approfondis rien. Il semble que mon bien-être intellectuel et moral, la vérité que je cherche, le repos et la satisfaction intérieure de l'esprit, vont se trouver dans chacun des livres que je feuillette et consulte tour à tour, comme si ces biens n'étaient pas en moi et au fond de mon être, où je devrais les chercher, en attachant une vue fixe, pénétrante, soutenue, au lieu de glisser si rapidement sur tout ce que d'autres ont pensé, ou sur ce que j'ai pensé moi-même en divers temps.

J'éprouve qu'on peut, dans la solitude la plus profonde, et vis-à-vis de soi-même ou de ses idées, n'avoir encore qu'une vie extérieure et être aussi loin de soi qu'on l'est au milieu du monde. Il n'y a que les objets de changés, mais ce sont les mêmes facultés qui s'exercent. A la place d'objets, d'impressions frivoles, on s'entretient d'idées frivoles et légères qui promènent notre esprit dans un monde de phénomènes, d'illusions et de fantômes, en l'éloignant de plus en plus des réalités immuables et des vrais et solides biens qui sont au dedans de nous.

13 mai. Depuis huit jours environ, nous jouissons de tous les charmes du printemps. Je suis heureux de l'air embaumé que je respire, du chant des oiseaux, de la verdure animée, de ce ton de vie et de fête exprimé par tous les objets. Mon âme tout entière semble avoir passé dans mes sens externes ; il me faut un certain effort pour réfléchir et méditer, et je regrette les quatre ou cinq heures que je consacre par raison et par habitude à mon cabinet.

Chaque saison a non-seulement son espèce ou son ordre de sensations extérieures appropriées, mais de plus un certain mode du sentiment fondamental de l'existence, qui lui est analogue, et qui se reproduit assez uniformément au retour de la même saison. J'en ai fait l'expérience depuis que je m'observe de plus près, et lorsque j'ai pu me trouver dans une position tranquille, exempte de soucis comme cette année, par l'effet du hasard et des circonstances politiques.

« L'âme, dit Leibnitz, exprime toujours son corps, et » ce corps est toujours affecté d'une infinité de manières » variables, mais qui souvent ne font qu'une impression » confuse. » Il est certain que les variations du sentiment de l'existence répondent exactement à toutes celles qui ont lieu dans le corps ; ce qui explique, jusqu'à un certain point, les modifications variées du sentiment de l'existence correspondant à chaque saison. En ayant égard à tout cet ensemble de perceptions obscures et de modifications insensibles, il est certain que la psychologie expérimentale ne peut encore décrire que la moindre et l'infiniment petite partie des phénomènes de l'âme. Cette science commence à l'aperception claire, à l'époque de la distinction du *moi* et de ses modifications ; mais ce n'est là qu'une petite période de l'histoire de l'âme ; combien de choses qui se passent en elle avant, pendant et après le premier sentiment du *moi* et qui ne viendront jamais à la connaissance !

J'ai des sens extrêmement variables, dans leur activité ou leur susceptibilité aux impressions. Il y a des jours, par exemple, où les moindres odeurs m'affectent, d'autres (et ce sont les plus nombreux) où je ne sens rien. Mon sens intérieur, et chacune de mes facultés intellectuelles éprouvent les mêmes anomalies. Si j'avais habituellement la pénétration et la capacité intellectuelle que je trouve en moi, à certains jours, ou dans quelques bons moments, je porterais la lumière dans les plus profondes obscurités de la nature humaine et j'étonnerais le monde savant; mais tout échappe à ma pensée mobile; je suis un être ondoyant, divers et sans consistance.

7 mai. J'ai éprouvé ce soir, dans une promenade solitaire, faite par le plus beau temps, quelques éclairs momentanés de cette jouissance ineffable que j'ai goûtée dans d'autres temps et à pareille saison, de cette volupté pure, qui semble nous arracher à tout ce qu'il y a de terrestre, pour nous donner un avant-goût du ciel. La verdure avait une fraîcheur nouvelle et s'embellissait des derniers rayons du soleil couchant; tous les objets étaient animés d'un doux éclat; les arbres agitaient mollement leurs cimes majestueuses; l'air était embaumé et les rossignols se répondaient par des soupirs amoureux auxquels succédaient les accents du plaisir et de la joie. Je me promenais lentement, dans une allée de jeunes platanes, que j'ai plantés il y a peu d'années. Sur toutes les impressions et les images vagues, infinies, qui naissaient de la présence des objets et de mes dispositions, planait ce sentiment de l'infini qui nous emporte quelquefois vers un monde supérieur aux phénomènes, vers ce monde des réalités qui va se rattacher à Dieu, comme à la première et à la seule des réalités. Il semble que dans cet état, où toutes les sensations extérieures et intérieures sont calmes et heureuses, il y ait un sens particulier approprié aux choses célestes, et qui, enveloppé dans le mode actuel de notre existence, est destiné, peut-être, à se développer un jour, quand l'âme aura quitté son enveloppe mortelle.

J'étais conduit, par mes méditations psychologiques du matin et des jours précédents, à m'élever au-dessus des phénomènes, pour concevoir les causes; et il me semblait que je trouvais dans ce moment une facilité particulière, comme un charme tout nouveau, à ces abstractions intellectuelles, qui séparent des objets de nos sensations tout ce qu'il y a de *phénoménique* pour saisir les causes, ou les forces productives de ces phénomènes. C'est là un point de vue de l'univers, diamétralement opposé à celui de la poésie ordinaire, mais qui admet une sorte de poésie, la plus élevée sans doute, puisque c'est celle qui a sa source dans le sentiment de l'infini et qui pourrait réveiller ce sentiment et le peindre à l'imagination, si notre langage grossier fournissait des couleurs appropriées, ou si l'infini pouvait se représenter. L'inspiration du génie est un essor momentané vers ces régions de l'infini.

28 *mai*. Journée de bien-être et d'activité intellectuelle où j'ai été heureux de vivre, de respirer et de penser. — Le point de vue de Kant sur les *phénomènes* et les *noumènes* m'a occupé. Je l'ai conçu avec plus de netteté et ramené à des termes plus simples et plus clairs ; j'avais une grande liberté d'esprit et j'ai quitté le cabinet pour aller recevoir des personnes avec lesquelles j'ai été aussi à mon aise qu'avec mes idées. Il y a des états où je vis agréablement avec mes idées, tandis que je suis gêné, contraint et sans aucune présence d'esprit avec les hommes. D'autres états, et ce sont les plus fréquents, où je ne suis bien ni avec les hommes, ni avec mes idées ; enfin d'autres, et ce sont les plus rares, où je suis bien, heureux, actif avec les hommes, comme avec moi-même ; où mon existence est pleine et je jouis de tout. Dans ces états heureux les objets extérieurs suffisent à nous rendre contents ; on aime à se promener librement à travers la nature pour y chercher des inspirations, des modèles ou des sujets de

rêverie. Cette existence voyageuse et rêveuse n'ayant rien à démêler avec les intérêts actifs de ce monde, est une source de plaisirs indépendants. Les passions personnelles comme les affections du cœur dérobent l'aspect de la nature et nous font errer avec distraction dans le monde des objets. Les impressions, isolées des souvenirs, ont ordinairement assez de douceur, sans avoir un grand degré de vivacité ; et le présent, quand on veut le considérer à part des tableaux imaginaires du passé et de l'avenir, à part des regrets ou des craintes, est encore peut-être le meilleur moment de l'homme.

Revue du mois de mai. Ce mois s'est écoulé assez paisiblement dans la solitude. J'aurais pu l'employer plus utilement à avancer mon ouvrage philosophique [1], et le mettre en état d'être imprimé ; mais je ne me reproche pas une inaction involontaire, née de distractions forcées. Ma santé, sujette à tant d'anomalies, ne me permet guère un travail suivi pendant plus de quatre heures chaque jour. Le reste du temps est employé aux travaux de la campagne, à la société de famille, et à des lectures. Je ne lie pas encore mes idées d'un jour à l'autre ; je ne fais pas de livre avec dessein. Mais comme je fais beaucoup de notes quelquefois étendues et approfondies sur le même sujet psychologique, mon livre se trouvera fait à la fin, plus lentement, mais avec moins de travail et d'une manière plus agréable. Les anciennes divisions pourront servir en partie, et j'en ferai de nouvelles.

Ma manière de travailler aujourd'hui, bien différente de celle d'autrefois, se ressent de la faiblesse de l'âge et de

---

[1] *Essai sur les fondements de la Psychologie.*

la vie dissipée de l'année précédente. Je me reproche au fond de ma conscience de trop songer encore à ces amusements *qui nous font passer sans nous en apercevoir du temps à l'éternité.* Je me reproche de ne pas assez approfondir la vie, de n'en pas cultiver assez la partie sérieuse, d'être trop relâché dans tout ce qui exige de la suite et une attention soutenue aux devoirs qui naissent de ma situation actuelle.

5 juin. Mme de Staël paraît avoir bien senti les liens intimes qui unissent la métaphysique et la morale dans un principe commun. — « En cherchant, dit-elle, si » notre esprit agit spontanément, ou s'il ne peut penser » que provoqué par les objets externes, nous aurons » des lumières de plus sur le libre arbitre de l'homme, » par conséquent sur le vice et la vertu [1]. »

On a beau dire que la doctrine de Condillac est opposée au matérialisme, et qu'elle donne beaucoup à l'activité de l'âme, il est de fait que la sensation, qui est le principe et le pivot unique sur lequel roule cette doctrine, ayant sa cause hors de l'âme, qui est subordonnée à tous égards aux causes extérieures qui produisent ou occasionnent ses sensations, l'âme est asservie et nécessitée par ces causes. Donc tout ce qu'elle sent, tout ce qu'elle est pour elle-même, ne peut être qu'un effet. Comment donc concilier ces maximes tant répétées par nos modernes : « Tout » pour l'âme se réduit à sentir; il n'y a pour elle que des » sensations et des combinaisons ou des résultats de sen-» sations? » Avec ce principe sur lequel toute la morale est fondée : « l'homme est libre; il a en lui une puis-

---

[1] *De l'Allemagne.*

sance d'agir, de se déterminer, de commencer une série de mouvements opposés à ceux des sensations et des passions. » Le fatalisme des sensations est incompatible avec la croyance au libre arbitre. Si les circonstances extérieures nous créent ce que nous sommes, nous ne pouvons pas nous opposer à leur ascendant ; si les objets extérieurs sont cause de tout ce qui se passe dans notre âme, quelle pensée indépendante pourrait nous affranchir de leur influence ? « De quelque manière qu'on s'exprime,
» il faudra toujours convenir qu'il y a deux principes de
» vie différents dans la créature sujette à la mort et desti-
» née à l'immortalité ; » dans la créature sujette à toutes les passions et misères humaines, et capable de s'élever, par une pensée active, au-dessus de toutes les passions, de résister à tous les entraînements, de s'affranchir de toutes les misères et de se créer un bonheur indépendant. Il faut rappeler sans cesse l'homme au sentiment de cette existence indépendante ; il faut qu'il sache que sa volonté, et non pas les objets étrangers, le constitue ce qu'il est : personne morale, intelligente et libre par essence.

12 *juin. Injusti punientur et semen impiorum peribit* [1]. C'est aujourd'hui, dans ces terribles circonstances où l'on voit triompher momentanément l'injustice, le crime, la folie, l'impiété ; c'est aujourd'hui qu'on est heureux d'éprouver ce sentiment de confiance en Dieu qui animait le prophète-roi, qui lui faisait dire : *Vidi impium superexaltatum et elevatum sicut cedros Libani. Et transivi, et ecce non erat : et quæsivi eum, et non est inventus locus ejus* [2].

[1] Psaume XXXVI, verset 28.
[2] Id. id. versets 35 et 36.

En lisant, le soir de ce jour, un écrit de M. de Maistre, intitulé : *Essai sur le principe générateur et conservateur des sociétés politiques*, j'ai senti que mes habitudes isolaient trop ma pensée de la société, que mon point de vue psychologique ne tendait à faire de l'homme qu'un être tout solitaire, et qu'à force de considérer l'âme sous le rapport abstrait et unique de son activité, je m'accoutumais à ne voir en elle qu'une force motrice, isolée de toutes ces affections sociales, de tous ces sentiments intimes et profonds, dans lesquels est placée notre moralité, le bonheur ou le malheur dont nous sommes susceptibles, en qualité d'êtres qui, outre la vie intérieure de la pensée, ont encore une vie de relation et de conscience. Comment dériverai-je des principes de philosophie que j'ai suivis, l'obligation morale, le devoir? C'est là un autre système de facultés, un autre point de vue de l'âme, qui doit pourtant rentrer dans celui que j'ai tant médité jusqu'ici. Chaque individu agit sur la société de ses semblables, qui réagit tout entière sur lui. Du sentiment de l'action libre et spontanée qui, par elle-même, ne connaîtrait pas de limites, dérivent ce que nous appelons *droits*. De la réaction sociale, qui suit l'action individuelle, et qui ne s'y conforme pas exactement, attendu que les hommes ne sont pas comme les choses matérielles, qui réagissent sans agir, naissent les *devoirs*. Le sentiment du devoir est celui de la coërcition sociale, dont chaque individu sent bien qu'il ne peut s'affranchir.

La méditation abstraite a l'inconvénient de ne pas donner au sentiment moral le développement dont il est susceptible, d'ôter à l'âme le point d'appui fixe qu'elle a besoin de trouver hors d'elle dans la société humaine, à laquelle elle est destinée par une portion notable de ses facultés.

Les fluctuations et le vide que je sens au dedans de moi-même, qui m'empêchent de prendre une forme constante, même en vivant avec moi, tiennent à l'absence d'un sentiment moral, qui serve comme d'ancre, propre à fixer cette machine intellectuelle et sensible entraînée çà et là par une multitude de petites impressions, et surtout par ses dispositions intérieures, variables et singulièrement mobiles. Il n'y a qu'un sentiment fixe qui puisse déterminer ou amener des idées fixes ; voilà ce que m'a bien démontré ma propre expérience. Ce sentiment est : ou l'amour de la gloire, le désir de se faire un nom immortel, l'ambition, la cupidité (*et hoc quoque vanitas*) ; — ou, ce qui n'est pas vanité, la religion, un noble désir de se rendre agréable à Dieu, en tirant le meilleur parti possible des facultés qu'il nous a données, et de gagner la palme d'une meilleure vie ; — ou l'amour de l'humanité, le désir d'être utile à ses semblables sans aucun intérêt matériel, sans avoir même besoin de leur suffrages ; — ou enfin le besoin d'être content de soi, la satisfaction intérieure qu'on éprouve en donnant à ses facultés la meilleure direction possible, et en faisant bien pour soi n'ayant que sa conscience pour juge. Ce dernier sentiment est mon principe d'action unique. Il suffit pour me mettre à l'ouvrage et m'empêcher de tomber dans l'inaction ; mais il ne me fixe pas assez sur un point donné du système intellectuel et moral ; il ne détermine pas assez la convergence des actes ou des idées vers un but certain ; il n'établit pas dans mon être moral cette suite qui fait que la vie est *une* et bien liée dans toutes ses parties. Pourvu que je sois content de moi à la fin du jour, cela me suffit ; mais la suite de pensées, d'actions du lendemain ne se lie pas aux pensées ou aux actions de la veille, par cette seule raison qu'il n'y a pas en moi un sentiment fixe, qui étende ma vue au loin et me détermine à envisager un certain but, placé à distance dans le temps ou l'espace. De là cette légèreté, cette inconsistance que je me reproche, ce vide d'esprit et d'âme qui me surprend au milieu de mes travaux décousus, cette incertitude sur les objets d'étude qui, dans le même jour, m'entraîne de l'un à l'autre sans qu'aucun produise une impression profonde.

22 juin. J'ai commencé à lier ensemble les matériaux psychologiques rassemblés depuis deux mois dans des notes sur Kant, Lignac, etc., pour en faire les prolégomènes d'un ouvrage fondamental sur la science des principes [1]. Irai-je loin dans l'enchaînement de ces idées ? *Ecce enim breves anni transeunt, et semitam, per quam non revertar, ambulo* [2].

24 juin. Mon bonheur actuel consisterait dans une paix intérieure, unie avec un sentiment assez plein de vie et d'activité, aussi intérieure. Les agitations des passions ne laissent point de calme ; la tranquillité de la sécheresse et de la médiocrité d'esprit tue la vie de l'âme ; il n'y a que dans le sentiment religieux, ou dans un goût vif et soutenu pour l'étude et la recherche de la vérité, qu'on trouve une réunion parfaite du mouvement et du repos. Cette disposition ne peut être continuelle dans les hommes pieux et encore moins dans les hommes studieux. Certaines maladies ou états organiques qui altèrent en nous l'ac-

---

[1] Il ne s'agit pas ici d'un ouvrage nouveau, mais toujours de l'*Essai sur les fondements de la Psychologie*, que l'auteur remaniait à cette époque.

[2] Job, chap. XVI, verset 23.

tivité intellectuelle et nous dégoûtent de l'étude, par la conscience même de notre impuissance, laissent subsister le sentiment religieux qui, dans les douleurs, les maladies, les afflictions, les anomalies de l'esprit, auxquelles est exposée la faible humanité, offre toujours un consolateur et un appui. Les hommes qui unissent ces deux dispositions sont le plus à l'abri du découragement et des dégoûts de la vie, surtout quand l'âge s'avance.

27 juin. J'apprends aujourd'hui, à sept heures du matin, une victoire décisive remportée par les alliés contre Bonaparte et son armée. L'armée alliée peut être à Paris dans trois jours. Le parti républicain s'agite en ce moment. Les chambres, qui n'ont rien de national, font de vains efforts pour lutter contre le torrent qui les entraîne. Personne n'a encore prononcé le nom de Louis XVIII et des Bourbons. La France semble dans la stupeur. Le cri national se fera-t-il bientôt entendre? Vive le roi! Sans le roi légitime point de salut.

Paris, 4 octobre. Les premiers jours de ce mois ont tous été consacrés aux préliminaires de la réunion des chambres, qui devait avoir lieu le 2, et a ensuite été renvoyée jusqu'au 7. J'ai fait des visites ministérielles; mes matinées ont été occupées par mes collègues, et les soirées par des réunions. J'ai souvent dîné en ville, et toutes les occupations de cabinet se sont réduites à la correspondance et aux journaux. Ma tête est inactive et absorbée par les sensations; ma santé a chancelé et s'est relevée. Le 4, j'ai dîné chez M. de Châteaubriand pour célébrer sa fête. La soirée a été triste; j'ai été peu expansif.

6 octobre. Les préparatifs de la séance royale m'absorbent. Je suis occupé à répondre à toutes les lettres que je reçois pour des billets d'entrée. Je suis troublé, hors de moi-même.

7 octobre. Jour solennel — séance royale. J'ai été éveillé de bonne heure, et, dès 7 heures du matin, j'ai eu des dames sur les bras. J'ai rompu toutes mes habitudes pour courir et faire placer diverses personnes. Je suis intimidé et n'ai nulle présence d'esprit devant l'autorité.

17 octobre. Cette semaine a été extrêmement agitée, pleine d'impressions et de mouvements extérieurs, vide de pensées et de méditations. Je suis toujours aux ordres de tout le monde, attentif à ménager la bienveillance de tous, et sentant le besoin d'un appui extérieur, comme tous les êtres faibles, qui ne trouvent pas en eux-mêmes leur soutien, et ne savent pas chercher leur force dans la force suprême. Je suis mécontent de moi-même et effrayé de l'ascendant que me donne la nouvelle assemblée, de la confiance qu'on me témoigne de toutes parts. J'ai été nommé candidat à la questure, à la grande majorité des suffrages. J'ai été heureux de cette marque de confiance ; je voudrais, pour me rendre digne de cette distinction, porter quelque lumière dans l'assemblée, et y influer par les écrits ou la parole. Mais je suis trop mobile, entraîné au dehors, pour pouvoir penser mûrement à tout ce qui s'y traite, et mon instinct timide, mes facultés qui jouent avec une lenteur et un embarras croissant avec l'âge, semblent me condamner à jouer un rôle nul dans cette assemblée, qui m'a adopté comme un de ses membres distingués. Cette opposition entre ce que je suis au fond et ce que je voudrais être, entre mon caractère et ma position, est une source de trouble intérieur, et d'un malaise intérieur, dont je me distrais dans la société où je me trouve à ma place et où j'influe dans mes bons moments.

L'adresse au roi m'a beaucoup occupé. Une timidité excessive, dans un mauvais moment de santé, m'a empêché de la lire à mon bureau. J'ai été sot, lorsqu'on m'a pressé de lire : un battement de cœur m'empêche de parler. La faiblesse de mes nerfs est un obstacle à tout.

22 *octobre*. Température pluvieuse et relâchée. J'ai été aussi mou et relâché. Un rhume avec embarras de tête et de poitrine, m'a tenu dans un état de malaise habituel. Cependant je n'ai pas interrompu mes occupations tumultueuses, et j'ai continué à mener le même genre de vie extérieure.

J'ai été nommé premier questeur par le roi. Cette nomination a été annoncée à la chambre le 16, jour où j'étais appelé à la tribune, pour faire le développement d'une proposition sur le règlement. Je prends un peu plus d'aplomb et de hardiesse ; mais la faiblesse de ma voix et mes qualités physiques m'éloignent de la tribune pour laquelle j'ai une sorte d'aversion instinctive. L'homme qui a la conscience de sa faiblesse, ne peut aspirer à exercer un grand empire sur d'autres hommes.

Mes jours se perdent et ma vie se consume au milieu de diversions ou d'occupations variées, qui ne laissent aucune trace après elles. J'éprouve toute la fatigue de sensations et de mouvements sans objet, sans but, sans souvenir. Le *fatum* m'entraîne ; je désespère de moi-même. Ma place multiplie pour moi les relations personnelles ; elle m'impose le devoir de m'occuper des hommes, d'être attentif à ménager leur bienveillance, à exercer sur mes égaux l'influence que donne l'estime, et sur les inférieurs une autorité que mon caractère ne me donne pas. Je suis en contradiction perpétuelle avec mon instinct. Je m'agite et me remue quand je tends au repos : je me livre aux impressions du dehors, quand je serais porté à réfléchir. Ainsi hors de mon instinct, je ne suis rien, et ma vie morale est nulle.

29 *octobre*. La semaine s'est passée comme à l'ordinaire, au milieu du trouble de l'assemblée, où l'on discute la loi sur les cris séditieux, etc. Je ne prends à ces discussions qu'une part passive et mes facultés s'y engourdissent. J'ai fait un grand effort en montant à la tribune dans la séance du 24 pour soutenir mon projet de règlement. J'ai été assez content de moi.

Revue du mois de novembre. Ce mois s'est passé au milieu de distractions, d'affaires, et d'embarras plus nombreux encore que pendant le mois précédent. J'ai été aussi moins confiant, plus craintif et plus mal disposé au physique et au moral ; je suis mécontent des autres parce que je le suis de moi-même. J'apporte dans le cabinet mille idées du dehors ; j'y suis troublé à chaque instant, et tout ce que je fais se réduit à des lettres d'affaires et de famille. Les séances de la chambre sont pour moi une sorte de scène dramatique : j'écoute les acteurs quand ils jouent bien ; je me laisse aller aux distractions quand ils jouent mal, ce qui arrive le plus souvent. Cependant ma disposition distraite et une faiblesse naturelle d'esprit sont accrues par ce genre de vie : ce sont des écarts de régime intellectuel et moral qui affaiblissent et détruisent les facultés.

J'ai atteint, le 30, ma quarante-neuvième année. Montaigne n'avait pas attendu cet âge pour se retirer des affaires. C'est ce que je devrais faire aussi, pour songer à tirer parti de mes dernières années. Il m'est bien prouvé que je ne suis pas propre aux affaires de ce monde ; elles m'agitent et me troublent sans utilité. Je ne vaux que par la réflexion et dans la solitude : puisse-je retrouver cette valeur !

ANNÉE 1816.

Paris 6 janvier. J'ai été absorbé depuis le 15 décembre par mon travail sur le projet de loi d'amnistie, projet dont j'entends sans cesse parler diversement, et qui excite les passions en sens inverse. Il est impossible de vivre au centre de ces mouvements passionnés sans qu'ils vous dominent; j'y suis tout entier. Je travaille le matin; et le soir, après tous les colloques, toutes les réunions de la journée, je veille jusqu'à deux heures après minuit. Je prépare ainsi laborieusement une opinion dont les éléments se coordonnent peu à peu.

Un des tourments de ma situation actuelle, et qui fait plus que compenser les agréments de la vie et le bien-être dont je jouis d'ailleurs, c'est que je me trouve en opposition avec les mêmes hommes dont je partageais naguère tous les sentiments et toutes les opinions. Je me suis rapproché par suite de ceux qui sont suspects au parti royaliste, et je m'aperçois tous les jours que je perds dans l'opinion de ce parti. Les signes de méfiance ou de froideur de mes anciens amis flétrissent mon âme et rendent ma vie pénible. J'éprouve dans cette occasion que, pour l'honnête homme, les moments les plus difficiles de la vie ne sont pas ceux où de grands malheurs décidés nous laissent la consolation d'avoir fait ce qu'on devait faire. Il y a même un très-grand bonheur à penser qu'on ne souffre que parce qu'on a suivi les lois du devoir et de l'honneur. Mais quand le devoir n'est plus clair, qu'on est condamné par des amis et par des hommes qu'on estime, et qu'en suivant ce qui paraît le meilleur *probable* on n'ose pas cependant marcher la tête levée parmi les hommes, on souffre alors des maux sans compensation.

Les députés ont été reçus par le roi. J'étais avec M. Lainé, à la tête de la grande députation. J'ai vu avec bonheur S. M. Je l'ai entendu parler avec force pour le parti que je soutiens; j'aime à me reposer sur la sagesse et l'autorité de mon roi. Que d'autres suivent un autre parti, et qu'ils en gardent toute la responsabilité!

28 *janvier*. La température, qui avait été constamment pluvieuse et douce depuis le commencement du mois, s'est refroidie tout à coup, et il a gelé assez fort dans la nuit. Ce changement brusque n'a pas modifié ma manière d'être, comme il arrive presque toujours. Je ne me sens pas plus d'activité, ni plus d'aisance dans l'exercice de mes facultés intellectuelles, ni de confiance en moi-même, que dans tous ces jours précédents où je pouvais attribuer à la température relâchée mes mauvaises modifications. *In culpâ est animus.*

Jusqu'à présent les améliorations alternatives que j'ai éprouvées dans le sentiment de mon existence et l'exercice de mes facultés, m'ont laissé l'espérance d'un état physique et moral meilleur, plus constant et plus soutenu, où je tirerais parti de ma vie intellectuelle. Aujourd'hui que l'âge s'avance, je désespère de moi-même, et je me laisse aller au torrent où roule et se précipite une vie déjà parvenue aux deux tiers de son cours probable. Il est triste de penser qu'on était né pour faire quelque chose et qu'on n'a rien fait. Une existence décousue, tracassée, agitée par tant d'événements successifs a borné tout progrès, en m'arrachant aux loisirs de la méditation. La vie mondaine et extérieure, à laquelle les circonstances dernières m'obligent, aura, je le sens, une influence considérable sur le reste de mes jours. J'ai contracté des habitudes toutes nouvelles de mouvement extérieur, de recherche de société, de luxe, dans un âge où il aurait fallu songer à une retraite absolue, et se préparer à bien mourir, après avoir laissé quelque monument honorable de son passage sur la terre. L'emploi actuel que je fais du temps n'est propre au contraire qu'à tuer la pensée, à me faire perdre toute habitude d'un travail sérieux et soutenu, à entretenir une mobilité vicieuse, à remplir mon esprit de futilités. Il faudrait prendre un grand parti et rompre une chaîne mondaine. Peut-être y serai-je bientôt contraint par les circonstances plutôt que par ma volonté ; nous verrons alors s'il me reste quelque chose de ce que j'ai perdu.

29 *avril.* Le contraste rapide de l'hiver à l'été change toute mon existence. Je suis un autre homme ; il me semble que chaque jour soit une fête ; je respire avec l'air une nouvelle vie, et cette vie est celle de l'esprit plus encore que du corps, car je ne suis pas fortifié et ma santé n'est pas beaucoup meilleure. Mais il y a dans l'air qu'on

respire, à cette heureuse époque de l'année, quelque chose de spirituel qui semble attirer l'âme vers une autre région, et lui donner une force propre à surmonter toutes les résistances organiques, à se dégager en quelque sorte des liens du corps pour commencer une plus haute destinée. J'ai éprouvé quelquefois cette heureuse influence, surtout dans la solitude, lorsque les impressions et les distractions du dehors ne mettent pas obstacle à cette exaltation. *Noli foras abire; in te ipsum redi. In interiore homine habitat veritas* [1]. Ce ne sont pas les idées qui s'éclaircissent, comme par l'effort ordinaire de l'attention, ou par l'application de mes facultés actives, mais c'est la lumière intérieure qui devient plus claire, plus frappante, et le cœur et l'esprit en sont subitement et spontanément illuminés. J'ai distingué souvent en moi-même ces illuminations subites, spontanées où la vérité sort des nuages; il semble que notre organisation matérielle, qui faisait obstacle à l'intuition interne, cesse de résister, et que l'esprit ne fait que recevoir la lumière qui lui est appropriée.

Ces expériences du sens intime me font douter s'il y a une action réelle de la volonté sur les idées ou les perceptions internes, ou si la volonté, se déployant sur l'organisation, n'a pas pour effet unique de réprimer cette influence organique, et d'écarter ainsi l'obstacle qui s'opposait à l'intuition de l'esprit. C'est ainsi que, dans la vision extérieure, l'effort de la volonté déployé sur l'organe ne fait pas voir la lumière, mais seulement dispose l'organe à en recevoir l'impression, à la condition que la lumière soit présente et que l'organe soit disposé à rece-

[1] Saint Augustin.

voir l'impression. La lumière est-elle toujours présente à notre âme et suffit-il seulement d'écarter les obstacles organiques? ou n'y a-t-il pas quelque autre condition, qui tient à l'action directe de l'âme sur son organe propre? A-t-elle la faculté de s'y unir plus intimement, ou de s'en détacher alternativement? et, dans certains cas, les dispositions naturelles du corps ne rendent-elles pas ce jeu de l'âme impossible? Enfin, quelles que soient les dispositions, soit de la part de l'âme, soit de la part du corps, les idées ne sont-elles pas toujours comme la lumière que nous cherchons et dont nous pouvons nous procurer l'impression, mais que nous ne faisons pas?

Le lundi, 29 avril, la chambre des députés a été séparée et la session close jusqu'au 1er octobre. C'est un événement dans ma vie; il me rend la liberté, le repos d'esprit et la faculté de faire de mon temps et de mon esprit l'emploi que j'aviserai. Mais il s'agit de faire un bon usage de cette liberté qui nous est le plus souvent à charge, quand on n'a pas un plan d'étude fixe et qu'on ne sait pas se commander le travail. Il faut beaucoup d'activité, de force, de constance et surtout d'habitude méditative, pour se donner à soi-même un mouvement qui n'est plus communiqué du dehors. Comment suppléer à toutes les impressions, à toutes les idées et sentiments divers que faisait naître chaque jour tout ce qu'on voyait ou qu'on entendait dans un grand concours d'hommes réunis pour délibérer sur les affaires de l'Etat les plus importantes? Comment se donner cette agitation qui tenait au passage rapide de la crainte à l'espérance, quand il s'agissait de savoir si telle mesure serait adoptée ou non, si tel ministre serait renvoyé ou conservé, si tel projet ambitieux pourrait être réalisé? L'absence de tous ces mobiles d'activité, quand on en a contracté l'habitude, est une source d'ennui et de misère pour le commun des hommes. Je voudrais faire en sorte qu'après huit ou dix mois passés au milieu de ce tourbillon, où j'ai perdu toutes mes habitudes de méditation et de réflexion, l'activité que les affaires et mille circonstances extérieures ont donnée à mon esprit, ne languît plus, et pût se porter avec avantage sur des objets intellectuels d'une nature plus relevée, auxquels il est temps que je me livre tout de bon pour laisser un monument de mon passage sur la terre, tel que je l'ai médité depuis si longtemps. *Incipere aude.* Puisque, par suite d'un naturel assez riche, et des habitudes d'une vie employée en partie à la méditation, je ne puis, comme tant d'hommes dissipés ou endurcis, aller dans la carrière des passions ou des distractions du monde jusqu'à étouffer cette vérité intérieure qui me rappelle sans cesse à l'ordre, au devoir, à la raison et à la réflexion, pourquoi me roidirais-je contre ma destinée? pourquoi tant d'efforts pour me défendre contre elle? C'est que l'homme n'est pas simple et qu'il y a deux principes d'action opposés. *Primum quod est animale.*

Il faut réconcilier son cœur avec ses lumières, sa conscience avec ses mœurs, ses devoirs avec ses plaisirs, et arriver par là à la paix du cœur, à cette paix intérieure, sans laquelle il n'y a pas de bonheur possible.

8 *mai.* Dîner à l'Ecole polytechnique, chez M. Durivau, avec le jeune professeur de philosophie Cousin. Nous avons beaucoup parlé de métaphysique, et j'ai été content de moi; il m'a semblé que les autres l'étaient aussi. J'ai exposé avec assez de netteté et de précision ma manière de concevoir l'ordre réel de la génération et de l'acquisition de nos con-

naissances, tout différent de l'ordre logique de l'exposition, ou de la dépendance de nos idées, à commencer par l'absolu....... Voilà ce qu'il faut bien entendre et ce que j'ai expliqué à mon jeune professeur qui l'a saisi à merveille.

12 mai. Le temps qui continue à être froid et pluvieux trouble en moi tout équilibre physique et moral. Je souffre habituellement, j'ai de l'humeur et de l'impatience, je ne jouis de rien. Il faut que je change d'air, et que je reprenne des habitudes studieuses et calmes ; je ne puis être heureux autrement. La première condition est de prévenir les progrès des altérations organiques de l'estomac et de la poitrine, qui menacent mon existence et peuvent l'abréger. Il serait plus que temps de se retirer en soi-même et de s'occuper de choses sérieuses avant la fin de la vie. Montaigne était moins vieux que moi quand il se mit en dehors des affaires, et se retira dans la solitude pour y méditer sur lui-même et s'y regarder vivre. J'ai aussi mes *Essais* à faire. Pourquoi me laisser dominer par tant de petites choses misérables, pour lesquelles j'éprouve au fond le mépris le plus absolu quand j'y pense sérieusement?

16 mai. J'ai eu à dîner des métaphysiciens : MM. Ampère, Laboulinière, Durivau, de Gérando, et le jeune professeur Cousin. J'étais disposé à causer ; je parle avec plus de facilité la langue de la métaphysique que celle de la politique et des affaires. Il y a plusieurs cordes qui vibrent quand j'ai occasion de parler d'une science qui m'est familière ; cependant je parle plus d'après ma mémoire que d'après ma réflexion. Il y a une véritable rétrogradation dans mes facultés méditatives ; je n'ai pas une forte prise sur les idées, elles m'échappent, et je me laisse distraire par les plus légères impressions. La manière dont j'ai travaillé jusqu'à présent est seule appropriée à mes dispositions organiques et intellectuelles : c'est de me renfermer dans un seul sujet et de lutter contre toutes les distractions, de faire un effort continuel, jusqu'à ce que je sois absorbé et que je n'aie pas d'autre idée, ni même d'autre désir que de me pénétrer de mon sujet, que toutes mes facultés en soient dominées sans partage, que je perde le sommeil et l'appétit en m'en occupant. Alors je suis capable de concevoir et de faire ; hors de là, je suis au-dessous du médiocre, parce que ma première prise est toujours lente, embarrassée et lâche.

Grateloup, 7 juin. La température s'est considérablement refroidie. Je ne sors pas de mon cabinet ou de mon salon ; je suis importuné par d'ennuyeuses visites, je ne puis ou ne sais me mettre à rien de suivi, ni m'imposer aucune tâche. Quand j'étais à Paris dans le tourbillon des affaires, je pensais que si j'étais en repos et dans la solitude, je réglerais ma vie et me livrerais à une suite de travaux méditatifs, qui exerceraient utilement et agréablement mon activité intellectuelle ; je supposais que cette activité était toujours la même, que j'aurais la même aptitude, le même plaisir à l'exercer, quand il n'y aurait plus d'empêchement. Me voici rendu à moi-même, délivré des affaires, des devoirs de la société et des distractions nombreuses de la capitale ; je me tâte, je me pince, je cherche à exciter ma pensée, à l'intéresser à quelque chose, et toutes les pensées sérieuses me fuient ; je ne trouve dans mon être qu'un fond stérile et froid ; je suis désintéressé pour tout ce qui m'environne. Dans mon cabinet, je promène sur plusieurs livres une imagination vagabonde; aucune lecture ne m'attache et ne remue le fond de mon âme ou de mon esprit. Au dehors je ne vois, dans cette campagne que j'ai créée, rien qui me satisfasse et m'intéresse : la verdure n'a plus de fraîcheur, les fleurs plus de parfums. Cet état d'insensibilité, qui serait voisin de la mort, peut tenir à une mauvaise disposition de la santé et des nerfs tourmentés et excités en sens inverse pendant dix mois ; mais il y a aussi, dans tout cela, un fond de vieillesse qui s'avance et fait des progrès tellement rapides que le contraste se fait vivement sentir dans le passage d'un âge à l'autre, de la vie à la mort. Je n'ai pas eu d'âge viril, à proprement parler ; la vieillesse et la jeunesse se touchent pour moi sans intermédiaire.

16 *juin*. Je suis parti pour Bergerac à neuf heures et demie; j'y étais invité par le curé pour assister à la procession solennelle de la Fête-Dieu, qui a eu lieu ce jour pour la première fois depuis vingt-cinq ans. Les protestants ont été mécontents de cette innovation, qui semble leur en annoncer d'autres et leur présager pour l'avenir la prédominance de la religion catholique et l'abaissement de la leur. J'étais curieux d'observer l'effet moral et politique de cette innovation, qui a beaucoup fait parler, mais sans résultat fâcheux apparent ou actuel pour la tranquillité.

En voyant ce peuple nombreux marcher en bon ordre, en suivant les bannières et la croix, prier avec ferveur, tomber à genoux au premier signe, et l'air de jubilation de la multitude, je réfléchissais sur cette force des institutions que l'homme ne crée pas, mais que la religion et le temps seuls peuvent consacrer. Que les lois humaines ordonnent des fêtes, que les magistrats prennent toutes les mesures possibles pour les faire célébrer : tout sera inutile, parce que le premier mobile manque, savoir : le sentiment qui ne se commande pas, et qu'aucune autorité humaine ne peut faire naître, mais qui se rattache spontanément à certaines images confuses, qui emportent avec elles l'infini du temps et de la durée. Ce sentiment de l'infini est identique au sentiment religieux, ou il en est la base. Or, tout ce que l'homme fait est nécessairement fini, ou limité à une portion déterminée de l'espace et du temps; donc l'homme n'a pas le pouvoir de faire une religion, ou de créer une institution quelconque, à laquelle puisse se rattacher le moindre sentiment religieux. Dans un siècle où l'on raisonne de tout, où l'on demande que tout soit démontré, il ne peut y avoir de religion ni aucune institution proprement dite ; l'analyse fait évaporer le sentiment. Si elle veut remonter jusqu'à la source où il se rattache, et en mettre la base à nu, elle ne trouvera rien, elle niera la réalité de cette base, sans s'apercevoir qu'elle n'est pas de son ressort. Le chimiste ne peut pas davantage mettre à nu le principe vital ; en niera-t-il pour cela l'existence ?

Tout ce qui porte le caractère d'institution, tout ce qui parle à l'âme sans l'intermédiaire des sens et de la raison, doit exciter notre respect ; il faut bien se garder de vouloir le faire rentrer dans le cercle étroit de nos raisonnements ou de nos idées claires. Les philosophes du XVIIIe siècle se sont lourdement trompés à cet égard ; ils n'ont pas connu l'homme.

22 juin. Je reconnais quelque progrès à mesure que j'avance dans la vie, en ce que je trouve simples et naturelles des idées auxquelles je ne me serais élevé autrefois qu'avec effort. On peut reconnaître les hommes vraiment habiles et maîtres de leur sujet au ton de simplicité et de bonhomie qu'ils mettent dans leurs discours. Ces grands élans, ces airs de prétention, ce charlatanisme de mots pompeux, cette artificieuse éloquence, tout ce qui en impose aux sots s'allie le plus souvent avec le vide des idées et la plus grande ignorance. Quel homme d'esprit et de vraie science peut s'applaudir ou s'enorgueillir en lui-même de ce qu'il sait et conçoit avec facilité des idées connues et familières? Quand une âme est élevée et qu'un esprit est vraiment éclairé, les grandes pensées, les idées profondes y germent naturellement. C'est le produit spontané du sol, et la spontanéité exclut tout sentiment d'effort, tout mérite d'une difficulté vaincue.

23 juin. L'art de vivre consisterait à affaiblir sans cesse l'empire ou l'influence des impressions spontanées par lesquelles nous sommes immédiatement heureux ou malheureux, à n'en rien attendre et à placer nos jouissances dans l'exercice des facultés qui dépendent de nous, ou dans les résultats de cet exercice. Il faut que la volonté préside à tout ce que nous sommes : voilà le stoïcisme. Aucun autre système n'est aussi conforme à notre nature.

Jusqu'à présent, j'ai attendu tout mon bien-être de ces dispositions organiques, par lesquelles seules j'ai souvent éprouvé des jouissances ineffables ; maintenant je n'ai plus rien à attendre de ce côté; la force vitale n'éprouve plus que des résistances ; il faut se tourner d'un autre côté.

27 juin. Philosopher, c'est réfléchir, faire usage de la raison en tout et partout, dans quelque position qu'on se trouve, au milieu des fous comme parmi les sages, dans le tourbillon du monde comme dans la solitude et le silence du cabinet. Lorsqu'on en est à ce point, on est à toute la hauteur où l'homme peut atteindre. Quant à nous, pauvres petits esprits, faibles et misérables, nous ne pensons qu'à notre heure, dans telle situation, tel lieu d'habitude, quand notre tête ou notre estomac sont bien disposés, et que tout est arrangé autour de nous comme il convient. C'est-à-dire que les neuf dixièmes de la vie sont nuls pour la pensée ; les sensations, les mouvements, les images vagues et décousues remplissent tout le reste du temps.

Par rapport à soi-même, ou dans la vie intérieure, être toujours au-dessus de ses affections, les juger et ne jamais s'en laisser dominer ; par rapport à nos semblables, ou dans la vie extérieure, être toujours au-dessus des influences, de toutes les opinions, les apprécier à leur juste valeur et ne jamais les prendre pour guides de nos actions, ni pour mesure de notre bonheur : voilà ce qu'il faut gagner pour vivre tranquille et content de soi-même. On ne sait jamais ce qu'on veut, quand on se laisse aller aux affections ou aux opinions variables. Bien peu d'hommes savent ce qu'ils veulent ; ils désirent des choses contradictoires. J'exigerai souvent de moi-même des qualités qui s'excluent : par exemple, de la modération dans les idées et la vivacité des affections, une santé vigoureuse et la faculté de réfléchir ; il faut opter et bien savoir ce que l'on veut.

Pyrénées [1], *9 juillet.* Je réfléchis, en lisant les Pensées

---

[1] M. de Biran se rendant aux eaux, dans l'intérêt de sa santé, était arrivé le 7 juillet à Saint-Sauveur.

de Pascal. Voulez-vous trouver un exemple frappant du contraste qu'il y a entre le caractère grave, sérieux et méditatif qui appartient au beau siècle de la philosophie, en France, et le ton léger, frivole, cavalier qui caractérise le siècle de l'irréflexion? Lisez l'article 6 des Pensées de Pascal, § 5, et la note de Voltaire, qui ne conçoit pas ce qu'est la pensée et comment elle constitue toute la dignité humaine [1] : cela est curieux et instructif pour l'histoire de la philosophie.

« Nous ne nous contentons pas, dit Pascal [2], de la vie » que nous avons en nous et en notre propre être : nous » voulons vivre dans l'idée des autres d'une vie imagi- » naire et nous nous efforçons pour cela de paraître. Nous » travaillons incessamment à conserver et embellir cet être » imaginaire et nous négligeons le véritable. » C'est là la source de tous mes chagrins et mécomptes dans la vie; j'ai toujours voulu, je veux encore paraître ce que je ne suis pas, et je néglige trop ce que je pourrais être, je m'inquiète de voir que je ne parais plus jeune et agréable, par les formes extérieures, et pour vouloir paraître savant ou spirituel je renonce souvent à être sage et heureux.

Pascal trouvait en lui cet amour de la gloire dont il parle avec tant de profondeur et de vérité [3]. Je ne

---

[1] L'homme n'est qu'un roseau le plus faible de la nature; mais c'est un roseau pensant. Il ne faut pas que l'univers entier s'arme pour l'écraser. Mais quand l'univers l'écraserait, l'homme serait encore plus noble que ce qui le tue, parce qu'il sait qu'il meurt, et l'avantage que l'univers a sur lui, l'univers n'en sait rien. (PASCAL.) — En quoi quelques idées reçues dans un cerveau sont-elles préférables à l'univers matériel? (VOLTAIRE.)

[2] Pensées. *Vanité de l'homme; Effets de l'amour-propre.*

[3] Ces mots font probablement allusion à ce passage : « Ceux

l'éprouve pas aussi vivement parce que je suis né pour la médiocrité.

« Ne chercher la félicité que par des choses qui sont toujours en notre pouvoir [1]. » Il faut voir ce qu'il y a en nous de libre et de volontaire et s'y attacher uniquement. Les biens, la vie, l'estime ou l'opinion des hommes ne sont en notre pouvoir que jusqu'à un certain point ; ce n'est pas de là qu'il faut attendre le bonheur. Mais les bonnes actions, la paix de la conscience, la recherche du vrai, du bon, dépendent de nous ; et c'est par là seulement que nous pouvons être heureux autant que des hommes peuvent l'être.

10 et 11 juillet. Il faut bien se garder de porter dans la situation actuelle où nous sommes, sous les rapports de santé, de fortune, d'habitation, de société, les goûts et les passions d'un état où nous ne sommes plus, et où il ne dépend pas de nous de nous placer ou de nous maintenir. C'est en nous écartant sans cesse de cette règle, que l'imagination nous trouble, nous rend mécontents de nous-mêmes et de notre sort, ridicules ou importuns auprès des autres hommes. L'essentiel est de se tenir tranquille dans la position où l'on se trouve, de s'y accommoder, d'y approprier ses goûts, ses habitudes, et de ne pas s'agiter pour en sortir à moins qu'elle ne soit insupportable, ce qui arrive rarement par la nature et très-souvent par une imagination déréglée. L'ambitieux est par essence mé-

qui écrivent contre la gloire veulent avoir la gloire d'avoir bien écrit, et ceux qui le lisent veulent avoir la gloire de l'avoir lu ; et moi qui écris ceci, j'ai peut-être cette envie, et peut-être que ceux qui le liront l'auront aussi. »

[1] Maxime stoïcienne.

content de tout ce qu'il possède. Donnez-vous beaucoup de peine et d'agitation, tourmentez toute votre vie pour laisser à votre famille une plus grande existence, vous aurez sacrifié votre bonheur sans assurer celui des vôtres.

23 juillet. L'âme juge l'état de son corps et les impressions ou modifications par lesquelles elle passe, mais il y a en elle-même et dans ses profondeurs tels modes, telles opérations intimes qu'elle ne peut connaître, ou dont il lui est impossible de se rendre compte, précisément parce qu'elle en est trop près, ou qu'ils sont inhérents à sa substance. C'est là l'invincible borne de nos progrès dans la connaissance de nous-mêmes; progrès susceptibles cependant d'une assez grande latitude, depuis cet état où l'homme dénué de toute réflexion se confond avec ses intuitions ou ses sensations, et ne voit de lui que le corps propre auquel il rapporte toute son existence, jusqu'à cet état de réflexion ou d'abstraction méditative, où il distingue son *moi* de tout ce qui n'est pas lui, des affections, des intuitions, sans pénétrer néanmoins dans la constitution intime de ce *moi*. Qui sait tout ce que peut la réflexion concentrée, et s'il n'y a pas un nouveau monde intérieur qui pourra être découvert un jour par quelque Colomb métaphysicien?

7 août. J'ai pris mon bain à six heures. J'étais assez disposé à la réflexion : il m'est venu quelques idées sur mes dispositions habituelles, et particulièrement sur la *préoccupation*, défaut auquel je suis très-sujet, qui est en moi, pour ainsi dire, constitutionnel, et qui est le plus grand obstacle à tous mes progrès intellectuels et moraux.

La préoccupation est l'opposé de la liberté d'esprit. L'homme préoccupé, ou qui se préoccupe des moindres choses, n'est jamais prêt à agir dans le moment et comme il faudrait agir; il ne dispose pas de ses pensées; il est toujours dominé par quelque idée ou image vague, liée à certaines affections ou mouvements organiques qui lui font la loi. Comme il se sent empêché dans l'action qui se présente et qui, le plus souvent, ne souffre ni retard ni délibération, son âme en est troublée, son esprit incertain, et toutes ses facultés actives sont embarrassées dans leur jeu. La conscience qu'il a de ce trouble, de cet embarras, le retient quelquefois et laisse échapper l'occasion, l'à-propos, ou lui donne un air gauche, timide et lui fait commettre des balourdises, des inconvenances.

Quand je suis dans le monde, ou commandé par les affaires ou les devoirs de ma place, je me laisse préoccuper par les plus petites choses, je me crée des fantômes et des embarras de rien. Par exemple, si quelqu'un m'arrive le matin, hors de mon heure, avant que j'aie déjeuné ou fait ma toilette, en voilà assez pour me mettre au désespoir, et pour m'ôter toute présence d'esprit sur les choses les plus importantes. Je négligerai souvent des objets essentiels, faute d'y avoir pensé à temps, ou parce qu'il faudrait y vaquer à une heure qui contrarie quelque petite habitude. Dois-je faire une visite à la cour ou à un grand personnage? je me préoccupe de la dignité des personnes que je dois voir, de la manière dont elles me recevront, et j'arrive avec un air timide et décontenancé. Faut-il parler en public? je me préoccupe et m'inquiète d'avance de mon défaut de mémoire, ou de la faiblesse de mon organe, des regards qui se tourneront vers moi, et mes moyens sont paralysés dans l'instant où il faudrait les employer. Je ne me trouve jamais assez prêt pour agir, parler ou écrire ; et, soit dans le monde, soit dans la solitude, un sentiment intime de méfiance, joint à l'idée exagérée des difficultés des choses les plus simples que je vais entreprendre, font que j'hésite sur tout, que je m'embarrasse quand il n'y aurait qu'à me laisser aller, que tout se complique et se hérisse à mes yeux prévenus, quand il n'y aurait qu'à voir les choses comme elles sont pour les trouver simples et faciles. Le sentiment d'inquiétude et de trouble intérieur, lié à cette préoccupation de l'esprit, m'empêche de rien entreprendre de ce qui pourrait rendre ma vie honorable et utile. S'il m'est arrivé de faire quelque ouvrage suivi, j'ai été tourmenté depuis le commencement jusqu'à la fin, par la préoccupation du terme où je désespérais d'arriver. Ma vie se passe ainsi dans le trouble et dans une inaction plus fatigante qu'une suite ordonnée de travaux. Je me prépare sans cesse à agir ; j'ai tout l'embarras et la fatigue de l'action sans rien faire, ou sans arriver à aucun résultat. Je connais des hommes extrêmement laborieux et que leur position oblige à s'occuper sans cesse, ou dans le cabinet ou au milieu du monde ; et la liberté d'esprit dont ils jouissent, fait qu'ils sont calmes et tranquilles, comme s'ils n'avaient rien à faire ; leur gaieté ne les quitte pas. On les trouve le matin à la toilette, dans le bain, au déjeuner ; le soir au spectacle, au cercle, au concert, comme des hommes qui n'ont rien à penser qu'à se divertir ; et cependant les affaires de l'État pèsent sur leur tête, et ils sont prêts à agir, parler, écrire, comme il convient à chaque occasion qui se présente. C'est qu'ils se confient à leurs facultés, toujours prêtes à leurs ordres, et qu'ils ne se préoccupent pas de ce qu'il y aura de difficultés, ou de l'embarras qu'ils éprouveront quand il faudra agir. La méfiance de soi-même est donc la cause de la préoccupation ; la conscience d'une sorte d'inégalité, dans nos dispositions physiques et morales, doit ôter toute liberté d'esprit. Pour remédier à ce défaut, il faudrait commencer par guérir les nerfs.

11 août. J'ai été seul à Luz. J'étais serein et content ; l'air était pur et me donnait un sentiment heureux, immédiat de l'existence. Je disais adieu aux beaux arbres, aux vertes prairies que j'allais quitter. Cet adieu était sans regret ; j'allais voir de nouveaux lieux, plus agréables encore, et mon imagination me présentait la vallée de Campan, la jolie vallée de Bagnères, pour terme de la course que j'allais faire. Je pensais aussi que j'allais m'affranchir des liens de société que je venais de contracter à Saint-Sauveur depuis mon arrivée, et qui, m'occupant trop, me donnaient une gêne souvent fatigante. C'est une des bizarreries de mon caractère de haïr la dépendance du monde, des affaires, des visites, et cependant d'aller sans cesse au-devant de ces liens, de me les imposer sans nécessité et de m'en faire l'esclave. Cette contradiction tient à deux sortes d'habitudes, qui sont devenues en moi comme deux instincts opposés. La timidité de mon caractère n'est qu'un sentiment de ma faiblesse ; cette timidité me fait souffrir souvent dans le monde, et me porterait naturellement à la sauvagerie, ou à une vie solitaire, de laquelle je sus autrefois tirer parti. Mais, d'un autre côté, quand je trouve l'occasion d'être dans le monde, et que je ne puis m'y soustraire sans inconvenance, le sentiment de ma faiblesse fait que j'éprouve, plus que tout autre, le besoin d'être soutenu, d'être en paix avec tout le monde, d'inspirer de la bienveillance à chacun ; ce qui me met dans la nécessité de faire beaucoup de frais pour être agréable, pour ne choquer personne, pour attirer à moi par un extérieur agréable, des manières prévenantes, des soins assidus. Quand je suis dans le doute du succès, la crainte me tourmente; si je crois remarquer de l'indifférence ou du dédain, je suis au supplice; voilà un esclavage complet. Tout balancé, je sens qu'à mon âge, pour être calme et heureux, il me vaudrait mieux rompre tout à fait avec le monde; mais cette rupture, ma volonté n'est pas assez forte pour l'opérer, il faut que les circonstances et la nécessité m'y obligent. Alors, faisant de cette nécessité une vertu, je serais heureux de me sentir libre et dégagé de mille liens artificiels que compliquent et embarrassent ma vie. C'est ce sentiment confus qui me rend les voyages plus agréables; j'aime à n'être que passager dans chaque lieu, à me sentir indépendant et désintéressé, à suivre mes penchants sans contrainte.

Grateloup, 1er *septembre*. J'ai passé toute la journée chez moi. Le défaut des distractions accoutumées me met dans un état de malaise. La solitude me rend mécontent de moi-même, en me révélant le secret d'une faiblesse d'esprit et de défauts intellectuels sur lesquels je cherche à m'étourdir et à me faire illusion. Il n'est pas étonnant qu'en avançant en âge on cherche plus à se distraire, ou que l'on soit plus porté à se fuir soi-même. Nous ne trouvons plus en nous les sentiments aimables de la jeunesse et tout ce qui peut rendre l'homme ami de lui-même. En descendant dans son intérieur on est forcé de reconnaître toutes les pertes qu'on a faites, et qu'on fait chaque jour; il n'y a plus d'avenir, plus d'espérance de progrès; on se rend témoignage d'une foule de misères, de petitesses ou de vices, qui accompagnent la vieillesse ; on sent qu'il n'y a plus de progrès à faire, et que la fin s'approche. Comment ne pas éprouver le besoin d'éloigner tant de tristes pensées et de pénibles sentiments, lorsqu'on n'a pas cherché d'assez bonne heure un appui hors de ce monde de phénomènes, et que l'idée de Dieu, de l'immortalité ne vient pas à notre secours? Heureux celui qui peut dire avec saint Paul : « *Omnia possum in eo qui me confortat...* » *quæ quidem retro sunt obliviscens, ad ea vero quæ sunt* » *priora extendens meipsum* [1].

Paris, 30 *octobre* [2]. Je suis sorti pour aller joindre M. Royer-Collard, et me rendre avec lui à l'examen des élèves de l'école normale (classe de philosophie). Le programme roulait sur les fondements de la logique, sur les différentes espèces d'idées, l'attention, le jugement, le raisonnement, les signes : cela m'a réveillé. J'ai examiné trois élèves et j'ai fait, avec assez de facilité d'élocution, quelques observations importantes. En sortant de cet examen, avec M. Royer-Collard, nous réfléchissions l'un et l'autre qu'on n'est heureux que lorsque l'on peut s'éloigner du monde politique et habiter le monde intellectuel : ce n'est que là qu'il y a du calme et de la satisfaction d'esprit.

[1] Epître de saint Paul aux Philippiens, chap. IV, verset 13, et chap. III, verset 13.
[2] Maine de Biran apprend, le 12 septembre, la dissolution de la Chambre des Députés. Le 4 octobre, il préside le collége électoral de Périgueux, et n'est pas élu ; le 12, il part pour Paris, où il arrive le 15. Le 16, il apprend sa nomination de conseiller d'Etat en service ordinaire, attaché à la section de l'intérieur.

J'ai été faire visite à mon ami Ampère, malade : j'ai discuté avec lui sur le passage de la conscience de notre activité, qui nous donne la première idée d'une cause productive, efficiente, à la croyance des causes extérieures. J'ai pensé, autrefois, qu'il suffisait d'éprouver une impression passive, dont le *moi* avait d'abord été cause, pour rapporter immédiatement cette impression passive à une cause étrangère. J'y vois aujourd'hui plus de difficultés ; et je trouve, entre le sentiment individuel de la causalité du *moi*, et la croyance ou notion nécessaire universelle de cause, un abîme qui ne peut être franchi avec le seul secours de l'analyse, et par l'analogie ou l'induction, comme je le disais. De cette conception : « je ne suis pas cause de telle modification passive, » à celle-ci : « il y a nécessairement une cause de tout ce qui se fait sans moi, » il n'y a pas de passage possible par le raisonnement. On peut dire seulement qu'il est naturel que nous percevions, ou que nous concevions les choses qui ne dépendent pas du *moi*, à la manière dont nous existons, et sous la forme ou l'idée qui constitue notre existence individuelle. Nous n'existons à titre de *moi*, ou de personne individuelle qu'en qualité de cause ; il est donc naturel que nous ne puissions rien concevoir, ou réaliser hors de nous, qu'au même titre. « Je voudrais bien savoir, dit Leibnitz, com- » ment nous pourrions concevoir qu'il y a des êtres si » nous n'étions pas nous-mêmes des êtres. » J'étends ce principe, et je demande comment nous pourrions ne pas concevoir qu'il y a des causes, ou une seule cause partout, lorsque nous n'existons que comme cause.

31 *octobre*. J'ai eu dans la matinée mes tracasseries ordinaires. Toute mon étude et mon application, c'est de me

maintenir calme intérieurement, au milieu des agitations et diversions extérieures. Cette étude en vaut bien une autre, et lorsque je parviens à me maintenir dans l'état où je dois être, malgré les souffrances intérieures, les contrariétés et les ennuis du dehors, je ne crois pas avoir perdu mon temps. Il ne faut pas en effet croire que le seul et le meilleur emploi du temps consiste dans un travail d'esprit réglé, soutenu et tranquille. Toutes les fois que nous agissons bien, conformément à notre situation actuelle donnée, nous faisons un bon usage de la vie.

25 *novembre*. Je pense vaguement, au coin de mon feu, à l'introduction de l'ouvrage de philosophie que je veux faire imprimer avant de mourir au monde [1].

Si je n'avais rien publié en philosophie, je ne commencerais pas, à l'âge où je suis, dans le temps où nous vivons, et dans la situation particulière où je me trouve; car d'abord je ne me suis jamais senti appelé à faire de l'effet sur aucune espèce de théâtre. Je n'ai jamais aimé le bruit et l'éclat, à cette époque même de la vie où tout nous entraîne à étendre notre existence et toutes nos relations; à plus forte raison dois-je être enclin à éviter aujourd'hui tout ce qui peut mettre mon nom dans une sorte d'évidence, qui est opposée à mon instinct, à ma raison plus mûrie, et à toute mon expérience, qui m'a si bien démontré la profonde justesse de cet adage philosophique : *qui bene latuit bene vixit*. Mais un scrupule est venu s'emparer de moi. Il y a quinze ans environ que, séduit par les suffrages d'une société savante, et cédant aux instigations et aux conseils de quelques-uns de ses

---

[1] L'*Essai sur les fondements de la Psychologie.*

membres, qui avaient sur moi l'ascendant de l'âge et de la renommée, je me décidai, après de longues hésitations, à faire imprimer un ouvrage sur *l'habitude*, couronné par la classe des sciences morales et politiques de l'ancien Institut. Cet ouvrage était celui d'un jeune homme en qui l'imagination prédomine sur la réflexion, qui n'a presque aucune idée des difficultés et des premières questions de la science qu'il aborde, qui ne se doute pas encore de ce que nous pouvons savoir et de ce que nous devons toujours ignorer dans la science de notre être propre, qui se fie à des explications hypothétiques de faits inexplicables par leur nature, ou qui n'ont aucun rapport avec les choses imaginées pour les expliquer. En y pensant mieux ou plus mûrement, j'ai exercé moi-même sur cette production prématurée une censure sévère, et le sentiment pénible, l'espèce de pudeur que j'y rattache, comme à tout ce qui nous donne la preuve d'une imperfection, m'a empêché de publier depuis trois autres mémoires couronnés depuis par des sociétés savantes, attendant toujours un degré de maturité et de perfection de plus, dans un système d'idées dont je sentais encore tout l'incomplet. Cependant le temps passe, la vie s'écoule et je suis arrivé à l'âge où l'homme sent qu'il n'y a plus aucun accroissement, aucun progrès physique et intellectuel à espérer pour lui, où il doit se presser de tirer parti de ce qu'il a acquis, et qui va bientôt peut-être lui échapper par une suite de décroissements insensibles. Je ne veux pas commencer à mourir à moi, au monde intellectuel, sans avoir exposé le point de vue particulier sous lequel j'ai saisi ce monde, et les découvertes que je crois y avoir faites, depuis la publication de mon écrit sur *l'habitude;* je ne veux pas que cette œuvre imparfaite de ma jeunesse

irréfléchie et présomptueuse par ignorance, reste comme
le seul titre d'après lequel je serai jugé trop défavorablement par les vrais métaphysiciens qui me liront, et ce que
je crains plus encore, trop goûté par de jeunes adeptes,
qui pourraient s'égarer, après moi, dans une voie dont j'ai
reconnu plus tard le danger et les prestiges. Il est de mon
devoir rigoureux de signaler les écueils contre lesquels je
suis venu me heurter, et de montrer la route plus sûre qui
m'en a écarté.

Tel est l'objet de cette publication nouvelle. Je l'entreprends, dans un temps qu'on peut croire défavorable, si
l'on a égard aux intérêts de l'amour-propre et au désir de
la célébrité, puisque tous les esprits sont occupés ailleurs :
la politique absorbe tout. Mais nous touchons, ce me semble, à une époque de la société, où, après avoir été si fortement attirés au dehors et captivés par une suite d'événements si extraordinaires, les hommes, fatigués de sentir,
se trouveront plus disposés à rentrer en eux-mêmes, et à y
chercher le repos et ces consolations qu'on ne trouve que
dans l'intimité de la conscience. S'il y a un besoin moral
dont la nécessité doive être sentie aujourd'hui, c'est celui
du désintéressement dans les sentiments et les opinions.
Or, c'est dans les études ou les méditations philosophiques,
et dans les habitudes qui s'y rattachent, qu'on trouve le
parfait désintéressement d'opinions, et où ne le trouve que
là. C'est en nous-mêmes qu'il faut descendre, c'est dans
l'intimité de la conscience qu'il faut habiter, pour jouir
de la vérité et atteindre la réalité de toutes choses. Les
physiciens sont comme des conquérants qui vont toujours
en avant dans la nature extérieure, sans que rien puisse
les arrêter, ou les ramener en arrière. La disposition qui
nous ramène à nous-mêmes et nous fixe sur un petit nom-

bre d'idées ou de sentiments intérieurs, est plus timide, plus humble et par là même plus morale. Par l'acte seul de la réflexion, par l'effort que fait l'homme qui s'arrache au monde extérieur pour s'étudier et se connaître, il se dispose à recevoir et à saisir le vrai, et se désintéresse pour tout ce qui ne porte pas ce caractère. Quel autre motif que le besoin de connaître le vrai pourrait l'engager à s'enfoncer dans les souterrains de l'âme? C'est là que tous les intérêts extérieurs l'abandonnent ; c'est là le champ propre et unique où sa moralité se développe. Jamais la société n'eut un plus grand besoin d'encourager ces études qui ramènent l'homme à lui-même.

26 novembre. J'apprends, avec un grand saisissement de cœur, la nouvelle de la mort de mon neveu [1].

J'éprouve, dans cette occasion, que la vie d'un homme d'affaires et de société éloigne toutes les impressions ou émotions fortes et durables, en ce qu'elle distrait l'attention, l'empêche de se fixer sur les objets capables d'exciter ces émotions; en sorte que la sensibilité paraît nulle ou altérée, lorsqu'elle n'est que distraite, faute d'attention ou d'application aux objets qui pourraient l'exercer ou la développer. C'est là une preuve bien manifeste que les sentiments de l'âme ne sont que des résultats médiats de son activité. Il dépend de nous, non pas de nous modifier immédiatement d'une manière agréable ou désagréable, mais de donner notre attention aux idées, ou objets capables de nous modifier ainsi. Le sentiment naît à la suite des actes d'attention (si d'ailleurs l'âme est disposée à éprouver ce sentiment) et non autrement. D'où il suit que

---

[1] Prosper de Biran, officier dans la légion de la Dordogne.

l'exercice des facultés actives de l'esprit se lie à notre moralité, et que l'une est inséparable de l'autre. Une vie de dissipation et de distractions même innocentes peut être considérée comme immorale, en ce qu'elle étouffe les sentiments moraux et les empêche de naître.

28 novembre. Soirée animée par la nouvelle d'une scène violente qui s'est passée à la chambre des députés. Quand tout est tranquille et calme, il semble que mes facultés s'engourdissent ; il faut du mouvement, des événements extraordinaires, pour les mettre en jeu. Aussi lors même que ces événements sont fâcheux pour la chose publique et pour moi-même, je les reçois avec une sorte de plaisir, comme me faisant vivre plus, et mettant en jeu mon imagination. — Disposition fâcheuse et peu morale, en ce qu'elle tient à l'instinct animal.

30 novembre. J'ai pensé en m'éveillant que ce jour était celui de ma naissance [1]. J'atteins aujourd'hui l'âge de cinquante ans. J'entre dans la vieillesse et je conserve encore beaucoup de goûts et de dispositions du jeune âge ; j'en ai souvent la légèreté, le défaut de tenue et de suite. Je sens chaque jour que tout point d'appui extérieur m'échappe. Je ne puis trouver cet appui dans aucun objet hors de moi ; je n'ai plus, comme autrefois, ce grand désir de plaire, d'être aimé, parce que je suis averti, par des comparaisons continuelles, autant que par mon sens intime, que j'ai perdu tout ce qui attirait vers moi, tout ce qui me donnait des avantages dans le monde. Je ne

---

[1] L'auteur était né le 29 novembre, ainsi que son acte de naissance en fait foi, et non le 30.

sais si je retrouverai encore ce point d'appui en moi-même, où je me complaisais autrefois à rentrer. Je ne sais si l'on n'est pas plus disposé à se chercher et à se trouver avec plaisir dans l'âge de la force et de la plénitude de vie que dans celui auquel je suis parvenu. Des affections douces, un sentiment heureux de l'existence nous attirent en nous-mêmes et font que nous sentons moins le besoin d'en sortir. Des affections tristes, un sentiment pénible de l'existence nous éloignent de nous et nous font sentir le besoin des distractions ou des diversions extérieures. Mais le mal qui nous tourmente s'accroît par ces distractions mêmes, et on souffre doublement, par le dégoût des choses du dehors, ou d'un monde qui nous repousse, et par le mécontentement ou le vide plus profond qu'on retrouve en soi, quand on est forcé d'y revenir. Voilà des faits d'expérience intérieure, que je constate chaque jour, et dont je me rends un compte réfléchi, pour m'exciter à chercher dans le fond de mon être, et dans l'idée de Dieu qui s'y trouve, ce point d'appui qu'il est impossible de trouver ailleurs, afin de donner à mon reste d'existence le but qui lui manque tout à fait.

15 *décembre*. Le sentiment de l'âme que j'appelle tristesse ou mélancolie diffère essentiellement, *totâ naturâ*, de cette affection de malaise ou d'inquiétude qui se lie à un mauvais état des nerfs ou à certaines dispositions organiques. Le sentiment est aussi désirable que l'affection est fâcheuse. A celui-là se lient tous les progrès de l'intelligence, et les plus nobles excursions de nos facultés; l'autre nous rend incapables d'exercer ces facultés. Quand je suis tourmenté par mes affections organiques, je cherche le monde, le bruit et les distractions du dehors pour

m'en délivrer. Quand j'éprouve ce sentiment de tristesse ou que je m'y sens disposé (ce qui m'arrive trop rarement précisément parce que l'affection de malaise et d'inquiétude organique me fait plus souvent la guerre), je crains d'évaporer ce sentiment mélancolique; je me tiens à moi-même, je m'y enveloppe; je cherche à pénétrer dans les profondeurs de mon âme, je réfléchis sur le *moi*. La joie me paraît être un sentiment passager, hétérogène à ma nature; et je redoute encore plus pour la moralité les affections joyeuses, qui tiennent à l'expansion nerveuse, que les affections pénibles.

ANNÉE 1817.

—o—>—

15 janvier. J'ai eu, ces deux jours, de ces moments heureux d'expansion interne et de lucidité d'idées qui ne m'arrivent que quand je suis seul, en présence de mes idées. J'appelle cela être en bonne fortune avec moi-même. J'ai toujours eu de la disposition à retenir en moi les impressions et les idées ; l'expansion est toujours plus ou moins lente, difficile et embarrassée. C'est un véritable instinct, qui me tient renfermé en moi-même, et qui empêche l'expansion des idées ou des sentiments. La plupart des hommes ne cherchent à concevoir, connaître ou travailler d'une manière quelconque leur intelligence que pour la produire au dehors. Alors qu'ils semblent penser le plus profondément, c'est encore l'effet extérieur qui les occupe. Aussi ont-ils besoin de communiquer, de donner à leur conception l'appareil le plus brillant, le plus propre à frapper ; et n'ont-ils pas une idée sans l'habiller de signes, sans l'orner le plus richement ou le plus élégamment qu'ils peuvent. L'emploi de leur vie est d'arranger des phrases, et ils tournent toujours leurs pensées dans le moule grammatical ou logique, bien plus occupés des formes que du fond. J'observe que les hommes ainsi disposés sont tous plus ou moins forts ou vifs, qu'ils ont de bonne heure contracté l'habitude d'exercer l'art de la parole, et qu'ils sont aussi peu méditatifs. Je me trouve contraster avec ces hommes par une sorte de faiblesse naturellle. Ma sensibilité réagit peu au dehors, elle est occupée, ou par des impressions internes, confuses, et c'est là l'état le plus habituel, ou par des idées qui me saisissent, que je renferme, que je creuse au dedans, sans éprouver aucun besoin de les répandre au dehors. Je néglige les expressions, je ne fais jamais une phrase dans ma tête ; j'étudie, j'approfondis les idées pour elles-mêmes, pour connaître ce qu'elles sont, ce qu'elles renferment, et avec le plus entier désintéressement d'amour-propre et de passion. Une telle disposition me rend propre aux recherches psychologiques, et à l'existence intérieure, en m'éloignant de tout le reste.

11 avril. Je porte les distractions en moi-même, et je les cherche au dehors. Après m'être occupé de correspondance et de petites affaires dans la matinée, j'ai été à la liquidation [1] jusqu'à cinq heures. Spectacle de la Porte Saint-Martin où je me suis amusé jusqu'à onze heures ; rentré chez moi en fiacre. Les divertissements nous perdent et nous font passer sans nous en apercevoir du temps à l'éternité. La vie que je mène à Paris est une vie de divertissements, sans plaisir. Il faut, ou s'amuser dans le monde, en se livrant au mouvement de la société, ou y

---

[1] La commission pour la liquidation des créances étrangères, qui fut dissoute le 13 juin 1818.

jouer le rôle d'observateur pour s'instruire : je n'y fais ni l'un ni l'autre ; je m'étourdis.

13 avril. Déjeuner chez M. Guizot. — Projet d'un journal philosophique et littéraire [1]. M. Guizot, principal rédacteur, M. Cousin et moi devons fournir des articles de philosophie. Voilà un nouveau mobile d'activité, mais de nouvelles gênes ou des sujets de diversion que je m'impose. Ce projet m'excite.

7 mai. Je m'occupe, à bâtons rompus, d'un article du prochain journal philosophique où je ferai connaître l'esprit de la philosophie de Condillac à l'occasion de l'ouvrage de M. Laromiguière.

Du 12 au 17 mai. Température douce du printemps. — La pluie, assez abondante jusqu'au 13, a tout ranimé, tout reverdi ; la nature est transformée. Il ne me manque que de la santé et de l'animation pour jouir des beautés et des agréments de la saison ; mais je suis tombé, depuis quelques jours surtout, dans un état d'abattement, de tristesse et de mélancolie qui m'empêche de jouir de quoi que ce soit. J'erre au hasard, cherchant au dehors des sensations capables de distraire le sentiment pénible de mon existence. Ce sentiment dure et me concentre par force au dedans de moi-même, il fait obstacle à l'exercice de toutes mes facultés, absorbe la pensée, me rend insupportable à moi-même et aux autres. Une vie si malheureuse, si elle durait, ne vaudrait pas le néant. Je me

---

[1] Les *Archives philosophiques, politiques et littéraires*, dont le premier numéro parut en juillet 1817.

rappelle quelquefois les impressions de ma jeunesse, dans cette saison; j'étais si heureux de l'air, du soleil, de la verdure, j'étais si expansif et si bon, je me nourrissais de sentiments si délicieux, je prenais un intérêt si animé à tout ce qui m'entourait! Aujourd'hui, l'attrait, le charme de la vie n'est plus en moi ni hors de moi.

Du 22 au 26 mai. Le temps a été constamment pluvieux. Après quelques éclairs de bien-être et d'activité, je suis retombé dans mon état de tristesse, de langueur et d'abattement. Je travaille sur l'article Laromiguière, à bâtons rompus, sans pouvoir me satisfaire sur rien. J'éprouve un grand mécontentement de moi-même et par suite du monde entier.

Il y a en moi une faculté de réflexion ou de raison qui juge et contrôle toutes les autres. L'exercice constant que j'ai donné à cette faculté, dans l'âge d'une plus grande force et d'un état intellectuel meilleur, est aujourd'hui un désavantage. J'assiste comme témoin à la dégradation, à la perte successive des facultés, par lesquelles je valais quelque chose à mes propres yeux. Il vaudrait mieux peut-être ne pas s'en rendre compte et se faire illusion sur son prix. Mais si je suis amené, par ce sentiment même de ma décadence intellectuelle et morale, à chercher plus haut que moi une consolation et un appui, la réflexion et la raison m'auront rendu sans doute, après avoir été cause de souffrances, le plus grand service qu'il soit possible d'en retirer.

Du 10 au 18 juillet. J'ai mis une activité laborieuse et constante à terminer mon article de psychologie qui doit être inséré dans les *Archives*, nouveau journal dont

M. Guizot est directeur et qui a pour collaborateur quelques jeunes gens dont la tête est forte. Je suis le vieux de la bande et ne puis guère marcher au pas des autres ; mais je creuse pendant qu'ils avancent. J'ai terminé mon travail le 18 ; j'ai eu, pendant ce temps, un copiste qui a d'abord écrit sous ma dictée, travail énorme pour moi, puis copié et recopié encore. De tous ces efforts répétés, et bien soutenus pendant trois semaines, est sorti un morceau de philosophie dont je suis content. J'ai eu, au sujet de cet écrit, des alternatives singulières de contentement et de dégoût. Dans certains moments, toutes mes idées se brouillaient, je ne savais plus où j'en étais et je ne concevais pas comment je pourrais en sortir. Dans d'autres moments plus rares, je ne doutais de rien ; mes idées se développaient d'elles-mêmes, je voyais jusqu'au fond de mon sujet ; je le tenais et je ne concevais pas qu'il dût me donner la moindre peine. Ces alternatives se sont succédé jusqu'à ce que j'aie eu pris mon parti de terminer à jour fixe. Alors j'ai donné un coup de collier plus fort ; je me suis dit qu'il n'était plus temps de changer, et, relisant toute ma composition avec cette idée, comme avec le vif désir de la trouver assez bonne pour ne pas devoir renoncer au fruit de tant de labeur, je me suis monté au point de croire presque avoir fait un petit chef-d'œuvre qui marquerait comme tel dans le monde philosophique. C'est l'imagination qui fait croire ainsi ce qu'on désire, et non pas la réflexion ni la raison, qui nous présentent toujours un type absolu, un idéal de perfection, impossible à atteindre. Personne n'est plus malheureux, plus embarrassé et dans de plus vives angoisses que moi dans mes compositions, et personne aussi n'est plus heureux à la fin du labeur. Le succès intérieur me suffit, et je juge que ceux qui ne seront pas aussi contents que moi auront tort. Cette disposition dure quelque temps et puis s'évanouit complétement.

Pendant ce mois de travail j'ai acquis la triste conviction que j'avais vieilli de toutes manières. Je suis bien plus sujet à l'abattement qu'autrefois, je manque de verve. La faculté de lier mes idées, et d'en embrasser plusieurs à la fois, qui a toujours été faible, s'est peut-être affaiblie encore. J'ai changé mes habitudes; depuis un mois je suis toujours levé à six heures du matin et préoccupé même en dormant, comme un homme qui voit un but toujours présent qu'il doit atteindre, et sent ses forces défaillir.

20 juillet. J'étais invité à dîner chez M. Morellet où je me suis rendu à cinq heures. J'ai engagé malheureusement une discussion sur la métaphysique, dont on se moque sans avoir la moindre idée de ce sujet. On ne conçoit pas parmi nous la vie intérieure, on la regarde comme folle et vaine, tandis que ceux qui connaissent cette vie regardent du même œil les gens du monde, qui sont tout hors d'eux-mêmes. Qui est-ce qui a raison? Ceux qui nient ce qu'ils ne connaissent pas et ne veulent pas connaître? Je connais aussi bien que vous le monde extérieur et je le juge; vous n'avez pas l'idée de mon monde intérieur et vous voulez le juger!

21 juillet. Lorsqu'on s'occupe de philosophie, il faut renoncer à la gloire. J'éprouve tous les jours combien cette étude intérieure, loin de me procurer quelque avantage réel dans le monde, est contraire au rôle que je devais y jouer et éloigne même ceux qui me veulent du bien. Dans le siècle où nous sommes, les hommes qui s'occupent de philosophie, de métaphysique surtout, ne sont bons à rien. J'aurais dû naître au temps de l'école de Descartes.

Du 22 juillet au 1er août. J'ai repris mon article sur l'ouvrage de M. Laromiguière et sur la réalité de la connaissance [1]. J'y ai travaillé encore avec assiduité pour changer, remanier des phrases, abréger, rectifier les expressions. Ce travail m'a de nouveau absorbé pendant huit jours. J'ai continué à me lever de très-bonne heure et à m'occuper avec un intérêt exclusif du même sujet. C'est encore le genre de vie le meilleur qu'on puisse avoir; la vie est plus une, on est moins tourmenté par les événements et toutes les choses de la vie extérieure. C'est ainsi que je voudrais employer les reste de mon temps, quoiqu'il y ait des efforts pénibles et des sacrifices à faire. Je n'ai pourtant pas négligé mes devoirs, dans cet intervalle, et j'ai toujours donné six heures par jour aux affaires du dehors.

Grateloup, 29 septembre. J'ai pensé aujourd'hui, en moi-même, à tous les maux qui résultent du défaut d'autorité, en France, depuis la famille jusqu'au trône. L'égalité est la folie du siècle, et cette folie va jusqu'à menacer la société de sa destruction. Chaque homme veut tout juger,

---

[1] Cet article avait été refusé par la rédaction des *Archives* comme s'éloignant trop, par sa longueur et par la profondeur des idées, de la nature des compositions convenables pour une revue périodique. L'auteur se décida à l'imprimer à part et le fit paraître sous le titre de : *Examen des leçons de philosophie de M. Laromiguière*; M. Cousin l'a réimprimé, dans son édition des *OEuvres philosophiques de Maine de Biran*.

tout ranger à sa mesure. Rien n'est respecté et n'impose, ni le rang, ni la science, ni la vertu ; il n'est pas une réputation qui soit au-dessus des plus misérables calomnies. Quel peut-être le résultat de cet esprit d'indépendance, de fierté ou d'orgueil ? Là où personne n'obéit, ne reconnaît de supérieur, c'est l'anarchie ou l'empire exclusif de la force.

30 *Septembre.* Les philosophes concluent faussement qu'on peut toujours ce qu'on peut quelquefois, qu'on peut de sang-froid, et par la seule énergie de la volonté, ce qu'on peut par l'impulsion d'une passion ou d'un sentiment exalté, tel que l'amour de la gloire, par exemple ; ce sont, dit très-bien Pascal, « des mouvements fiévreux que la santé ne peut imiter. »

Les stoïciens pensaient que l'homme pouvait opposer à tous les maux de la vie un enthousiasme qui, s'augmentant par notre effort, dans la même proportion que la douleur et les peines, pouvait nous y rendre insensibles. Mais comment peut-il y avoir un enthousiasme durable, fondé sur la raison toute seule ? Ne faudrait-il pas que cet enthousiasme dépendît de la volonté, qu'il pût être excité par elle et maintenu au même degré ? Comment la volonté de l'homme, qui est *conscius et compos suî*, peut-elle produire le même effet que le délire, qui nous rend insensibles à toutes nos douleurs, en nous ôtant en même temps le libre usage de nos facultés ? Suffira-t-il de dire que la douleur physique ou morale n'est pas un mal, pour cesser de la sentir ? Cette morale stoïcienne, toute sublime qu'elle est, est contraire à la nature de l'homme, en ce qu'elle prétend faire rentrer sous l'empire de la volonté des affections, des sentiments ou des causes d'excitations qui n'en dépendent en aucune manière ; en ce qu'elle anéantit une partie de l'homme même, dont l'homme ne peut se détacher. La raison seule est impuissante pour fournir des motifs à la volonté ou des principes d'action ; il faut que ces principes viennent de plus haut.

1er *octobre.* Nous sentons ou percevons en nous-mêmes certains modes, tels que les mouvements dits volontaires, comme étant en notre pouvoir au moment où ils s'exécutent, et nous partons de là pour les prédéterminer ou les vouloir, car ce n'est que lorsque nous exécutons des actes ou mouvements prédéterminés que notre volonté proprement dite ou notre liberté s'exerce. Or, ce n'est pas ainsi que nous pouvons prédéterminer et vouloir tout ce qui se passe en nous. Il est des modes tout à fait passifs que nous sentons être indépendants de notre volonté, qui ne peut en aucune manière les interrompre ou les changer : telles sont toutes les affections de plaisir ou de peine. Il en est qui commencent et continuent, sans le concours de notre volonté, quoiqu'elle puisse y exercer un certain empire et les assujettir à ses lois : telles sont les images ou idées de l'esprit, qui peuvent se représenter spontanément, ou suivre l'ordre que la volonté leur prescrit. Enfin, il est des actes intellectuels qui, comme certains mouvements, ne peuvent commencer, continuer ou se répéter que par un ordre exprès de la volonté : c'est ainsi que pour penser régulièrement, méditer, réfléchir sur soi-même, comme pour exécuter un mouvement qui n'est pas d'habitude, il faut le vouloir expressément.

Comme nous sommes tous dans nos habitudes, que les hommes sont ennemis de toute contrainte, et que l'empire sur soi, l'exercice de la libre activité, opposée aux habitudes et aux passions, exclut cette aisance, cette facilité qui est un mérite aux yeux du monde, il arrive que nous sommes par le fait plus souvent passifs qu'actifs, plus automates qu'êtres pensants et refléchis. De là vient qu'on a fait abstraction complète de la volonté, dans l'analyse des sensations et des idées, et que presque tous les métaphysiciens considèrent les idées ou perceptions comme des produits de causes extérieures. Mais l'activité n'en subsiste pas moins, de droit pour tout le monde, et de fait pour ceux qui veulent l'exercer ou qui pensent comme il faut. Cette part de l'activité est considérable, et il n'est pas facile de l'assigner exactement, en faisant l'analyse des facultés de l'homme physique et moral.

2 *octobre.* « Nous concevons une haine immortelle » contre cette vérité qui nous reprend et nous convainc » de nos défauts. Ne pouvant la détruire en elle-même, » nous la détruisons, autant qu'il est possible, dans notre » connaissance et dans celle des autres hommes. Nous » mettons toute notre application à couvrir nos défauts, et » aux autres, et à nous-mêmes; nous ne pouvons souffrir » qu'on nous les fasse voir. Ainsi nous ajoutons à tous » nos défauts celui d'une illusion volontaire. Pourquoi » voulons-nous tromper les autres et nous tromper nous-» mêmes? Pourquoi voulons-nous être estimés plus que » nous ne méritons et passer pour autres que nous ne » sommes réellement? N'est-ce pas là une véritable injus-» tice, une misérable vanité, un sentiment bas et aveugle » qu'aucune raison ne saurait justifier [1]? » Je cherche

---

[1] Pensées de Pascal. *Vanité de l'homme; Effets de l'amour-propre.* — La citation n'est pas entièrement textuelle.

continuellement à cacher aux autres ce que je suis, et à me donner l'apparence extérieure d'une science, d'une vertu que je n'ai pas, ou de qualités intellectuelles, morales ou même physiques dont je sais bien, à part moi, que je suis dénué. C'est là une occupation misérable de ma vie; tandis que d'un autre côté, quand je suis seul et que je réfléchis, j'ai soif de vérité et je la cherche profondément en moi-même. Pourquoi veux-je paraître extérieurement plus jeune, plus sain, mieux fait d'esprit et de corps que je ne suis? Pourquoi, sachant bien que j'ai cinquante ans, que je suis chétif et ridé, veux-je qu'on ne me donne que quarante ans, qu'on me dise que je suis frais de visage, que j'ai l'air de me bien porter, et prends-je soigneusement les moyens de paraître ainsi? J'ai eu l'idée d'une perfection morale et physique; je sais que je suis très-loin de cette perfection et que l'âge m'éloigne surtout de la dernière. Cependant comme je ne puis cesser de m'aimer moi-même et de prendre intérêt à ma personne, que j'ai besoin d'inspirer aux autres une partie de cet intérêt, et que je ne le puis qu'en me donnant l'apparence de cette double perfection, j'ai un motif suffisant et toujours pressant de cacher ce que je suis en effet; et il n'est pas étonnant que j'éprouve un sentiment pénible quand je vois que c'est inutile et que les autres me trouvent aussi imparfait que je sais au fond l'être réellement. Aussi suis-je plus disposé à aimer ceux qui entretiennent mon illusion, non sur ce que je suis, mais sur ce que je parais être, et quoiqu'il soit injuste ou déraisonnable de haïr ceux qui me disent la vérité sur moi-même, ou sur toutes mes imperfections externes ou internes, il est cependant naturel que je n'éprouve pour ceux-là aucun attrait de bienveillance, car je suis assuré qu'ils ne peuvent en éprouver pour moi-même, en tant qu'ils reconnaissent mes imperfections et en sont frappés.

9 *octobre.* « A considérer l'homme sérieusement, dit
» Pascal [1], il est encore plus à plaindre de ce qu'il peut
» se divertir à des choses si frivoles et si basses que de ce
» qu'il s'afflige de ses misères effectives ; et ses divertisse-
» ments sont infiniment moins raisonnables que son
» ennui. »
La raison n'a rien à faire ni avec l'ennui, ni avec la pente aux divertissements. Ce sont des dispositions purement organiques, auxquelles la volonté ou la raison peuvent opposer des idées, mais qu'elles ne peuvent changer ni combattre directement. Quand je suis organiquement triste et ennuyé, il n'y a ni divertissements ni idées qui puissent changer cet état fondamental, quoiqu'il soit possible de le distraire jusqu'à un certain point. Quand mon organisation est en bon état, et que cet équilibre sensitif sur lequel ma volonté ne peut rien, se sera bien établi, tout devient pour moi divertissement et plaisir, les sensations extérieures, le *far niente* et les idées elles-mêmes. Pascal se trompe bien sûrement, dans tout ce qu'il dit sur la cause de la misère des hommes et de l'agitation perpétuelle où ils passent toute leur vie. Préoccupé uniquement de son objet, qui est de faire voir que l'homme est déchu, et qu'il était créé pour un état meilleur, il le traite comme un sujet simple, et fait abstraction complète de l'influence de ses états organiques et sensitifs sur le sentiment immédiat qu'il a de son existence, sentiment heureux ou malheureux, triste ou agréable, qu'il éprouve malgré toutes

[1] Pensées. *Misère de l'homme.*

les diversions, et lorsqu'il ne veut pas penser à lui, comme lorsqu'il est réduit à y penser.

Il est à remarquer, à ce sujet, que tous les métaphysiciens purs, y compris Descartes, ont attribué à l'âme et à un sentiment intellectuel qu'elle a de sa perfection ou de son imperfection, tels états de plaisir ou de souffrance, où la pensée n'entre pour rien, et qui sont de pures affections de la sensibilité, qui ne sont pas plus au pouvoir de l'âme que la vie organique, dont ces affections sont les modes. D'un autre côté, les physiologistes ont confondu les sentiments intellectuels ou moraux avec les affections pures de la sensibilité, sans tenir compte des actes de l'âme, ou des opérations de la volonté, qui sont en rapport avec ces sentiments. Il y a un travail encore tout neuf à entreprendre, qui consisterait à faire nettement la part de l'âme et celle de l'organisation, dans chaque état, passion ou modification totale de la vie humaine. On y verrait quels sont les modes que l'homme subit, soit qu'il le veuille ou qu'il y pense, soit qu'il ne le veuille pas ou qu'il ne s'en aperçoive même pas, et on déduirait de la théorie, fondée sur une expérience tout intérieure, les applications les plus utiles à la morale pratique, à la science du bonheur et de la vertu.

« L'âme, dit encore Pascal, ne trouve rien en elle qui
» la contente; elle n'y voit rien qui ne l'afflige quand
» elle y pense; c'est ce qui la contraint de se répandre au
» dehors, et de chercher dans l'application aux choses
» extérieures à perdre le souvenir de son état véritable.
» Sa joie consiste dans cet oubli; et il suffit, pour la
» rendre misérable, de l'obliger de se voir et d'être avec
» soi........ S'agiter, se charger d'affaires, veiller sans
» cesse à sa fortune, à son honneur, ou à ceux de ses

» amis, voilà, dira-t-on, une étrange manière de se rendre
» heureux. Que pourrait-on faire de plus pour se rendre
» malheureux? Demandez-vous ce qu'on pourrait faire?
» Oter aux hommes tous ces soins, car alors ils se ver-
» raient, ils penseraient à eux-mêmes, et c'est ce qui leur
» est insupportable. Aussi, après tant d'affaires, s'ils ont
» quelque temps de relâche, ils tâchent encore de le
» perdre à quelque divertissement qui les dérobe à eux-
» mêmes...... Cet éloignement que les hommes ont du
» repos, vient d'une cause bien effective, savoir du mal-
» heur naturel de notre condition faible et mortelle, si
» misérable que rien ne nous peut consoler lorsque rien
» ne nous empêche d'y penser et que nous ne voyons que
» nous [1]. »

Ne dirait-on pas qu'il suffit que toutes les causes de sensation ou de diversions extérieures s'éloignent, pour faire de chaque individu un penseur profond, tout occupé à réfléchir sur lui-même, à méditer sur la vie, la mort et sur tout ce qu'il y a de plus fâcheux dans la condition humaine? Mais, tout au contraire, pour méditer ainsi, après qu'on s'est soustrait volontairement à toutes les causes d'impressions, il faut déployer plus d'efforts et d'activité intellectuelle que pour suivre le cours de toutes les affaires de la vie. Cette activité, qui nous fait penser à nous, n'est qu'un mode de celle qui, selon Pascal, nous empêcherait de penser à nous, en nous occupant de tout autre objet. Ainsi, dans ce point de vue où tout travail d'esprit ne tend qu'à nous dérober à nous-mêmes, nous ne penserions à nous que pour nous en distraire ou nous oublier;

---

[1] Pensées. *Misère de l'homme.* La citation n'est pas entièrement textuelle.

contradiction singulière et inexplicable. Ecartez toutes les impressions sensibles, toutes les causes de mouvements : il y aura un vide affreux, et comme un néant d'existence pour les hommes qui ne connaissent et n'aiment que la vie des sensations. Mais la pensée comblera ce vide, ou le rendra imperceptible, pour ceux qui sont accoutumés à la vie intellectuelle ; et même en méditant sur le néant de l'homme, ils auront une existence pleine. Les autres se tourmenteront et seront malheureux, par un instinct contrarié ; non parce qu'ils penseront à eux, ou à leur condition misérable, mais précisément parce qu'ils ne penseront à rien, et que, réduits à sentir, les excitants accoutumés de la sensibilité leur manqueront. C'est ce que Pascal aurait bien compris s'il n'eût pas été préoccupé de l'idée de la déchéance de l'homme, qui, selon lui, a le sentiment intime de cette dégradation, toutes les fois qu'il n'est pas distrait au dehors. Mais nous ne trouvons en nous-mêmes rien de pareil ; il n'y a que les philosophes qui conçoivent, à force de méditation, un état meilleur ou supérieur.

« L'homme qui n'aime que soi ne hait rien tant que
» d'être seul avec soi. Il ne recherche rien que pour soi,
» et ne fuit rien tant que soi, parce que, quand il se voit,
» il ne se voit pas tel qu'il se désire, et qu'il ne trouve en
» soi-même qu'un amas de misères inévitables, et un vide
» de biens réels et solides qu'il est impossible de rem-
» plir [1]. »

Le *soi* est entendu ici de deux manières très-différentes. Ce que l'homme *sensible*, ou animal, recherche, ce n'est pas le soi, mais les sensations agréables qui ne sont

---

[1] Pensées de Pascal. *Misère de l'homme.*

pas lui ; ce qu'il hait et craint, ce n'est pas d'être seul avec soi, mais c'est d'être privé des impressions qui lui font sentir la vie. Il ne suffit pas qu'il en soit privé pour être avec soi et se voir ; et lorsqu'il se voit et se trouve, il ne désire pas des sensations ; il trouve dans son intérieur et dans la contemplation même de sa faiblesse, l'espèce de jouissance qui s'attache à l'exercice de la pensée ou de l'activité intellectuelle.

« On croit chercher sincèrement le repos et l'on ne cherche en effet que l'agitation. Les hommes ont un instinct secret qui les porte à chercher le divertissement et l'occupation au dehors, qui vient du ressentiment de leur misère continuelle ; et ils ont un autre instinct secret, qui reste de la grandeur de leur première nature, qui leur fait connaître que le bonheur n'est, en effet, que dans le repos [1]. »

Je me suis souvent occupé de ces deux sortes de tendances opposées au mouvement et au repos, que j'étais aussi porté à attribuer à deux sortes d'instincts ou de natures opposées. Mais on peut trouver, je crois, un moyen plus simple d'explication : chaque besoin, chaque affection que nous éprouvons, demande à être satisfait, et, comme dit Montaigne, « à se loger en repos dans l'exemption de cette fièvre. » Tout désir tend à la jouissance de son objet, qui n'est autre que le repos ; mais quand la jouissance arrive il faut encore un mouvement, un effort pour y persévérer, et le repos n'arrive point. Cependant certains moments, ou éclairs de plaisirs et d'extase goûtés sans efforts, nous donnent l'idée d'un état continu de bonheur dans le calme, qui est celui auquel nous aspirons, même

[1] Pensées de Pascal. *Misère de l'homme.*

en n'ayant égard qu'à nos facultés sensitives. De là, dans cette nature purement sentante, la tendance au repos, unie au besoin continuel du mouvement. Mais il y a un autre état supérieur de repos ou de calme de l'âme, qui consiste dans l'exemption de toutes les passions, de tous les mouvements sensitifs perturbateurs de la raison. Dans cet état l'âme trouve en elle-même, dans l'exercice de son activité pure et de ses facultés tout intellectuelles, des jouissances qui n'ont rien de commun avec les sens. Ceux qui ont cultivé assidûment leur intelligence et leur raison, qui ne vivent que pour la pensée et pour les sentiments les plus élevés de la nature humaine, qui voient d'en haut le jeu des affections et des passions de la nature animale, et les tiennent subordonnés à la sagesse et à la vertu, ces êtres rares et privilégiés, honneur de notre espèce, ont seuls l'idée de cet état de bonheur, dans le calme qu'ils goûtent par moments, et ils tendent sans cesse à le rendre continu. Mais, comme ils ne peuvent se défaire de leur organisation, des instincts sensibles et de tous les principes de mouvements ou d'actions spontanés contre lesquels ils ont sans cesse à lutter dans cette vie mortelle, ils obéissent tour à tour à deux forces opposées : les besoins du corps ou de la sensibilité les agitent d'un côté, tandis qu'ils tendent au repos de toute la force des besoins de leur âme. L'homme passionné tend donc au repos du corps par l'agitation ; l'homme moral tend au calme de l'âme par la sujétion du corps et de toutes les affections organiques.

12 octobre. Je me trouve transformé dans certains temps, certaines dispositions, en homme du commun, qui ne m'élève pas plus haut que les autres, qui entre avec eux en communauté de toutes les petites idées, de toutes les niaiseries qui remplissent leur vie, comme si je ne connaissais rien de meilleur, comme si je ne m'étais pas élevé à de plus hautes conceptions, à des sentiments plus dignes du sage. Cette flexibilité, qui me rend plus aimable aux yeux des hommes, me coûte cher et nuit à mes progrès dans la sagesse et la raison. Quoique les écarts d'esprit de société ne soient que passagers, il en reste toujours quelque trace dans l'âme, et on en a ensuite plus de peine à avancer, plus de dégoûts. J'ai bien, comme dit Pascal, *une pensée de derrière* et je juge de tout par là, en parlant comme le peuple ; mais, en parlant et agissant souvent comme le peuple, on finit par penser comme lui, on oublie la pensée de derrière, on ne juge plus, on s'étourdit, on s'enivre par de vaines paroles et les mouvements déréglés de la conversation.

14 *octobre*. « L'homme, dit Pascal, est si malheureux,
» qu'il s'ennuierait même sans aucune cause étrangère
» d'ennui, par le propre état de sa condition naturelle ;
» et il est avec cela si vain et si léger, qu'étant plein de
» mille causes essentielles d'ennui, la moindre bagatelle
» suffit pour le divertir. De sorte qu'à le considérer sé-
» rieusement, il est encore plus malheureux de ce qu'il
» peut se divertir à des choses si frivoles et si basses, que
» de ce qu'il s'afflige de ses misères effectives ; et ses
» divertissements sont infiniment moins raisonnables que
» son ennui [1]. »

L'ennui est un sentiment ou une affection passive, qui n'a rien de commun avec la raison. Cette affection vient de ce que l'homme n'a pas en lui les causes des sensa-

---

[1] Pensées. *Misère de l'homme.*

tions ou des impressions, d'où dépend la continuité ou le renouvellement de son existence. Comme il ne dispose pas de ces causes, il faut toujours qu'il les attende ou qu'il cherche, par tous les moyens qui sont en son pouvoir, à se mettre à leur portée. — Lorsqu'elles viennent à lui manquer, malgré tous ses efforts, il éprouve ce que nous appelons l'ennui, qui tient à un besoin général d'excitation senti et non satisfait.

La cause de l'ennui n'est donc jamais étrangère, mais toujours propre, inhérente à l'organisation vivante et relative à ses besoins ou à ses habitudes d'excitation. Ce n'est pas parce que l'homme est vain et léger que la moindre bagatelle suffit pour l'amuser, mais parce qu'il est essentiellement composé de deux natures, dont l'une affective ou animale a besoin d'être sans cesse soutenue ou excitée. Quelquefois il faut peu de chose pour l'exciter et une bagatelle suffit en effet; ou plutôt il n'y a rien qui soit bagatelle à mépriser, lorsqu'on s'amuse ; et plus les causes qui remontent l'organisation et nous sauvent de l'ennui sont simples, plus l'homme est heureux. Les hommes vraiment à plaindre sont ceux qui sont les plus difficiles à amuser ou à qui il faut les excitants les plus actifs, les plus rares, les plus compliqués. La raison consiste, non pas à nous affliger de ce que nous pouvons être facilement divertis par des bagatelles, mais plutôt à nous maintenir dans une disposition où le divertissement soit toujours aisé et à notre portée. C'est ainsi que faisait Malebranche qui, au sortir de ses méditations, s'amusait à des jeux d'enfant. Lorsque, comme Pascal, on s'afflige de se divertir à des objets frivoles, c'est comme si l'on s'affligeait d'être homme [1], d'avoir une nature sentante et de ne pas

---

[1] C'est bien en effet d'être homme, homme dans les condi-

être un pur esprit. La dualité de nature se montre bien en ce que, tout en se divertissant, on juge les causes de ces divertissements. Il faut toujours se maintenir dans cet état où l'on puisse juger, c'est-à-dire rester toujours *compos suî*, en donnant relâche à son esprit; mais loin de vouloir peser au poids de la raison ce qui nous amuse, il faut laisser à la sensibilité sa mesure et sa balance propre. Tout le vice des systèmes de philosophie sur notre nature morale consiste à traiter l'homme comme s'il était tout entier dans sa sensibilité, ou tout entier dans sa raison, tout corps ou tout esprit. Les épicuriens et les stoïciens sont également en défaut sous ce rapport. Il faut faire la séparation exacte des deux ordres de facultés et les mener de front dans la pratique et la théorie.

Paris, 10 *novembre*. Les stoïciens attribuent à la volonté de l'homme un empire universel, et jusqu'au pouvoir de nous rendre heureux ou malheureux. Les chrétiens ôtent presque tout pouvoir à la volonté humaine : toute perfection, toute bonne disposition venant de Dieu, sans la grâce de qui nous sommes livrés à toutes les passions, à tous les vices, n'ayant en nous-mêmes aucun moyen de résister. Les deux systèmes sont outrés. Dieu a certainement donné à l'homme une force propre, par laquelle il se modifie jusqu'à un certain point, et sa libre activité suffit pour résister aux inclinations et aux passions, tant qu'il conserve la conscience de lui-même,

tions actuelles de notre nature que Pascal s'afflige. Les vues de Pascal et celles de M. de Biran ne s'excluent point mutuellement ainsi que le croit ce dernier. Le grand moraliste chrétien remonte aux *causes premières* de faits dont le psychologue étudie le *comment*... Mais j'ai voulu éditer et non commenter les pensées de M. de Biran.

ou qu'il est une personne. Mais il y a une partie sensitive de l'homme sur laquelle il ne peut rien immédiatement : c'est le fond de son caractère et de son tempérament organique, où il prend trop souvent ses principes d'action. Pour contrarier ces principes et faire naître d'autres dispositions, il faut sans doute que l'esprit et le cœur soient dominés par des idées ou des sentiments plus élevés ; je crois que rien ne peut remplacer, dans cet objet, les idées religieuses. Quoi qu'il en soit, il reste toujours à déterminer psychologiquement jusqu'où peut s'étendre l'empire de la volonté, soit sur les sensations d'abord, soit sur les idées, soit enfin sur les sentiments.

Il est difficile de concilier avec la liberté humaine cette croyance religieuse que l'homme ne peut rien par lui-même, mais seulement par la grâce de Dieu, qu'il ne dépend pas de lui de se procurer. Aussi faut-il convenir que le catholicisme est aussi contraire au développemen de notre libre activité que le stoïcisme lui est favorable. Mais d'un autre côté le stoïcisme est moins approprié à nos deux natures, il fait abstraction complète de la sensibilité, dont l'exercice n'est pas en notre pouvoir. Nous pouvons bien, par exemple, agir conformément à des idées morales arrêtées dans notre esprit, mais il ne dépend pas de nous de nous donner les sentiments agréables conformes à ces actions. C'est à cause de cela que les stoïciens disaient que le plaisir n'était pas un bien, ni la douleur un mal ; que nous ne devons songer qu'à bien agir, sans nous embarrasser des conséquences de nos actions ; tandis que les chrétiens, s'occupant du bonheur moral et sensible, même sur terre, disent que la disposition à agir comme la satisfaction qu'on goûte en agissant bien, viennent de la grâce d'en haut.

15 *novembre.* J'ai mené tous ces jours une vie excentrique, occupé des élections de la Chambre où j'ai passé plusieurs heures, en me frottant alternativement contre l'un ou l'autre député. Mon état habituel dans une grande assemblée est un état de crainte et de timidité. Je n'ai guère de mouvements expansifs, hors les cas rares où je suis bien disposé organiquement ; je me sens plus faible au milieu de tant d'hommes forts ; je ne me mets pas en rapport avec eux ; je cesse d'être moi sans me confondre avec les autres. Le moindre signe d'opposition ou seulement d'indifférence me trouble et m'abat, je perds toute présence d'esprit, tout sentiment et toute apparence de dignité. Je sens que les autres doivent avoir une pauvre idée de mon chétif individu, et cette persuasion me rend plus chétif, plus timide et plus faible encore. Je devrais renoncer aux grandes assemblées et à la vie publique ou extérieure ; j'y suis le moins propre de tous les hommes. « Je ne suis pas meilleur quoiqu'on me loue, ni plus » misérable quoiqu'on me blâme. Je suis ce que je suis, et » aucun propos ne peut me rendre plus grand que je ne » le suis aux yeux de Dieu et de ma propre conscience. » Celui qui ne s'embarrasse ni de la louange ni du blâme » jouit seul d'une grande tranquillité de cœur [1]. »

16 *novembre.* « Comment peut-on aimer une vie » sujette à tant de dégoûts et de misères, remplie de tant » d'amertume ? Comment peut-on appeler vie la source de » tant de maux [2] ? » Ah ! que je puisse avoir la force de me supporter moi-même dans la retraite, de fuir le monde, de

---

[1] *Imitation de Jésus-Christ.*
[2] *Id. Id.*

m'appliquer uniquement à ce qui peut perfectionner mon être intellectuel, me faire bien vivre et me préparer à bien mourir, après avoir rempli la tâche qui m'est imposée !

17 *novembre*. « Demeurer ferme, fidèle et constant » dans ce que Dieu veut de nous, quoiqu'on ne ressente » ni goût, ni consolation, ni sûreté [1]. » Les chrétiens, comme les vrais philosophes, savent bien que nous ne pouvons faire prédominer l'esprit sur le corps, ni anéantir la partie passive de nous-mêmes sans une grâce particulière.

Quand on se déplaît et qu'on se hait ou se méprise en soi, on peut se plaire, se glorifier, s'honorer en Dieu. Mais cette sublime pensée peut-elle absorber le *moi* ? et si le *moi* s'y absorbe, comment y a-t-il pensée, liberté ?

18 *novembre*. Discussion politique. — J'ai montré un peu plus d'aplomb et de fermeté qu'à l'ordinaire. L'objet de la réunion était l'examen d'un projet de loi sur l'instruction publique. L'instruction doit-elle être exclusivement dans les mains du gouvernement, ou faut-il la livrer aux entreprises des particuliers comme toute autre profession ou objet d'industrie, en se bornant à exiger de ceux qui la donnent certaines conditions ou garanties pour la société et le gouvernement ? Voilà la grande question.

Suivant l'avis, non désintéressé, des membres de l'Université actuelle, nos institutions constitutionnelles ne peuvent se fonder, si l'éducation de la jeunesse n'est pas exclusivement entre les mains du gouvernement, qui assure sa direction. Mais comment le gouvernement

[1] *Imitation de Jésus-Christ.*

pourra-t-il diriger l'éducation ? Fera-t-il violence aux familles, empêchera-t-il les pères d'élever leurs enfants comme il l'entendront, de les confier aux maîtres et aux écoles dont ils auront fait choix ? Les auteurs du projet ne font aucune difficulté à cet égard. En annonçant hautement l'intention de dominer, de diriger l'éducation publique d'une manière uniforme, ils doivent révolter tous les pères de famille, se mettre en contradiction avec l'opinion publique, avec la force des choses, tenter enfin une entreprise dont l'exécution serait impossible. En effet, comment peuvent-ils s'assurer d'un nombre suffisant d'agents, en tous lieux ? Comment les dirigeront-ils ou pourront-ils les tenir tous précisément dans la ligne qu'ils auront tracée ? Quelle garantie auront les parents que le modèle d'éducation imposé d'autorité à leurs enfants est préférable à celui qu'ils auront choisi ? N'est-ce pas là une véritable tyrannie exercée sur les esprits ? N'est-ce pas blesser les affections les plus sensibles, altérer les rapports les plus naturels ? On convient que la tendance de l'opinion est vers une éducation religieuse, dirigée par les prêtres ; et c'est contre cette tendance qu'on veut lutter. Il est même échappé à un des plus chauds interlocuteurs de dire : il faut bien se garder d'avouer cette direction de l'opinion, il faut soutenir au contraire que tout serait renversé si l'éducation était mise entre les mains des prêtres. Voilà nos libéraux ! Tel est le respect qu'ils ont pour cette opinion publique, sur laquelle ils prétendent fonder tous leurs moyens de gouvernement. L'opinion, c'est ce qu'ils pensent, ce qu'ils veulent pour l'intérêt de leur domination ; c'est là leur point de départ : il faudra que tout le monde pense et veuille ou agisse comme ils l'entendent. Rendez-les forts et puissants comme Bonaparte, ils emploieront les mêmes moyens pour diriger et gouverner suivant ce qu'ils appellent la raison, dont ils se font les organes ou les interprètes exclusifs : ce que nous concevons et voulons tend au plus grand bonheur, au plus grand perfectionnement de la nation ; il n'est rien qui ne doive être sacrifié à ce noble but ; les affections particulières, les habitudes, les mœurs du temps présent, les existences individuelles même ne doivent être comptées pour rien ; il faut sacrifier le présent au grand but à venir. Robespierre, Bonaparte et tous les dominateurs ne raisonnaient pas et ne raisonneront jamais autrement. Peut-on de bonne foi attacher à ces idées de bien absolu une telle valeur, leur attribuer assez de réalité ou de puissance de réalisation future, pour qu'une génération, un seul individu même, puisse y être sacrifié ? Que sont toutes nos idées, nos vues d'avenir, nos moyens de réaliser ce que nous avons conçu ? n'y a-t-il pas une autre puissance qui se plaît à déjouer toutes nos combinaisons par des événements contraires à toute notre prévoyance ? Dans cette incertitude, pouvons-nous, devons-nous tendre à imprimer une direction qui contrarie une tendance générale dont l'homme ne dispose pas ; et pour atteindre un but peut-être impossible ou du moins très-incertain, quoi que nous fassions, nous mettre à lutter avec les penchants, les sentiments les plus naturels, les plus intimes ?

23, 24 et 25 novembre. J'ai passé ces trois jours dans un état singulier d'agitation intérieure, voulant travailler et ne faisant rien, mécontent de moi-même, ayant le sentiment de l'altération de toutes mes facultés, de la nullité de mon être. Mais il faut ne pas se désespérer, et avoir le

courage de supporter ou la patience d'attendre. « Quand
» vous vous imaginez que tout est perdu, c'est souvent
» alors l'instant d'acquérir plus de mérite. Tout n'est pas
» perdu lorsqu'il arrive quelque chose, soit en vous, soit
» hors de vous, contre votre attente [1]. »

Je suis toujours bien plus occupé de ce qui arrive en
moi que de ce qui se fait hors de moi. Ces événements
intérieurs, bien plus souvent malheureux qu'heureux, dé-
cident de tout notre sort dans la vie ; ils font toute la
valeur de notre existence et en fixent le prix ou le tarif.
Mais nous ne disposons pas plus de ce qui nous arrive au
dedans, j'entends des modifications sensitives, que des
choses du dehors.

« Au surplus, continue l'auteur de l'Imitation, vous ne
» devez pas juger de votre état par ce qui vous arrive, ou
» ce que vous ressentez actuellement au dedans de vous,
» ni vous abandonner à l'affliction comme s'il n'y avait
» plus d'espérance d'en sortir. »

Qu'est-ce que cet état réel de notre être pensant et
sentant qui diffère de celui dont nous avons la conscience
actuelle ? il nous est impossible de le dire, mais Dieu le
sait et le voit. Lorsque je sens ma nullité, le vide le plus
pénible de sentiments et d'idées, je serais désespéré, si
je pouvais croire que je n'ai pas une valeur réelle, absolue, autre que celle dont j'ai la conscience momentanément. Je sais qu'il y a en moi un fonds d'idées et de
facultés qui, pour ne pouvoir se développer et être oppri-
mées en cet instant même, ne sont pas moins réelles au
dedans de moi. J'ai donc toujours présent l'absolu de
mon être durable ; autrement je ne pourrais juger des

---

[1] *Imitation de Jésus-Christ.*

variations continuelles de mon être phénoménique. C'est la présence de cet absolu invariable qui doit nous consoler, et si nous y pensions comme il faut, nous ne serions pas si tourmentés par les choses passagères; nous n'y attacherions pas une importance exclusive, nous ne leur laisserions pas le pouvoir de nous rendre heureux ou malheureux. Dieu, le *moi*, le devoir, tels sont les trois absolus dont le sentiment ou la contemplation assidue nous élève au-dessus de tous les événements, de toutes les choses passagères. Mon grand défaut, dans ma conduite habituelle, soit que j'agisse, que je pense ou que je m'impose quelque écrit, c'est d'ajouter toujours trop d'importance aux petites choses, qui n'ont qu'une valeur relative à ma sensibilité actuelle, et dont je ne ferai plus aucun cas quand ma sensibilité viendra à être modifiée différemment.

Le 25, j'ai passé la soirée chez l'abbé Morellet. — Conversation psychologique. — Mon vieux ami m'a demandé brusquement : Qu'est-ce que le *moi* ? Je n'ai pu répondre. Il faut se placer dans le point de vue intime de la conscience, et, ayant alors présente cette unité qui juge de tous les phénomènes, en restant invariable, on aperçoit le *moi*, on ne demande plus ce qu'il est.

ANNÉE 1818.

Paris, 18 *février*. Par le plus beau jour du monde, et la douce température du printemps, je suis parti pour Versailles, à dix heures et demie du matin. J'ai senti ranimer mon existence, qui était comme éteinte depuis bien des jours : j'ai éprouvé quelque expansion à la place d'une concentration habituelle ; des impressions plus heureuses du dedans et du dehors ont remplacé ces funestes impressions internes, qui absorbent mon existence, et l'ont rendue si misérable, depuis plus d'un mois, que le néant eût été bien préférable. Mais ce n'est peut-être là qu'un éclair : en rentrant dans le monde des affaires, je vais reprendre ma chaîne, ma concentration, mon embarras, mon état de gêne et de souffrance. Je ne domine aucune impression ni aucune idée, tant que je suis obligé d'être en dehors. Quelquefois un éclair de réflexion vient me montrer combien tout ce qui me préoccupe, ou m'absorbe, en vaut peu la peine ; mais la réflexion ne détruit pas le sentiment ni l'instinct, elle ne nous met pas au-dessus de certaines impressions.

Aucun homme n'a été peut-être organisé comme moi, pour reconnaître la subordination de l'état moral à un état physique donné. Les variations brusques par lesquelles passent successivement toutes mes facultés sont certainement bien spontanées, et tout ce qui est spontané est organique ou machinal quand ce seraient les élans du génie. L'âme ne voit maintenant qu'au travers de certains organes qui lui servent de milieu. L'état de ces organes détermine la manière dont elle voit hors d'elle, ou même dont elle sent son existence; et les efforts qu'elle déploie, son activité, ne changent rien à son mode fondamental d'aperception ou de sentiment.

Du 20 février au 1ᵉʳ mars. Dans cet intervalle j'ai eu quelques bons moments, et mon état physique et moral s'est un peu amélioré. Le resserrement épigastrique et la disposition hypocondriaque se sont un peu amendés; mais aussi l'expansion et le penchant aux distractions du dehors se sont accrus. Je suis souvent dans ces dispositions extrêmes et opposées; il n'y a pas d'équilibre dans mon être; je suis absorbé par le moindre travail, je me tends, je fais effort, je me préoccupe pour une lettre d'affaires, une simple note, comme s'il s'agissait des choses les plus graves; rien n'est plus contraire au succès.

Du 1ᵉʳ au 7 mars [1]. Température douce, pluie et vent; tempête violente le 3.
J'ai été actif et dispos, les deux premiers jours, et je suis retombé le 3 dans un état de malaise, de langueur et

---

[1] Le *Journal intime*, à l'exception de trois ou quatre lignes seulement, est reproduit dans toute son étendue, pour les mois de mars et d'avril.

de dégoût général. Le vent qui souffle a une influence singulière sur toute ma manière d'être. Je vais toujours tournant dans le même cercle d'idées politiques, qui doivent entrer dans la brochure dont je m'occupe, depuis deux mois, avec si peu de succès [1]. Je veux être à la fois au monde extérieur et à mes idées; je ne réussis à être ni à l'un ni à l'autre. Je suis empêché en tout, je me mets dans un état d'effort, je me crée des résistances ou plutôt les résistances viennent de mon organisation faible, mobile, que la volonté tend vainement à fortifier ou à fixer. Les jours, les mois, les années se passent et se consument dans cette lutte difficile :

Militia est vita hominis super terram ; et sicut dies mercenarii, dies ejus [2].

Sic et ego habui menses vacuos, et noctes laboriosas enumeravi mihi [3].

Desperavi, nequaquam ultra jam vivam : parce mihi, nihil enim sunt dies mei [4].

D'où viennent ces éclairs de raison, d'activité, de confiance, de bonheur; et bientôt cette nuit sombre, ce sommeil de la pensée, ce dégoût, cet ennui qui succèdent?

Du 7 au 15 mars. Deux jours de printemps, pendant lesquels j'ai senti mon existence se ranimer. — Tout le reste du temps : pluie, tempête, abattement extrême, mobilité nerveuse, intervalle de découragement, travail difficile.—Je fais un écrit politique comme Pénélope faisait

---

[1] Il est question ici d'un écrit sur l'*Ordre et la Liberté*, écrit que l'auteur destinait primitivement à un journal, et qu'il paraît avoir abandonné avant que la rédaction en fût achevée.

[2] Job, chap. VII, verset 1.

[3]   *Id.*   verset 3.

[4]   *Id.*   verset 16.

sa toile. Mon imagination est éteinte, et il faut de l'imagination, c'est-à-dire un certain degré d'activité et de vivacité dans les idées, pour traiter un sujet quelconque, fût-il le plus abstrait possible. J'éprouve que mon imagination a tout à fait vieilli, en ce qu'il n'y a plus aucune sympathie entre les idées de l'esprit et les sentiments de l'âme. Le beau et le bon ne font plus palpiter mon cœur ; je suis vieux à cinquante et un ans. Il faut se résigner, et surtout renoncer à toutes les illusions du jeune âge.

Du 7 au 28 mars. Température douce ; pluie fréquente ; tempête du 12 au 15. — Le théâtre de l'Odéon a été incendié le 17 mars, vendredi saint. J'ai passé tout ce temps dans la tristesse, la souffrance physique et la préoccupation d'esprit, le dégoût, les langueurs.

Cette époque de ma vie est très-difficile ; il me faut de la patience pour me supporter moi-même. Rien ne me soutient ; le monde extérieur m'échappe et s'éloigne davantage chaque jour ; je le regrette, le poursuis quelquefois avec un sentiment d'impatience et de désespoir. L'idéal, qui me tiendrait lieu des pertes extérieures, n'est pas encore bien fixe pour mon esprit et mon cœur : je manque de force et d'esprit de suite pour l'arrêter et m'y tenir. Le mouvement des affaires que le devoir commande m'importune et contrarie mon instinct et toutes mes facultés. Je passe à la Chambre, ou au conseil d'État, des heures vides et tristes : mon attention erre et ne se fixe sur rien. — Temps perdu ; et l'espèce de maladie de mes facultés d'attention et de réflexion en est accrue.

Je suis habituellement tourmenté du jugement que les autres portent de moi, et mécontent de moi-même, ne m'attachant à rien d'extérieur, ni guère à aucune des personnes avec lesquelles j'ai des rapports. Privé de tous les talents qui séduisent, je sens que je dois être à leurs yeux insignifiant et nul. La conscience de cette nullité est ma peine habituelle. « Ma tristesse vient surtout de ce » que je ne suis pas encore dégagé des désirs terrestres ; » il n'y a point de paix pour l'homme livré aux choses » extérieures [1]. »

Je m'égare dans mes pensées ; je travaille opiniâtrement à l'ouvrage politique, commencé depuis deux mois, avec l'incertitude de pouvoir le finir. Ce travail me fait sentir chaque jour la déclinaison de mes facultés ; et je me convaincs de plus en plus de mon néant, et que je ne suis rien.

Du 28 mars au 1er avril. Beau temps ; froid sec ; état nerveux.

Dormitavit anima mea præ tædio. Confirma me in verbis tuis [2]. La parole qui peut me vivifier ne viendra pas de moi ou de ma volonté, ni de rien de ce que je puis entendre ou recueillir du dehors. Je suis comme un somnambule dans le monde des affaires. Il y a des défauts d'esprit ou de cœur, qui tiennent à l'organisation intérieure, que toute notre activité ne surmonte jamais. Ces défauts se développent quelquefois, à un certain âge, et assez subitement ; nous les tenons de nos parents, ils entrent dans la constitution de notre machine. C'est ainsi que j'ai le tempérament de ma mère, et je prends toutes ses habitudes, en vieillissant, comme les distractions de mon père ; et cela est incorrigible, je lutte vainement.

Du 1er au 4 avril. Froid sec ; vent du nord desséchant.

---

[1] *Imitation de Jésus-Christ.*
[2] Psaume CXVIII, verset 28.

Je suis, tous ces jours, dans un état nerveux, souffrant, ennuyé, ayant un sentiment intime et radical de faiblesse. Cependant je travaille toujours, recommençant et raturant sans cesse les pages d'un écrit politique, qui est comme la toile de Pénélope, et que je désespère de finir : quand mon travail serait plus facile, que mes idées se lieraient aussi aisément qu'elles ont de peine à se coudre, comme à se produire, je ne sais si je serais assez sûr de mon fait, assez courageux pour publier.

Je suis le plus souvent faible, à un tel point que je ne puis juger de ma faiblesse ; car il faut encore un certain degré de force physique et morale pour juger sa faiblesse, ce qui diffère de la sentir immédiatement. Tant que l'homme se juge, ou qu'il a le *conscium sui*, tout n'est pas désespéré pour lui. « Toute notre paix en cette misé-
» rable vie doit consister plutôt à souffrir patiemment
» qu'à ne point éprouver de contrariété. Celui qui sait le
» mieux souffrir jouira d'une plus grande paix, il est
» vainqueur de lui-même et maître de la terre [1]. »

Ce sentiment intime et continuel d'une faiblesse organique et morale, que je cherche en vain à me dissimuler à moi-même et aux autres, en essayant de prendre le ton de la force ou de l'aisance, quand je suis en présence, me compose une manière d'être artificielle, qui éloigne de moi les personnes avec qui je suis en rapport, et me laisse sans appui au dedans. Dans la solitude, que j'aime à mes heures, je m'embarrasse dans mes idées, dans des essais infructueux auxquels ne se lie aucune idée de devoir, et qui me tourmentent et me nuisent plus qu'ils ne me servent. Le reste du temps, je cherche à m'étourdir,

---

[1] *Imitation de Jésus-Christ.*

je cours le monde et n'y trouve que le vide, et je n'ai pas le courage de changer cette manière d'exister, de chercher la paix au lieu du tumulte et d'une vaine agitation.

5 avril. Journée magnifique, mélancolie. Mon âme est lasse de son corps, elle l'a pris en dégoût; mais, accoutumée à tout tirer de lui ou de ses affections, et ne trouvant presque rien en en elle-même, elle éprouve un grand vide et semble prête à tomber dans le néant.

6, 7 et 8 avril. Le printemps est déclaré; la température est chaude, la verdure fait des progrès sensibles; il ne me manque que du calme d'esprit et d'âme, et de doux loisirs pour jouir de cette nouvelle nature. Mais un trouble, un désordre extrême dans mes facultés physiques et morales, me rendent toute jouissance, tout contentement impossibles. Quand on ne jouit pas de soi-même, qu'on est immédiatement affecté de sentiments pénibles, comment pourrait-on jouir de quelque chose? Je passe avec une rapidité extrême d'un état à un autre : j'ai des éclairs d'intelligence, de bien-être moral et physique, et je retombe, l'instant d'après, dans mes dégoûts, mes misères, mes obscurités, ma timidité, mon aversion pour les hommes. J'écris un ouvrage politique, dont je m'occupe sans succès, et avec une opiniâtreté qui tient à ma disposition organique. C'est une croix que je me suis donnée, et je la porte volontairement, quoiqu'elle soit pesante et me répugne. Mais, par une disposition singulière, je cherche toujours ce qu'il y a de plus difficile, de plus embarrassé, de plus loin des routes battues, et qui ne peut m'être d'aucun avantage extérieur ou intérieur. Mon ouvrage n'est pas un ami; il m'inspire plutôt de l'éloignement et un dégoût habituel, et pourtant je ne puis le quitter, ni faire autre chose dans le cabinet. J'attends toujours qu'une bonne inspiration m'aide à le terminer ou à l'avancer. Le temps de l'inspiration est-il passé?

Du 8 au 15 avril. Température de printemps, beau temps, rosée le 16.

Toujours même situation physique et morale, même incapacité d'attention, mêmes efforts impuissants pour avancer l'ouvrage entrepris. Je ne m'attache à rien ; tout me fuit et échappe à mon imagination mobile, à ma pensée incertaine. J'ai comme un voile habituel sur l'esprit. Quelquefois le voile se lève un instant ; je vois beaucoup de choses et assez nettement ; je veux avancer, je crois toucher le but...... le voile retombe, j'erre au hasard dans les ténèbres.

18 avril. Excellent discours monarchique du ministre des Finances sur le domaine extraordinaire. M. B. a dit à cette occasion : « Le roi est le seul qui puisse avoir une » volonté, quand la loi n'en a pas. »

22 avril. Journée de misère et d'un abattement extrême. J'ai dîné chez le chancelier ; je me suis trouvé dans un état de surdité momentanée ; — trouble, embarras. — Je suis comme un somnambule, au milieu de ce monde gai et léger, mécontent des autres parce que je le suis de moi-même.

Du 22 au 28 avril. Chaleur ; rosées fréquentes. — Le malaise, le trouble, les embarras organiques continuent. Pourquoi ne pas me tenir en repos ? Pourquoi cette agitation et ces efforts qui ne mènent à rien ? Pourquoi vouloir absolument faire un ouvrage philosophique [1] que per-

---

[1] Il est probablement question ici, non d'une des compositions métaphysiques de l'auteur, mais de l'écrit sur l'*Ordre et la Liberté* mentionné, à plusieurs reprises, dans les pages qui précèdent.

sonne ne lira et qui ne ferait, dans tous les cas, pas plus d'effet que tant d'autres ouvrages savants, oubliés, et dont on ne parle pas? Pourquoi négliger tous les devoirs, sacrifier les avantages de la vie, la santé, le repos, la liberté d'esprit pour une vaine composition laborieuse qui est pour moi comme la toile de Pénélope? Il semble qu'il y ait là de la folie ; et en effet c'est bien un peu maniaque, comme tout ce qui tient à certaines habitudes de l'imagination et de la sensibilité nerveuse, qui se met elle-même spontanément dans certains états de concentration, de lutte, d'effort, ou de résistance. Le genre de mes occupations et les habitudes de ma vie sont les effets et les causes de cet état nerveux de concentration, de ces efforts toujours impuissants, pas assez soutenus pour avoir un résultat. Je suis toujours à l'essai de mes forces; je n'y compte pas, je commence et recommence sans fin. Il m'est impossible de faire autrement ; mon malheur et mon trouble, mon inutilité, tout vient de n'être pas commandé, ni soutenu par rien ; je manque d'idée fixe et de but.

Le 26, j'ai eu de bons moments, où je sentais tout ce qu'il y a de misérable dans nos intérêts relatifs, et la nécessité, le besoin qu'à toute âme de se rattacher à quelque chose d'absolu qui ne change pas. Mais nous ne pouvons nous défaire de ce fond de passivité, qui nous fixe dans le relatif, et fait que nous passons d'une modification à une autre. J'ai cherché; j'ai trouvé autrefois une sorte de bonheur dans le sentiment immédiat de l'existence ; il faut y renoncer et chercher le repos dans le monde des idées. Mais est-il possible de se débarrasser de ces impressions intérieures, et de ce sentiment immédiat d'une existence pénible, agitée, où j'ai contracté l'habitude de me concentrer? Quand on est heureux, on n'a pas besoin de chercher ailleurs le contentement ; quand on porte un ennemi intérieur, on tâche de le fuir ou d'y échapper, mais il nous suit et ne lâche pas prise. Avec une organisation moins sensible, moins d'habitude de s'étudier, on éviterait mieux l'ennemi. Ma vie actuelle est malheureuse, sans compensation. Nulle idée ne remplit assez mon esprit pour l'occuper, et le détourner de ces impressions internes si pénibles.

28 *avril*. Après une matinée pluvieuse, le ciel s'est rasséréné, magnifique soirée.

J'ai été, après la séance, dîner *aux Thernes*, près de la barrière du Roule, chez le général D. La campagne, déjà dans toute sa beauté, étale les plus douces nuances de verdure, éclairées par le soleil, dans certaines parties, obscures dans d'autres.... spectacle magique ! La terre exhale les plus doux parfums. J'ai eu là quelques éclairs de ce bonheur calme, que la nature seule peut donner à ceux qui s'y livrent, et qu'on ne trouve jamais dans le monde ; mais ce n'est qu'un éclair. Je me suis promené, avant dîner, dans un beau jardin, au milieu d'arbres fruitiers couverts de fleurs ; j'étais gai, serein et un homme tout nouveau. Cette soirée doit me laisser quelques souvenirs, c'est la seule bonne et où j'aie été *moi*, depuis longtemps.

29 *avril*. J'ai été détourné du travail auquel j'étais enclin, mais toujours avec une difficulté qui redouble avec le temps. A midi, visite à l'école de musique de M. C. avec M. Jomard et l'abbé Gaultier. — Séance de la chambre : dégoût et irritation. — J'ai été dîner chez M. Cuvier, au jardin des plantes ; promenade agréable. Ma vie se ranime à l'aspect de la verdure, en respirant un air pur et en présence de cette belle nature dont je

suis si loin. Le dîner, où était M. de Humboldt, a été triste; je n'ai pas retrouvé ma gaieté et mon animation du jour précédent, aux *Thernes*; j'ai été timide et embarrassé. Il est rare que je sois placé sur mon terrain, ou que je sois assez bien disposé pour me placer convenablement sur celui des autres [1].

Du 1er au 8 mai. Il y a en moi, en ce moment, une action vitale extraordinaire et trop forte pour des nerfs faibles. La réaction demeure toujours au-dessous de l'action, d'où résulte un sentiment d'inquiétude habituel, une agitation singulière. Je manque tout à fait de tenue; je cherche le mouvement pour le mouvement et ne puis me fixer à rien. C'est dans cette situation morale et organique, telle que je n'en éprouvai guère jamais de pareille en ma vie, que je sens plus le besoin de reposer ma pensée sur quelque chose qui ne change pas, et de m'attacher enfin à un point fixe : l'absolu, l'infini ou Dieu. Les idées ou les sentiments religieux seraient à présent les besoins de mon esprit et de mon cœur, mais lorsque ces grands objets, seuls permanents, seuls capables de remplir l'âme n'ont pas fait sa nourriture habituelle, combien il en coûte pour les aborder et surtout pour s'y attacher d'une manière fixe!

Je ne suis plus dupe des prestiges du monde; je méprise, au fond, toutes ses vaines agitations et les objets qui captivent les esprits superficiels et légers, qui n'ont jamais connu le sérieux de la vie; et cependant je me livre à ce mouvement par habitude, j'entre dans la sphère d'activité commune, j'en suis le mouvement, je suis mé-

---

[1] Ici se termine la reproduction intégrale du Journal.

content, inquiet et troublé dans le monde et je serais malheureux de ne pas y être ; je n'ai pas la force de m'en détacher un seul jour. Je travaille dans le cabinet, le matin, avec un empressement, une précipitation nuisibles à tout ordre et toute profondeur d'idées ; l'heure de sortir arrive, et je suis tourmenté du besoin de courir, de me distraire, dans les affaires du dehors qui me répugnent. Je ne suis sérieusement ni tout de bon à rien ; je veux commencer chaque jour une nouvelle vie, et je suis entraîné dans la même. La rapidité avec laquelle s'écoulent les jours, les heures, à cette période de ma vie, me saisit d'étonnement et d'effroi quand j'y réfléchis. Aussi j'évite d'y penser, le plus possible, et cet éloignement de moi-même est devenu comme instinctif. Pascal a bien décrit cet état où l'homme ne craint rien tant que de penser à lui.

Je m'aimais autrefois beaucoup trop, je m'applaudissais de tout ce qui était en moi, je n'avais pas besoin du dehors. Aujourd'hui je me hais, je me condamne et me critique sans cesse ; j'aurais besoin d'être soutenu par les suffrages des autres et par leur estime, et je n'ai rien de ce qui fait les succès ; je suis entouré d'hommes qui n'estiment guère et n'aiment ou n'admirent rien. En tout ma vie est triste et misérable, au fond, sans espoir d'un avenir meilleur dans ce monde : il faut penser à l'autre, et s'appuyer sur l'être qui ne change pas, qui juge les cœurs et les esprits et voit tout comme il est. Je m'appuyais sur moi-même, je comptais sur mes facultés, j'espérais qu'elles s'étendraient toujours, j'attendais de grands progrès du temps et du travail ; et l'expérience m'apprend que je m'appuyais sur un faible roseau, agité par les vents, et rompu par la tempête. Nos facultés changent et trompent notre attente ; nous sommes tout aussi peu fondés à croire à leur force et à leur durée qu'a leur autorité.

« L'homme se fait plus de mal à lui-même quand il ne
» cherche pas Dieu que tous ses ennemis ne peuvent lui
» en faire [1]. »

Du 26 mai au 6 juin. Le plus grand tourment de ma vie actuelle, c'est de ne sentir mon existence soutenue, ni au dehors par une considération, un intérêt marqué de la part des personnes avec qui je vis; ni au dedans, par la confiance dans mes facultés, ou par un exercice agréable et soutenu d'aucune de ces facultés. Chaque jour j'éprouve, au contraire, que cet exercice est plus pénible, et que, m'efforçant beaucoup, je ne parviens à atteindre aucun but qui me satisfasse. Je compose un ouvrage de philosophie sur les idées morales, avec des idées que je lie laborieusement, qui me frappent tantôt comme élevées et nouvelles, tantôt comme triviales, mais je ne sais pas encore si je parviendrai à fermer mon cercle et à terminer une composition qui soit digne de paraître en public : je n'y ai pas de confiance [2].

Ne trouvant en moi, ni hors de moi, dans le monde de mes idées ni dans celui des objets, rien qui me satisfasse, rien sur quoi je puisse m'appuyer et qui me procure quelque satisfaction, je suis plus enclin, depuis quelque temps, à chercher dans les notions de l'être absolu, infini, immuable, ce point d'appui fixe, qui est devenu le besoin de mon esprit et de mon âme. Les croyances religieuses et morales que la raison ne fait pas, mais qui sont pour elle une base ou des points de départ néces-

[1] *Imitation de Jésus-Christ.*

[2] L'ouvrage de philosophie morale dont il est ici question paraît n'avoir jamais été achevé, il en subsiste des fragments.

saires, se présentent comme mon seul refuge, et je ne trouve de science vraie que là précisément où je ne voyais autrefois, avec les philosophes, que des rêveries et des chimères. Ce que je prenais pour la réalité, pour le propre objet de la science, n'a plus à mes yeux qu'une valeur purement *phénoménique;* mon point de vue a changé avec mes dispositions et mon caractère moral. J'aime à me dire que c'est le perfectionnement d'une partie de mon être, qui compense les pertes d'autres facultés ; mais, je l'espère, je le crois, et n'en ai pas la conscience. Tout ce par quoi je sentais immédiatement le plaisir d'être, d'exercer des facultés et des forces vivantes a disparu ; je ne connais plus que le sérieux de la vie, dont je cherche vainement à me distraire.

6 et 7 juin. Etat habituel et alternatif d'abattement et d'excitation, de confiance et de découragement.—On vieillit ; on a le sentiment radical de faiblesse, d'atonie, de malaise qui tient au progrès de l'âge, et on se dit malade, on se berce de l'idée que cet état pénible tient à quelque cause particulière, dont on espère se guérir comme d'une maladie. Vaines imaginations ! La maladie, c'est la vieillesse, et elle est misérable ; il faut s'y résigner. Le sentiment pénible peut seulement s'affaiblir plus ou moins, à mesure qu'on s'éloigne davantage des impressions de la jeunesse et qu'on en perd le souvenir ; car c'est précisément le contraste qui nous rend si malheureux dans le passage d'un âge à un autre, par le sentiment que nous vieillissons. Quand nous sommes vieux, c'est-à-dire tout à fait morts à la jeunesse, nous ne sommes plus aussi malheureux.

On dit que si les hommes deviennent religieux ou dévots en avançant en âge, c'est qu'ils ont peur de la mort et de ce qui doit la suivre dans une autre vie. Mais, j'ai, quant à moi, la conscience que, sans aucune terreur semblable, sans aucun effet d'imagination, le sentiment religieux peut se développer à mesure que nous avançons en âge : parce que les passions étant calmées, l'imagination et la sensibilité moins excitées ou excitables, la raison est moins troublée dans son exercice, moins offusquée par les images ou les affections qui l'absorbaient ; alors Dieu, le souverain bien, sort comme des nuages, notre âme le sent, le voit, en se tournant vers lui source de toute lumière ; — parce que, tout échappant dans le monde sensible, l'existence phénoménique n'étant plus soutenue par les impressions externes et internes, on sent le besoin de s'appuyer sur quelque chose qui reste et qui ne trompe plus, sur une réalité, sur une vérité absolue, éternelle ; — parce que, enfin, ce sentiment religieux, si pur, si doux à éprouver, peut compenser toutes les autres pertes. La crainte de la mort ou de l'enfer n'a rien de commun avec ce sentiment et se trouve au contraire en opposition directe avec lui.

30 *juin*. J'ai eu M. Stapfer à dîner. J'aime à l'entendre parler de la Morale de Kant. Il faut agir, pratiquer la loi morale dans toute sa pureté, pour avoir en soi quelque chose de supérieur à la science. J'ai un sentiment intime de cette vérité ; la science m'importune et ne me donne plus la moindre confiance. Est-ce l'âme qui sent, pressent une autre destinée? Est-ce la vie qui décline et dont l'activité s'éteignant ne permet plus à l'esprit ni au cœur de rien embrasser avec une certaine chaleur?

« Celui qui apprécie les choses selon ce qu'elles sont
» en elles-mêmes, et non d'après ce que les hommes en
» pensent, ou en disent, est véritablement sage [1]. »

La religion *résout* seule les problèmes que la philosophie *pose*. Elle seule nous apprend où est la vérité, la réalité absolue ; elle nous dit aussi que, jugeant les choses sur le rapport des sens ou d'après nos passions, ou même d'après une raison artificielle et de convention, nous vivons dans une illusion perpétuelle. C'est en nous élevant vers Dieu, en cherchant à nous identifier avec lui, par sa grâce, que nous voyons et apprécions les choses comme elles sont. Il est certain que le point de vue des sens et des passions n'est pas du tout celui de la raison humaine, encore moins celui de cette raison supérieure qui, assistée du secours de la religion, plane sur toutes les choses de ce monde. Les arguments sceptiques contre la réalité intelligible des choses ne peuvent s'étendre à ces trois points de vue ; s'ils attaquent l'un, ils peuvent servir même à confirmer l'autre.

Du 6 au 11 juillet. J'ai été occupé, jusqu'au 10, de ma réponse aux objections de M. Stapfer sur la causalité [2]. Il me semble toujours, pendant que je travaille, que le voile va se lever et je fais des efforts, je me prépare à voir. Quand je suis arrivé au bout, je n'y vois pas mieux qu'auparavant ; le voile reste, et c'est comme si je n'avais rien fait. Il serait temps de se désabuser et d'en finir, en me disant que je ne puis plus trouver ni voir ce que je n'ai pas vu jusqu'ici, et chercher pourquoi les recherches

---

[1] *Imitation de Jésus-Christ.*

[2] Cette réponse a été publiée par M. Cousin dans les *OEuvres philosophiques de M. de Biran.*

sont inutiles. Cela ne vient-il pas de ce qu'on ne sait pas bien ce qu'on demande?

Je me prépare à un voyage en Périgord. J'ai déjà le mouvement et l'étourdissement du voyage, je ne suis plus en moi. J'en vaux mieux aux yeux des autres et moins à mes propres yeux. Rien ne dépite autant l'homme réfléchi que de se voir désapprouvé ou dédaigné dans le monde, précisément par les qualités qui font sa valeur réelle de conscience, ou par lesquelles, ayant l'estime de son âme, il mériterait celle des autres âmes. Le monde fait cas des qualités spéciales qui conviennent à telle situation, telles circonstances du moment. Quand on ne veut que s'amuser et passer le temps dans un cercle, on n'a que faire des qualités estimables d'un homme, et celui qui apporte la gaieté, le brillant et quelquefois la malignité des propos sera le mieux venu : il en est de même de chaque état ou situation dans la vie ; on demande à celui qui remplit telle fonction d'avoir les talents ou les qualités spéciales qui conviennent; et on l'estime en proportion, sans songer que ces qualités sont souvent opposées à celles qui constituent le fond de l'homme estimable. Celui qui se trouve appelé par ses circonstances à jouer dans la société un rôle disproportionné avec les qualités par lesquelles il vaut quelque chose à ses propres yeux, et qui se voit par là même objet de dédain, est dans la situation la plus pénible. Ce sont ces contrastes qui jettent souvent de l'incertitude sur les lois morales elles-mêmes, en mettant l'opinion à la place de la conscience.

« L'opinion, » comme dit Pascal, « a ses heureux et ses
» malheureux, ses sains, ses malades, ses riches, ses pau-
» vres, ses fous et ses sages [1]. » Mais est-il vrai qu'elle

[1] Pensées. *Faiblesse de l'homme; incertitude de ses connaissan-*

remplisse ses hôtes, ou ceux qui ne veulent se loger qu'à son enseigne, d'une satisfaction beaucoup plus pleine, plus entière que la raison? Je ne pense point ainsi. La satisfaction qui vient d'opinion, comme tout ce qu'on appelle jouissance d'amour-propre, tient à un principe de notre nature tout différent de celui de l'estime ou de l'approbation intérieure de la conscience. Il y a, à cet égard, même différence qu'entre la *subjectivité relative* et *l'objectivité absolue,* dans le monde des idées. Le type du bon moral est un et ne fait que se répéter; l'opinion varie, elle approuve ou condamne tour à tour les objets tels qu'ils sont. C'est dans le monde moral que cette distinction est, en effet, le plus marquée. Les insensés ou les maniaques se repaissent de leurs chimères sans s'apercevoir des réalités qui sont sous leurs yeux, sans pouvoir ou vouloir y donner attention. De même on peut vivre au milieu des prestiges de l'opinion et s'en enivrer, la conscience morale peut être étouffée ou absorbée dans le tumulte des passions ou des opinions; mais il faut bien se garder de croire que l'homme éprouve ainsi une satisfaction, une sécurité ou un bonheur du même genre que celui qu'il trouverait en lui-même, en s'attachant à la réalité du devoir, du juste, du bon moral, ou dans la conscience de la perfection à laquelle il tendrait. On ne se sent pas malade et on a néanmoins un sentiment pénible de l'existence, quand le corps n'est pas disposé et que la perfection organique n'est pas remplie. De même, on peut être content par les biens imaginaires, et le fond de l'âme n'est pas tranquille, parce qu'on est hors de la perfection mo-

ces naturelles. Le texte de Pascal suit ainsi : « Et rien ne nous dépite davantage que de voir qu'elle remplit ses hôtes d'une satisfaction beaucoup plus pleine et entière que la raison. »

rale : il ne saurait y avoir de paix et de bien réel que dans l'ordre ou dans l'accord et l'harmonie de toutes nos facultés.

12 *Juillet.* Je prémédite mon départ pour le Périgord. Il me semble que je vais chercher le repos ; et je porte en moi l'agitation et le trouble physique, intellectuel et moral. Si j'avais le véritable calme intérieur, je n'irais pas le demander à la solitude ; il serait indépendant des lieux, des situations ; au sein du tumulte des affaires, j'aurais cette sérénité, cette imperturbabilité qui constitue l'homme vraiment moral. J'ai attendu, jusqu'ici, un état moral meilleur de tout ce qui ne dépend pas de moi, c'est-à-dire du changement des dispositions organiques, des situations locales, etc. Ai-je jamais essayé tout de bon l'empire de la volonté, ou le recours à Dieu, l'abandon à sa toute-puissance ?

Je pense souvent spéculativement aux misères des choses humaines et à l'importance que les hommes y attachent si faussement : par exemple il m'est bien évident que le seul bon gouvernement est celui sous lequel l'homme trouve le plus de moyens de perfectionner sa nature intellectuelle et morale, et de remplir le mieux sa destination sur la terre. Or, sûrement, ce n'est pas celui où chacun est occupé sans cesse à défendre ce qu'il croit être ses droits ; où les hommes sont tous portés à s'observer comme des rivaux, plutôt qu'à s'aimer et s'entr'aider en frères ; où chaque individu est dominé par l'orgueil ou la vanité de paraître, et cherche son bonheur dans l'opinion, dans la part d'influence qu'il exerce sur ses pareils. Rien n'est plus funeste au repos public, comme au bonheur individuel que cette préoccupation universelle de droits, d'intérêts, d'affaires de gouvernement.

Cette *seconde nature*, comme l'appelle Pascal[1], qui est l'opinion, la *fantaisie*, est bien vraiment toute différente de la première et véritable nature. Si l'opinion dispose de tout, c'est dans le relatif; elle ne dispose de rien, ne décide rien dans l'absolu; elle ne fait pas plus la justice, la vérité et le bonheur qu'elle ne fait la beauté. Qu'importe en effet qu'on puisse passer pour beau, pour jeune avec du fard et des cheveux ou des dents postiches? la véritable personne a cinquante ans; elle n'a ni dents, ni cheveux, ni teint; ce n'est pas à elle, mais à son masque qu'on applique ces qualifications qu'elle a la sottise de vouloir s'approprier. De même, qu'importe qu'on dise que je suis heureux, bon, vertueux, si j'ai en moi la conscience ou le sentiment du contraire? c'est d'un être imaginaire qu'on parle et non pas de moi.

Lorsque nous passons d'un état plus ou moins fâcheux à un état meilleur, nous sentons que nous étions misérables alors, sans connaître notre misère, et en vérité nous n'en avions pas une conscience distincte; mais était-il moins vrai que nous étions misérables? La philosophie du relatif a tout faussé, tout sophistiqué; il s'agirait de rétablir la vérité absolue dans ses droits.

Au Murat[2], *22 juillet.* L'état le plus heureux actuellement pour moi ne consiste pas, comme autrefois, à sentir très-vivement l'existence, mais à ne pas désirer d'être autrement que je ne suis, ou dans une autre situation. Je ne suis bien nulle part, parce que je porte en moi ou dans mon organisation une source d'affliction, de trouble ou

[1] Pensées. *Faiblesse de l'homme, incertitude de ses connaissances naturelles.*
[2] Maison de campagne dans les environs de Périgueux.

de mal-être permanent. Mais lorsque je suis hors de mon élément, loin des relations de famille, entraîné par un mouvement de monde et d'affaires qui me contrarie, me pousse en sens inverse de mes dispositions et de mon instinct de repos, je suis mal avec le désir d'être ailleurs : dans la solitude et la famille. Et lorsque je suis dans la solitude et la famille, si je ne suis pas bien, si j'éprouve encore de la langueur, du malaise, je ne désire pas d'être ailleurs, et je me dis que je serais encore plus mal dans le monde.

Grateloup, 29 juillet. J'arrive chez moi ; j'y goûte tout le sentiment de la propriété. Les changements opérés depuis mon départ intéressent vivement ma curiosité et m'appellent tout entier au dehors. J'examine chaque objet avec une attention pleine d'attrait ; tout m'intéresse, le moindre arbuste, la plante qui échappe à d'autres yeux appelle mes regards ; c'est à moi, c'est une partie de moi-même ; l'impression nouvelle me fait revivre dans le passé et me rattache au présent.

C'est ici, dans ce lieu où tout est comme une de mes créations, que je puis couler encore quelques jours sereins, hors du tourbillon des affaires, menant une vie simple, tranquille, studieuse, qui se terminera doucement par le sommeil, lorsque mon heure sera arrivée d'aller dormir et reposer mes os près de ceux de la mère de mes enfants. En attendant, mon reste d'existence s'avive par la présence de tant d'objets qui m'intéressent, de mes bois, de mes prés, de mes vignes ; je vis plus qu'ailleurs, hors du mouvement et des impressions qui faisaient autrefois ma vie.

Du 13 au 23 août. J'ai peu travaillé d'esprit, je n'ai

rien fait de suite. Après ma longue lettre à M. Stapfer sur la causalité [1], j'ai pris pour sujet de travail la critique du dernier ouvrage philosophique de M. de Bonald sur l'origine des langues [2]. Je m'en occupe mollement et à bâtons rompus, comme je fais de tout, me laissant distraire par les moindres choses.

24 août. Ce que Malebranche dit du système intellectuel, Fénelon le dit du système moral affectif. Suivant le premier, nous voyons tout en Dieu; suivant le second, nous aimons, nous sentons, ou nous devons tout aimer, tout sentir en Dieu seul, pour lui et par lui.

Fénelon dépeint parfaitement un état que je connais trop bien par ma propre expérience : « Lorsque Dieu et tous
» ses dons se retirent de l'âme, l'âme éprouve un état
» d'angoisse et une espèce de désespoir : on ne peut plus
» se supporter; tout se tourne en dégoût; on ne sait plus
» où l'on en est; le cœur est flétri et presque éteint; il ne
» saurait plus rien aimer; on est comme un malade qui
» sent sa défaillance, faute de nourriture, et qui a en hor-
» reur les aliments les plus exquis. Tout nous surmonte;
» vous ne savez plus ce que vous voulez; vous avez des
» amitiés, des aversions, des plaisirs et des peines comme
» un enfant, dont vous ne sauriez dire la raison et qui
» s'évanouissent comme un songe, dans le moment que
» vous en parlez. Ce que vous dites de votre disposition,
» vous paraît toujours un mensonge, parce qu'il cesse
» d'être vrai au moment où vous commencez à le dire. »

---

[1] Ce sont les réponses mentionnées plus haut sous la date du 11 juillet.

[2] *Recherches philosophiques sur les premiers objets des connaissances morales.* 2 vol. in-8°. Paris 1818.

Combien de fois j'ai éprouvé cela à l'instant même où je voulais me rendre compte à moi-même d'une certaine situation donnée, et la peindre dans ce journal ! « Rien
» ne subsiste en vous, vous ne pouvez répondre de rien,
» ni vous promettre rien, ni même vous dépeindre. On
» ne saurait croire combien cette circonstance puérile
» rapetisse une âme sage, ferme et hautaine de sa vertu.
» Le cœur est comme un arbre desséché jusqu'à la racine ;
» mais attendez que l'hiver soit passé et que Dieu ait fait
» mourir tout ce qui doit mourir, alors le printemps ra-
» nime tout. »

Hélas ! j'ai souvent espéré que cet état de langueur et de mort serait remplacé par un autre meilleur ; j'ai pensé que dans cette succession d'états plus ou moins pénibles, de modes indépendants de ma volonté, quelque puissance invisible, peut-être l'âme de l'épouse céleste que j'ai perdue, influait sur mes dispositions et pouvait les changer en bien. Mais ces changements sont si prompts, la mobilité de tout mon être est si grande, que je ne puis m'empêcher de croire que la cause des variations dans mes états affectifs est inhérente à mon être physique ; il faut que cet être meure tout entier pour que l'hiver passe et que le printemps renaisse.

25 août. Jour de fête pour la France [1]. Je suis seul.
Qui utuntur hoc mundo sint tanquam non utantur. Præterit enim figura hujus mundi. Volo autem vos sine sollicitudine esse [2].

Il faut que notre âme reste toujours en possession d'elle-

---

[1] La Saint-Louis.
[2] Première épître de saint Paul aux Cor., chap. VII, versets 31 et 32.

même, et que rien ne la possède. Il faut user de tout, faveurs, fortune, dignités, talents, qualités personnelles, avec la retenue d'un cœur qui se réserve pour un plus digne objet, et d'un esprit sage qui sait que tous ces biens sont passagers : *Præterit figura hujus mundi.* Il faut faire son devoir avant tout, vouloir le règne de la justice universelle ou de la raison, qui est celui de Dieu même ; et lorsqu'on fait tout pour conformer ses sentiments et ses actions à cette règle suprême, jouir avec retenue (*tanquam non utantur*) de l'estime et de la considération qu'une vie aussi pure peut nous attirer, sans s'étonner ni s'affliger de l'indifférence, de l'oubli ou du mépris même des hommes. Car, si l'estime des autres était notre premier besoin et le but de nos actions, nous serions tourmentés, alors même que nous aurions la conscience d'avoir bien fait ; et le bien et le mal perdraient leur *criterium* interne ; la règle du devoir serait incertaine, la vertu ne trouverait plus en elle-même sa récompense assurée.

Qu'on se complaise dans les avantages de l'esprit, de la sagesse, ou dans ceux du corps, de la beauté, n'est-ce pas toujours se complaire en soi, n'est-ce pas orgueil et vanité ? Le but de nos actions, comme l'objet de notre complaisance, doit être extérieur à nous, indépendant de nous-mêmes. Que justice se fasse, que tout suive l'ordre de la sagesse, de la raison éternelle ; voilà ce que nous devons vouloir, aux dépens de tout notre être physique et moral. Là seulement il n'y a pas de vanité.

Prenez garde quand vous vous sentez élevé par votre sagesse, votre raison individuelle, au-dessus de tout ce que les hommes estiment et recherchent avec tant d'ardeur, prenez garde de ne pas vous enivrer du plaisir que donne le témoignage intérieur de cette supériorité. Si vous êtes comme vous devez être, y a-t-il de quoi vous enorgueillir? A quoi tient-il que vous ne soyez autrement? Qu'avez vous que vous ne l'ayez reçu? Le stoïcien s'applaudit d'une victoire sur ses passions, qu'il n'attribue qu'à sa force; le chrétien ne croit pas que ce soit lui-même qui ait vaincu, mais la grâce qu'il a été libre seulement de désirer.

26 *août*. J'ai eu une pensée vive sur la dépendance où nous sommes pour notre état moral et intellectuel de ces liens du corps, ou des dispositions spontanées de nos organes, par suite des affections, images et passions qui s'y lient immédiatement. La tranquillité, le calme, la sérénité d'âme qu'on éprouve sous l'empire de certaines idées religieuses et morales, nous laissent toujours dans l'incertitude de savoir si ces sentiments ou ces états de l'âme ne sont pas le résultat immédiat des dispositions organiques, au lieu d'être la suite des idées de l'esprit. Ces idées elles-mêmes pourraient bien n'être adoptées par l'esprit, et logées fixement en lui, que par l'espèce de sympathie qu'elles ont avec telles dispositions affectives, ou avec le caractère moral qui n'en est que le reflet. La volonté n'a qu'un empire très-limité sur la suite de nos idées, sur la qualité et le choix de celles qui nous occupent, et qui s'attachent à nous plutôt que nous ne nous attachons volontairement à elles. Les secours extérieurs paraissent bien nécessaires à l'homme pour persister dans un certain état moral ou intellectuel donné, malgré toutes les variations organiques ou sensitives. Les hommes religieux éprouvent les mouvements de la grâce, comme provenant d'une force surnaturelle qu'ils ne se donnent pas, mais qui agit sur eux, d'autant plus efficacement qu'ils font abnégation plus complète d'eux-mêmes

ou de leur force propre, en n'employant leur activité qu'à se mettre dans un état d'abandon d'eux-mêmes et de confiance absolue en Dieu, pour attendre les inspirations de la grâce, les recevoir et s'y laisser aller. Mais il est encore permis à ceux qui cherchent à tout expliquer par des causes naturelles, de demander si la mysticité n'a pas ses illusions, si, lorsque une âme dévote se perd dans la contemplation des miséricordes divines, qu'elle est en extase sous les inspirations d'en haut, ou calme et parfaitement tranquille dans son abandon à la volonté de Dieu, cet état de béatitude ne tient pas encore plus ou moins à un état de la sensibilité affective, tel que si les dispositions organiques venaient à changer, tout ce calme intérieur, cette béatitude céleste s'évanouiraient, et ne laisseraient dans l'âme que trouble et confusion.

Rien n'est plus difficile à distinguer complétement, même avec toute notre expérience, que les choses ou les modifications qui dépendent de nous, directement ou indirectement, et celles qui n'en dépendent pas. Mais nous savons au moins, *certissimâ scienciâ*, que nous sommes libres dans nos actions, et, jusqu'à un certain point, dans nos sentiments, en tant qu'ils dépendent de nos actions. Il n'est pas très-assuré que certains sentiments, ou manières d'être, qui nous rendent heureux, naîtront de telles actions qui dépendent de nous, de tel plan de conduite que nous sommes libres de suivre ou de ne pas suivre; mais il est au moins certain que nous n'obtiendrons pas cette manière d'être désirable, si nous n'agissons pas pour y parvenir. « Dieu s'éloigne, dit Fénelon, parce
» qu'on s'éloigne de lui. L'âme s'endurcit; elle n'est plus
» en paix, mais elle ne cherche point la vraie paix ; au
» contraire elle s'en éloigne de plus en plus, la cherchant

» où elle n'est pas (c'est-à-dire au dehors). » Ne suis-je pas dominé par cette illusion? J'aime la paix intérieure et je ne la cherche pas, ou je la cherche où elle n'est pas : je m'en éloigne de plus en plus, en m'embarrassant de mille affaires, en m'embrouillant dans des idées que je poursuis et qui me fuient, en aspirant encore à des succès impossibles.

2 septembre. « Dieu nous fait mourir à nous-mêmes, » comme dit Fénelon, « tantôt par le dégoût du monde, de » ses affaires et de sa vie agitée, tantôt par la solitude et » par la privation de tout ce que le monde peut donner. » Or, le plus grand bien qui puisse nous arriver, c'est de » mourir à nous-mêmes pour ne plus vivre qu'en Dieu, » c'est-à-dire dans la sagesse, la vertu et le mépris de » tout ce que le monde estime et recherche, dans l'exemp- » tion des passions et des vices. »

La manière la plus pénible de mourir à soi-même, c'est de mourir à tout ce qui est le plus intime, à ces facultés dont l'exercice peut nous consoler de tout, lorsque nous nous rendons le témoignage intérieur de leur activité, de leur force et de leur bon emploi. Se sentir mourir par ce en quoi réside la vie intellectuelle et morale, sentir qu'on n'a plus de pensée forte, élevée, qu'on est dominé par une multitude de petites idées basses et frivoles, par des penchants et des goûts tout personnels, enfin n'avoir plus de personnalité réfléchie que ce qu'il en faut pour reconnaître la dégradation successive de ces facultés par lesquelles on s'estimait, on était content de soi, et qui, chaque jour nous abandonnent : c'est bien là, certainement, la manière de mourir à soi-même la plus pénible. Mais celui qui s'est accoutumé, dès longtemps, à se remettre tout entier dans les mains de Dieu supportera cette perte comme toutes les autres. Ces facultés dont il s'enorgueillissait, n'étaient pas plus lui que sa figure, qui est devenue méconnaissable, et les membres de son corps dont il a perdu l'usage, puisqu'il reste *lui* qui juge les changements et les pertes, en tant qu'il reste la même personne qui se rend témoignage qu'elle meurt à tout ce qui n'est pas elle. Il se console, en Dieu, de tout ; et, quand la personne n'est plus, il n'est plus besoin de consolation.

10 *au* 11 *septembre*. Il n'y a rien de bon hors de la sagesse et de la science ; et sans ordre, sans unité dans la vie, il n'y a pas de sagesse ni de science : je parle de la science qui éclaire et vivifie l'âme, convenablement disposée par la méditation, et non de celle qui enfle, qui vient ou se montre avec l'appareil de mots laborieusement arrangés ; car celle-là empêche, préoccupe, détruit toute liberté et nuit à notre véritable perfectionnement. L'unité de dessein dans toute la variété des affections, des passions, des sentiments et des idées d'une vie sujette à mille vicissitudes, est la chose la plus désirable, mais la plus difficile à obtenir malgré tous nos efforts les plus soutenus. Je suis différent de moi-même, et je me trouve, à mesure que j'avance vers le terme de la vie, toujours plus éloigné du terme de la perfection. Pendant que j'étais jeune, je confondais le sentiment de la force et le plaisir immédiat qui résulte de la vie, avec le contentement intérieur de la conscience, qui s'attache aux bonnes actions et aux bonnes pensées, au bon emploi des facultés. Mais comme la perfection physique diffère entièrement de la perfection intellectuelle et morale (quoiqu'il y ait entre

elles certains rapports harmoniques), lorsqu'on n'a pas recherché celle-ci pour elle-même, le physique, en se dégradant, nous livre au sentiment de toutes nos imperfections, sans compensation ni dédommagement. De là, le trouble et les anxiétés du vieil âge.

19 *septembre*. « L'âme qui parvient à s'élever à Dieu et » à s'en nourrir n'est plus à elle, mais à celui qu'elle » aime plus qu'elle-même. Elle cherche, elle trouve, elle » voit partout son Dieu [1]. »

Dans le point de vue psychologique, ou sous le rapport de la connaissance, l'âme tire tout d'elle-même, ou du *moi*, par la réflexion; mais dans le point de vue moral, ou sous le rapport de la perfection à atteindre, du bonheur à obtenir, ou du but de la vie à espérer, l'âme tire tout ou reçoit tout du dehors; non de ce dehors du monde, des sensations, mais du dehors supérieur d'un monde purement intellectuel, dont Dieu est le centre; car l'âme ne trouve en elle qu'imperfection, bassesse, misères, vices, légèreté. Comment donc l'idée ou le sentiment qu'elle a du parfait, du grand, du beau, de l'éternel, pourrait-il naître de son propre fonds? Il faut reconnaître que les vérités morales et religieuses, qui ont le bien pour objet, et la perfection pour fin, ont une autre source que les vérités psychologiques, limitées à l'homme sensible, intelligent et libre, ou dépendent d'autres facultés, comme l'a très-bien reconnu Kant.

21 *septembre*. L'âge où je suis arrivé, depuis un an, est une époque de la vie bien critique. Parvenu aux deux

---

[1] *Imitation de Jésus-Christ.*

tiers de ma carrière, je vois déjà approcher « les grandes ombres qui vont m'envelopper. » J'ai perdu, en grande partie, la force, la stabilité, l'énergie ; je n'ai plus d'imagination ni de passions, je n'ai plus, en moi, ce pressentiment de durée et de vie qui porte à entreprendre. Je ne trouve pas de compensation dans une plus grande sagesse ; je suis travaillé par une mobilité singulière, que l'âge semble accroître ; je suis toujours pressé, agité, voulant faire plusieurs choses à la fois, m'imposant à moi-même des tâches et des travaux de composition que je suis forcé d'interrompre, que je ne continue qu'avec un grand effort, dans la peine, le découragement et l'affliction d'esprit. Pourquoi ne pas rester tranquille, se reposer en Dieu, ou s'abandonner à sa destinée ?

On est tourmenté intérieurement, par le sentiment même d'une vie qui s'affaiblit, s'échappe et tend en vain à se retenir sur le précipice, et on attribue à des causes extérieures les effets de l'âge critique ; on se croit ou on se dit malade ; on se soigne..., vaines précautions ! La maladie qu'on porte en soi est incurable ; il faut s'y résigner et attendre patiemment la fin, la mort qui est le seul remède. Je vois pourtant des vieillards gais et sereins. Sans doute qu'ils n'ont plus le sentiment de ce contraste entre les affections de l'âge de force d'où l'on sort, et celui de faiblesse et d'abattement où l'on entre.

La religion se présente, à la fin de la vie, comme la grande, l'unique source de consolation et de force morale ; mais si le sentiment religieux (qui diffère des idées religieuses et ne peut être remplacé par elles) n'a pas été auparavant un besoin de l'âme, ou n'est pas toujours resté dans son fonds, quoiqu'il ait pu être distrait par les passions, il est difficile qu'il vienne adoucir et embellir

la fin de notre carrière. « L'homme sage et bien instruit
» des choses spirituelles demeure ferme au milieu de tous
» les changements qui naissent de l'organisation ou du
» mouvement de la vie physique ; il ne prend point garde
» à ce qu'il sent en lui-même, ni de quel côté souffle le
» vent de l'instabilité, mais tourne toutes les vues de son
» esprit à l'excellente fin vers laquelle tout doit ten-
» dre[1]. »

Du 22 au 28 septembre. Je suis resté seul à Grateloup, loin de toute agitation du monde, mais portant toujours en moi un principe d'agitation ; luttant sans cesse pour travailler contre de mauvaises dispositions. Je fais et refais un mémoire que je me propose de publier, sur le dernier ouvrage de M. de Bonald, mémoire qui m'occupe depuis plus de deux mois et demi, tandis que je croyais, en commençant, ne faire qu'un article de peu de jours de travail. Mais je trouve à rattacher là beaucoup d'idées, et autant vaudrait ce cadre qu'un autre s'il était bien rempli[2].

Mon genre de travail de composition n'est plus ce qu'il était autrefois, suivi et calme, chaque phrase ayant une certaine forme plus ou moins harmonique. Aujourd'hui, mon travail est brisé, haché, pénible, et toujours précipité. Si je parviens à faire une phrase, ce n'est qu'en effaçant plusieurs fois, et jamais la proposition la plus simple ne se trouve à la fois présente à mon esprit, ni habillée

[1] *Imitation de Jésus-Christ.*
[2] L'écrit relatif à M. de Bonald, plusieurs fois mentionné dans le *Journal*, et dont la forme fut modifiée à diverses reprises, ne paraît pas avoir été terminé. Il en reste des fragments considérables et très-importants.

comme elle doit l'être. Je me fatigue chaque jour en pure perte et fais, avec un grand labeur, des pages qui seront effacées le lendemain. C'est, ce semble, une grande patience de rouler ainsi le rocher de Sisyphe, mais elle n'est qu'en apparence; il ne m'en coûte rien de sacrifier le lendemain le travail de la veille. C'est au moment de la composition que cette patience devrait s'exercer pour ne rien précipiter, attendre que les idées soient élaborées avec leurs signes avant que de les écrire, au lieu de se presser pour barbouiller et effacer.

Pleraque differat, et præsens in tempus omittat [1].

Mais cela tient d'abord à ma disposition nerveuse, puis maintenant à mon habitude qui ne peut plus être changée. Mon état physique et moral, dont je suis toujours plus mécontent, est une croix intérieure, près de laquelle toutes les croix extérieures ne sont rien. « Bannissez tout em-
» pressement, toute inquiétude; ne désirez, ne cherchez
» que Dieu, et vous goûterez la paix malgré le monde.
» La pauvreté, le mépris, les mauvais succès, les croix in-
» ternes et externes : regardez tout cela dans la main de
» Dieu, comme des faveurs que Dieu vous envoie, et le
» monde changera de face et rien ne vous ôtera votre
» paix [2]. »

Cette manière de voir et de sentir est elle-même la plus grande grâce. Comment l'obtenir? Comment remédier au découragement intérieur qui est la vraie croix, celle qui rend toutes les autres si difficiles à supporter?

[1] Art poétique d'Horace.
[2] Fénelon, *Méditations*.

10 *octobre*. Ici je puis être moi, moi seul, sans diversion, et je me trouve pourtant comme en compagnie, où une personne vous approuve, l'autre vous condamne : l'une est bienveillante, l'autre juge avec sévérité et critique tout ce que vous pouvez faire et dire ; l'une vous conseille de suivre telle direction, l'autre vous en détourne, et on ne sait à laquelle entendre, obéir. Ainsi se passe la vie. Ce ne sont pas seulement les hommes et les choses du dehors qui nous contrarient ; mais l'homme extérieur contrarie l'homme intérieur, et, du fond de l'homme intérieur lui-même, ressortent deux forces opposées qui agitent la pensée, l'entraînent en divers sens et l'empêchent de s'arrêter à quelque point fixe. Quel sera le terme de ces contradictions ? Où est le repos ? Je vois maintenant qu'il est inutile de chercher à l'atteindre par les efforts de la volonté. C'est une vraie misère de vivre sur la terre !
« Plus l'homme veut vivre selon l'esprit, plus il est
» frappé des contradictions de sa nature. Tant que nous
» portons ce corps fragile nous ne pouvons vivre sans
» péché, sans ennui et sans douleur [1]. »

En lisant le *Traité de la vieillesse* de Cicéron, je vois combien la morale philosophique est inférieure à la morale religieuse. Les consolations de Cicéron sur les inconvénients de la vieillesse, se rapportent toutes à l'homme et à la vanité. Le vieillard conservera encore de la force d'esprit, il aura la vertu, exercera l'influence propre à son âge... Mais s'il est privé de tous ces avantages ? s'il est misérable, malade, souffrant, sans appui ni au dedans ni au dehors ? toute la philosophie de Cicéron ne lui offrira pas la moindre ressource, tandis que la religion lui ouvre tous ses trésors,

---

[1] *Imitation de Jésus-Christ.*

de quelque manière même qu'il ait vécu, quels que soient ses remords.

1ᵉʳ *novembre*. Arrivé à Paris à 7 heures du soir. J'ai eu quelques moments de trouble en arrivant. Cependant je me sens plus disposé au calme et à conserver mon aplomb au milieu des agitations qui m'attendent ici. J'ai besoin de me prémunir contre toutes les causes de trouble extérieures et intérieures. Je prie Dieu qu'il me donne cette paix que le monde ne peut donner, et que l'homme trouve si difficilement en lui par ses propres forces.

Pourquoi tant m'agiter pour faire de l'effet dans un monde qui ne songe point à moi ? Pourquoi m'inquiéter et m'embarrasser de tant d'affaires sur lesquelles je ne puis rien ? Pourquoi vouloir attirer l'attention des puissants et m'affliger d'être compté pour rien sur ce grand théâtre ? Est-ce que je suis appelé à y figurer ? Est-ce que toutes mes dispositions ne m'en éloignent pas ? Est-ce que je puis valoir quelque chose hors de la vie intérieure ? et pourquoi ne ferais-je pas tous mes efforts pour m'y maintenir, malgré les obstacles qui m'en éloignent à Paris ?

2 *novembre*. J'ai conservé ces bonnes dispositions, jusqu'à ce que je sois sorti. Après midi j'ai été avec M. Loyson chez le ministre de l'Intérieur ; j'ai commencé à sortir de moi-même. J'ai fait plusieurs visites aux grands fonctionnaires, en commençant par ceux qui ont le plus de rapports avec moi ; je les ai trouvés montés à mon ton ; je me suis excité, enivré toute la journée de ces conservations. Me voilà redevenu *excentrique*.

3 *et* 4 *novembre*. J'ai fait mon entrée au comité de l'In-

térieur et je cours pour des affaires et des visites, des misères auxquelles j'attache une importance excessive. Je sens que je m'échappe à moi-même, que l'homme intérieur se dissipe et s'évanouit, et que je redeviens comme auparavant, tout à fait extérieur, c'est-à-dire désordonné, sans réflexion, sans rien d'intellectuel ni de moral.

Ce changement ou cette transformation rapide de l'homme intérieur en extérieur se rapporte à plusieurs causes. En passant de ma solitude champêtre au monde des affaires, il faut que la sensibilité de la vie animale s'élève à un ton proportionné à la multitude des impressions et des images qui viennent m'assaillir. Il y a d'abord une résistance vitale à ce changement d'état ou de ton ; et de là résulte le trouble des premiers moments, le malaise, la rupture de tout équilibre, le dérangement même de toutes les fonctions. Quand je suis monté organiquement au ton du monde extérieur, je perds la faculté de réfléchir, d'assister à ce qui se fait en moi, sans avoir guère plus de tact ou de facilité pour me rendre présent par l'attention aux choses du dehors. Les impressions confuses que le surcroît d'activité organique fait naître et propage sont les premières causes du trouble de l'esprit. Mais pourquoi accuser le corps quand l'âme demeure, par sa faute, incertaine et flottante ? « A quoi me sert à présent mon « âme ? Voilà ce qu'il faut se demander à toute heure et à » tout moment. Quelle âme ai-je présentement ? Est-ce » celle d'un homme ou celle d'un enfant, d'une femme- » lette, d'un animal [1] ? »

Je reste par mes habitudes ou mes dispositions naturelles homme intérieur, sans pouvoir néanmoins en exer-

---

[1] Marc-Aurèle.

cer les facultés actives ; d'où il suit que je ne suis rien au dedans ni au dehors. Je suis, par ma nature, doué de l'aperception interne, et j'ai, pour ce qui se fait au dedans de moi, ce tact rapide qu'ont les autres hommes pour les objets extérieurs. Mais lorsque mon aperception se trouve enveloppée et absorbée par les impressions confuses du dehors ou du dedans, je me trouve dégradé au-dessous de la condition de l'homme le plus vulgaire, et la conscience que j'ai de ma nullité est la source d'une inquiétude, d'une humiliation continuelle, dont je ne me relève que par moments, et par le sentiment religieux, quand il vient à mon secours. Aussi suis-je entièrement déplacé maintenant dans le monde extérieur ; la vie solitaire qui me met en présence de moi-même et de ce monde intérieur, où je suis appelé par toutes les dispositions de mon être physique et moral, est la seule vie qui me convienne.

Que me fait ce monde ? D'où vient qu'il a le pouvoir de me modifier, de me mettre hors de moi, tellement que je ne suis plus la même personne morale ; que je perds toute présence ou liberté d'esprit, absorbé par les impressions confuses qu'excite dans toute mon organisation la vue ou l'approche de ce monde ? D'où vient que je suis si gai, si serein, si rassuré et confiant quand je reçois des marques sensibles d'égards et de bienveillance ; et si troublé, décontenancé, si timide et humble quand le monde me traite avec froideur ou indifférence ? Qu'est-ce que le monde peut me donner de valeur réelle, et que ne me fait-il pas perdre, en m'ôtant la paix de l'âme, la liberté d'esprit, le *conscium* et le *compos*? Restons seul à Paris, comme à Grateloup, ou formons-nous un petit cercle qui remplace la famille. Mais l'air pur, les promenades champêtres, le bien-être, la sécurité qu'on éprouve quand tout concourt à soutenir notre existence et que rien ne la trouble ou la menace, qu'est-ce qui peut me tenir, ici, lieu de ces biens? Tâchons d'aller les retrouver le plus tôt possible et de nous y tenir.

20 *novembre*. Pourquoi ne vivrais-je pas à Paris, comme dans une solitude quand rien ne me commande de sortir? Pourquoi cherché-je les distractions, qui sont sous ma main, tandis que je n'en sens pas le besoin à la campagne, que je crains au contraire d'être distrait, que je ne désire rien tant que de passer des journées solitaires et tranquilles, occupé dans le cabinet? Oh! misère que cette vie de Paris où je perds tout ce que je vaux!

Du 1er au 10 décembre. Etat de l'âme assez tranquille; force et sérénité habituelles. — J'ai employé ce temps, partie en distractions, et partie à la composition d'un morceau de philosophie mystique sur les *deux révélations*, adressé à M. Stapfer, sur cette question : « Les anciens philosophes ont-ils reconnu la nécessité d'une révélation divine? » Le 8, j'ai lu ce morceau à ma petite société philosophique, MM. Ampère, Cousin, Loyson, etc., etc.; le 10 je l'ai envoyé à M. Stapfer [1].

13 *décembre*. Le secours de Dieu nous est nécessaire dans les choses mêmes qui sont, ou paraissent être en notre pouvoir. Je me trouve dénué de toutes mes facultés, précisément parce que j'ai trop compté sur moi-même, et

---

[1] Ce petit écrit est devenu plus tard la note des *Nouvelles considérations sur les rapports du physique et du moral de l'homme*. Voir les *OEuvres philosophiques de Maine de Biran*, tome IV, page 147.

que je n'ai pas pris l'habitude de me confier dans un secours et un appui supérieur, de le demander par la prière afin de me fortifier.

18 *décembre.* L'homme s'offre aux autres et à lui même, comme dans une perspective qui a plusieurs plans reculés les uns derrière les autres. J'en distingue trois bien particulièrement. Le premier fait saillie au dehors : je ne suis rien pour moi en moi-même; je songe à paraître aux yeux des autres, je suis en eux et rien que par eux. Dans la seconde perspective, je me sépare du monde extérieur pour le juger, mais j'y tiens comme à l'objet ou au terme de toutes les opérations de mon esprit. Dans la troisième, je perds tout à fait de vue le monde extérieur et moi-même; et le monde invisible, Dieu, est l'objet ou le but de ma pensée. Le *moi* est entre ces deux termes. Ainsi les extrêmes se touchent; la nullité d'efforts ou l'absence de toute activité emporte la nullité de conscience ou de *moi*, et le plus haut degré d'activité intellectuelle emporte l'absorption de la personne en Dieu ou l'abnégation totale du *moi* qui se perd de vue lui-même [1].

28 *décembre.* L'âme peut trouver en elle-même, ou dans la pensée de Dieu, de l'infini, des moyens de force, d'élévation et de paix qui restent les mêmes quand la machine s'affaisse et que tout l'organisme tend au découragement, à la tristesse, à l'ennui. Voilà où il faut tendre au

---

[1] Cette pensée manifeste déjà très-clairement le point de vue nouveau qui, mûri par la réflexion, devait, cinq ans plus tard, conduire l'auteur à remanier complétement le manuscrit de l'*Essai sur les fondements de la Psychologie,* pour en faire les *Nouveaux Essais d'Anthropologie.*

lieu de se livrer, comme je l'ai fait jusqu'ici, aux impressions instinctives qui font toute ma vie, même intérieure. Je me livrais à l'attrait de ces impressions, j'étais heureux par elles seules ; d'autres ont succédé ; il faut chercher la force ailleurs. Dans mes meilleures dispositions, j'ai été jusqu'ici seul avec moi-même. « Pauvre conseil où Dieu n'est pas ! » dit Fénelon. La présence de Dieu opère toujours la sortie de nous-mêmes, et c'est ce qu'il nous faut. Comment concilier cela avec ma doctrine psychologique du *moi* ?

ANNÉE 1819.

---

2 janvier. Tout ce que notre volonté ne fait pas, tout ce que nous apercevons dans nos idées, ou sentons en nous-mêmes comme indépendant de notre action présente ou passée, et de tous nos pouvoirs, nous pouvons bien l'attribuer à Dieu. Mais, réciproquement, ce que nous apercevons ou sentons comme le produit actuel ou virtuel de notre force propre ne saurait être attribué à Dieu, cause créatrice suprême, en qualité de cause efficiente. A cet égard, la métaphysique doit se fonder sur la psychologie. Qu'on dise que Dieu seul produit en nous son idée, à laquelle notre esprit fini ne saurait s'élever par ses propres forces, que la grâce produit aussi, en nous, les bons mouvements affectifs qui remplissent le cœur de son amour; mais qu'on ne dise pas que c'est Dieu qui effectue les actes de liberté que nous nous approprions, que nous sentons comme des produits de notre effort voulu. Il y a, à ce sujet, une grande confusion d'idées parmi les métaphysiciens, précisément parce qu'ils n'ont pas senti le besoin de fonder la philosophie sur les faits d'expérience intérieure.

13 janvier. Penser, c'est se distinguer *soi* de tout ce qui ne l'est pas, et de son corps propre. Les hommes à imagination, dont l'esprit est toujours porté au dehors, ne pensent pas. Ceux dont l'âme reste toujours mêlée avec le corps, sans exercer aucun effort, aucune activité pour se dégager, ne sont pas des êtres pensants, ni des êtres moraux. L'exercice de la pensée est, en même temps, un exercice de moralité. Se mettre au-dessus de la nature ou de l'organisme, au-dessus des passions, des affections qui appartiennent à la machine, est une condition essentielle pour faire son métier d'homme. A le prendre sous ce rapport, l'intelligence et la moralité sont indivisibles; l'être le plus intelligent serait aussi le plus vertueux. Mais on fait entrer dans l'intelligence ou la pensée beaucoup de choses qui n'en sont pas.

17 janvier. Ramener toute sa vie à *l'unité*. Il n'y a qu'une idée universelle, centrale, but de toutes les actions extérieures, qui puisse rendre *une* cette vie si multiple, si confuse : Dieu, la vertu, le souverain bien, le devoir.

3 février. En rentrant chez moi, hier au soir, j'ai lu, un petit livret intitulé : *le Bonheur du peuple*, destiné à l'instruction des dernières classes. Quelles illusions, quels préjugés funestes dans les hommes influents d'aujourd'hui, qui se persuadent qu'ils rendront le peuple plus heureux par l'esprit, par l'instruction, en cherchant à exciter ses passions haineuses contre les personnes élevées, en lui apprenant à mépriser les ancêtres comme ignorants, en développant ainsi, dans les basses classes de la société, l'esprit de rivalité, de cupidité, d'ambition, sans chercher pour elles aucun contre-poids, aucune compensation dans les sentiments religieux et moraux, dans les espérances d'une autre vie!

8 février. Un hiver passé à Paris, dans les affaires et le monde, est comme un temps d'ivresse prolongée ; on n'est plus soi ni à soi ; on perd son *moi, sa pensée de derrière;* on se passionne pour des misères, on ne voit pas plus loin que le présent, on n'a pas une pensée nouvelle, profonde, sérieuse ; on vit sur son acquit qu'on emploie ou qu'on dépense tant bien que mal, et c'est ce qu'on appelle vivre. Je trouve qu'on use sa vie plutôt qu'on n'use de la vie sagement, et en vue d'un avenir meilleur ou plus élevé.

9 février. « Le mouvement propre de la nature, aban- » donnée à elle-même, la porte au mal et vers les choses » de la terre. Cette portion de force, de vie spirituelle, n'est » que comme une étincelle cachée sous la cendre, enve- » loppée d'épaisses ténèbres. La raison naturelle conserve » encore le discernement du bien et du mal, et fait la dis- » tinction du vrai et du faux, quoiqu'elle soit dans l'impuis- » sance d'accomplir par elle-même ce qu'elle approuve, » et qu'elle ne jouisse plus, ni de la pleine lumière de » vérité, ni de la première pureté de ses affections [1]. »

Les stoïciens reconnaissent bien l'opposition essentielle des deux principes, mais ils croient que la force *sui juris* du vouloir peut toujours surmonter les affections et les

---

[1] *Imitation de Jésus-Christ.*

mouvements de la nature passionnée. Les chrétiens pensent, au contraire, que cette nature corrompue en elle-même, l'emporte constamment sur le principe spirituel, si le secours supérieur de la grâce ne nous aide à la surmonter. Dans les deux doctrines, l'opposition des deux principes spirituel et charnel est démontrée par tous les faits d'observation intérieure. Tout ce qui part du premier principe est bon, juste, vrai ; si nous pouvions assurer toujours sa prédominance, ne juger, ne vouloir jamais qu'avec lui ou par lui, nous serions aussi parfaits que la nature de notre âme le comporte. Séparer tout ce qui vient du principe charnel et le soumettre, c'est l'exercice de toute la vie intellectuelle et morale. Bien juger et bien agir tiennent à la même condition ; c'est toujours s'élever au-dessus des sens ; mais tous les devoirs, toutes les circonstances de la vie civile nous ramènent au monde sensible, et la difficulté, c'est de vivre habituellement dans ce monde ou pour lui, sans en être prédominé. La spéculation, tant critiquée parmi nous, n'est qu'un exercice moral ; il n'y a d'êtres moraux que ceux qui spéculent, en s'élevant au-dessus de tout ce qui est sensible : pour le commun des hommes l'âme est toujours répandue dans les sens.

« Mon âme est-elle si fort mêlée, confondue avec cette » misérable chair, qu'elle suive tous ses mouvements et lui » obéisse comme son esclave [1] ? » Celui qui se confond avec la chair et suit tous ses mouvements, abattu avec le corps et ne se relevant qu'avec lui, est toujours un sot, alors même qu'il se glorifie de son esprit. Je réfléchissais, hier, sur l'application que font les hommes du mot *sot*.

---

[1] Marc-Aurèle.

Tel qui a une certaine mobilité d'imagination, qui fait des peintures vives, des combinaisons singulières de mots, passe pour homme d'esprit dans le monde; tandis que l'homme de jugement dont les idées se succèdent avec lenteur, qui s'arrête sur chacune, ou même qui n'a pas celles dont on s'occupe dans le monde, passe pour un sot. La chose pourrait être retournée. On peut être très-spirituel ou très-sot, en changeant de lieu, de société, ou à différentes heures. Je me trouve sot la plus grande partie du temps et c'est l'estomac mal disposé qui me rend tel. Pourquoi faire tant de cas d'un instrument qui ne dépend pas de nous?

Il n'y a pas tant de différence qu'il paraît entre la morale des stoïciens et celle des chrétiens : recevoir tout ce qui arrive, le mal comme le bien, avec une entière résignation à la nature, à l'esprit universel, à la raison ou à Dieu; accepter de la volonté de Dieu les plus grands maux, avec le même plaisir que l'homme sensuel trouve dans les délices; faire abnégation de sa volonté propre, individuelle, pour se conformer en tout à celle de Dieu, ou de la nature universelle; regarder comme nuls les empêchements qui viennent de ce misérable cadavre que nous traînons, le mépriser : voilà bien des points communs. Mais, selon les stoïciens, nous pouvons tout cela par nous-mêmes; selon les chrétiens, nous ne le pouvons qu'avec la grâce ou par elle.

14 *février*. Visites au château, aux princes; — agitation, bavardage et mouvement sans objet. « Je suis un » pauvre abandonné, laissé comme dans une terre ennemie » où les combats sont continuels et les disgrâces très-

» grandes [1]. » J'éprouve, dans chaque lieu, ces combats, ces peines, cette tristesse de l'exil. Quand j'ai vécu dans la solitude j'ai souvent désiré le monde ; quand j'ai été dans le monde, j'ai désiré la solitude. L'exil est partout sur cette terre et dans quelque lieu que nous soyons, quelle que soit notre condition, la vie est un combat perpétuel. Pourquoi désirerais-je donc de changer de lieu, de situation ? Il faut attendre patiemment le moment de la délivrance : ce sera en Dieu seul que nous goûterons une joie parfaite, que nous seront quittes de tout embarras, dans une pleine liberté, délivrés de toute peine d'esprit et de corps, jouissant d'une paix solide, intérieure et extérieure, d'une paix affermie de toutes parts.

20 *février*. Les hommes du monde disent des hommes intérieurs *qu'ils se dévorent eux-mêmes*. L'homme solitaire qui nourrit une passion malheureuse, ou telle idée fixe relative au monde extérieur peut être dit se dévorer lui-même. Mais s'il s'occupe heureusement d'idées supérieures à ce monde, s'il nourrit son âme des sentiments les plus doux et les plus élevés, s'il échappe à la tyrannie et au trouble des passions, s'il connaît *l'intérêt dans le calme*, pourquoi se dévorerait-il ? C'est bien plutôt l'homme extérieur, l'homme du monde qui se dévore et s'épuise inutilement, en courant sans cesse après un bonheur qu'il ne trouvera jamais.

1er *mars*. Quand on a peu de vie, ou un faible sentiment de vie, on est plus porté à observer les phénomènes intérieurs. C'est la cause qui m'a rendu psychologue de si bonne heure.

[1] *Imitation de Jésus-Christ.*

30 avril. Journée de souffrances, d'abattement et de langueur. Je suis fiévreux et ma tête est incapable de supporter la moindre contention ; aussi je me laisse aller aux caprices de mon imagination languissante. La conversation seule me réveille et m'excite. J'en ai fait un essai trop fort dans la soirée d'aujourd'hui, avec ma société métaphysique ; j'ai retrouvé toute ma vie, en discutant sur mon principe psychologique de causalité, et sur les points du vue de Kant avec MM. Stapfer et Ampère. Il y a donc, en nous-mêmes, dans les états d'extrême faiblesse physique et intellectuelle, un fonds d'énergie vitale que les circonstances développent, mais que toute la puissance de la volonté est incapable d'exciter hors de ces occasions. Le sentiment religieux, réveillé dans l'âme par l'action de prier, est éminemment propre à nous faire surmonter les obstacles. C'est là l'effet de la grâce que les stoïciens cherchaient vainement à suppléer par la seule force de l'âme.

Nous ne pouvons posséder aucun bien temporel sans inquiétude et sans crainte, et pourtant nous avons l'idée d'un bien immuable qui remplisse toute la capacité de notre âme et ne passe pas. Nous avons soif d'un tel bien, nous courons après : n'est-ce pas là le signe d'une autre destinée ?

25 mai. « La nature humaine ayant été corrompue par
» le péché du premier homme, la peine de cette corrup-
» tion est passée dans tous les hommes ; c'est ce qui nous
» oblige de combattre sans cesse les mouvements déré-
» glés de la nature pour suivre ceux de la grâce. Sans la
» grâce, l'homme n'est rien qu'un bois sec, un tronc
» inutile, bon à jeter au feu. La grâce est nécessaire

» pour commencer le bien, le continuer et l'achever. »

Suivant cette doctrine, la volonté (qui est tout dans le système des stoïciens), n'est rien ou ne peut rien par elle-même ; l'homme reçoit tout par inspiration. Je conçois que le christianisme et le stoïcisme pourraient être conciliés dans ce sens que l'homme, usant de sa liberté ou de son activité morale propre, commencerait à opérer de lui-même le bien que sa raison lui montre, en luttant contre ses passions ; mais il ne pourrait aimer le souverain bien, s'y attacher constamment, ni s'élever à lui parfaitement, sans le secours d'une grâce spéciale que Dieu lui accorderait comme récompense de ses efforts propres. Autrement il est impossible de concevoir la justice suprême appliquée à l'homme; il semble que Dieu choisisse arbitrairement et sans motif, ceux qu'il lui plaît d'orner de toutes les perfections, en abandonnant les autres à toutes les misères de l'humanité. *Placita enim erat Deo anima illius* [1]. Pourquoi une âme qui n'a encore rien fait pour le bien est-elle plus agréable à Dieu qu'une autre?

» La grâce ne nous manque jamais, mais nous man-
» quons souvent d'y correspondre [2]. » Qu'est-ce qui nous rend capables de correspondre à la grâce? n'est-ce pas encore une grâce particulière? mais comment l'obtenir ?

Juin. Ce mois s'est passé sans que j'aie songé à mon journal. J'ai été absorbé par une grande composition sur la philosophie de Leibnitz, entreprise à l'instigation de M. Stapfer pour la *Biographie historique* de M. Michaud [3].

---

[1] Livre de *la Sapience*, chap. IV, verset 14.
[2] *Imitation de Jésus-Christ.*
[3] Ce travail forme la partie philosophique de l'article *Leibnitz* dans la *Biographie universelle*. La narration de la vie de Leibnitz

J'ai négligé toutes les affaires pour me livrer à ce travail que j'ai terminé le 30 du mois, après de fréquentes alternatives de langueur et de découragement, d'activité et de confiance.

Je n'ai plus le calme d'esprit que j'avais autrefois. Quand j'étais plus jeune, je me montais en travaillant, j'avais un temps de verve et de chaleur où les idées se développaient avec une facilité extrême. Maintenant je me mets au travail avec un certain nombre d'idées que je crois tenir, et qui m'échappent au moment de la rédaction ; je suis embarrassé de retrouver les idées, et les mots ensuite n'arrivent pas. Je construis laborieusement une phrase, sans voir sa liaison avec celle qui doit suivre, et, en avançant, je suis conduit à effacer ce qui m'a donné le plus de peine à rédiger, faute de liaison avec le reste. Je m'embarrasse, je m'effraie de mes propres idées; j'aborde les principales avec timidité et par des détours, jamais avec fermeté. Le caractère qui me domine au dehors me fait aussi la loi dans mes compositions. De même que lorsque je veux parler devant quelques personnes assemblées, pour peu qu'il y ait d'apprêt, de forme à suivre, je sens mon cœur battre et ma tête se troubler; de même, seul avec mes idées, quand il s'agit d'adopter une rédaction définitive, ou de mettre au dehors ce qui est au dedans, je suis dans un état de crainte et de suspension, qui nuit singulièrement à la liaison et à l'arrangement des idées. La chose est plus sensible quand je dicte ce que j'ai déjà écrit : chaque expression m'arrête et me donne des scrupules ; je n'ai aucune confiance

---

est due à M. Stapfer, et l'appréciation de ses travaux mathématiques à M. Biot. Le travail de M. de Biran a été réimprimé dans l'édition de ses œuvres donnée par M. Cousin.

dans tout ce qui sort de moi, je n'en suis jamais content, je suis toujours tenté de courir après, pour le retenir et substituer autre chose qui ne vaut pas mieux. C'est un vrai tourment, une anxiété singulière que je me donne pour le moindre écrit littéraire, philosophique ou politique que j'entreprends. Si j'étais sage, je renoncerais à écrire pour conserver la santé, le repos intérieur, la liberté d'esprit qui sont les seuls biens.

Cependant, il y a des compensations. Si je me tourmente aux heures de travail, quand j'ai en tête une composition de quelque étendue, je sens aussi plus d'énergie, plus d'aplomb au dedans de moi, plus de sérénité dans ma journée, quand j'ai travaillé avec un succès réel ou apparent, mais dont j'ai l'idée. Si je me livre au mouvement extérieur des affaires ou de la société, j'éprouve un vide qui me tourmente davantage et surtout une incertitude de chaque instant dans les choix de l'objet ou de l'occupation propre à me fixer. Voilà ce que j'éprouve en terminant mon article *Leibnitz* le premier juillet.

Eaux-Bonnes, 29 *août.* Où trouver quelque chose qui reste le même soit au dedans, soit au dehors de nous? Au dedans le temps emporte, dans son cours rapide, toutes nos affections les plus douces; les sentiments et les idées qui nous offraient le plus d'intérêt et qui animaient notre vie intellectuelle et morale, s'effacent et disparaissent. Les objets changent aussi pendant que nous changeons, et fussent-ils toujours les mêmes, nous cesserions bientôt de trouver en eux ce qui peut remplir notre âme et nous assurer une constante satisfaction. Quel sera donc le point d'appui fixe de notre existence? où rattacher la pensée pour qu'elle puisse se retrouver, se

fortifier, se complaire ou s'approuver dans quelque chose que ce soit? La religion donne seule une réponse; la philosophie ne le peut pas. « S'élever au-dessus des
» choses présentes et porter ses regards vers les éternelles;
» ne voir que de l'œil gauche tous les biens qui passent,
» et fixer l'œil droit sur ceux du ciel...... Les occupations
» extérieures tirent souvent l'âme au dehors, mais quand
» on ne fait que s'y prêter pour suivre la volonté de Dieu,
» qui nous y applique, alors on n'y est point dissipé, et,
» dans la variété des emplois, on ne fait qu'une chose,
» qui est de chercher à contenter Dieu..... On a toujours
» la paix [1]. »

Saint-Sauveur, 22 *septembre*. Je suis bien plus porté à déchoir qu'à faire des progrès. Je ne suis jamais dans le même état, mais je change à tous les instants. « Toutes
» nos dispositions sont passagères et mélangées; celles
» qu'on cherche à expliquer deviennent fausses ou sont
» autres, avant que l'explication soit achevée; il en sur-
» vient une autre, toute différente, qui tombe aussi dans
» une apparence de fausseté. Dieu seul peut me secourir,
» sans le ministère des hommes, et m'affermir de telle
» sorte que je ne change plus, et que, tourné vers lui seul,
» j'y trouve mon repos [2]. »

Tout ce qui peut nous arriver de favorable vient de Dieu, et non pas de nous-mêmes, êtres inconstants et faibles qui ne sommes que vanité, néant et poussière devant Dieu. De quoi puis-je donc me glorifier, et à quel titre désiré-je être estimé des hommes? Dès que l'homme aspire

---

[1] *Imitation de Jésus-Christ.*
[2] Fénelon. *Lettres Spirituelles.*

à être loué de ses semblables, il est esclave de sa vanité, et privé des véritables vertus. « La vraie gloire, la joie pure » est de se glorifier, de se réjouir en Dieu [1]. »

Cette abnégation de soi-même et de tout ce qu'il y a de terrestre, de sensible ou d'humain en nous et hors de nous, est le caractère propre et éminent de la philosophie chrétienne, à laquelle, sous ce rapport, nulle autre ne peut être comparée, et qui surpasse tout ce que la philosophie des anciens a de plus élevé. Le christianisme pénètre bien plus avant dans le cœur de l'homme; il lui révèle bien mieux tout le secret de sa faiblesse que la philosophie tend à lui cacher; et seul lui apprend où il trouve une force qui n'est pas en lui, puisque, évidemment, il ne dépend pas de lui-même, et que ce qui le constitue *lui* à titre de force *sui juris* peut disparaître ou s'évanouir à chaque moment, sans qu'il puisse l'empêcher, comme il arrive dans le sommeil, la défaillance, les maladies, la caducité.

Observons les divers degrés de perfection dont notre nature est susceptible, et dont la vraie philosophie ne peut s'empêcher de tenir compte exactement, au lieu de s'arrêter au degré le plus bas et au dernier ordre de facultés, comme si c'étaient là nos limites. C'est dégrader l'homme, c'est l'anéantir que de ne voir en lui que des facultés sensitives, et de tout rattacher à l'organisme, comme s'il n'y avait pas une force active, libre, indépendante du *fatum*, force qui a ses lois propres, élevées au-dessus de la nature. Ceux qui considèrent le *moi* hors des sensations, ou supérieur à elles, commencent à entendre l'homme; mais s'ils ne remontent pas plus haut, ils ne le

---

[1] *Imitation de Jésus-Christ.*

voient encore que par un de ses côtés inférieurs. Pour le mieux entendre, il faut remonter plus haut. Il faut que le *moi* se considère lui-même comme étant par rapport à Dieu (ou à la force suprême dont il dépend quant à l'origine et au fond de son être) ce qu'il est, lui, par rapport au corps ou au mouvement du corps qu'il commence par sa force propre. Lorsque l'homme se considère ainsi par rapport à Dieu, il apprend à rapporter à cette source de tout bien tout ce qu'il sent en lui-même de bon, d'agréable, de conforme à l'ordre, enfin toutes ces dispositions heureuses et ces bons mouvements, ces élans de l'âme vers la vérité que l'homme ne fait pas, et dont il sait bien qu'il n'est pas la cause efficiente, comme il est cause des mouvements volontaires de son corps, ou des opérations actives de son esprit.

Mais ici se présente la plus grande et la plus difficile question de la philosophie : Qu'est-ce que l'homme peut par lui-même ou par la seule force propre de son âme, et qu'est-ce qu'il ne peut pas absolument par son effort propre, bien qu'il puisse l'obtenir en le demandant à celui qui peut tout, en s'y préparant par des actes qui dépendent de lui? Tous les philosophes, même les chrétiens me semblent ici être en défaut. Tous donnent trop ou trop peu à la volonté ou à l'activité de l'homme. Les docteurs en théologie qui prêchent l'abnégation absolue du *moi*, semblent aller quelquefois jusqu'à détruire la liberté de l'homme, à lui ôter tout mérite propre pour le placer, comme un être passif, sous la main d'un Dieu qui le remue d'une manière mystérieuse et, ce semble, arbitraire. Mais si nous obtenons certaines grâces pour des choses que nous ne pouvons nous donner, c'est que nous les avons méritées par un bon emploi de l'activité qui est en nous.

Au surplus, il vaut bien mieux pour l'homme qui se place sous la main de Dieu, qu'il s'exagère sa faiblesse que s'il avait une idée trop élevée de sa force propre, à la manière des stoïciens. Combien se montrent supérieurs à l'humanité ces orateurs sacrés, ces hommes si bien et si profondément savants, qui, s'ils conçoivent une grande vérité, ou parviennent à l'exprimer de cette manière qui pénètre et entraîne les âmes de ceux qui les entendent ou les lisent, n'attribuent ces succès qu'à l'Esprit-Saint qui les inspire et en rapportent toute la gloire à Dieu seul, au lieu de se glorifier eux-mêmes! Ce n'est que pour ces grands hommes que tout n'est pas vanité. Que nos doctrinaires doivent, en comparaison, nous sembler petits dans leur orgueil !

Nous employons les actes qui sont en nous, et dépendent de notre volonté, pour exciter des sentiments qui n'en dépendent pas immédiatement ; et ces sentiments excités donnent à leur tour aux actes volontaires ou intellectuels une énergie et une constance qu'ils n'auraient pas en eux-mêmes. C'est cette action et réaction perpétuelles de l'actif et du passif de notre être qui explique certains effets mixtes de l'intelligence et de la sensibilité, qui semblent quelquefois avoir un caractère surnaturel. En pensant, par exemple, volontairement et souvent à la cause suprême de qui nous dépendons, en la priant et implorant son secours, cette action même de prier excite dans l'âme divers sentiments de désir, d'admiration, d'attendrissement, qui peuvent tantôt exalter les facultés de l'intelligence, tantôt produire ces états extatiques, où des facultés d'un autre ordre semblent se développer, en élevant l'âme jusqu'à cet état que Platon et son école ont signalé, sans doute d'après l'expérience du sens intime.

« *Laudant cognitionem supra intellectum et* μανίαν *ut*
» *verè hanc divinam divulgant : ipsum aiunt imum*
» *animæ, non adhuc hoc intellectuale excitantem et hoc*
» *coaptantem uni, etc.* [1].» Dira-t-on que ce sont des rêves?
mais il s'agit de savoir si ce ne sont pas des états très-positifs, auxquels certaines âmes s'élèvent, soit par elles-mêmes, soit par une grâce surnaturelle. Pourquoi ceux qui veulent n'accorder de réalité qu'aux sensations, nieraient-ils cette réalité de sensations sublimes que l'âme concourt à se donner, ou qu'elle reçoit des causes qui, tout inconnues qu'on les dise, ne sont pas plus inconnues ni mystérieuses que celles que nous appelons objets extérieurs?

La difficulté de la question qui consiste à savoir bien ce qui dépend de nous, et ce qui n'en dépend pas, serait moins considérable, ou moins insoluble, si, partant de la personnalité préconstituée et d'un état donné de l'âme ou du *moi*, on voulait savoir seulement ce que telle âme disposée de telle manière peut ou ne peut pas, en restant dans les limites de sa libre activité. Mais ce qui arrête, et ce qui rend la question générale insoluble, c'est ce fond tout passif de notre être mixte, dont le *moi* ne peut jamais se séparer, quoi qu'il fasse, et qui se trouve disposé d'une certaine manière variable, se monte, se détend, s'altère, sans que la volonté puisse rien pour le changer, du moins, immédiatement. Par exemple, je ne puis empêcher que le sommeil ou la défaillance, ou diverses altérations soit progressives, soit instantanées, ne viennent absorber le *moi* et changer toutes mes dispositions intellectuelles. S'opposer tant qu'on peut, par des moyens indirects, à l'invasion de ce fond passif, et se résigner à

---

[1] Proclus. *De Providentia et Fato*. Edition Cousin, tome I, page 41.

la volonté de la cause suprême, dans tout ce qui ne dépend pas de nous : voilà tout. La vie intellectuelle et active n'est en notre pouvoir que sous la condition de la vie physique, qui ne dépend pas de nous, et il faut se résigner d'avance à la mort du *moi*, l'animal étant vivant, comme à la mort de l'animal qui, si elle n'entraîne pas celle du *moi*, doit au moins changer le mode actuel de son existence. Je reconnais, par mon expérience, que je ne puis rien sur ce fond passif de mon être et que je passe rapidement par une suite d'états de bien ou mal-être physique et moral, sans pouvoir l'empêcher. Il faut être préparé à tout, se contenir dans les bons états et ne pas trop s'en réjouir intérieurement, car ils passeront bien vite ; se résigner et ne pas se désespérer dans les mauvais ; il y en a tant eu auparavant qui ont passé.

Le point de vue de Dieu n'est pas celui de l'homme. Tous ces avantages de l'esprit et du corps, par lesquels nous nous faisons valoir, et par lesquels aussi les hommes nous apprécient et nous estiment, ne sont rien aux yeux de Dieu. Pour l'intelligence suprême l'homme le plus spirituel, le plus savant n'est qu'une pauvre créature faible, misérable, qui diffère infiniment peu de celle qui est la plus ignorante. Le bon ou le mauvais emploi de l'activité que Dieu nous a donnée fait toute la différence ; l'estime de Dieu ne peut pas être mesurée par celle de l'homme.

Grateloup, 8 octobre. Cunctis diebus, quibus nunc milito, expecto donec veniat immutatio mea [1]. J'attends, j'espère aussi mon changement tous les jours de ce

---

[1] Livre de Job, chap. XIV, vers. 14.

combat qui remplit ma vie. Je sens que pour être tel que j'aspire à être, pour user convenablement de mes facultés, il faudrait certaines conditions organiques, ou extérieures et supérieures à ma volonté, plus favorables que celles auxquelles je suis soumis, et j'avance dans la vie, toujours luttant, faisant des efforts pénibles et presque toujours superflus, dans cette attente et cet espoir d'un changement ou d'un état meilleur qui ne vient pas. Ne serait-il pas plus sage de renoncer à l'espoir et à l'attente d'un progrès impossible ? de cesser un combat fatigant et si inutile, et d'attendre le grand changement qui ne peut manquer d'arriver à la mort, quand l'âme sera délivrée de ce corps périssable, et libre de toutes ses entraves ? Jusque-là je n'ai qu'à me résigner : *Libenter gloriabor in infirmitatibus meis* [1].

20 *octobre*. M. de Bonald dit, avec son ton sentencieux d'oracle, que l'homme est « une intelligence servie par des organes. » On peut lui opposer cette parole divine citée par Van Helmont : *domestici ejus sunt inimici ejus* [2].

Voulez-vous conduire l'homme par la foi et réduire là toute vraie philosophie ? ayez la simplicité de la foi et servez-vous de son divin langage, au lieu de recourir aux subtilités de la dialectique et de vouloir séduire par un style de poëte, ou nous en imposer par des paroles brillantes qui ne signifient rien au fond.

« Toute occupation, même des choses saintes, qui ne » nous met point avec Dieu dans un état de présence, ou » une société d'amour, est plutôt une étude qu'une

---

[1] Saint Paul, 2ᵉ épître aux Cor. chap. XII, verset 9.
[2] Et inimici hominis domestici ejus. (Evangile de saint Matthieu, chap. X, verset 36.)

» oraison [1]. » La philosophie n'admet que l'étude : c'est un état d'effort et de contention sans relâche : aucun abandon. L'âme cherche à se diriger elle-même contre le vent des passions ou des mouvements spontanés ; elle ne se sent pas soutenue, elle craint même de se livrer aux affections les plus pures. Voyez les consolations de la philosophie stoïcienne et comparez-les avec celles de la religion !

« Les devoirs qui ne plaisent que parce qu'ils con-
» solent, ne plaisent pas longtemps. La vertu qui n'est
» que dans le goût ne peut se soutenir, parce qu'elle
» ne tient qu'à nous-mêmes [2]. » On ne peut rien dire de mieux, de plus directement opposé à la doctrine des sensations, à la morale fondée sur le besoin et l'intérêt ; et je trouve là une preuve sensible de la concordance des systèmes spéculatifs avec la morale pratique. Ceux qui pensent que tout, dans l'homme, se fonde sur des sentiments de plaisir ou de peine, doivent croire aussi que l'homme ne tient jamais qu'à lui-même ; le devoir est alors un mot vide de sens comme l'absolu. Tout change avec les lieux, les temps, les dispositions sensitives. La vraie science morale, théorique et pratique, repose sur l'absolu et le présuppose. Il faut pour être vertueux que l'homme tienne à quelque chose qui n'est pas lui, qui est plus que lui, qui le soutienne quand il chancelle, qui reste quand il passe.

Les consolations et les maximes de la philosophie stoïcienne peuvent être bonnes pour les forts, pour ceux qui sont en possession des grandes qualités de l'âme et du

---

[1] Fénelon.
[2] Massillon, *Sermon sur la Prière*.

caractère, qui ont la conscience de leur dignité. Mais quel secours peut-elle donner aux pauvres d'esprit, aux faibles pécheurs, aux infirmes, à ceux qui se sentent livrés à toutes les faiblesses de l'âme et d'un corps malade, qui ont perdu ou n'ont jamais eu l'estime d'eux-mêmes? C'est ici que le christianisme triomphe en donnant à l'homme le plus misérable un appui extérieur, qui ne saurait lui manquer quand il s'y fie, en le faisant s'applaudir intérieurement de ce qu'il sent ne pouvoir rien par lui-même, en lui montrant dans chacune de ses infirmités, de ses misères spirituelles et corporelles, autant d'occasions de mérite. « Notre cœur blessé dans sa partie » la plus intime, dans ses attaches les plus douces, les » plus honnêtes, les plus innocentes, sent bien qu'il ne » peut plus se tenir à lui-même et s'échappe de lui pour » aller à Dieu [1]. »

28 octobre. En ressassant dans mes courses quelques idées de Van Helmont, dont je me suis occupé les jours précédents, je trouve la matière d'un ouvrage à faire sur la philosophie, suivant un plan tout neuf et des idées différentes de celles que j'ai eues jusqu'ici et bien plus étendues; ce qui me donne sujet de me féliciter de n'avoir encore mis au jour rien de définitif. La distinction de l'homme *intérieur* et de l'homme *extérieur* est capitale : ce sera le fondement de toutes mes recherches ultérieures. Il s'agit de faire nettement le partage, ce qui n'a été fait encore par aucun philosophe, même par ceux qui paraissent avoir poussé le plus loin la méditation. Je m'aiderai de Van Helmont qui, malgré plusieurs écarts d'ima-

---

[1] Fénelon.

gination, donne ouverture à des points de vue sur l'humanité d'une élévation et d'une profondeur admirables.

Les modernes ne se sont attachés qu'à l'homme extérieur depuis ceux qui ne voient partout que sensations, jusqu'à ceux qui font descendre du ciel les idées avec les langues. L'homme intérieur ne peut se manifester ainsi au dehors; tout ce qui est en image, discours ou raisonnement le dénature, ou altère ses formes propres, loin de les reproduire. C'est là le plus grand obstacle que la philosophie puisse rencontrer; et cet obstacle est peut-être invincible par la nature même des choses. Si tout l'homme était réduit à la vie sensitive, animale ou organique, les physiologistes ou matérialistes, tels que Cabanis, pourraient passer pour avoir établi une science vraie de l'homme. Si tout l'homme était dans la sensation et la réflexion, comme l'entendaient Locke et Condillac, ou dans la définition d'*animal raisonnable* qui parle, discourt, argumente, tire des conclusions de certains principes, la logique serait la philosophie première et toute la philosophie. Il serait vrai en ce cas que nous aurions fait en ce genre des progrès réels, et nous devrions même espérer d'atteindre la perfection. Mais pour peu qu'on approfondisse le sujet, et même en se bornant aux faits de sens intime consultés dans le silence et avec bonne foi, on s'assure qu'il y a en arrière et au-dessous de cet homme extérieur qui sent, imagine, discourt, raisonne, tire les conséquences des prémisses, agit hors de lui pour satisfaire ses passions ou ses appétits naturels, vaque aux divers emplois de la société, tend sans cesse à capter les suffrages ou l'opinion de ses semblables, à prendre les formes les plus capables de leur en imposer ou de les séduire, et s'occupe sans cesse à paraître sans se soucier de ce qu'il est au fond ;

qu'il y a, dis-je, en arrière de cet homme extérieur, tel que le considère et en discourt la philosophie logique, morale et physiologique, un homme intérieur qui est un sujet à part, accessible à sa propre aperception ou intuition, qui porte en lui sa lumière propre, laquelle s'obscurcit, loin de s'aviver, par les rayons venus du dehors. Dans ce point de vue, combien il est faux de dire que l'homme est une intelligence servie par des organes puisque, trop souvent, ces organes nuisent à l'intelligence et l'obscurcissent.

L'homme intérieur est ineffable dans son essence, et combien de degrés de profondeur, que de points de vue de l'homme intérieur qui n'ont pas même encore été entrevus, mais pourront l'être ultérieurement, car un point de vue conduit à l'autre! Un homme méditatif, qui avance jusqu'à un certain point dans cette intuition interne, donne à d'autres les moyens d'aller encore plus avant. Si les écrits des philosophes spéculatifs ne font pas naître la lumière, ils la tirent des autres esprits bien disposés, comme l'étincelle est tirée du caillou. Nous avons là la première et vraie cause de ce qu'on appelle les divergences ou oppositions des systèmes de philosophie. Les ignorants seuls prennent pour des oppositions les simples différences de points de vue, qui s'attachent, tantôt à l'homme extérieur, tantôt à l'intérieur, et qui saisissent celui-ci sous des faces diverses ou dans des degrés divers d'*intériorité*.

Paris, 8 novembre. Je me suis levé aujourd'hui reposé et assez dispos de corps, mais dans une assez grande hésitation d'esprit. Je cherche mon appui ; je sens de plus en plus qu'il ne peut être en moi : il est dans le sentiment religieux ou dans l'idée de Dieu que j'ai trop négligée, dont je me tiens toujours trop éloigné. « Faites-vous taire, » dit Fénelon, pour laisser parler et agir en vous l'esprit » de Dieu. » Si je me fais taire moi-même, c'est-à-dire mon esprit, ma pensée active, j'entends encore le bruit confus des passions ou des affections internes. La présence de Dieu s'annonce par un état interne de calme et d'élévation qu'il ne dépend pas de moi de me donner, ni de conserver, mais qui pourrait devenir plus habituel par un certain régime intellectuel et moral auquel il serait temps de me soumettre, par l'oraison du silence ou la méditation.

11 *novembre.* Je m'éloigne de plus en plus du repos, de ce repos qu'on ne saurait trouver dans le monde ni dans les affaires, mais qui tient uniquement au contentement intérieur de soi-même, à une suite d'occupations réglées, au témoignage qu'on se rend d'avoir rempli ses devoirs envers Dieu et envers les hommes. Hors de là, tout n'est que vaine agitation, affliction d'esprit, trouble, craintes perpétuelles. Je cours sans cesse, depuis mon arrivée, et je suis toujours en crainte d'omettre quelque chose de ce qui se présente à faire. Pourquoi ne pas me tenir éloigné, à l'écart de tout ce bruit? Pourquoi ne me ferais-je pas une solitude? Il y a toujours moyen de se faire cette solitude profonde au dedans de soi et d'avoir, même au milieu des affaires et de tout le tumulte du monde, comme un lieu secret où aucun bruit ne pénètre, où la voix de la conscience, celle de Dieu même prédomine sur toutes celles du dehors; mais c'est là l'emploi le plus difficile de notre liberté.

9 *décembre.* Je me suis cru et me crois encore souvent détaché du monde extérieur, dans certains cas de dégoûts

et de mauvaise santé; ou bien encore, quand quelque travail d'esprit me préoccupe et que je m'y suis attaché au point de fuir et de craindre toute distraction. Mais, dès que je suis lancé dans le tourbillon et que j'y ai roulé pendant quelque temps, toutes les anciennes habitudes et les petitesses de l'attachement mondain reviennent; et j'agis, je sens comme un homme exclusivement attaché à ce monde, sans en voir un autre plus élevé. C'est qu'il y a en moi, sous la même enveloppe, deux êtres qui jouent leur rôle chacun à part. L'instinct et les habitudes entraînent l'un dans la plupart des actions du dehors; la raison, la réflexion, le sentiment du vrai bien sont présents à l'autre dans la vue spéculative intérieure. Pour être attaché, il faut le concours des deux êtres ou des deux parties de l'homme; je ne suis donc pas vraiment attaché au monde que je juge et apprécie, mais je n'y tiens pas moins dans la pratique, comme si j'en étais encore dupe, comme si je n'aimais que lui.

La philosophie stoïcienne peut apprendre la résignation à tous les maux extérieurs ou à tous les accidents de la vie humaine, qui sont dans l'ordre général du destin ou de la Providence, et par là nécessaires. Résignation, patience et tranquillité d'âme, c'est là le plus haut degré où l'âme puisse arriver par le seul secours de la philosophie; mais *aimer* la souffrance, s'en réjouir comme d'un moyen qui conduit à la plus heureuse fin, s'attacher volontairement à la croix, à l'exemple du Sauveur des hommes : c'est ce que peut seul enseigner et pratiquer le philosophe chrétien. « On n'est pas maître de sentir, mais on l'est de » consentir moyennant la grâce de Dieu [1]. »

[1] Saint François de Sales.

28 *décembre*. L'esprit consiste dans la faculté de produire des pensées brillantes aux yeux du monde ; c'est une vanité presque aussi misérable que celle d'une femme qui se complaît dans sa beauté. Les succès de l'esprit passent néanmoins pour les plus importants, même aux yeux des plus sages ; les plus sages ne se doutent pas qu'ils sont en cela aussi petits que les femmelettes dont ils ont pitié.

Un esprit supérieur, un génie vif et animé, convertit en sa propre substance tout ce qu'il reçoit du dehors, et plus il s'alimente ainsi, plus il est vif, comme un feu allumé qui transforme tout en lui. Au contraire, les esprits bas et communs sont transformés dans les choses, et la quantité d'impressions, d'idées reçues, les absorbe, comme un petit feu est étouffé par une trop grande quantité de matières combustibles.

ANNÉE 1820.

14 février. Je reprends ce journal après l'avoir interrompu pendant près de deux mois. Ce temps de ma vie s'est passé partie dans les anxiétés, les souffrances, et partie dans les distractions du monde, que je cherche souvent comme moyen d'excitation, et pour essayer de m'arracher à un état de langueur ou de torpeur, vers lequel je gravite. Je me suis aperçu de ma décadence intellectuelle dans la composition d'un grand travail sur les *pétitions* qui ma donné une peine extrême pour lier les idées, comme pour rédiger et parvenir à la fin. Je suis encore mécontent : c'est un état singulier que d'être toujours entraîné à faire, à écrire, ne jamais rien finir, rien faire qui contente un peu ; toujours empressé, agité pour rien.

J'ai repris mon livre-journal, aujourd'hui, pour y noter la mort de M. le duc de Berry, fils de France, assassiné le dimanche 13 février, à 11 heures et demie du soir, en sortant de l'Opéra avec son épouse, qui a été couverte de son sang. Il a été transporté dans une salle de l'administration de l'Opéra où il est mort à sept heures du matin, après avoir passé la nuit dans les convulsions. Le roi s'est transporté dans ce lieu de douleur où était aussi toute la famille. Le nom de l'assassin est *Louvel*, homme extraordinaire, qui a le calme et la force du fanatisme.

27 *février*. Ces derniers jours se sont passés dans la tristesse et les anxiétés qu'a produites le funeste événement dont Paris vient d'être témoin. Les spectacles, les sociétés, les séances des autorités ont été suspendus ; la consternation a été générale. La retraite du premier ministre Decazes, arrivée le 20, est venue encore préoccuper les esprits ; un nouveau ministère réveille d'autres espérances, change le point de vue politique ; M. le duc de Richelieu a repris le timon.

Pendant ce temps-là, je suis resté dans mon cabinet, travaillant sur un sujet que je retourne laborieusement : les pétitions. *Tædet mentem meam laborum suorum*. Je m'ennuie de mes propres idées ; je ne suis satisfait d'aucune de celles qui se présentent ; j'efface à mesure que j'écris. Heureux les hommes qui sont ou se sentent inspirés ! ils ont confiance dans leurs idées et leurs sentiments, précisément parce qu'ils ne se les approprient pas comme l'ouvrage de leur esprit, comme produit de leur activité propre, mais qu'ils les attribuent à Dieu ou à quelque bon génie ; preuve remarquable que l'homme a besoin d'un appui au dehors de lui-même. Il sent qu'il n'est pas lui-même sa force, sa lumière, son guide ; tout ce qu'il y a de bon, de supérieur en lui vient de plus haut, et ce n'est pas son œuvre. La confiance en soi, ou en sa force, est souvent, sans qu'on s'en doute, la confiance en une autre force, dont on n'est que l'instrument ou l'organe. Tous les hommes qui ont fait de grandes choses et étonné ou éclairé le monde, ont cru à des inspirations ou à une fortune plus forte qu'eux.

Comment voudrais-je au déclin de l'âge me satisfaire moi-même des conceptions que je ne devrais qu'à moi? Je ne puis rien si je ne recours à celui qui fortifie.

Mars. « O mon Dieu, s'écrie Fénelon, que votre esprit » devienne le mien et que le mien soit détruit à jamais. » Voilà la véritable, l'unique paix intérieure; on trouve en soi un autre point d'appui que soi-même, autre que ce *moi* si ondoyant et divers.

« On ne trouvera point la paix dans ces vaines imagi-
» nations de l'orgueil. L'orgueil est incompatible avec la
» paix; il veut toujours ce qu'il n'a pas, il veut passer
» pour ce qu'il n'est point, il veut s'élever sans cesse, et
» sans cesse Dieu lui résiste [1]. » Avec ma timidité et ma modestie apparente, je suis tourmenté par l'orgueil; il fera le supplice de ma vie, tant que je ne voudrai que satisfaire moi-même et les autres, et que je ne chercherai pas plus haut un esprit qui dirige le mien, ou se mette à sa place.

31 *Mars. Vendredi-Saint.* Il se passe toujours en moi des choses extraordinaires, à cette époque de l'année. Depuis quelques jours mon esprit et mon corps sont déviés de leurs lois ordinaires. Le mode de leur union se trouve changé; cette union devient plus intime dans certains moments et l'esprit se trouve confondu avec le corps, appesanti, souffrant, triste par la seule disposition organi-

[1] Fénelon.

que ; il a conscience de sa dégradation et ne peut rien, ne tente rien pour la surmonter. De temps en temps quelques éclairs brillent dans ce désert d'idées ; l'intelligence semble prête à rentrer dans ses droits, mais elle retombe tout d'un coup dans une nuit plus épaisse ; le corps lui fait obstacle, l'enveloppe de ses voiles, l'entraîne dans ses tendances aveugles et variables à chaque instant.

Un esprit plein de Dieu, qui serait sous l'influence constante de cette grande idée, ne s'arrêterait pas ainsi à examiner de quel côté souffle le vent de l'instabilité, et se laisserait diriger au travers des obstacles vers son but immuable, vers la fin *une* de toute son existence. Mais je n'ai point de but fixe, je ne me sens attiré vers aucune chose certaine, où je puisse trouver mon repos, mon espérance d'avenir. C'est cette indifférence, cette absence de but un, dans la vie, qui me rend si mobile, si léger. Je cherche des impressions et des sentiments au sein de la religion que je voudrais aimer, et où je sens confusément qu'est placée toute consolation, toute espérance, mais je ne m'y arrête pas plus qu'à tout le reste ; ce sont toujours des impressions fugitives qui effleurent l'âme.

Heureux, me disais-je hier, en errant dans ce monde comme un somnambule et trouvant l'ennui, le malaise dans la foule des promeneurs de Longchamps, aux boulevards, heureux sont ceux qui sont soumis par état à des règles fixes, à des devoirs journaliers qui emploient leurs heures ! Ils ne connaissent pas ce tourment de l'incertitude et de l'indétermination qui empoisonne la vie des hommes du monde, ayant la libre disposition de leur temps et de leurs facultés ; car cette liberté, cette activité indéterminée qui erre d'objets en objets, ne se fixe sur aucun et les rejette tour à tour, laisse dans l'âme un vide insupportable. Je n'ai joui de la vie qu'autant que j'ai eu un but intellectuel toujours présent, qui servait de lien à mes idées ou aux instants successifs de mon existence. Mais ces buts que se donne l'homme studieux ne sont pas permanents : on les atteint, on les dépasse ou on s'en dégoûte. Les facultés ne sont pas toujours disposées ; et dans l'incapacité de penser, dans ces états de sommeil de l'intelligence qui s'emparent de nous par temps, que faire, que devenir ? Un travail matériel qui n'est pas sujet à ces perturbations d'idées, à ces anomalies de la force pensante, et qui cependant occupe assez notre activité pour nous faire sentir le besoin et le plaisir du relâchement et des distractions qui alternent avec les heures de contention, voilà une condition nécessaire de la vie heureuse.

Avril. « Tant qu'on veut le mal qu'on souffre, dit Fénelon, il n'est point mal. » C'est dans ce sens qu'Epictète dit : « Tu auras beau faire, douleur, je ne dirai pas que tu sois un mal, » c'est-à-dire tu ne me feras pas perdre patience, tu ne m'empêcheras pas de t'accepter comme une chose qui vient de la nature, d'une providence bienfaisante, et qui sait mieux que nous ce qu'il nous faut. Les stoïciens et les chrétiens sont dans le même point de vue.

14 avril. « Un moment de recueillement, d'amour et
» de présence de Dieu fait plus voir et entendre la vérité
» que tous les raisonnements des hommes [1]. » La pré-

---

[1] Fénelon.

sence de Dieu s'annonce par cette lucidité d'idées, cette force de conviction, ces intuitions vives, pures et spontanées auxquelles s'attache, non pas seulement la vue, mais le sentiment intime de la vérité. Ce n'est pas seulement une conception, une entente de paroles, c'est de plus une suggestion intérieure de leur sens le plus profond et le seul vrai, sans aucun mélange de sensible ou d'imaginaire. C'est ainsi que Jésus-Christ dit : *Veniet Paracletus qui suggeret vobis omnia quæcumque dixero* [1].

A en juger par ce que j'éprouve, et ne considérant que le fait psychologique seulement, il me semble qu'il y a en moi un sens supérieur et comme une face de mon âme qui se tourne par moments (et plus souvent en certains temps, à certaines époques de l'année) vers un ordre de choses ou d'idées, supérieures à tout ce qui est relatif à la vie vulgaire, à tout ce qui tient aux intérêts de ce monde et occupe exclusivement les hommes. J'ai alors le sentiment intime, la vraie suggestion de certaines vérités qui se rapportent à un ordre invisible, à un mode d'existence meilleur, et tout autre que celui où nous sommes. Mais ce sont des éclairs qui ne laissent aucune trace dans la vie commune, ou dans l'exercice des facultés qui s'y rapportent ; je retombe après m'être élevé. Or, qu'est-ce qui m'élève ? Comment le voile ordinaire qui couvre mon intelligence se trouve-t-il écarté par moments pour retomber aussitôt ? D'où me vient enfin cette suggestion extraordinaire de vérités dont les expressions sont mortes pour mon esprit, même quand il les connaît à la manière ordinaire ? Il m'est évident que ce n'est pas moi, ou ma volonté, qui produit cette intuition vive et élevée d'un autre

---

[1] Évangile de saint Jean, chap. XIV, verset 26.

ordre de choses. Un sourd qui aurait par moments la perception des sons, un aveugle qui aurait le sentiment subit et instantané de la lumière, ne pourraient croire qu'ils se donnent à eux-mêmes de telles perceptions; ils attribueraient ces effets singuliers, et hors de leur mode d'existence accoutumé, à quelque cause mystérieuse; et celui qui lirait dans leur organisation, trouverait cette cause dans quelque sens obtus, altéré, que le mouvement vital dégage ou éclaircit par moments. Ainsi est notre intelligence par rapport à cet ordre de vérités, dont des esprits supérieurs, plus parfaitement organisés, peuvent avoir l'intuition habituelle, comme nous avons celle de la lumière ou des sons que les sourds et les aveugles n'ont pas. Mais il faut bien toujours que la cause ou l'objet de ces intuitions soit quelque chose de réel comme la lumière, car le sens ne crée pas l'objet de l'intuition, il en est seulement excité quand il est convenablement disposé. Or, c'est cette disposition, qui paraît spontanée ou dépendante de certaines conditions organiques, qui est ce qu'il y aurait de plus essentiel à cultiver en nous, si nous pouvions en connaître les moyens. Les anciens philosophes, comme les premiers chrétiens et les hommes qui ont mené une vie vraiment sainte, ont plus ou moins connu et pratiqué ces moyens. Il y a un régime physique, comme un régime moral qui s'y approprie : la prière, les exercices spirituels, la vie contemplative ouvrent ce sens supérieur, développent cette face de notre âme tournée vers les choses du ciel, et ordinairement si obscurcie. Alors nous avons la présence de Dieu, et nous sentons ce que tous les raisonnements des hommes ne nous apprendraient pas. Mais, est-ce parce que Dieu se rend présent par sa grâce, que nous sommes dans cet état élevé? ou bien la présence de

Dieu n'est-elle qu'un résultat de telles dispositions intellectuelles spontanées, et des efforts que nous faisons, ou des moyens indirects que nous prenons pour nous donner ces dispositions? — Voilà un grand problème.

Mai. J'ai souvent pitié de moi-même; je déplore mes écarts d'esprit ou de raison, la faiblesse et les courtes limites de mes facultés physiques et morales. Le sentiment de pitié ou de compassion réfléchie du *moi* sur lui-même est encore assez doux à éprouver, en tant qu'il constate une nature supérieure à celle qui pâtit quoiqu'elle lui soit intimement jointe.

« Toutes les régularités où l'on possède sa vertu, dit
» Fénelon, sont sujettes à l'illusion et au mécompte. Il
» n'y a que les âmes désappropriées par l'abnégation
» évangélique qui n'ont plus rien à perdre; il n'y a que
» ceux qui ne cherchent aucune lumière qui ne se
» trompent pas. »
Cette disposition de l'âme n'est peut-être pas aussi différente qu'on le croirait de celle à laquelle le stoïcisme s'est élevé par les forces seules d'une grande nature. Conserver son âme entière et pure, toujours maîtresse de la volupté et de la douleur; ne jamais permettre qu'elle fasse rien témérairement, mais faire qu'elle soit toujours suffisante à elle-même, qu'elle n'ait pas besoin qu'un autre fasse quelque chose ou ne le fasse pas, qu'elle n'attende rien des objets du dehors!..... Il ne s'agit pas de savoir si nous pouvons ou si nous ne pouvons pas arriver de nous-mêmes, par nos propres forces naturelles, à cet état complet d'abnégation et de désintéressement de toutes choses extérieures, si c'est par les secours de la grâce, ou

par un effort énergique et soutenu de l'âme que nous pouvons obtenir cette paix intérieure de l'homme qui voit tout (excepté Dieu le vrai bon) au-dessous de lui

. . . . . . Et inexorabile fatum
Subjecit pedibus [1].

toujours est-il que la disposition d'âme est la même ou conçue de la même manière dans le stoïcisme de Marc-Aurèle et le christianisme de Fénelon.

Juin. « Regardons-nous le monde comme une figure » trompeuse et la mort comme l'entrée dans les véritables » biens ? Nous accoutumons-nous à ne regarder toutes » choses que selon la foi ? Corrigeons-nous sur elle tous » nos jugements [2] ? » Ce que Fénelon dit de la foi s'applique parfaitement à la raison qui est aussi comme un sens interne, supérieur à tous les autres et à tout le jeu de nos facultés appliquées aux choses de ce monde sensible, et qui rectifie tous leurs faux jugements. On n'est calme, heureux et véritablement grand qu'en suivant toujours cette lumière intérieure et en écartant tout ce qui peut l'obscurcir et l'éteindre en nous. Les stoïciens l'ont très-bien compris, mais ils ont trop cru que l'homme avait en lui-même les forces nécessaires pour suivre toujours la raison et en entretenir le flambeau sans altération. Les chrétiens qui mettent la foi à la place de la raison ont mieux connu l'homme et distingué ce qui lui appartient de ce qui lui est donné ou qui vient de plus haut que lui.

[1] Vigile. *Géorgiques*, livre II.
[2] Fénelon.

Heureux qui a des yeux pour voir le royaume intérieur de la raison ou de la foi ! La chair et le sang n'en ont point ; la sagesse de l'homme animal est aveugle là-dessus et veut l'être, ce que Dieu fait intérieurement lui est un songe. Pour voir les merveilles de ce monde intérieur il faut renaître ; pour renaître il faut mourir.

9 *juin*. « Si quelqu'un de vous est dans la tristesse, qu'il prie pour se consoler » dit saint Jacques [1]. Oh ! que j'ai besoin de prier !

10 *juin*. Les troubles [2] continuent et deviennent plus sérieux. Tout semble présager une révolution nouvelle. La séance de la chambre montre l'audace et les projets sinistres des factieux..... Nous sommes entraînés et il n'y a pas de force de résistance suffisante. — Je voudrais pouvoir dire comme Fénelon : « Tout passe devant mes » yeux, mais rien ne m'importe, rien n'est mon affaire » sinon l'affaire unique de faire la volonté de Dieu. »

Je pensais hier, en courant dans les rues en cabriolet, qu'il y a trois espèces de dispositions d'esprit ou d'âme bien différentes : la première, celle de presque tous les hommes, consiste à vivre exclusivement dans le monde des phénomènes qu'on prend pour des réalités. Ainsi, il y a inconstance, dégoût, mobilité perpétuelle. La deuxième est celle des esprits les plus réfléchis qui cherchent longtemps la vérité en eux-mêmes ou dans la nature, en sépa-

[1] Epître. Chap. v, verset 13.
[2] Les troubles politiques, nés du mouvement général de l'Europe, et des mesures adoptées par les chambres, qui signalèrent l'année 1820.

rant les apparences des réalités, et qui, ne trouvant aucune base fixe à cette vérité tombent dans le scepticisme par désespoir. La troisième enfin est celle des âmes éclairées des lumières de la religion, les seules vraies et immuables. Ceux-là ont seuls trouvé un moyen d'appui fixe ; ils sont forts de ce qu'ils croient. Les grands écrivains du siècle de Louis XIV n'ont été forts et grands que par les croyances ; elles ont disparu, et les hommes les plus spirituels n'ont plus été que des singes dont on admire les tours de passe-passe : ils ont de l'esprit, voilà tout. Mais cet esprit ne fonde rien pour le bonheur ou la vraie gloire des sociétés ou des individus. Je vois des hommes d'esprit qui ne croient qu'en eux-mêmes ; ils sont bouffis d'orgueil, toujours contents de ce qu'ils disent ; ils s'imaginent que le monde les admire, et, en effet, cette confiance qu'ils ont en eux excite celle des hommes incapables de juger : les bons juges s'en moquent.

Ce qui fait le bon esprit, le seul qui porte la lumière, c'est la croyance dans l'esprit de Dieu qui souffle où il veut. L'homme qui en est animé sent qu'il ne peut rien par lui-même, mais qu'il peut tout en celui qui le fortifie. De là lui vient aussi une véritable énergie, une force proportionnée à l'inspiration ou à la croyance dans l'inspiration. La plus fâcheuse des dispositions est celle de l'homme qui, se méfiant de lui-même au plus haut degré, ne s'appuie pas sur une force supérieure et ne se livre à aucune inspiration ; il est condamné à être nul aux yeux des hommes, comme à ses propres yeux.

C'est le trouble et non la souffrance qui nuit à l'âme. Le trouble est une double peine : c'est une peine que la volonté repousse et qu'elle augmente en la repoussant.

Accepter toute souffrance sans résister, c'est le moyen d'être tranquille et sans trouble, quelles que soient les causes externes ou internes de peines ou de malaise.

Depuis le 11 jusqu'au 20 *juin* j'ai été constamment dans un état maladif : toutes les membranes muqueuses sont affectées et produisent des désordres : la fièvre, la toux, un abattement singulier qui se communique à l'âme et lui ôte toute énergie de pensée et de volonté. Cette fâcheuse disposition est entretenue par le temps pluvieux et froid qui dure depuis un mois. Nous avons été ainsi privés des beaux jours du printemps ; je n'ai encore rien senti de vivifiant dans l'air. Comme une plante qui se dessèche j'attends l'influence du soleil ; je souffre violence. Plût à Dieu que mon corps étant abattu, mon âme reprît sa vie et ce goût des vérités éternelles perdu depuis si longtemps dans une vie frivole, mondaine et toute selon la chair. C'est alors que je dirais avec Fénelon : « Frappez, Seigneur, j'y consens ; que vos coups les plus » rigoureux sont doux, puisqu'ils cachent tant de misé- » ricorde. » Pourquoi mon âme n'est-elle pas affamée de justice et de vérité comme mon corps de nourriture et mes sens divers des excitations accoutumées ? Ce pain quotidien céleste ne se trouve pas dans le monde.

En réfléchissant sur le progrès de décadence de ce corps que j'ai tant aimé, je me disais qu'il y aurait plus que compensation pour le bonheur si mon âme, n'étant plus troublée comme auparavant par autant de soins et de passions, se trouvait plus maîtresse chez elle et faisait plus librement ce qui est son affaire propre. Mais il y a des difficultés ou des obstacles inhérents soit à l'âme, soit au corps. Il faut un certain degré ou un certain état de force physique pour que les facultés intellectuelles et morales puissent s'exercer ; il est tel degré d'abattement ou d'altération d'organisme, où l'être pensant disparaît ou n'est plus rien pour lui-même. Lorsqu'on voit les facultés intellectuelles se développer et s'étendre pendant que l'organisme tombe en décadence, c'est que les conditions ou les instruments propres de la pensée sont maintenus en bon état, ou que leur activité même s'accroît, pendant que les organes externes appropriés aux choses ou aux besoins sensibles perdent leur empire. Il est des hommes chez qui ces deux parties de l'organisation sont en équilibre et concourent parfaitement au développement soutenu des deux vies. Il en est dont la partie animale est seule bien disposée et dont l'âme reste toujours commune ; mais ceux qui, avec tous les signes de la faiblesse organique, ont des facultés intellectuelles supérieures, ne doivent pas moins avoir cette partie de l'organisme qui concourt à l'exercice de la pensée bien et fortement constituée.

Il y a deux choses recommandées par Marc-Aurèle pour conserver la tranquillité de l'âme : la première de penser que ce ne sont point les choses elles-mêmes qui nous tourmentent, mais le jugement que nous en portons ; la seconde de penser que ce que nous voyons va changer dans un moment ; dès lors pourquoi s'en tourmenter ? Hélas ! je me tourmente précisément de cette idée que tout change, que je suis moi-même dans un flux perpétuel et que je ne sais où trouver mon point d'appui. Les conseils de Marc-Aurèle tendent bien à nous rendre indifférents sur la possession des choses, sur le bien ou le mal que nous leur attribuons, mais ils ne nous apprennent pas comment nous pouvons y suppléer et trouver ailleurs notre paix.

« Les sages du monde, dit Pascal, ont placé les contra-
» riétés dans un même sujet, les uns attribuant la force
» à notre nature, les autres la faiblesse à cette même na-
» ture, ce qui ne peut subsister ; au lieu que la foi nous
» apprend à les mettre en deux sujets différents : toute
» l'infirmité appartient à la nature, toute la puissance au
» secours de Dieu. »

Quoiqu'il soit vrai de dire que la force et la faiblesse, dont nous trouvons en nous le mélange, ne résident pas dans le même sujet, il ne s'ensuit pas que toute la force soit hors de nous, dans un sujet tout-puissant, supérieur et étranger au *moi*. Il suffit d'admettre deux natures différentes qui se trouvent merveilleusement et mystérieusement combinées dans l'existence de l'homme tout entier ; c'est ce que l'étude de nous-mêmes nous apprend à chaque instant. La loi de l'esprit, de l'âme agissante et libre est sans cesse opposée à la loi du corps, de cette misérable chair dominée, entraînée par des passions qui obscurcissent l'esprit et empêchent ses fonctions. La puissance de l'âme (exagérée par les stoïciens) vient de Dieu qui l'a donnée en créant l'âme, et, dans ce sens, toute la puissance appartient originellement à Dieu ; mais n'est-elle actuellement que la puissance ou la force de Dieu, tellement qu'il n'y en ait aucune part appartenant en propre à l'âme? Si on le disait, il faudrait dire aussi que l'âme n'est rien par elle-même, car sa substance ne peut être autre chose que sa force; en ôtant l'une, l'autre est ôtée par cela même. Le point de vue mystique qui anéantit la force, ou la met toute en Dieu, annule aussi la substance avec le *moi*.

L'homme est naturellement porté à se faire le centre

de ses réflexions. En s'abandonnant trop exclusivement à cette disposition, en ne se donnant pas hors de lui un grand objet, un grand but de la vie, il se trouve rappelé sans cesse à sa sensibilité, à ses peines, aux jugements qu'on porte de lui, à sa condition actuelle, à la destinée du reste de sa vie. La religion et l'étude sont les deux puissances qui nous défendent contre cette préoccupation habituelle de nous-mêmes, source féconde d'inquiétude ; seules elles peuvent assurer notre bonheur.

Le plus grand bienfait de la religion est de nous sauver du doute et de l'incertitude, le plus grand tourment de l'esprit humain, le vrai poison de la vie. Tout est indéterminé, fugitif et mobile dans un esprit dénué de croyances religieuses. Depuis qu'on veut tout savoir, tout connaître, depuis que chaque petit esprit tend à tout rabaisser à son niveau, à tout comprendre dans sa petite capacité, la sphère des croyances, ou du monde invisible, s'est rétrécie de plus en plus. En traitant les personnes et les choses les plus élevées avec une familiarité insolente, on n'a plus rien respecté, rien admiré. Le culte des parents, celui de Dieu, celui de la patrie ont paru comme des chimères à des cœurs froids et dénaturés, à des esprits qui ont voulu se rendre compte de tout et analyser les objets des sentiments avant de s'y livrer. De là cette dégénération des âmes, cet affaiblissement croissant de caractère ; car on n'est fort que de ce que l'on croit et non pas de ce qu'on sait. *Credidi propter quod locutus sum* [1]. Combien d'hommes de nos jours parlent sans croire, sans penser !

Le plus grand mal de l'homme est de ne savoir point

---

[1] Deuxième Epître de saint Paul aux Corinthiens. Chap. IV, verset 13.

diriger sa vie et de ne tenir à aucun principe. La religion règle l'esprit, elle fait bien plus, elle règle le cœur. Je souffre les maux passés et présents, causés par l'oubli de ces principes et le dénûment des croyances. Quand je jette un regard sur ma vie presque terminée, je suis confus et humilié en voyant combien elle a été vide et inutile ! J'ai été souvent et malheureusement occupé du jugement du monde ; je me suis fait de grandes illusions sur ce jugement. Tant que je me suis plu à moi-même et que j'étais plein d'un amour-propre enivrant, j'avais la fatuité de croire que je faisais de l'effet partout où je me montrais, sans avoir même besoin de parler et d'agir ; je me faisais un mérite imaginaire des moindres choses, et il me semblait que les autres devaient en juger de même ; parce que j'étais mon centre à moi-même, je pensais être celui des autres, qui devaient s'oublier pour penser à moi. Le mécontentement, le mépris de moi-même, le sentiment croissant de mes imperfections et de ma faiblesse m'ont fait passer à un autre extrême ; j'ai pensé que le monde devait me juger aussi mal que je me jugeais ; je me suis senti découragé, embarrassé, timide en présence de tous les hommes ; j'ai fui toutes les occasions de paraître, de me produire ; j'ai sacrifié mes devoirs mêmes à cette mauvaise honte, et j'en suis au point de ne plus compter sur l'estime ni l'approbation de personne, moi qui ai eu la prétention d'être placé au premier rang par les qualités agréables et solides, par la beauté du corps, de l'esprit, de l'âme. Ces mécomptes rendent la période actuelle de ma vie très-malheureuse, mais elles servent d'introduction à une vie meilleure, si je puis me rattacher au monde invisible et m'y absorber de nouveau.

27 juin. En revenant du bain à dix heures, j'ai été frappé comme d'un coup de foudre, en apprenant la mort du jeune Loyson qui habite la même maison que moi [1]. C'était un compagnon; il cultivait les lettres et la philosophie avec succès et une facilité étonnante. Ce jeune homme se nourrissait de sentiments mélancoliques qui présageaient, ce semble, sa fin prématurée. Il me disait dans les premiers jours de sa maladie : « J'ai cru que le phé- » nomène allait disparaître tout à fait, » faisant allusion à nos conversations précédentes où nous appelions *phénomène* tout ce qui tient à notre sensibilité actuelle ou qui s'y manifeste immédiatement.

O mon ami ! si, comme nous l'avons pensé ensemble quelquefois, les âmes ont un mode de communication intime et secrète, auquel les corps ne participent pas, votre âme, ne pouvant plus se manifester maintenant par ces moyens visibles, dont l'usage m'a tant de fois édifié et consolé, doit avoir d'autres moyens de se faire sentir à la mienne et de lui inspirer des sentiments meilleurs, des croyances plus fixes !

Le 28, à neuf heures du matin, j'ai assisté à la cérémonie funèbre de l'enterrement de mon jeune ami. Il est en paix. Sa vie était pleine de souffrances. J'espère que cette âme si belle n'étant plus empêchée, offusquée par une mauvaise machine, jouit maintenant de la plénitude de vie, de lumière.

29 juin. En quoi consiste la vraie humilité ? Un homme peut avoir la plus grande méfiance de lui-même, se croire ou se sentir toujours au-dessous des autres, et avoir, mal-

---

[1] Charles Loyson, maître de conférences à l'École normale.

gré cela, un orgueil qui agite et tourmente sa vie. S'il s'afflige ou s'inquiète de sa faiblesse, s'il fait des efforts pour lutter contre elle, s'il prend en haine les hommes qui le surpassent, s'il ne recherche la retraite que pour éviter l'humiliation des comparaisons, il n'est pas humble de cœur, mais plein d'orgueil. Au contraire, celui qui sent sa force et sa supériorité sur les autres hommes, aura la vraie humilité, s'il pense habituellement que tout ce qui l'élève est un pur don de Dieu qui peut lui être retiré à chaque instant, que sa force ne vient pas de lui-même, mais de plus haut que lui. L'humilité n'est pas un instinct, mais un sentiment réfléchi.

Fin d'août. J'ai passé tout ce mois et la fin du précédent dans des occupations sérieuses de mon choix. J'ai refait mon *Mémoire à l'Académie de Copenhague*, dans l'intention de le communiquer à M. le médecin Royer-Collard, qui m'a consulté sur un cours qu'il se propose de faire à Charenton, au sujet de l'aliénation mentale. J'ai eu pour objet, dans cette deuxième composition, de montrer comment les physiologistes qui ont traité du physique et du moral de l'homme sont tombés dans de graves erreurs, en confondant les faits de l'âme avec les phénomènes de l'organisme. Ce travail a duré un mois. J'ai été heureux et actif dans tout cet intervalle; j'avais un point d'appui fixe, un seul objet qui servait de centre à mes idées; j'y étais tout entier; le monde des affaires et des intrigues avait disparu pour moi, ou ne me servait que de distraction. C'est là ce qu'il me faut, pour être aussi bien que ma nature ou mes habitudes le comportent; il faut que les affaires et tout ce qui fait le principal fond de la vie extérieure, même la plus sérieuse, ne soient pour moi qu'un accessoire, une diversion nécessaire à des occupations vraiment sérieuses, celles qui se rapportent à un monde invisible, absolu. Toutes les fois que le monde extérieur m'a absorbé au point que je n'ai plus considéré les occupations philosophiques que comme des diversions, j'ai senti que je n'avais plus aucun point d'appui réel, et j'ai flotté au gré des opinions humaines, tourmenté de mille fantômes, de besoins insatiables, relatifs au monde frivole et passager.

Après avoir terminé mon travail sur les rapports du physique et du moral, et l'avoir mis, à ce que je crois, en état d'être imprimé, quand il sera temps [1], j'ai rempli un engagement que j'avais contracté avec les auteurs de la *Biographie universelle*, et j'ai fait l'article *Mérian*, extrait de son éloge, par Ancillon, à la suite duquel j'ai inséré quelques réflexions psychologiques, relatives aux arguments de Mérian contre la philosophie leibnitzienne [2].

Grateloup, 9 septembre. « Il ne faut pas, dit Tertullien, » que la vie des chrétiens soit une vie de tristesse. Leur » choix est fait : ils ont sacrifié la chair à l'esprit, tous les » biens sensibles et passagers aux biens éternels : ils peu- » vent donc se réjouir, goûter une joie pure dans toutes » les afflictions de cette vie, et trouver une source de vrais » plaisirs dans ce qui plonge tous les hommes dans la » tristesse. Cette tristesse ne proviendrait pour eux que

---

[1] Ce travail, demeuré inédit du vivant de l'auteur, a été publié dans l'édition de M. Cousin, sous le titre de *Nouvelles considérations sur les rapports du physique et du moral de l'homme*.

[2] Cet écrit, dont il ne paraît pas rester de trace dans les papiers de l'auteur, n'a pas été publié. L'article *Mérian*, dans la *Biographie universelle*, est de M. Ustéri.

» des murmures de la chair qui n'est pas encore assez
» abattue. » — « Otez l'impiété, » dit Pascal, « et la joie
» sera sans mélange. »

En n'ayant égard qu'aux faits psychologiques, rien
n'est plus évident que la distinction de la joie ou de la
tristesse morale qui tiennent à l'âme, et de la douleur et
du plaisir qui ne touchent que l'animal. Il est une satisfaction, une joie de tempérament qui s'allie quelquefois
avec une tournure d'esprit inquiète et des idées sombres :
les hommes ainsi disposés portent la gaieté dans les ré-
flexions les plus tristes. Au contraire, la mélancolie physique peut s'allier avec un esprit gai, et de ce contraste
ressort la gaieté, le comique des situations. Molière avait
cette deuxième disposition ; Montaigne paraît avoir eu la
première : il jugeait de haut tous les maux de la vie humaine et les siens propres, avec une sorte de gaillardise
qui semblait tenir bien plus à l'humeur ou au tempérament qu'à la force de l'âme et aux réflexions habituelles.

17 novembre. L'âme est un feu qu'il faut nourrir. Tout
ce qui est propre à nourrir l'âme n'augmente pas pour cela
les connaissances, comme ce qui entretient la vie physique et lui donne le plus d'activité, n'en donne pas pour
cela un plus grand volume au corps. Il est des vérités
intellectuelles et morales qu'il ne suffit pas d'avoir acquises
et de bien connaître. Cette connaissance claire et distincte,
qui suffit pour la spéculation, est insuffisante pour la pratique : il faut que les vérités s'incorporent à nous et nous
pénètrent longtemps, comme la teinture s'imbibe peu à
peu dans la laine qu'on veut teindre. Il y a une pénétration lente de chaque jour, une *intus-susception* de la
vérité, qui doit nous conduire dans toute la vie, qui fait

que cette vérité devient à notre âme ce que la lumière du soleil est à nos yeux qu'elle éclaire sans qu'ils la cherchent. Les âmes mêmes les plus parfaites, les plus réfléchies ne font guère que tournoyer autour d'elles-mêmes, comme dit Fénelon, sans avancer vers Dieu ; nos méditations, pour être solides, ne doivent point être fondées sur nos propres pensées, mais sur celles de Dieu ou sur sa parole même.

Fénelon parle de ces âmes, entièrement dépendantes du goût sensible et du calme intérieur, qui sont en danger de perdre tout au premier orage. Elles ne tiennent que par ce qu'il y a de sensible ; dès que la sensibilité se retire, tout tombe sans ressource : c'est là mon histoire.

Les âmes parvenues à un assez haut degré de perfection ne sont plus sous l'empire de la sensibilité ; la vie de l'esprit semble absorber en elles tout ce qui est mortel ; toutes les facultés inférieures sont contenues dans l'obéissance aux supérieures. C'est de là qu'il faut partir pour apprécier ce que dit Fénelon, d'accord avec les mystiques, sur l'influence de la grâce, sur le laisser-aller et la désapprobation. Sans doute, lorsque la nature sensible est assujettie et que les passions ne regimbent plus, il n'y a plus d'effort, plus de luttes contre les mauvaises imaginations, les tendances perverties, etc. Alors aussi la lumière intérieure n'est plus offusquée et peut luire sans obstacle dans nos ténèbres ; l'esprit en est illuminé, même quand il ne la cherche pas. Il y a là quelque fondement au point de vue des *théosophes*, qui admettent qu'au moyen d'une certaine préparation mentale, spéculative et pratique, l'esprit peut tout savoir, tout comprendre sans avoir rien appris. En comparant ce point de vue à la doctrine de

Fénelon sur l'abnégation et la désappropriation du *moi*, j'ai pensé que cette activité, qui rend l'âme présente à elle-même et la constitue personne, *moi*, à ses propres yeux, ne lui est donnée que pour se mettre au-dessus de la nature sensible et la surmonter, en la dirigeant vers une fin morale ou intellectuelle. Le *moi* ne crée rien que le mouvement ou la sensation qui l'accompagne ; quant aux idées ou conceptions intellectuelles qui lui sont présentes, il les voit dans une lumière qui lui est intime, mais qu'il ne fait pas et qui est en lui, sans être lui-même : voilà la *Lux vera quæ illuminat omnem hominem* [1] ; voilà aussi ce qu'est le *Deus in nobis*. Il faut d'abord que les ténèbres soient écartées, que la nature sensible soit vaincue, et c'est là tout l'emploi de notre activité ; ensuite on entre dans la voie de la perfection, soit en s'abandonnant à la grâce, soit encore en agissant, en travaillant pour s'élever plus haut, en veillant sans cesse sur soi-même comme l'entendent les antiquiétistes.

Telles sont les réflexions qui m'ont occupé dans le voyage que je viens de faire en chaise de poste, de Périgueux à Paris, où j'arrive le 3 *décembre*.

Le 4, tout le mouvement de la vie extérieure recommence pour moi. Je me sens déjà entraîné, *aliéné* de moi-même, parlant sans raison, sans réflexion et seulement du bout des lèvres, m'en laissant imposer par le monde, subjugué par l'ascendant des noms ou des places, désirant faire de l'effet, humilié et contristé par les marques d'indifférence ; malgré toutes les contrariétés du monde, ne sachant pas me tenir tranquille dans une chambre, et concevant à peine comment on peut s'y tenir, en

---

[1] Evangile de saint Jean. Chap. I, verset 9.

se réduisant à la vie intérieure. Quand on ne vit pas dans l'esprit, comment marcher selon l'esprit ? *Si spiritu vivimus, spiritu et ambulemus* [1].

Paris, 16 *décembre.* « L'amour des choses de la chair » est une mort au lieu que l'amour des choses de l'esprit » est la vie et la paix [2]. »

Insensés que nous sommes, de nous attacher exclusivement à ce qui doit mourir, à ce qui meurt chaque jour, et de négliger ce qui est immortel, ce qui doit rester le même. Ecartez les soins superflus du corps et tout ce qui y tient, tout ce qu'il y a de passif, de sensible et de mortel et vous aurez la paix, la vie, la lumière. La lumière n'est offusquée en nous que par les ténèbres du corps; l'activité est donnée à l'âme, au *moi*, pour chasser les ténèbres, et dès lors elle voit, elle s'unit, elle s'identifie à la vérité, à Dieu même. Se séparer ainsi du corps, se mettre au-dessus de tout ce qui est sensible, c'est apprendre à mourir, c'est se préparer à une mort tranquille, bien mieux qu'en y pensant directement.

Le *moi* ne fait pas la lumière sensible qu'il perçoit par le sens externe de la vue ; il ne fait pas non plus les sons qu'il entend par l'ouïe ; mais, par un emploi de l'activité qui est en lui ou qui est lui-même, il prépare ou dispose le sens à recevoir l'impression. De même, l'âme ne fait pas les idées des choses, des vérités qu'elle conçoit; elle ne fait pas le beau, le bon, le vrai, le juste ; mais elle dispose le sens interne à percevoir la lumière qui éclaire ces idées, en écartant les images ou chassant les ténèbres extérieures. Il y a une analogie remarquable, et que j'ai

---

[1] Epître de saint Paul aux Galates, chap. v, verset 25.
[2] Saint Paul aux Romains, chap. viii, verset 6.

trop négligée jusqu'ici, entre l'exercice de l'activité dans les perceptions des sens externes et le même exercice dans les idées de l'esprit et les opérations intellectuelles.

23 décembre. La température douce et humide relâche toutes mes facultés physiques et morales ; je ne fais point d'efforts, je me laisse aller à tout le mouvement extérieur qui est grand autour de moi, dans ce commencement d'assemblée et tous ces frottements d'hommes. Je n'ai pas de calme dans mes conversations de chaque jour, je parle de mémoire plutôt que de réflexion, je souffre souvent de ne pas faire effet et d'être compté pour rien. J'ai à me méfier de cette disposition, la plus contraire à la sagesse, à la raison, au bonheur. Pourquoi vouloir monter sur des échasses pour paraître plus grand ? Sois ce que tu es et rien de plus ; sois-le paisiblement sans te tourmenter de ce que tu n'es pas, sans désirer d'être autre chose, sans rien envier aux autres, applaudissant à ce qui est ou te paraît bon, blâmant ce qui ne l'est pas.

Lire chaque matin le chapitre XIII de l'Epître aux Corinthiens [1], pour avoir la paix au dedans, avec une lettre spirituelle de Fénelon et un chapitre de l'*Imitation* relatif au même objet ; puis se supporter et supporter les autres, dans le tumulte du jour.

[1] C'est le chapitre si connu, dans lequel l'Apôtre parle de la charité.

ANNÉE 1821.

15 *janvier*. Les bons veulent jouir de Dieu, les méchants ne veulent que s'en servir. Au lieu de rapporter à Dieu tout leur bonheur, toute leur existence, ils rapportent Dieu à eux-mêmes et veulent se servir de sa puissance comme d'un moyen, d'un instrument de bonheur. La première cause de la chute des âmes est cet échange de l'amour divin en un amour désordonné pour les choses caduques ou sensibles. Malebranche dit que nous aimons, que nous cherchons toujours Dieu comme le vrai bien, même quand nous semblons ne chercher que les plaisirs sensibles. Cela ne peut être vrai que dans le sens *objectif*; dans le sens *subjectif*, en consultant l'expérience intérieure, nous savons bien que quand nous sommes occupés, absorbés par les objets sensibles, nous ne pensons pas à Dieu, et réciproquement. Il y a là deux ordres ou deux natures de facultés qui ne s'exercent pas toujours ensemble.

L'homme peut-il à volonté faire taire les sens pour penser à Dieu ou penser à Dieu pour faire taire les sens?

Il est bien vrai que lorsqu'il parvient à se pénétrer de l'idée de Dieu, l'*amour pur* vient s'y joindre (c'est l'Esprit saint indivisible du Père et du Fils). Quand l'âme vient à se pénétrer de l'infini de la création, de l'ordre admirable qui y règne et de toutes les perfections réunies en Dieu, il est impossible qu'elle ne se délecte pas dans cette pensée et qu'elle cherche son bonheur ailleurs que dans la félicité divine, ou dans l'accomplissement de la volonté de Dieu. Mais le difficile est d'y penser, de se recueillir dans cette idée, au milieu du trouble incessant causé par le tumulte des sens ; et à ce sujet on peut demander s'il suffit que les sens se taisent pour que l'idée de Dieu se manifeste, ou s'il ne faut pas encore une action surajoutée.

24 janvier. Je cherche toujours à me connaître et je me connais mieux à mesure que j'avance. Je réfléchissais hier, en lisant le Traité de morale de Malebranche, au peu d'influence qu'ont sur ma conduite pratique les lectures spirituelles et les idées tournées vers un autre monde, dont mon âme cherche à se nourrir, et qui sont vraiment pour elle une nourriture appropriée. Je pense dans mon cabinet comme un homme spirituel, et j'agis au dehors comme un homme charnel ; je suis toutes les habitudes, toutes les impulsions du monde sans aucun remords, sans aucun retour sur moi, en sortant d'une disposition intellectuelle tout opposée. Ce contraste singulier qui est en moi de tous les moments, prouve que les habitudes de ma vie ont entièrement séparé l'homme spéculatif de l'homme actif. Tous mes principes d'action sont hors de moi, dans des sensations ou des choses frivoles ; les principes de mes idées ne peuvent être qu'en moi et assez profondément. J'ai souvent des ténèbres qui offusquent mon intelligence, et je ne vois pas les vérités les plus simples. Quand je les aperçois ou que le voile tombe, je suis heureux de cette vue intérieure sans songer que ces vérités me condamnent dans les écarts de la vie active. « Il faut, » dit Fénelon, « tâcher de raisonner peu et de faire beau-» coup. Si l'on n'y prend garde, toute la vie se passe en » raisonnement, il n'en reste pas pour la pratique. »

Rien de plus vrai et de mieux fondé que la distinction de Kant entre la raison spéculative et la raison pratique. Je m'en suis tenu à la première pendant toute ma vie, et jusque dans mon meilleur temps d'activité morale. J'ai été saisi par des affections vives et désordonnées : au lieu de me roidir contre la pente qui m'entraînait, je m'y laissais aller sans effort, content d'observer l'impulsion et de juger de ses résultats, comme je l'aurais fait à l'égard d'un autre, pareil au médecin qui se féliciterait d'avoir une maladie pour se donner le plaisir d'en observer les circonstances et les signes sur lui-même. Je me suis fait aussi une conscience spéculative, en désapprouvant certains sentiments ou actes auxquels je me livrais. Je cherchais la cause de cette désapprobation et la trouvais assez curieuse pour ne pas être fâché du motif qui m'avait donné lieu d'y réfléchir, je pensais à distraire le remords et ne me prémunissais point contre les rechutes. L'instruction spéculative tirée du vice même familiarise avec sa laideur qui paraît moins ; c'est ainsi que le naturaliste qui observe et d'écrit les caractères extérieurs des monstres les plus hideux en éloigne le dégoût et l'horreur qu'ils inspirent.

L'habitude de s'occuper spécialement de ce qui se passe en soi-même en mal comme en bien serait-elle donc immorale? Je le crains d'après mon expérience. Il faut se donner un but, un point d'appui hors de soi et plus haut que soi pour pouvoir réagir avec succès sur ses propres modifications, tout en les observant et s'en rendant compte. Il ne faut pas croire que tout soit dit quand l'amour-propre est satisfait d'une observation fine ou d'une découverte profonde faite dans son intérieur.

Février. Les interruptions fréquentes de mon journal, à cette époque de ma vie, sont un signe que je me désintéresse de tout et de moi-même, à mesure que j'avance. Ce désintéressement personnel n'est point l'abnégation et n'a rien d'actif ni de méritoire ; c'est uniquement le résultat d'une modification de la vie sensitive, à l'âge où je suis parvenu. Lorsque je m'aimais moi-même, je mettais à tout un intérêt d'amour-propre, j'étais content de tout ce qui venait de moi ou y tenait; je voulais me le retracer ou le retracer aux autres ; j'étais toujours dans cette disposition vaniteuse dont parle Pascal et pouvais dire : Moi qui écris ces pages obscures et secrètes, j'ai peut-être au fond l'envie de plaire à d'autres ou à moi-même, et si d'autres me lisent, ils auront peut-être la même envie [1]. Maintenant cela est passé; je n'ai plus envie de plaire ni de me plaire, je m'étourdis sur le mouvement qui m'entraîne. Cette disposition désintéressée, ce défaut d'affection pour le corps et les objets sensibles pourraient, la paresse étant ôtée, faciliter les véritables progrès de l'âme dans une carrière de perfection opposée à celle que j'ai toujours suivie.

[1] Voyez les Pensées de Pascal. *Vanité de l'homme.* — *Effets de l'amour-propre.*

« Les vérités divines, dit encore Pascal, sont infini-
» ment au-dessus de la nature. Dieu seul peut les mettre
» dans l'âme et par la manière qu'il lui plaît. Il a voulu
» qu'elles entrent du cœur dans l'esprit et non pas de
» l'esprit dans le cœur pour humilier cette superbe puis-
» sance de raisonnement... Au lieu qu'en parlant des
» choses humaines, on dit qu'il faut les connaître pour les
» aimer; en parlant des choses divines, il faut dire au
» contraire qu'il faut les aimer pour les connaître. On
» n'entre dans la vérité que par la charité : Dieu ne verse
» ses lumières dans les esprits, qu'après avoir dompté la
» rébellion de la volonté par une douceur toute céleste qui
» la charme et l'entraîne [1]. » Mais comme cette douceur de
la grâce doit être méritée, ce sont les œuvres qui font naître
l'amour, et l'amour produit les croyances. Le désintéressement des objets sensibles, l'abnégation du corps conduit
l'âme à chercher plus haut ce qui peut remplir et fixer sa capacité d'aimer. Je suis au commencement de cette disposition ; je tiens sans affection, mais par besoin, par habitude
au monde sensible, j'ai le malheur d'être en guerre avec
moi-même et je me deviens insupportable de plus en
plus (*factus sum mihimet ipsi gravis* [2]), l'esprit voulant
s'élever en haut et la chair se portant toujours en bas.

Mars. Si le voile qui cache à l'intelligence le vrai, le
bon absolu tombait tout d'un coup, l'objet réel de notre
connaissance serait aussi l'objet unique de notre amour.
Selon Malebranche ce mouvement naturel que Dieu imprime sans cesse en nous pour le bien en général, est ce

---

[1] Pensées. *De l'art de persuader.* — La citation n'est pas entièrement textuelle.

[2] Job, chapitre VII, verset 20.

qui nous rend capables d'aimer tous les biens, de même que cette capacité de connaître la vérité, l'être absolu qui est au fond de notre être, et n'est autre chose que l'idée de Dieu toujours présente, est ce qui nous rend capables de connaître les vérités particulières ou relatives. Mais, en nous abandonnant aux sens et à l'imagination, par le mauvais emploi ou le défaut d'usage de notre liberté, nous perdons entièrement de vue et le mobile et le véritable objet de nos facultés d'aimer et de connaître ; nous nous attachons aux biens passagers comme s'ils étaient le véritable, le souverain bien, aux vérités et aux connaissances relatives comme si elles étaient l'être même, ou que la vérité absolue ne fût rien sans elles ; la nature sensible nous égare, nous trompe sans cesse.

« Ne regardez pas comme importante aucune des choses » que vous faites ; ne trouvez rien de grand et qui mérite » d'être estimé que ce qui est éternel [1]. » J'attache une importance ridicule à mille choses transitoires, dont je connais au fond le néant et le vide ; mais c'est que je n'ai pas assez de lumières, ou que mes facultés intellectuelles, sujettes à mille perturbations externes et internes, n'ont pas assez de force et de tenue pour voir fixement le vrai, le bon en soi. Le sentiment de l'âme qui s'attache au bien avec amour, dépend plus que je ne l'ai cru auparavant des dispositions et de l'exercice élevé, régulier, de nos facultés intellectuelles. Quand je suis mal disposé intellectuellement, je n'ai aucun goût pour le vrai et le bien. Une certaine lumière qui vient de nous, de notre activité, peut éclairer notre esprit, sans que nous aimions ce qu'elle nous fait voir ; mais toute lumière qui éclaire d'en

---

[1] *Imitation de Jésus-Christ.*

haut l'intelligence, sans que l'intelligence agisse, porte avec elle l'attrait et l'amour pour ce qui luit ainsi dans l'intelligence. Nous ne nous donnons pas le sentiment, mais nous donnons-nous mieux l'idée du vrai, du bon auquel il s'attache ?

15 *Mars*. Personne ne peut nier qu'il n'entre beaucoup d'intelligence et d'esprit dans la manière dont les parties de la nature vivante ou morte sont formées et coordonnées ; mais il y a des hommes qui supposent que la personnalité ou la connaissance de soi-même n'est pas une condition nécessaire de l'intelligence ; et quoiqu'ils voient de l'ordre et de l'intelligence dans la nature, ils n'en croient pas moins que cette nature est complétement aveugle et n'a rien au-dessus d'elle. Voilà pourquoi il est essentiel, pour commencer la philosophie, de remonter jusqu'à l'origine de la personnalité, comme condition nécessaire de toute intelligence. Ceux qui n'admettent pas la personnalité de Dieu, ou qui nient que Dieu entende ce qu'il est, sont *athées* alors même qu'ils attribuent la plus haute intelligence ou la pensée infinie à Dieu comme au grand tout.

Tout système psychologique où l'on fait abstraction du *conscium*, de l'aperception interne du *moi*, n'est que de la physique ou de la logique. Y a-t-il des forces qui agissent en nous, et hors de nous, avec intelligence, mais sans se connaître ? c'est ce que suppose partout Leibnitz, qui admet qu'il n'est pas essentiel aux forces, aux monades, pour agir parfaitement et suivant leurs lois primitives, de de se connaître ou d'avoir la perception de leur effort ou action. C'est ainsi que tout se fait dans le corps proportionnellement à l'intelligence de l'âme, quoique l'âme ignore complétement les fonctions organiques, et qu'elle n'ait même aucun sentiment de leurs résultats. Je crains que de cette manière on ne parvienne à croire que toute la nature se dirige elle-même avec l'intelligence qui se manifeste dans chacune de ses opérations, quoiqu'il n'y ait point de force personnelle, une, qui la dirige en sachant ce qu'elle fait. Le même vice réside dans la philosophie de Condillac et la métaphysique des Allemands, savoir : la supposition qu'il n'est pas essentiel à l'intelligence (confondue ou non avec la sensation) de se connaître pour exister à son titre d'intelligence.

Avril. Toujours le même doute sur cette question première d'où dépend toute notre connaissance de l'homme : dans les dispositions et affections qui ne sont pas au pouvoir de l'action de la volonté, qu'est-ce qui vient du corps organique, ou des variations spontanées du principe et du jeu de la vie? qu'est-ce qui vient d'une force supérieure et étrangère, qui peut diriger notre force propre de pensée et de volonté, l'exciter, l'élever quelquefois au-dessus d'elle-même, la nourrir d'idées et de sentiments qui n'ont plus de rapport avec les sensations et les choses environnantes? Si je me consulte moi-même, je dois reconnaître, de bonne foi, que tous les bons mouvements, toutes les bonnes pensées que j'ai eues en ma vie ont tenu à certaines dispositions de la sensibilité, ou conditions organiques, aussi étrangères à mon activité propre que le sont la digestion, la nutrition, l'accroissement, les maladies, les affections diverses, et tous les changements que j'éprouve dans le sentiment de mon existence suivant les saisons de l'année, la température, etc.

Ces faits d'expérience bien reconnus, je me dis que,

dans nos méditations ou recherches psychologiques, nous supposons toujours, conformément à cet état même de méditation ou d'abstraction du *moi*, que le sujet d'attribution de tous les modes d'existence intérieure ou actes intellectuels, est le *moi* pur, séparé de l'organisation, tandis que c'est à l'homme tout entier, c'est-à-dire à l'organisation vivante animée par une force propre, que tout ce qui se passe dans l'homme appartient réellement et doit être attribué. Or, quoique la force ou la partie active de l'homme fasse tout en lui, du moins tout ce qui est dans sa conscience, il n'en est pas moins vrai que le mode d'exercice actuel de la force dépend lui-même de l'état et des dispositions de l'organisme. C'est ainsi que toutes les variations que nous éprouvons dans l'état de nos facultés, dans le sentiment triste ou agréable de l'existence, dans le trouble ou l'ordre et l'harmonie que nous sentons en nous-mêmes, tiennent toujours à quelques conditions organiques qu'il ne dépend pas de nous de changer, dispositions sur lesquelles nous avons d'autant moins de pouvoir qu'elles sont les sources mêmes de nos pouvoirs comme de nos vouloirs. Or, comme ces conditions nous sont profondément inconnues, comme les déterminations premières et spontanées du principe de la vie sont avant la conscience et la volonté, qui en dépendent jusqu'à un certain point, nous pouvons attribuer hypothétiquement à cette force inconnue qui est en nous, sans être nous-mêmes, tout ce qui est au delà de nos pouvoirs de conscience.

C'est ici que les systèmes *physiologique* et *théologique* tout éloignés et opposés qu'ils paraissent, peuvent se rejoindre dans une même idée, savoir celle d'une force indépendante de notre volonté, qui nous modifie malgré nous, de qui dépend tout notre bonheur ou notre malheur, qui fait même ou exécute en nous, ou dans notre corps, tout ce que la volonté détermine. Cette force est-elle aveugle ou destituée d'intention? c'est le *fatum* du corps, l'instinct animal, le principe de vie reconnu par les physiologistes comme soumis aux lois de la médecine, de l'hygiène. Est-elle intelligente et souveraine dans toute la nature? c'est Dieu dont l'action efficace suit les lois de la grâce. Des deux côtés sont des mystères impénétrables, des questions insolubles, ou dont les prétendues solutions sont toutes dans le champ de la logique.

Que Dieu agisse sur nos âmes pour les modifier immédiatement, ou sur l'organisation et les affections du principe vital pour produire dans l'âme les sentiments et les idées qui y correspondent, toujours est-il que c'est l'homme tout entier qui pense, qui veut, agit et éprouve tels sentiments de son existence et non pas l'âme toute seule. Descartes dit : *Je pense, j'existe*, en séparant de lui-même, ou du sentiment qu'il a de sa pensée, tout ce qui tient au corps. Mais ce corps n'intervient pas moins comme partie essentielle de l'homme, de telle sorte que sans lui et hors de telle condition organique, il n'y aurait dans l'homme rien de pareil à ce sentiment intime qu'il a de sa pensée et qu'il exprime par ces paroles : *Je pense*. De même dans l'influence la plus élevée de la grâce, on peut croire qu'il y a toujours une condition organique, sans laquelle l'homme qui se sent élevé au-dessus de lui-même, n'aurait pas ce sentiment. En général, nous faisons et nous pouvons très-peu, si même nous faisons ou pouvons quelque chose, pour nous modifier et diriger nos facultés. La question est de savoir si nous sommes constitués en dépendance des lois inconnues de l'organisme, ou de l'action propre et immédiate d'une force divine, ou de l'une et de l'autre à la fois ; et dans ce dernier cas, comment nous pouvons distinguer l'une et l'autre action.

Malebranche dit : « Tout ce qui vient du corps n'est que pour le corps, et est variable et caduc comme lui. » Mais n'ai-je pas éprouvé une foule de bons mouvements, qui ne venaient que de certaines dispositions variables de mon organisation, de ma sensibilité? Ces dispositions m'ont porté quelquefois vers Dieu ; elles n'étaient pas *pour le corps*, quoiqu'elles en vinssent. Nous dépendons de l'organisation pour recevoir une lumière supérieure qui nous éclaire et jouir de la vérité, comme nous dépendons de la bonne conformation de nos yeux pour voir la lumière au dehors.

Mai. Tout ce mois a été triste en tout, plein de nuages politiques comme athmosphériques. Je m'agite et cède à tous les ressorts extérieurs comme une marionnette ; je ne m'occupe que de frivolités, de choses qui passent sans laisser de traces. Ce n'est pas ainsi que je trouverai jamais ma paix. Je n'ai plus de plaisirs au dehors, et l'intérieur ne m'offre aucun point d'appui. Je souffre, je désespère souvent de moi-même.

4 juin. On argumente fort mal à propos des défauts ou des vices des hommes religieux ou philosophes pour décrier la religion et la philosophie. L'homme le plus juste, le plus religieux, le plus parfait ne peut éteindre tout à fait en lui une mauvaise nature qui est une source d'impuretés, comme l'homme le plus pervers et le plus dégradé ne peut anéantir au fond de son âme tout ce qu'il y a de grand, d'élevé et de pur dans la nature intellectuelle et morale : de là nos contradictions perpétuelles. Il ne faut pas accuser la religion, ni la philosophie de ne pas faire pour l'homme ce qui est impossible dans le mode actuel de son existence, savoir de détruire toute pente au mal. Heureusement aussi on ne peut reprocher au vice de détruire en nous tout sentiment de bien.

« Il est plus facile de retenir son cœur dans un état de » ferveur et de pénitence que de le ramener, ou de le » contenir, lorsqu'il est une fois dans la pente du plaisir » et du relâchement [1]. » Il n'y a de constance, de paix que dans les privations ; l'amour des jouissances est insatiable et nécessairement inconstant et léger. C'est une grande faiblesse, de s'affliger de vieillir, par la pensée des avantages extérieurs qu'on perd en avançant ; mais le sentiment instinctif de la vieillesse, de la dégradation, de la perte des forces est triste et pénible comme la maladie ; nous ne pouvons nous distraire de ce sentiment ni par la pensée, puisque c'est par l'exercice même de la pensée que nous sentons davantage la perte des facultés, ni par les plaisirs des sens dont nous perdons le goût et la capacité. La religion seule peut trouver des consolations et des compensations à un tel état, en nous faisant voir la fin de la vie actuelle comme le commencement d'une nouvelle vie, en nous apprenant qu'il faut d'abord que nous soyons dépouillés pour pouvoir être revêtus.

13 *juin* « La bonne volonté qui n'est plus qu'amour » de celle de Dieu n'a plus ni éclat ni couleur par

---

[1] Fénelon.

» elle-même; elle est seulement à chaque occasion ce
» qu'il faut qu'elle soit pour ne vouloir que ce que Dieu
» veut [1]. » C'est là la différence essentielle entre le stoïcisme et le christianisme. On ne trouve rien dans la philosophie ancienne qui ressemble à la doctrine de l'abnégation.

« La consolation ou la disposition d'un moment ne
» répond jamais de la consolation ou disposition sensible
» du moment qui suivra. Il faut laisser faire Dieu, dans
» tout ce qui dépend de lui seul, et ne songer qu'à être
» fidèles dans ce qui dépend de nous [2]. » Cette maxime
est de l'application la plus générale; et ma conduite dans la
vie active comme dans la vie spéculative, lui a toujours été
contraire. J'ai constamment écouté les dispositions qui ne
dépendent pas de nous-mêmes et j'ai agi en conséquence,
faisant consister tout le bien ou le mal dans le bon ou le
mauvais sentiment de l'existence, au lieu d'agir toujours
dans un but de raison, sans regarder de quel côté souffle le
vent de l'instabilité. Le décousu et l'inutilité de presque
toute ma vie s'expliquent par cette seule cause. Je n'ai
pas couru comme les autres hommes après les biens extérieurs de la fortune; mais j'ai tout attendu de mes dispositions intérieures, qui ne sont pas moins que les biens
du dehors sous l'empire de la fortune. Sous une apparence
de sagesse et de modération, j'ai été tout aussi aveugle,
inconstant et léger, que ceux qui sont sans cesse entraînés
loin d'eux-mêmes par l'imagination et les passions.

Juillet. Quelle inquiétude dans les choses humaines!
On ne sait si l'on fait bien ou mal. On fait bien pour sa for-

---

[1] Fénelon.
[2] *Idem.*

tune, on fait mal pour sa santé ; on fait bien pour son plaisir, mais on ne contente pas ses amis, et ainsi du reste. Dans la soumission à la loi de Dieu, à la raison, au devoir, on fait *absolument* bien, on fait bien sans limitation, parce que quand on fait bien, tout le reste est de peu d'importance. Dans une passion exaltée où l'âme saisit fortement son objet et s'y attache toute entière, il n'y a pas non plus de limitation ni d'indétermination ; on fait absolument, sinon ce qui est bien, du moins ce qui plaît le mieux, ce qui convient absolument. On se trouve ainsi comme ramené à l'unité de nature sensible, et on ne peut nier que ce ne soit là un bonheur momentané qui dure tant que la passion se soutient et qu'elle est satisfaite. Mais ce bonheur n'est pas un *état* ou la passion s'use, ou l'objet échappe, et le moindre incident vient rompre l'unité sensible. C'est dans l'unité absolue que l'âme seule saisit, après que l'entendement l'a conçue, c'est là seulement qu'est le repos et le bonheur durable.

Septembre. Tout ce que dit M. de Maistre sur la philosophie de Bacon et sa tendance, va très-bien avec mes idées telles que je les ai publiées longtemps avant les *Soirées de Saint-Pétersbourg*.

« O Dieu, prenez mon cœur puisque je ne sais pas (ou
» que je ne puis pas) vous le donner. Ayez pitié de moi
» malgré moi-même. » Prière sublime de Fénelon qui convient parfaitement à mon insensibilité à l'égard de Dieu, à la faiblesse de mes sentiments religieux.

Au Murat. Octobre. Marc-Aurèle dit, comme les moralistes chrétiens, qu'après avoir parcouru le cercle entier des objets sensibles, on ne rencontre nulle part le vrai contentement du cœur ; il n'est ni dans la science, ni dans les richesses, ni dans la gloire, ni dans les plaisirs. Où est-il donc? C'est ici que la philosophie est en défaut et que la religion seule triomphe. Marc-Aurèle dit que le vrai contentement du cœur se trouve « dans la pratique des actions que la nature de l'homme demande, » entendant par nature ce qu'il y a en nous de plus élevé au-dessus des sens et des passions : *Deus in nobis.* Mais qui est-ce qui nous donnera la force de pratiquer ces actions de nature supérieure? Le Dieu qui veut et agit en nous, sans doute. Mais cette partie divine de l'âme se donne-t-elle la force, la prédominance à elle-même, ou la tient-elle d'une autre puissance qui n'est pas elle, quoiqu'elle s'y unisse? L'expérience nous apprend que le vrai contentement du cœur ne dépend pas de la volonté ; nous ne pouvons donc l'obtenir que par une grâce qu'il faut demander. C'est ici, ou dans la doctrine de la prière et de l'humilité, qu'est toute la supériorité de la morale chrétienne. Cette supériorité est moins dans les principes que dans l'application pratique.

Grateloup. Octobre. Je sens qu'il faudrait moins s'occuper de moi. Tous les hommes respectent et honorent, comme par instinct moral, ceux qui s'oublient eux-mêmes pour les autres. C'est là qu'est toute disposition vertueuse et vraiment morale. « Ce *moi* qui nous est si cher, et qui
» est d'ordinaire notre unique Dieu, n'est, pour ainsi
» dire, qu'un petit morceau qui veut être le tout. Il rap-
» porte tout à soi, et en ce point il imite Dieu et s'érige
» en fausse divinité. Il faut renverser l'idole [1]. » Nous allons théoriquement du *moi* à Dieu ; dans la pratique, et

pour la perfection ou le bonheur de notre être moral, il faut renverser le rapport et que Dieu soit l'antécédent, comme le but ou la fin de notre existence. Il faut que Dieu soit mis en la place que le *moi* n'avait point eu honte d'usurper. Après Dieu, tous les objets de nos affections raisonnables doivent être aimés, non pour nous, mais pour eux-mêmes, comme ouvrages de Dieu.

Je suis parti pour Paris le 31 *octobre*, à six heures du matin, arrivé le 3 *novembre*, à une heure après midi. Ce voyage, fait par un beau temps, a été peu intéressant ; je me suis souvent laissé aller au bavardage d'un compagnon de route, et je m'en suis plus souvent impatienté, ne pouvant donner presque aucun moment à la lecture ou à la méditation. Une fois seulement j'ai eu quelques pensées vives au sujet de la prière en lisant le deuxième volume des *Soirées de Saint-Pétersbourg*, de M. de Maistre. J'ai pensé que nous devions demander et pouvions obtenir le changement de nos dispositions intérieures, et leur appropriation aux choses, aux événements contraires, plutôt que le changement de ces choses, de ces événements, qui rentrent peut-être dans l'ordre et les lois immuables de la nature.

Dans la théorie intellectuelle, comme dans la pratique morale, tout se rapporte à cette grande distinction fondamentale du *sujet* et de l'*objet*, entendus comme il faut : savoir le *moi* qui veut et agit, et la force quelconque, terme de cette action, qui résiste au dedans comme au dehors. Toute passion est *objective* par elle-même (car

---

[1] Fénelon.

l'être pensant et actif qui l'éprouve peut toujours dire : ce n'est pas moi), et dans son rapport à l'objet extérieur et sensible, où elle tend comme à sa fin.

Quant à la pratique, tout consiste à bien reconnaître et apprécier les conditions ou les qualités qui font la véritable valeur de l'être intelligent et moral. Or, si nous y prenons garde, nous trouverons presque toujours que ces qualités sont en raison inverse de celles qui excitent les applaudissements de la multitude, et qui font les plus grandes réputations. Ainsi l'homme sage, modeste, qui cherche la raison en tout, qui aime la vérité par-dessus tout, pour elle-même, et non pour se vanter de l'avoir trouvée, qui ne la dit que par devoir ou nécessité, passe dans le monde sans être connu, et n'emporte avec lui que la conscience du bien qu'il a fait à ceux mêmes dont il est ignoré ou entièrement oublié ; tandis que l'homme brillant, léger, irréfléchi, entraîné toute sa vie par le torrent des passions et de l'opinion, qui cherche sans cesse, non ce qu'il doit être pour accomplir sa destinée, pour être agréable à Dieu et utile aux hommes, mais ce qui peut le faire paraître avec tous ses avantages personnels, acquiert un nom et une célébrité fondée sur ce qui a été précisément le plus contraire au bien de l'humanité. Le premier n'a vécu que pour le *subjectif*, et dans le *subjectif* de la conscience, et a mérité l'estime des âmes pareilles à la sienne ; le second n'a vécu que pour l'*objectif* et dans l'*objectif* de ce monde, figure creuse, ombre qui passe. L'éducation première devrait s'attacher à faire ressortir cette distinction essentielle.

30 novembre. Sous les rapports psychologiques il y a beaucoup d'analogie entre l'état de l'âme d'un philosophe stoïcien, tel que Marc-Aurèle, et celui d'un parfait chrétien. Tous deux séparent constamment en eux-mêmes ce qui est de l'âme et ce qui est du corps. L'esprit lutte également dans tous deux contre la chair ; ils se font une idée semblable de la vertu, de la perfection de l'homme, qui consiste à se mettre au-dessus de tous les vains désirs, des caprices de l'imagination, de la sensibilité, et à maintenir son âme exempte de plaies et de souillures. Tous deux se rejouissent intérieurement du bien de l'âme ; avec cette différence bien essentielle, il est vrai, que le chrétien place hors de lui et plus haut que lui le principe de sa force, tandis que le stoïcien la met en lui-même [1]. Mais quand on examine psychologiquement la notion que le philosophe attache à cette âme qu'il cultive, respecte, honore en lui-même, à cette raison absolue qu'il consulte et prend pour guide, on voit que l'âme, le génie, qui est dit être en nous, est autant hors du *moi*, ou au-dessus de lui, que Dieu le Père est au-dessus et hors de l'homme : c'est l'idée du *Fils*, médiateur entre Dieu et l'homme, qui différencie uniquement le chrétien.

8 *décembre*. Les passions naturelles ont leur source dans la vie organique, et appartiennent à l'animal avant d'être dans l'homme. Tels sont les appétits relatifs à la conservation des êtres organisés sentants, et à la propagation des espèces. Les passions sociales se joignent toujours dans l'homme aux passions naturelles et les compliquent

---

[1] Le manuscrit porte ici, en marge, la note suivante : « Encore cette différence s'évanouit-elle, quand on considère que la raison, comme l'entend Marc-Aurèle, est dans l'homme, sans être à lui, qu'il la reçoit comme par émanation, d'une source plus haute. »

Dans l'état le plus ordinaire des hommes en société toute passion naturelle, ou appétit organique, partant de l'organisme, monte pour ainsi dire de la vie animale à celle de l'homme. Il y a mélange de phénomènes ou échange des produits de deux forces différentes. De là l'influence de l'imagination sur la sensibilité, les combats de la volonté, de la raison, de l'intérêt, les affections entraînantes, et le malheur dans le désordre ou le défaut senti d'harmonie. Dans cette deuxième vie moyenne, toute passion se caractérise par la spontanéité des produits, soit de l'organisme, soit de l'imagination, qui prennent tour à tour l'initiative, mais n'en sont pas moins toujours hors du cercle d'activité du *moi*, de l'homme libre et proprement moral, qui n'assiste aux phénomènes intérieurs que comme témoin, faisant effort pour empêcher, distraire les produits d'une force qui n'est pas, et qu'il sent bien n'être pas la sienne. Ce mélange de produits et cet antagonisme de forces constituent la passion de l'amour et tous les plaisirs sympathiques que goûtent les hommes, en satisfaisant ensemble des besoins ou des goûts communs. Mais au-dessus de cette deuxième vie, il en est une troisième qui, pas plus que la vie organique n'a en elle-même son principe, ses aliments, ses mobiles d'activité, mais qui les emprunte d'une source plus haute, la même qui a tout produit et qui dirige tout vers une fin.

La deuxième vie de l'homme ne semble lui être donnée que pour s'élever à cette troisième, où il est affranchi du joug des affections et des passions, où le génie, le démon qui dirige l'âme et l'éclaire comme d'un reflet de la divinité, se fait entendre dans le silence de toute nature sensible, où rien ne se passe enfin dans le sens ou l'imagination, qui ne soit ou voulu par le *moi*, ou suggéré, inspiré par la force suprême, dans laquelle ce *moi* vient s'absorber et se confondre. Tel est peut-être l'état primitif d'où l'âme humaine est descendue, et où elle aspire à remonter.

Le christianisme seul explique ce mystère, seul il révèle à l'homme une troisième vie, supérieure à celle de la sensibilité et à celle de la raison ou de la volonté humaine. Aucun autre système de philosophie ne s'est élevé jusque-là. La philosophie stoïque de Marc-Aurèle, tout élevée qu'elle est, ne sort pas des limites de la deuxième vie, et montre seulement avec exagération le pouvoir de la volonté, ou encore de la raison (qui forme à l'âme comme une atmosphère lumineuse dont la source est hors de l'âme) sur les affections et les passions de la vie sensitive. Mais il y a quelque chose de plus, c'est l'absorption de la raison et de la volonté dans une force suprême, absorption qui constitue sans effort un état de perfection et de bonheur.

12 *décembre*. M. Baggesen [1], s'entretenant avec moi, disait très-bien qu'au-dessus de la volonté ou du *moi*, qui lutte sans cesse contre les affections passives de la sensibilité, est une force supérieure au *moi* humain, ou un autre *moi* plus élevé, centre d'une troisième vie qui ne reçoit point ses lois ni sa direction de la sensibilité ni de la volonté. Le sentiment religieux seul élève l'homme à cette troisième vie où l'âme ne fait que sentir d'une manière ineffable, et où elle est sans effort, dans l'état le plus parfait que comporte sa nature. Il y a donc quelque chose

---

[1] Baggesen (Emmanuel), poëte danois, né, en 1764, dans l'île de Zélande, mort en Allemagne en 1826, après avoir parcouru la France, l'Italie et la Suisse.

de supérieur au stoïcisme : c'est la religion. M. Baggesen me disait que le sentiment religieux l'avait enlevé au stoïcisme.

Quelle apparence y a-t-il que l'intelligence limitée qui est dans le contemplateur de ce grand œuvre appelé le monde, ne soit pas dans l'ouvrier ou le premier moteur? Pourquoi la force qui se connaît, et connaît tout le reste, serait-elle concentrée dans cette créature passagère qui vient un instant contempler la scène dont elle fait partie et disparaît un instant après? Comment la cause de toute intelligence ne serait-elle pas intelligente? La force d'attraction moléculaire qui préside au rapprochement des molécules en cristaux réguliers, ne sait pas les mathématiques sans doute; les abeilles ne calculent pas les formes hexagones de leurs cellules; mais si l'homme les connaît et les calcule, pourquoi celui qui a fait ces molécules et ces insectes n'aurait-il pas su ce qu'il faisait?

Le sens intime s'élève contre le matérialisme; il faudrait qu'il n'y eût que des forces aveugles qui ne se connaissent pas elles-mêmes. Mais le *moi* n'est-il pas une force, une cause qui se connaît, et ce *moi* n'est-il pas invisible aux yeux du corps? Pourquoi donc n'y aurait-il pas d'autres forces invisibles qui agissent avec connaissance sans être unies à une organisation humaine?

« Il n'est point pour votre âme d'ennemi plus fâcheux
» et plus redoutable que vous-même, lorsque vous n'êtes
» pas bien d'accord avec l'esprit [1]. » En réfléchissant sur ces paroles on voit : 1° que ce que nous appelons le *nous-*

[1] *Imitation de Jésus-Christ.*

mêmes n'est pas seulement notre âme, mais embrasse les deux vies, animale et pensante, qui peuvent n'être ni d'accord entre elles, comme lorsqu'il y a trouble, désordre intérieur produit par les passions ou par les maladies du corps et de l'âme, ni d'accord avec l'esprit ; 2° que cet esprit qui est en nous n'est pas non plus le *nous-mêmes*. Le plus souvent nous ne l'entendons pas, distraits par le bruit des sensations du dehors, ou par le mouvement de nos propres idées ; alors même que sa voix se fait entendre et qu'il tend à nous suggérer d'autres pensées, d'autres mouvements, nous lui résistons, nous préférons notre propre impulsion à la sienne. Les hommes les plus sensés, les mieux réglés, les plus élevés dans l'échelle intellectuelle, peuvent être néanmoins dans une véritable opposition avec l'esprit. Ils sont alors pleins d'orgueil, ne cherchant qu'à plaire aux hommes et non pas à Dieu ; ils se perdent dans leurs propres pensées alors qu'ils s'y complaisent uniquement ; aussi sont-ils dans un trouble constant, amassant avec leurs trésors de science mille sujets d'inquiétude, d'affliction et de labeurs continuels.

27 *décembre*. « Les choses, dit Marc-Aurèle, ne touchent » point du tout elles-mêmes notre esprit. Il n'y a nul ac- » cès pour elles jusqu'à lui. Lui seul se change et se meut » de lui-même. » En admettant que les choses ou les impressions du dehors ne sont que les causes *occasionnelles* de ce que notre âme est modifiée de telle manière, et de ce que notre esprit est mu ou tourné d'un certain côté et non pas d'un autre ; en accordant que nulle chose ou objet du dehors ne peut être cause *efficiente* des idées ou des jugements que l'esprit en porte, — toujours est-il qu'on ne peut dire véritablement et sans exagération que l'esprit se

change et se meuve soi-même. La force qui peut le changer ou le mouvoir n'est pas la même qui constitue son *moi* ; elle est certainement immatérielle, analogue à sa substance, mais plus haute que lui. Le christianisme entend mieux la nature humaine et la nécessité de la *prière*.

« Ton mal n'est pas dans l'esprit d'un autre ni dans le » changement ou l'altération de ce qui enveloppe le tien ; » où donc? dans la partie de toi-même qui juge des maux. » Qu'elle ne juge donc plus. » Mon mal absolu, ce qui dégrade ma nature intellectuelle ou morale, peut être dans l'esprit d'un autre, plus élevé que moi et qui en juge mieux. Mais quand je juge, ou je sens que l'altération du corps qui enveloppe mon esprit, et qui sert à ses opérations, est un mal ou une imperfection de ma nature, jugé-je mal ? ou dépend-il de moi de juger autrement que ne le comporte l'union des deux natures? Il y a une confusion perpétuelle du *subjectif* et de *l'objectif* dans les maximes de Marc-Aurèle et surtout dans ce qu'il dit, comme tous les stoïciens, du bien et du mal.

« Le corps d'un homme vertueux, comme celui d'un » scélérat, peut être coupé, brûlé, ulcéré et en pourri- » ture. » Sans doute, et il suit de là que ces cruels accidents de notre nature physique ne peuvent être imputés comme péché à notre nature morale; mais dépend-il de celle-ci de ne pas en être affectée et altérée elle-même jusqu'à un certain point? Le chrétien reconnaît dans ces cas la nécessité de l'intervention d'une force suprême, et il y a recours par la prière, remède plus sûr pour l'âme que la raison propre et tous les raisonnements à froid, même dans l'hypothèse où l'âme ne ferait que se modifier elle-même par l'effet de cet élan, de ce mouvement excentrique par lequel elle se porte vers Dieu.

« Le mal d'une nature animale est de ne pouvoir faire
» usage de ses sens ou appétits naturels. Le mal d'une
» plante est de ne pouvoir végéter. De même le mal d'une
» nature intelligente est que l'esprit ne puisse pas faire ses
» fonctions. » Il suit de là certainement qu'il y a dans
telles dispositions des organes des empêchements ou des
obstacles aux fonctions de l'esprit qui sont un véritable
mal, et il faut mettre de grandes restrictions à ce qu'ajoute plus bas Marc-Aurèle : « Il est certain que nul autre
» que toi n'a jamais empêché ton esprit de faire les fonc-
» tions qui lui sont propres. » C'est tout le contraire ; car
comme ce n'est pas moi qui fais que mon esprit exerce
bien et convenablement ses fonctions, ce n'est pas moi
non plus, qui peux l'empêcher plus ou moins, dans certains cas, de remplir les fonctions que comporte sa nature.
Il y a pourtant un sens selon lequel la maxime de Marc-Aurèle est susceptible d'une interprétation plus vraie,
quoiqu'elle ne le soit jamais aussi absolument que l'exprime ce philosophe. Si on entend par fonctions de l'esprit :
imaginer, comparer, rappeler, lier une suite d'idées et de
conséquences à leurs principes, certainement ces fonctions
s'accomplissent ou sont empêchées alternativement par
des causes quelconques spirituelles ou matérielles, externes ou internes, qui, dans tous ces cas, ne sont pas
nous, ou sont indépendantes de la volonté qui est nous-mêmes. Mais il est vrai que tant que dure le *conscium* et
le *compos suî*, tant que l'homme conserve la faculté de se
rendre compte à lui-même de ce qu'il éprouve, ou de ce
qu'il sent ou opère au dedans de lui, il peut regarder
l'obstacle actuel quelconque à l'exercice de ses facultés
comme un événement connu et ordinaire qui ne le blesse
ou ne l'altère pas dans son essence ou dans la partie la

plus intime de son être. Il ne répugne nullement de placer l'essence propre de l'âme humaine, pendant son union à une machine organique dans la *séité* ou dans l'effort que fait le *moi* lui-même pour se conserver *conscius* et *compos*, dans tous les états de déréglements, d'altération, de faiblesse ou d'énergie fiévreuse de la machine. Il est vrai alors jusqu'à un certain point « que ni » le fer, ni le feu, ni un tyran, ni la calomnie, rien en » un mot ne peut approcher de lui; que lorsqu'il s'est » ramassé dans lui-même, comme en forme de ballon, sa » rondeur est inaltérable. » Mais cette force de concentration elle-même peut-elle être illimitée? N'est-elle pas renfermée dans les bornes que notre organisation même impose à la volonté, ou à la force animatrice qui résiste à tout ce qui peut altérer sa *rondeur?* Une force infinie pourrait-elle se compliquer avec des obstacles finis, et en éprouver une résistance invincible dans certains cas? Il faut être ou plus élevé que l'homme, ou bien aveuglé sur soi-même, pour ne pas reconnaître les limites nécessaires imposées à notre nature mixte par l'Auteur même de toute existence. Le problème qui consiste à savoir ce que nous pouvons réellement, dans le plus haut degré de perfection de notre nature, et ce que nous ne pouvons pas, par la nature même de nos facultés, ce grand problème est encore non-seulement irrésolu mais intact. Le christianisme et le stoïcisme prétendent le résoudre dans deux sens diamétralement opposés. Le premier exagère notre faiblesse jusqu'à anéantir dans l'homme toute force morale qui serait indépendante d'une grâce actuellement efficiente. Le second exagère plus encore la force propre de l'âme, en la considérant comme infinie ou l'identifiant avec celle de Dieu même, non par une influence de la grâce actuelle, mais par la nature même de l'âme, ou de la puissance qui crée l'effort actuel. Les deux doctrines reposent sur des principes opposés à ceux de la psychologie.

ANNÉE 1822.

4 janvier. « Si un homme tombe en enfance, » dit Marc-Aurèle (et l'on peut y tomber ou s'y laisser tomber de bien des manières, en bien des degrés différents), « il » continue à vivre, à se nourrir, à sentir, à avoir même » certaines imaginations et certains désirs, mais il ne » jouit plus de lui-même. La vivacité de son esprit est » éteinte ; il n'est plus en état de connaître ses devoirs, » de ranger et de déduire ses idées, ni même d'examiner » s'il est temps de mettre son esprit en liberté, ni toute » autre question qui demande une raison exercée. Il faut » donc se hâter, non-seulement parce que chaque jour » nous mène à la mort, mais surtout parce qu'il s'agit de » prévenir cet affaissement total de notre intelligence et » de notre raison. »

Voilà donc que le stoïcien reconnaît qu'il y a un état de décadence ou de décrépitude des organes, où l'âme ne peut plus exercer ses hautes fonctions, où l'intelligence et la raison s'affaissent nécessairement sans qu'elles puissent se remonter elles-mêmes, ni par aucun effort de la volonté. Notre flambeau est donc sujet à s'éteindre, par des causes indépendantes de nous, et qui suivent les progrès de l'âge ou la déclinaison du corps, comme il arrive aussi que nous laissons souvent éteindre en nous le flambeau par notre faute. Or, il n'est certainement pas facile de distinguer les cas où le flambeau s'éteint de lui-même, indépendamment de tous nos efforts pour le ranimer, de ceux où il s'éteint par le défaut de notre volonté. Le stoïcisme est forcé malgré lui de reconnaître, du moins en certains cas, l'impuissance de cette volonté pour commander aux passions, conduire son esprit, se mettre au-dessus de la douleur, mettre son esprit en liberté. On ne peut dire que la volonté soit impuissante dans l'état d'enfance, de maladie, de passion : elle est nulle.

« Il est temps que tu sentes quel est ce maître de l'uni-
» vers dont ton esprit est une émanation qui n'est à ta
» disposition que pour un temps limité, et qui, si tu ne
» fais pas ce qu'il faut pour le rendre serein, s'envolera
» pour ne plus revenir. »

Mais dépend-il de moi seulement de le rendre serein ? Est-il bien toujours à ma disposition, même pendant cette vie limitée ? Est-il vrai, comme le dit plus bas Marc-Aurèle, que les flots n'emporteront que ce qui est de la chair ou du sang, sans exercer aucun pouvoir sur l'intelligence ? Hélas ! vous venez vous-mêmes de le reconnaître : le flot de la vie entraîne cette intelligence comme tout le reste.

29 *janvier*. Vie de divertissements et d'affaires qui ne sont aussi que des divertissements d'esprit. « Plus l'homme
» veut vivre selon l'esprit, plus la vie lui devient amère ;
» car les amusements, les besoins et les nécessités du

» corps contrarient sans cesse la vie de l'esprit et sont,
» selon lui, de grandes misères.[1] » Je ne suis occupé que
de ces misères, et cependant j'ai connu auparavant la vie
selon l'esprit ; je conserve toujours une tendance vers elle,
je ne me livre qu'à demi, et avec remords, à ce qui m'en
détourne. Ne vaudrait-il pas mieux y avoir toujours été
étranger comme tant d'autres hommes?

17 février. Comment faire pour se pénétrer d'un idéal
tel que Dieu, le devoir, l'immortalité? Le stoïcien dira que
la volonté peut toujours reproduire et conserver ces idées
présentes ; le chrétien attribuera tout à la grâce. Le philosophe observateur ne niera pas l'influence d'une grâce surnaturelle ; mais en attribuant à cette cause inconnue tout
ce qui est produit quelquefois subitement en nous, mais
sans nous, de grand, de beau, d'élevé, il reconnaîtra combien la spontanéité de l'organisation ou du principe de
vie, qui s'excite et se calme de lui-même tour à tour, peut
contribuer à cet état pur et élevé de l'âme.

Aimer Dieu par-dessus tout, fixer son cœur en lui,
c'est faire taire toutes les affections pour conserver une
seule idée présente, une idée qui n'a rien de sensible;
c'est s'entretenir toujours avec soi-même de l'infini, de
l'éternel, du vrai, du beau, du bon absolu, et ne donner
aucune attention à tout ce qui meurt, n'en faire aucun
cas. Quand on en est venu au point de renoncer à tout ce
qui est sensible, à tout ce qui tient à la chair et aux passions, l'âme a un besoin immense de croire à la réalité de
l'objet auquel elle a tant sacrifié, et la croyance se proportionne à ce besoin. « Quittez, dit Pascal, ces vains amu-

---

[1] *Imitation de Jésus-Christ.*

» sements qui vous occupent tout entier... Vous auriez
» bientôt la foi si vous aviez quitté tous vos plaisirs sensi-
». bles [1]. »

Considérez, si vous voulez, le christianisme comme un système de philosophie, et vous trouverez, par la raison, qu'il n'en est pas qui explique mieux la contradiction de notre nature, qu'il n'en est pas surtout de plus grand, de plus sublime dans la pratique. Il serait beau de comparer un stoïcien parfait à un chrétien parfait, en suivant l'un et l'autre dans tous les détails de la vie privée, spéculative et active, de les comparer dans leur patience à souffrir, dans la pureté et l'élévation de toute leur conduite envers les hommes et envers eux-mêmes.

13 mars. Au sujet de la communication immédiate de notre esprit avec quelques esprits supérieurs, qui l'illuminent ou le modifient, il faut bien distinguer les cas où c'est l'imagination seule qui entre spontanément en jeu, sous une influence organique quelconque. Comme la volonté n'y est pour rien, le *moi* peut transporter à une force extérieure, ou à un autre *moi*, ces produits spontanés, et c'est ainsi que dans un demi-sommeil, l'on croit entendre une voix étrangère, qui nous redit nos propres conceptions fantastiques et quelquefois avec une éloquence particulière. Mais ces conceptions sont toujours revêtues des formes sensibles de l'espace et du temps ; elles n'ont rien que l'imagination ou un esprit de la nature du nôtre ne puisse produire ou saisir en lui-même. Il n'en est

---

[1] Pensées. *Quand il serait difficile de démontrer l'existence de Dieu par les lumières naturelles, le plus sûr est de la croire.*

pas ainsi des révélations prophétiques et nécessairement *objectives* de certaines vérités qui dépassent visiblement la portée naturelle de l'esprit humain, et sont élevées au-dessus de la sphère de notre existence intellectuelle. Quel droit, aveugles que nous sommes, avons-nous de les nier?

« Je voudrais faire entendre aux autres ce que je pense
» ou sens en moi-même ; mais souvent je ne puis en ve-
» nir à bout, parce que ces mouvements de ma volonté
» sont au dedans de moi, et que les autres sont au dehors,
» sans qu'aucun de leurs sens leur donne le moyen de
» voir dans mon âme[1]. »

Il peut y avoir de telles relations entre certains êtres, certaines âmes, qu'elles aient la faculté de voir, ou plutôt de sentir immédiatement ce qui est respectivement dans chacune d'elles, sans l'intermédiaire des sens extérieurs ordinaires. C'est là ce qui fait que des personnes unies étroitement par les liens de l'amour et de l'amitié, n'ont pas besoin de se parler pour s'entendre, pour se trouver bien à côté l'une de l'autre, sans ce babil si nécessaire aux indifférents, qui cherchent à s'amuser ou à s'éclairer par la transmission orale des mots et des idées. Il est certainement des moyens de transmission pour le sentiment, soit entre deux âmes de même nature qui se correspondent, soit entre l'âme humaine et un esprit, une lumière supérieure, moyens tout à fait indépendants de la parole et immédiats par leur nature. Ceux qui attribuent tout ce qui est dans l'âme à l'influence du langage parlé, et qui ne croient pas que Dieu même ait pu parler à l'âme hu-

[1] Saint Augustin. *Confessions*, livre I, chap. VI. Les paroles citées sont relatives, dans le texte des *Confessions*, à l'état du petit enfant, encore dépourvu de nos moyens de communication.

maine sans frapper l'oreille ou la vue par les signes articulés ou écrits qu'il leur a enseignés, ceux-là, dis-je, se font une idée bien étroite des facultés de notre âme, et sont conduits à matérialiser en quelque sorte l'action qu'elle reçoit ou qu'elle exerce, en dehors et au dedans, en la limitant aux sens externes comme à ses instruments uniques.

« La vraie lumière est connue de tout ce qui sait con-
» naître la vérité ; et qui la connaît, connaît l'éternité, et
» c'est par la charité (par l'amour) qu'on la connaît [1]. »

On peut commencer par aimer l'inconnu, quand on sent que rien ici-bas ne peut satisfaire complétement les besoins de l'âme ; et c'est en se détachant de tout ce qui est sensible, que la faculté aimante (*vis amatoria*) de l'âme se fixe sur Dieu qui est sa fin, son principe, sa vie tout entière. Ceci peut servir à comprendre une chose qui m'avait d'abord semblé paradoxale, et qui a été profondément débattue dans une dernière soirée philosophique chez moi, entre MM. Plantat, Ampère, Baggesen, Stapfer et moi : savoir que toute morale comme toute religion commence par l'amour (*caritas*) ; qu'il ne peut y avoir connaissance du vrai, du bon, du beau, du juste, du devoir, sans amour de ce vrai, de ce bon, de ce devoir ; que ce sentiment d'amour ou de complaisance est le principe et la base même de la notion morale qui n'existerait point sans lui, et ne peut en être séparée sans se dénaturer ou disparaître entièrement. Il y aurait bien quelques distinctions et restrictions à noter à cet égard ; par exemple, dans les états de sécheresse que Fénelon et les mystiques reconnaissent, on ne conserve pas moins l'idée et la vo-

---

[1] Saint Augustin. *Cité de Dieu.*

lonté des mêmes devoirs envers Dieu. On peut aussi employer sa vie à faire du bien aux hommes, sans y trouver aucun plaisir positif, mais pour suivre la raison qui démontre que tel est le but de la vie.

5 avril. (*Vendredi-Saint.*) « Jésus-Christ sur la croix
» était en même temps le prêtre et l'hostie. Selon la chair,
» il est la victime du sacrifice ; selon l'esprit, il en est le
» prêtre et le sacrificateur. Il s'offre suivant l'esprit, en
» même temps qu'il est offert suivant la chair [1]. »

Ainsi fait l'homme vraiment spirituel, quand il immole ses passions, et qu'il fait l'abnégation, le sacrifice de tout ce qu'il y a de sensible et de mortel en lui. L'homme moral qui exerce sa liberté et se commande à lui-même sent bien qu'il est en même temps le prêtre et l'hostie ; car c'est bien lui qui sacrifie et immole, et ce qui est immolé et sacrifié, c'est encore lui, c'est la partie la plus sensible de son être, celle qui est la plus chère, la plus intime suivant la chair, quoiqu'elle ne soit pas lui, mais autre et extérieure suivant l'esprit.

Une personne que je croyais spirituelle me niait aujourd'hui qu'il y eût énergie sans passion ; et elle paraît avoir lié étroitement ces deux idées. J'ai soutenu fortement que là où il y avait passion entraînante, il n'y avait point de véritable énergie, malgré tous les signes de la plus grande force déployée. La force est, dans ce cas, organique et non point morale. Le mesure de l'énergie vraie est dans la résistance, et celle-ci, il est vrai, se proportionne à la force de la passion. D'où il suit précisément, contraire-

---

[1] Saint Chrysostome.

ment à ce que croient les hommes charnels, que la véritable énergie est employée à combattre et non pas à suivre les passions. Loin que la passion soit cause et mesure de l'énergie, elle lui est antagoniste. Ce n'est pas à la passion, mais à la volonté ou à l'activité libre et morale, qu'appartiennent la force et la véritable énergie.

Grateloup, 20 mai. Je sais tout ce qui me manque pour être homme d'État. J'ai peut-être même, sous ce rapport, des dispositions négatives. Je suis, par tempérament, trop accessible aux impressions, trop facile à dominer par des affections et des sentiments ; et par là même trop variable, trop peu consistant dans mes points de vue, mes projets. Un homme tel que moi ne pourra jamais diriger les affaires de ce monde. Aussi suis-je habituellement désintéressé pour ces affaires, et toujours trop pour y appliquer convenablement les facultés de mon esprit. Néanmoins, le sentiment du devoir, celui de la justice et de la vérité, quand je les vois clairement intéressés dans les affaires qui se rencontrent, déterminent toujours mes efforts et excitent mon activité la plus énergique.

Paris, juin. Le bonheur n'est plus pour moi que dans le bien que je pourrais procurer à d'autres, à mes enfants, mes proches, mes concitoyens. Puissé-je me bien pénétrer de cette vérité, si bien manifestée par tant d'expériences récentes, et consommer tranquillement mon sacrifice par la plus complète abnégation de moi-même !
Pascal dit : « Nous ne pouvons aimer ce qui est hors de » nous. » Cette pensée, comme il l'entend, n'a rien que de vrai et d'élevé, car il entend que Dieu, le bien suprême, est en nous ; mais entendue à la manière de nos moder-

nes, cette maxime bouleverse tous les fondements de la vraie philosophie, car elle revient à dire que nous n'aimons, comme nous ne sentons, que ce qui est est en nous, c'est-à-dire les propres modifications de notre être sentant. Et comme les mêmes philosophes n'admettent d'autres réalités que celles des objets de nos sensations, en aimant ces objets, nous n'aimons réellement que nous-mêmes. Quant à l'idéal que nous aimons, comme il est, dans ce système, l'ouvrage de notre esprit, en aimant cet idéal, nous n'aimons point en effet ce qui est hors de nous, mais aussi nous n'aimons, nous n'embrassons rien de réel. Dans le point de vue de Pascal, ou de la théologie chrétienne, le difficile est de concevoir d'abord une réalité absolue qui est en nous, sans être nous-mêmes, un être réel qui est en nous, sans nous toucher par aucun côté sensible, et que nous pouvons cependant aimer infiniment plus que tout ce qui nous touche. Si l'idéal qui devient ainsi l'objet de notre culte, le but de toute notre vie, n'avait pas hors de nous ou de notre esprit une réalité absolue et essentielle, comment lui sacrifierais-je mon être propre?

Le véritable amour consiste dans le sacrifice entier de soi-même à l'objet aimé. Quel que soit cet objet, dès que nous l'aimons pour lui, en raison de sa perfection idéale ou imaginaire, dès que nous sommes disposés invariablement à lui sacrifier notre existence, notre volonté propre, si bien que nous ne voulons plus rien qu'en lui et pour lui, en faisant abnégation complète de nous-mêmes, dès lors notre âme est en repos, et l'amour est le bien de la vie. Les agitations et tout le malheur des passions ne viennent que de ce que nous nous aimons nous-mêmes par-dessus tout, mettant notre bonheur, notre plaisir avant tout. Nous sommes ballottés sans cesse entre des espérances souvent trompées et des craintes qui sont de vrais maux, quels que soient les événements. Si l'amour divin est celui qui remplit le mieux, ou même uniquement les conditions du vrai bonheur dans ce monde, c'est qu'il ne s'y mêle rien qui donne prise aux passions personnelles, à ce qui tient à l'amour-propre ou au plaisir des sens. En aimant un objet de même nature que nous, il est presque impossible que nous n'ayons pas quelque désir qui se rapporte au corps, ou à des modifications ou qualités variables, enfin que l'abnégation soit complète ; mais en tant que nous pouvons épurer le sentiment d'amour ou le dégager de toute affection ou intérêt personnel, cet amour désintéressé peut nous rendre heureux ; et si une créature pouvait nous l'inspirer, ou que par un travail sur nous-mêmes, nous parvinssions à aimer en elle la perfection, la beauté de l'âme et du corps sans aucun retour sur nous-mêmes, nous pourrions être heureux en aimant la créature ; mais c'est alors Dieu que nous aimerions en elle.

Grateloup, 24 octobre. Jusqu'à ce jour, depuis mon arrivée à Grateloup [1], je m'étais senti ranimé, dans un progrès croissant chaque jour de santé physique, auquel il me semblait sentir correspondre les progrès de l'esprit. Je m'intéressais à mes études psychologiques ; je revenais avec attrait sur mes anciennes idées ; je relisais mes manuscrits avec intérêt, et pensant sérieusement à en former un ouvrage que je pourrais bientôt publier [2]. Cette publica-

---

[1] M. de Biran venait de faire une excursion en Suisse.
[2] C'est à cette époque que Maine de Biran retoucha certainement (le manuscrit en donne la preuve positive), et vraisembla-

tion et les travaux qu'elle allait entraîner ne m'effrayaient plus ; c'était, au contraire, à mes yeux, un moyen d'occuper toute mon activité dans le cabinet, loin du monde, et de me maintenir dans un état d'aplomb, de repos intérieur qui me fuit où que je fuis depuis longtemps, surtout dans la capitale. Toutes ces bonnes dispositions se sont évanouies depuis hier. Le temps a changé, le vent a tourné au midi et souffle avec violence : me voilà un autre homme. Je me sens inerte, dégoûté du travail, porté aux idées sombres et mélancoliques et à ces rêveries vagues qui m'ont été si funestes. Qu'avais-je fait pour me mettre dans le bon état physique et moral des jours précédents ? Qu'ai-je fait pour le perdre ? Ces variations tiennent évidemment à celles qui s'opèrent spontanément dans le jeu des fonctions d'une machine soumise à toutes les causes de perturbations internes et externes. Certainement les dispositions, les goûts sensibles, les tendances même plus ou moins fortes de notre activité intellectuelle, ne dépendent pas de nous; mais la continuité ou la répétition des actes volontaires (quels que soient les dispositions, les attraits ou les répugances de l'instinct sensitif) sont toujours en notre pouvoir, et en agissant sans goût, en faisant le devoir, en remplissant la tâche contre nous-mêmes, nous parvenons, non à nous contenter, à nous rendre heureux, mais à calmer, à satisfaire la conscience.

J'habite tour à tour deux mondes intérieurs qui sont

---

blement pour la dernière fois, l'*Essai sur les fondements de la psychologie*. Peu de temps après, il se décida à abandonner cette rédaction pour entreprendre celle des *Nouveaux essais d'Anthropologie*.

en opposition et n'ont aucun rapport, quoiqu'ils soient voisins de moi et que je passe souvent de l'un à l'autre avec une grande rapidité : le monde que me crée à chaque instant une imagination très-mobile, et le monde de ma raison, de ma réflexion ; l'un peuplé de fantômes variables qui ont le pouvoir de me rendre heureux, malheureux autant et plus que les objets extérieurs ; l'autre, région des idées vraies, où les choses et les êtres se représentent comme ils sont, et sous des rapports fixes qui attestent la vérité, la réalité de mes représentations intérieures. Ces deux états de mon âme, que je suis fondé à regarder comme deux mondes distincts et séparés, diffèrent entre eux à peu près comme les rêves de l'homme endormi diffèrent des idées de l'homme éveillé. La seule différence, bien essentielle à la vérité, c'est que je puis jusqu'à un certain point, et avec plus ou moins d'effort, passer du monde de l'imagination à celui de la raison, pourvu que j'y pense, que je le veuille fortement, et que je ne sois pas entraîné par le torrent des objets extérieurs analogues aux dispositions de ma sensibilité ou de mon imagination. Aussi, quand je vis dans le monde et les affaires, le champ de l'imagination et des affections spontanées usurpe beaucoup sur celui de la raison et ne lui laisse guère de place. Dans la solitude, ce monde imaginaire tient encore une grande place dans mon intérieur ; mais comme je cultive par habitude, et par un certain goût renouvelé de méditation, le fond de mon être pensant, la surface est moins agitée. Je suis à moi et moi-même ; c'est là aussi que je suis plus frappé du contraste et des oppositions souvent renouvelées des deux mondes.

Paris, 13 *décembre*. Notre âme semble obéir à diverses

attractions, comme ce que nous appelons la matière. Les affections de l'organisme, quand elles sont nombreuses, vives et variables en raison du tempérament, attirent à elles presque toutes les forces de l'âme et la fixent ou l'absorbent dans le corps, au point que la personnalité, la liberté peuvent disparaître entièrement, et que l'homme se trouve réduit à l'état de l'animal. Il ne pourrait même jamais sortir de cet état si son âme n'était pas douée d'une force propre qui l'empêche d'obéir toujours et entièrement à l'attraction du corps. Cette force active peut concentrer l'âme en elle-même en la faisant tourner, pour ainsi dire, sur elle-même et autour de ses propres idées : c'est la vie *philosophique* qui consiste dans la méditation intérieure, dans l'exercice de l'activité employée à résister à ses propres affections, à se bien conduire dans le monde intérieur, de manière à atteindre un but intellectuel. La force active peut aussi porter l'âme hors d'elle-même, vers un idéal, un infini qui lui est donné ou qu'elle se donne pour but de ses efforts. En entrant ainsi dans une sphère supérieure, toute lumineuse, l'âme peut encore obéir à une attraction tout à fait opposée à celle du corps et s'y absorber de manière à y perdre même le sentiment de son *moi* avec sa liberté. C'est la vie *mystique* de l'enthousiasme et le plus haut degré où puisse atteindre l'âme humaine, en s'identifiant autant qu'il est en elle avec son objet suprême, et revenant ainsi à la source d'où elle est émanée. La liberté interne gouverne la force attractive de l'âme, ou plutôt cette force se gouverne librement elle-même, mais jusqu'à un certain point seulement. L'âme, par ses désirs et en vertu de sa nature intellectuelle, tend à l'union avec Dieu ; en vertu de sa nature sensitive ou animale, elle tend à l'union avec les corps et avec le sien propre : double tendance qui empêche le repos de l'homme dans la vie présente, et tant qu'il est homme. Les âmes les plus pures, les plus élevées sont encore souvent dominées par une tendance terrestre, et celles qui s'abandonnent le plus complétement à la vie animale sont encore plus souvent tourmentées par les besoins d'une autre nature, qui s'expriment par le malaise, l'ennui, l'agitation intérieure qui tourmentent les malheureux comblés au dehors de tous les dons les plus brillants de la fortune ou de la nature : *Toute créature gémit.*

25 *Décembre.* Dépend-il de l'âme de passer par sa force propre de l'état *inférieur* à l'état *supérieur ?* Il est évident qu'elle ne le peut pas indépendamment de toute condition, ou qu'il ne lui est pas donné de se modifier elle-même instantanément de deux manières opposées. Mais ce qu'elle peut, c'est de concevoir un but, un certain idéal de perfection et de combiner les moyens dont elle dispose pour s'y élever progressivement et par une suite d'efforts. Il faut commencer d'abord par vivre purement, moralement, sans tenir au monde que par le devoir; et, les sensations perdant alors leur empire, l'âme s'élève d'elle-même, ou par une grâce propre, vers son principe; elle n'est plus le jouet de mille illusions, qui la séduisent ou la tourmentent tant qu'elle est sous l'empire de l'imagination et des sens. Mais l'on se tromperait beaucoup si l'on croyait qu'il est au pouvoir de l'âme, dans le déploiement même le plus énergique de son activité, de se soustraire tout d'un coup à l'empire des passions quelconques lorsqu'elles ont planté leurs racines à la fois dans l'organisme intérieur et l'imagination unis ensemble par une

mutuelle sympathie. L'individu ne peut pas plus alors se modifier lui-même qu'il ne pourrait se guérir d'une maladie organique ou de la folie. Pour se tirer de l'abîme, il lui faut un point d'appui hors de lui-même. La religion vient à son secours, et le sentiment religieux ne vient lui-même que par la pratique des actes qui sont seuls en notre pouvoir, quels que soient les sentiments intérieurs.

Malgré tout le stoïcisme possible, l'esprit ne peut se soustraire aux variations nécessaires de l'organisme et de l'âme sensitive. Cette âme s'attriste, se décourage, ou s'élève et se réjouit suivant certains états successifs de la machine, et par des causes tout à fait indépendantes de l'intelligence et de la volonté. Tout ce que le *moi* peut faire, c'est de détourner son attention et de lutter avec plus ou moins d'effort; mais il arrive des états de l'âme et du corps où toute lutte est impossible. J'éprouve en ce moment l'effet de ces mauvaises dispositions de la machine. Tous les organes des passions tristes ont pris le dessus, subjuguent mon imagination et l'entraînent à produire une multitude de fantômes excitatifs de l'irritation, de la haine, de tout ce qui est le plus propre à tourmenter l'âme. Je suis découragé de moi-même, je repousse les consolations intérieures et toutes les bonnes pensées. Qu'est-ce qui peut me rendre la force nécessaire pour sortir du bourbier? Qui me donnera les ailes de la colombe? J'ai trop peu la disposition et l'habitude de la prière.

« Les sens et l'imagination n'ont aucune part à la paix
» et aux communications de grâce que Dieu peut faire à
» l'entendement et à la volonté, d'une manière simple et
» directe qui échappe à toute réflexion [1]. »

[1] Fénelon. *Maximes des Saints.*

Je conçois, d'après l'expérience, comment la paix ou l'équilibre des sens et de l'imagination, dans certaines dispositions organiques, peuvent amener occasionnellement dans l'entendement et la volonté un état calme et de lucidité qui favorise l'âme dans ses plus hautes opérations, et l'introduit comme dans un monde supérieur d'idées. Je conçois aussi comment le travail habituel de l'esprit, et l'exercice soutenu des facultés méditatives, réduisent au silence les sens et l'imagination, ou les empêchent de prédominer; et cela sans aucune influence directe de l'âme sur le corps, ou du corps sur l'âme, sans que la substance spirituelle partage les passions de l'âme sensitive, ni agisse sur elle pour la modifier, mais seulement en tant que l'état de l'une est la condition naturelle ou habituelle de l'exercice des opérations ou fonctions de l'autre. Ce qui me paraît inconcevable, d'après les faits d'expérience, c'est que la vie intellectuelle reste inaltérable, indépendamment de toutes les conditions naturelles qu'elle peut avoir dans la vie sensitive et réciproquement. Voilà le miracle de l'*homme-Dieu :* le stoïcisme ne peut aller jusque-là.

Deux conditions : 1° *Désirer*, vouloir, faire effort pour s'élever au-dessus de cette condition animale, par laquelle tous les êtres sentants naissent et meurent de la même manière. 2° *Prier* afin que l'esprit de sagesse vienne ou que le royaume de Dieu arrive. Il n'arrive qu'autant que la voie lui est préparée, il n'éclaire que le sens disposé à recevoir son impression : tel est l'emploi de notre activité. Elle nous a été donnée pour préparer l'accès à cette lumière divine dont la lumière physique est un emblème. *Luci comparata invenitur prior* [1]. Il faut en effet que

---

[1] La Sagesse de Salomon, chap. VII, verset 29.

notre œil soit ouvert, bien disposé à se diriger volontairement vers l'objet d'où sont réfléchis les rayons lumineux, pour que la vision s'accomplisse : de même pour cette intuition interne d'une lumière plus haute, il faut une préparation *Optavi (conatus sum) et datus est mihi sensus. Invocavi et venit in me spiritus sapientiæ* [1].

Désirer (sentir ses besoins, sa misère, sa dépendance), et faire effort pour s'élever plus haut ; prier, tenir l'œil tourné vers la source d'où vient la lumière : ainsi l'homme se trouve en possession d'un trésor infini, inépuisable. Plus il use de ce trésor, plus il devient l'ami de Dieu et participe à tous les dons de la sagesse. *Infinitus enim thesaurus est hominibus : quo qui usi sunt, participes facti sunt amicitiæ Dei, propter disciplinæ dona commendati* [2]. *Est enim in illâ* (Sapientiâ) *Spiritus intelligentiæ, sanctus, unicus, multiplex, subtilis, disertus, certus, suavis, amans, benefaciens* [3].

---

[1] La Sagesse de Salomon, chapitre VII, verset 7.
[2]   idem.   idem.   verset 14.
[3]   idem.   idem.   verset 22.

ANNÉE 1823.

—◦———◦—

28 *juillet*. J'ai fait le voyage du *Marais*, chez M. L., dans une disposition bien différente de celle de l'an dernier, à pareille époque. J'ai joui de la beauté de la campagne bien mieux que je n'avais pu le faire depuis longtemps, et malgré quelques malaises organiques j'ai eu de bons et heureux intervalles. A deux reprises surtout le voile sombre qui couvre mon esprit et enveloppe toute mon âme depuis quelque temps, a paru se lever, et j'ai eu l'intuition vive de quelques-unes de ces vérités de sentiment qui échappent, dans l'état ordinaire, à la raison discursive, et que les paroles n'expriment pas, ou déguisent plutôt qu'elles ne les manifestent.

Je demanderai à tous les hommes capables de se rendre compte de ce qui se passe en eux-mêmes, s'ils ne distinguent pas bien deux modes de leur être pensant, et sentant. Dans l'un l'âme voit comme une lumière intérieure qui l'éclaire et lui montre ce qui est en elle ou hors d'elle, dans le temps ou hors du temps, sans aucun effort de sa part, sans aucune opération active, mais comme par une vue et une sorte de sentiment passif, sentiment très-élevé, très-doux à éprouver, où l'âme ne désire rien que de rester comme elle est. Dans l'autre mode, bien différent du premier, il y a contention, suite d'actes laborieusement combinés. Quant à moi, je ne puis m'empêcher d'être frappé de ce contraste de deux états dont j'ai conscience, et je voudrais à tout prix savoir à quoi ils se rapportent. Est-ce à l'âme, ou à l'organisation, ou à leur correspondance harmonique? Ne pourrait-on pas croire que la vie supérieure de l'âme consiste en ce que, dans un tel état, le lien vital de l'âme avec le corps se trouve affaibli, de telle manière que le corps ne fait plus obstacle, et que l'âme est rendue à elle-même, à sa nature propre, ou à la manière d'exister ou de sentir qui lui appartient indépendamment du corps? Ou bien, au contraire, ne serait-ce pas l'organisation en parfait équilibre, dont toutes les parties harmonisent ensemble ou avec l'âme, qui donne à celle-ci un sentiment si doux, si pur, si élevé? Ce qu'il y a de bien assuré, c'est que l'état dont je parle est tout à fait involontaire, et que l'âme n'a aucun moyen de le faire naître ou de le ramener quand il est passé. Les mystiques, les magnétiseurs connaissent bien quelques moyens propres, en certains cas, à modifier ainsi l'âme ou l'organe, de manière à changer le mode de leur liaison, mais tout cela est encore obscur, sujet à une foule d'incertitudes et d'anomalies.

Quand tout va bien, que l'équilibre règne en soi et autour de soi, il est aisé d'être heureux et bon ; on jouit de tout. Mais je ne sais s'il y a quelque moyen d'être heureux et bon intérieurement, dans certaines dispositions organiques comme j'en éprouve chaque jour de ma vie.

Qui m'aimera quand je ne puis me supporter moi-même? Comment croire que je puis être un objet d'intérêt et d'amour, quand je sens que je ne suis rien, que mon existence touche au néant, que je vis à peine moralement et physiquement. La première chose est de vivre en soi, dans la plénitude du *moi*, pour se croire quelque chose, pour être capable de quelque chose. Or, cette première condition vitale est tout à fait indépendante de nous-mêmes ; ce n'est pas nous-mêmes qui nous faisons vivre. Mais la vie physique et morale étant posée au fond, ou substantiellement, il est vrai qu'il y a en nous une force propre qui se donne à elle-même la direction et ne la reçoit du dehors qu'autant qu'elle le veut.

J'ai passé tout le temps de ma jeunesse à m'occuper de l'existence individuelle, ou des facultés du *moi*, et des rapports fondés sur la pure conscience de ce *moi* avec les sensations internes ou externes, les idées, et tout ce qui est donné à l'âme ou à la sensibilité; je n'ai pas considéré les tendances objectives ou le but : d'une part, de cette activité interne, d'autre part, de toutes ces facultés passives, organiques ou spirituelles. Lorsque, étant déjà fort avancé en âge, j'ai réfléchi à ce but objectif et aux tendances de notre nature ou de nos deux natures, j'ai méprisé tout ce qui m'avait le plus occupé auparavant et à quoi j'avais attaché de l'importance et quelque gloire. Je me suis reproché d'avoir employé ma vie à un simple échafaudage, sans m'occuper de l'édifice ou de l'établissement approprié à l'humanité; mais je me sens un peu vieux pour recommencer la construction.

Cependant, en accordant aujourd'hui la primauté d'importance aux rapports de l'homme avec Dieu et avec la société de ses semblables, je pense encore que la connaissance approfondie des rapports du *moi* ou de l'âme de l'homme, avec l'homme tout entier (la personne concrète) doit précéder, dans l'ordre du temps, ou des études, toutes les recherches de théorie ou de pratique sur les deux premières relations. C'est la psychologie expérimentale, ou une science d'abord purement réflexive, qui doit nous conduire également à la détermination de nos rapports moraux avec des êtres semblables à nous et de nos rapports religieux avec l'être supérieur, infini, d'où notre âme sort et où elle tend à retourner par l'exercice des plus sublimes facultés de sa nature. C'est pour avoir voulu aborder *ex abrupto* les notions morales et théologiques, prises pour base de la science, c'est en faisant abstraction complète des facultés purement individuelles de l'âme, ou du *moi* humain, que des hommes à imagination brillante et forte, mais étrangers à la méditation, se sont engagés dans une fausse voie. Ces esprits systématiques, n'ayant pas l'amour, le besoin, ni le sentiment du vrai, mais seulement le besoin d'agir, de faire effet au dehors, ont voulu établir l'autorité dont ils se font les ministres, la parole dont ils se font les premiers organes, comme la base unique, la condition absolue, la condition subsistante par elle-même de toute notre science. Ils posent d'abord l'âme passive sous l'autorité qui doit lui donner sa forme et sa direction première ; ils font abstraction de toutes nos facultés actives, comme s'il n'existait aucune activité en nous, comme s'il n'y avait pas une conscience primitive, ou une connaissance intérieure, qui précède ou accompagne nécessairement toute autre connaissance, quels que soient d'ailleurs l'objet, la cause ou le moyen de cette connaissance donnée ou reçue. Quand on supposerait qu'elle descend du ciel avec la parole, faite de toute pièces, qu'elle est suggérée à notre âme par la foi, ou comme la foi, sans aucun concours d'activité réflexive employée à la former, cela ne dispenserait pas de reconnaître du moins la nécessité d'un sujet *moi*, qui recevrait et logerait en lui ces premiers produits de la foi, qui attacherait un sens aux paroles reçues ou infusées à l'âme, qui aurait donc les facultés nécessaires pour entendre, concevoir les premières données de la foi, pour saisir les préceptes de l'autorité. Comment n'a-t-on pas vu qu'il faut d'abord supposer une personne intelligente, pour que l'autorité s'exerce ou se manifeste du dehors à l'âme; et que les mêmes facultés nécessaires pour entendre un langage primitif donné ou inspiré, sont tout aussi inexplicables que celles qui seraient nécessaires pour l'inventer?

On a beau faire; il faut tomber dans l'absurde en soutenant le scepticisme ou le matérialisme qu'on prétend combattre, ou commencer par la psychologie, c'est-à-dire prendre son point d'appui dans ce *moi*, cette personne humaine qui est le centre où tout arrive, si elle n'est le point d'où tout part. Admirez aussi comment les maîtres de cette nouvelle école qui se fonde sur l'autorité absolue et le langage donné, appris, et jamais inventé par l'homme, retombent, contre leur volonté, dans la théorie de la sensation passive et de l'influence exclusive des signes sur la pensée, se rejoignant ainsi, à l'autre extrémité du cercle, à la doctrine de Hobbes et des matérialistes. C'est que l'abnégation du fait primitif de conscience laisse sans base vraie toute morale, toute religion. Je conçois comment on repousse la lumière intérieure quand on n'aspire qu'à fonder des systèmes; mais quand on a besoin de vérité avant tout, il faut bien la chercher où elle est, dans la source la plus rapprochée, la plus intime à nous-mêmes. Comment d'ailleurs ne pas être sans cesse ramené au grand mystère de sa propre existence par l'étonnement même qu'il cause à tout être pensant? J'ai éprouvé pour ma part cet étonnement de très-bonne heure. Les révolutions spontanées, continuelles, que je n'ai cessé d'éprouver, que j'éprouve encore tous les jours, ont prolongé la surprise et me permettent à peine de m'occuper sérieusement des choses étrangères, ou qui n'ont pas de rapport à ce phénomène toujours présent, à cette énigme que je porte toujours en moi, et dont la clef m'échappe sans cesse, en se montrant sous une face nouvelle quand je crois la tenir sous une autre.

1er *août*. Tout bien, toute sagesse, tout repos consiste à faire prédominer sans cesse la vie de l'âme, l'activité, l'amour, sur la vie du corps ou de l'animal ou sur la passion, l'égoïsme, l'amour-propre. Mais il s'agirait de savoir si la lutte même ne suppose pas toujours nécessairement un certain degré de force ou de vie animale que nous ne pouvons nous donner et qui dépend de certaines conditions organiques naturelles ; tellement que si ces conditions de vitalité simple ou animale n'ont pas lieu, l'activité ne saurait naître ni s'exercer en aucune manière, et l'âme tombe dans un affaissement, une inertie qui ressemble à la mort. Jusqu'à quel point une forte impulsion donnée à la vie supérieure, par quelque cause externe ou interne (mais toujours *hyperorganique*), peut-elle relever l'âme ou la faire se relever, quel que soit d'ailleurs l'état organique ou le ton de la vie sensitive ? Tel est le grand problème de l'humanité et le plus difficile à résoudre par l'observation ou l'expérience intérieure, à part toute vue systématique, toute doctrine *à priori*. J'ai la conscience que dans telles modifications de la vie animale ou sensitive, que je connais trop bien, la prédominance ou même l'exercice de la vie supérieure de l'âme devient impossible.

15 *août*. Les philosophes de la plus haute antiquité ont enseigné avec un merveilleux accord qui semble annoncer une origine de tradition commune [1], l'unité de la raison suprême, universelle, créatrice, laquelle est, a été et sera, indépendamment de toute manifestation. Cette raison suprême, selon ces philosophes, ne peut être nommée ni connue dans son état absolu, mais elle est connue dans sa manifestation, sous les titres de *verbe*, *logos*, termes que Pythagore, Platon et les premiers philosophes chinois ont également employés pour exprimer la manifestation de l'être ou de la raison suprême.

Il me semble qu'en prenant pour point de départ le fait psychologique, sans l'entremise duquel l'esprit de l'homme se perd dans les excursions ontologiques vers l'absolu, on peut dire que l'âme, force absolue qui *est* sans se *manifester*, a deux modes de manifestation essentiels, savoir : la raison (*logos*) et l'amour. L'activité par laquelle l'âme se manifeste à elle-même comme personne *moi*, est la base de la raison ; c'est la vie propre de l'âme, car toute vie est la manifestation d'une force. L'amour, source de toutes les facultés affectives, est la vie communiquée à l'âme et comme une addition de sa vie propre, qui lui vient du dehors et de plus haut qu'elle, savoir de l'*esprit-amour* qui souffle où il veut. Et vraiment l'activité

---

[1] Voyez le Mémoire de M. Abel de Rémusat sur le philosophe chinois Lao-Tseu. (*Note de l'auteur*.)

du *moi*, qui concourt à la génération ou représentation des idées de l'esprit, n'a aucune influence directe sur les sentiments du cœur ou l'amour. Tout ce que l'âme peut faire, en vertu de l'activité de sa vie propre, c'est de se prêter à la réceptivité de l'esprit, quand il vient, ou de se tourner du seul côté d'où il peut venir, comme nous tournons les yeux vers la lumière. Tant que les ténèbres, ou les images trompeuses, obscurcissent et empêchent la vue intérieure, il y a une lutte active pour écarter les ténèbres ou empêcher qu'elles ne s'épaississent. Dans cette lutte, l'âme fait effort pour voir, mais elle ne voit pas, elle n'est pas libre de voir, elle est seulement libre de faire effort.

On peut dire aussi que tout l'emploi de notre liberté consiste à nous disposer de manière à recevoir des idées ou des sentiments et, en général, l'influence de l'esprit qui peut seul modifier notre âme d'une manière appropriée à sa destination et à sa nature. Mais les bons mouvements, le triomphe de l'esprit sur la nature, de la raison sur les passions, ne sont point en notre pouvoir immédiat comme agents libres; ils ne dépendent pas de nous-mêmes, mais de la grâce qui nous est donnée, suggérée à certaines conditions.

« Il y a une différence essentielle entre ce que chacun
» dit de la vérité, et ce que la vérité dit elle-même en s'in-
» terprétant. Autre chose est une opinion, une idée de la
» vérité et la vérité même, comme autre chose est la res-
» semblance d'un objet et cet objet même [1]. »

Ce passage remarquable suppose que nous avons en

---

[1] Clément d'Alexandrie.

nous-mêmes quelque moyen direct d'atteindre la vérité, ou que la réalité absolue de l'être peut se manifester immédiatement à notre âme, autrement que par des idées qui, nous donnant une ressemblance supposée de l'être réel ou vrai, et non point cet être, ne sauraient porter avec elles le *criterium* de la vérité même, de la ressemblance à l'objet. Et comment, en effet, la comparaison pourrait-elle se faire si l'objet, l'être réel en soi, et indépendamment de l'idée ne nous était pas donné d'ailleurs? C'est là l'objection éternellement insoluble contre la théorie qui ramène tout à des idées de sensation ou de réflexion. Le même auteur nous dit comment la vérité est connue autrement que par l'*expérience* et la *discipline*, savoir par la *puissance* (la force active) et la *foi*. Pascal entend de même les premières vérités : la foi nous sauve, mais la foi vient par les œuvres.

18 août. Je suis toujours mécontent de moi au moment du réveil et dans les instants qui suivent, jusqu'à ce que l'âme entre en pleine possession du corps et que l'esprit vaque à ses opérations accoutumées. Dans ce passage, le sentiment immédiat de l'existence ou la pure *cœnesthèse* [1] sensitive se distingue bien de l'aperception du *moi*, en relation avec le corps; car dès que le *moi* se rend présent aux impressions et que tout le jeu des idées associées vient se joindre à la cœnesthèse, celle-ci se confond dans

---

[1] Ce terme, emprunté au physiologiste allemand Reil, désigne le sentiment de bien-être ou de malaise qui résulte de l'état général de toutes les fonctions du corps. — M. de Biran s'occupait à cette époque d'un commentaire sur quelques passages de Reil, travail qui subsiste, au moins en partie.

l'ensemble, et il se forme un autre sentiment de l'existence, sentiment composé qui peut être bon, heureux, confiant, lors même que le premier, celui qui est l'effet pur et immédiat des dispositions sensitives, est triste, pénible, plein de méfiance et de crainte. Dans la jeunesse, il y a plaisir immédiat attaché à la cœnesthèse sensitive. L'homme est heureux de se sentir vivre, il a moins besoin de cette sorte de bonheur artificiel qui tient à la position, c'est-à-dire à tous les moyens auxiliaires propres à étendre, à soutenir une vie qui se resserre et qui va tomber.

Je fais cette différence en moi chaque matin. Triste et péniblement affecté de la vie, j'ai besoin des idées qui tiennent à l'opinion, des moyens extérieurs, des ressources artificielles, pour me réconcilier avec cette vie et y trouver quelque plaisir médiat ou de réflexion. Ceci peut nous expliquer en quoi l'amour de soi, qui n'est que l'instinct vital, diffère de l'amour-propre qui tient à des idées acquises, à des comparaisons qui s'établissent entre nous et les autres. L'amour-propre est une extension de l'amour de soi, et peut lui servir de supplément. On s'aime dans les autres quand on ne peut plus s'aimer en soi-même d'une manière directe et immédiate : l'on revient à s'aimer médiatement, c'est-à-dire que nous nous rendons l'affection que des êtres chéris nous témoignent, et que nous n'aurions pas sans eux. A cet égard, il se présente une différence bien essentielle à noter entre l'amour de soi et l'estime de soi-même. Quand il n'y a plus en effet de plaisir immédiat à vivre, et qu'on ne s'aime plus soi-même directement, on a besoin d'être aimé et soutenu par les êtres environnants, pour tenir encore à l'existence qui ne peut être alors agréable que d'une manière en quelque sorte *objective*. Cet amour-propre, qui n'a de fondement qu'à l'extérieur, se change en haine, en dégoût de l'existence dès que l'on sent qu'on n'est plus aimé. Il est difficile de concevoir en effet comment un homme qui saurait qu'il est pour tous les autres un objet d'aversion et de dégoût, pourrait avoir quelque sentiment d'amour-propre ou de complaisance en lui-même ; une cœnesthèse parfaitement heureuse pourrait seule lui faire trouver quelque plaisir ou quelque intérêt à vivre pour lui, solitairement. Il faudrait même, pour que ce plaisir ne fût pas effacé, que l'individu si heureusement disposé à l'intérieur ne se vît et ne se jugeât jamais du dehors, ne se plaçât jamais sympathiquement dans le point de vue d'un autre être, par rapport à lui. Mais l'homme est fait de telle manière qu'il ne peut se plaire comme se déplaire à lui-même, qu'autant qu'il plaît ou déplaît aux autres. Aussi, l'amour de soi, individuel, isolément considéré, sans l'amour-propre qui tire du dehors tous ses aliments, n'est-il presque qu'une abstraction. Dans les progrès de l'âge, il n'y a réellement aucune complaisance en soi-même qui ne soit l'effet de celles dont on peut devenir l'objet de la part des êtres avec qui l'on sympathise. — Il en est tout autrement de l'estime de soi-même, ou de la valeur qu'on attache à son être moral. Ce sentiment d'estime n'a pas besoin de soutien extérieur et peut se suffire à lui-même. Quand tout le monde se réunirait pour m'insulter par des signes d'abjection et de mépris, si je m'estime, moi, je me sens digne de l'estime de toute âme. Retiré dans mon for intérieur, je me sépare de tout l'univers, je m'élève au-dessus de lui et ne m'abaisse que devant Dieu, en appelant sur moi ses regards.

Le centre déterminé d'action duquel on peut toujours partir, et auquel aussi on peut tout rapporter, c'est le besoin d'estime ; celui-là seul qui s'estime, se console de ne pas être aimé.

Il s'agit de savoir comment et d'où l'on peut se relever, quand on a l'habitude de chercher tout son appui dans la chair, ou d'attendre de là uniquement, c'est-à-dire des excitations spontanées de la sensibilité intérieure, tout son contentement, sa béatitude, sa force et son activité. Si cette sensibilité vient à chuter ou à se détendre, si elle a perdu tout ce ressort vital qui la faisait parfois se remonter, et se mettre d'elle-même dans l'état d'équilibre le plus heureux avec l'âme, ou avec ses plus hautes facultés, déterminées ainsi à entrer en exercice, qu'est-ce qui pourra suppléer à ce ressort et où l'âme trouvera-t-elle son point d'appui ? Voilà ce qui fait actuellement l'objet de mon inquiétude et de mes soins les plus continuels. A l'époque de la vie où je suis arrivé, et dans la disposition sensitive où je suis, je cherche en vain parmi tous les objets qui m'ont attaché jusqu'ici, ou qui m'ont servi de principe d'action, quel est celui qui pourrait m'intéresser assez vivement pour devenir un mobile d'activité, un moyen de bonheur. Je me sens profondément détaché et désintéressé de tout ; je suis tombé d'une vie trop animée pour mon âge, dans un désenchantement complet à l'égard de tout, qui est une espèce de mort anticipée.

En m'éveillant je m'adresse d'abord, selon mes anciennes habitudes, à l'imagination, à la sensibilité ; je leur demande s'il y a pour elles quelque sujet de se réjouir ou d'occuper agréablement le jour qui commence. Elles restent muettes et voilées de leur tristesse comme d'un nuage. Il faut donc s'adresser à l'esprit ; mais il a acquis une grande habitude de paresse, il attend toujours que la sensibilité ou l'imagination montées lui donnent l'impulsion. L'âme s'est laissée endormir aussi par des affections passagères, relatives au monde ; mais tant qu'elle n'est pas morte, tant que sa lumière luit encore par intervalle dans les ténèbres, j'ai l'espoir de me relever. C'est à ce foyer qu'il est possible de rallumer encore le flambeau d'une vie presque éteinte.

Grateloup, septembre. Il n'y a pas seulement deux principes opposés dans l'homme. Il y en a trois, car il y a trois vies et trois ordres de facultés. Quand tout serait d'accord et en harmonie entre les facultés sensitives et actives qui constituent l'homme, il y aurait encore une nature supérieure, une troisième vie, qui ne serait pas satisfaite, et ferait sentir qu'il y a un autre bonheur, une autre sagesse, une autre perfection, au delà du plus grand bonheur humain, de la plus haute sagesse ou perfection intellectuelle et morale dont l'être humain soit susceptible.

C'est par l'amour moral que l'âme tendant, comme par un instinct de l'ordre le plus élevé, vers le beau, le bien, le parfait, qui ne se trouvent dans aucun des objets que les sens ou l'imagination peuvent atteindre, prend son vol plus haut que toute cette nature sensible, et, avec les ailes de la colombe, va chercher dans une région plus épurée, le bonheur, le repos qui conviennent à sa nature. Il n'y a que le vrai amour qui puisse donner de la joie. La joie est d'obéir par amour ; l'amour-propre ne sait obéir qu'à lui-même, mais il change sans cesse, il est petit et misérable, source de peines. Ce n'est pas en lui que peut être la joie.

Dès qu'on prend un idéal pour principe d'action, on y rapporte tout et soi-même comme le reste. Il ne s'agit pas de savoir si on trouvera du plaisir en se conformant à cet idéal ; on sera disposé au contraire à sacrifier toutes les jouissances, tous les intérêts sensibles, y compris sa propre existence, pour réaliser cet idéal, objet de l'amour et vie de l'âme. Toute affection qui contente le *moi* en lui-même, ou dans les modifications agréables de la sensibilité, loin d'être l'amour lui est opposée.

L'âge où l'on tient le plus fortement à soi-même, où l'on a le plus la prétention et le besoin d'être aimé, est celui où l'homme est le plus loin de la disposition qui fait le véritable amour, l'amour sans mélange de subjectivité ou d'intérêt sensible. Au contraire, l'âge où l'homme s'aime moins, ou a moins de complaisance en lui-même, est celui où il doit être le mieux disposé à cet amour qui seul peut le consoler de tout.

En psychologie, l'observation n'est que le recueillement. Ce qui est opposé partout ailleurs s'identifie ici complétement. Il s'agit de trouver, de reconnaître son objet, et on ne le trouve qu'au dedans, c'est-à-dire par le recueillement.

Octobre. J'ai fait un voyage à Bordeaux pour visiter mon ami Lainé et son curieux établissement dans les Landes. Pendant ce voyage, et au retour, je m'occupais, quoique toujours un peu vaguement, de la distinction des phénomènes et des fonctions qui se rapportent aux trois vies que je crois qu'il faut reconnaître dans l'homme. De cette analyse bien faite, de ces divers caractères bien tracés résulterait le traité le plus instructif et le plus complet d'*anthropologie* qui ait été fait jusqu'à présent [1]. Chacune de ces parties de la science humaine ayant été traitée séparément et, par une erreur bien préjudiciable, comme si elle était seule ou représentait seule l'homme tout entier, il s'agit non plus d'isoler chacune de ces vies, mais d'étudier leurs rapports d'analogie et d'opposition ; il s'agit de faire ressortir leurs caractères et leurs fonctions par l'étude des faits d'expérience et des contrastes qu'offre sans cesse à l'observateur l'homme considéré dans ses divers états d'âge, de tempérament, de santé, de maladie, etc. Il s'agit encore très-particulièrement de rechercher comment une de ces vies, la supérieure par exemple, a ses conditions dans la vie animale. Tout l'antagonisme, tous les combats sont dans la vie moyenne qui s'oppose à l'animalité. Celle-ci est toujours prête à prendre le dessus, elle empêche tout développement de la troisième vie, de la vie supérieure, en sorte que c'est l'intermédiaire ou la vie sociale qui gâte tout. L'intuition de l'âme a plus de rapport avec l'instinct sensitif qu'avec les labeurs de la raison discursive. J.-J. Rousseau semble avoir senti cette vérité psychologique, en voyant dans l'homme individuel ce qu'il y a de meilleur, et dans l'homme de la société ce qu'il y a de pire.

Le point de vue de Dieu (raison suprême) n'est pas seulement différent, mais opposé au point de vue du monde. Le premier seul nous donne des réalités, le second ne saisit que des ombres, des fantômes. Il règne un ac-

---

[1] C'est peu de jours après avoir écrit ces lignes que M. de Biran entreprit la rédaction des *Nouveaux essais d'Anthropologie.*

cord parfait à cet égard entre la psychologie et la religion;
l'une mène à l'autre. Les mêmes opérations de l'âme qui
conduisent à ce qu'il y a de vrai, de réel, de permanent
dans les choses, en nous détachant des sens qui ne saisissent que des fantômes, nous font trouver à la fin Dieu,
seule vérité, dernière raison des choses par les mêmes
moyens *antisensuels*.

Pour saisir ce qui tient en nous à une troisième vie,
plus haute que nous et que tout ce qui peut être atteint
par l'entendement ou l'esprit qui est *nôtre*, il ne faut pas
être borné à de vaines spéculations, mais pratiquer, agir
pour le bien et la vertu. Ici la première condition de la
science ou du travail intellectuel profitable, c'est une
conduite sage, vertueuse, bien ordonnée par rapport à
Dieu, aux hommes et à nous-mêmes.

Quel que soit le fondement réel de la foi, pour les âmes
douées de ce don céleste, on ne peut douter qu'il n'y ait
des sentiments ou des modes spéciaux dérivés de cette
cause, qui remplissent toute l'existence, et font tout l'intérêt de la vie de ces âmes qui se sentent ou se croient
tantôt soutenues, élevées, et tantôt délaissées, abandon-
nées par l'esprit de Dieu. Pour ces âmes, ce qu'elles
reçoivent est tout, ce qu'elles font d'elle-mêmes n'est rien
ou moins que rien. On ne peut leur contester ce qu'elles
sentent intérieurement : ce sont des biens, des maux,
attachés à une sorte de *passion* sublime qui a cet avantage
sur toutes les autres que les maux pour elles se transforment en bien. Les états de quiétude, de calme, de joie
extatique, ou de trouble, de douleur, de regrets, de sécheresse ont toute la vivacité et la vérité subjective des

passions qui tiennent à des objets sensibles. Quelle en est la cause? Est-elle purement subjective ou inhérente à certaines dispositions organiques, mises en jeu par une imagination vive qui se repaît sans cesse des mêmes fantômes, comme on l'éprouve dans les passions terrestres? ou bien y a-t-il réellement une action directement exercée sur l'âme par l'esprit divin, *qui souffle où il veut*, action plus ou moins relative, toutefois, à certaines conditions de réceptivité, dans lesquelles telles pratiques, telles formules, tels genres d'excitation ont le pouvoir de placer l'âme? C'est à bien s'assurer de la réalité de l'une ou de l'autre de ces causes de sentiments mystiques, que consiste selon moi le plus grand et le plus difficile problème de la science de l'homme.

Les effets du magnétisme bien constatés, la communication des pensées du magnétiseur avec l'esprit du magnétisé qui agit, en ce cas, volontairement, d'après les idées qui lui sont suggérées par un autre esprit, et sans que la personnalité de son *moi* soit absorbée, nous feraient concevoir jusqu'à un certain point l'influence surnaturelle de la grâce ou de l'esprit de Dieu sur nos âmes. On pourrait ainsi constater deux états opposés de l'homme, où c'est comme un autre être, une force autre que sa force personnelle, ou même que sa force animale propre, qui agit en lui, sans être lui.

Nous avons l'exemple de ces influences d'une force étrangère, provenant du monde sensible, dans les images fixes qui nous poursuivent, nous persécutent et produisent en nous des sensations ou des sentiments extraordinaires, contre nature. Les passions, les maladies nerveuses offrent de ces exemples. Quant à l'influence de cette force divine qui opère en nous le bon vouloir et le bien faire, nous sentons également qu'elle est élevée au-dessus de la nôtre, dans les bonnes dispositions amenées par un grand travail sur soi-même qui a précédé ; car il ne serait pas bon à toute âme de s'abandonner, pour laisser faire l'esprit divin, suivant les maximes des quiétistes ou des mystiques. Il faut d'abord avoir fait prédominer en soi la tendance céleste sur la terrestre, et alors seulement laisser faire l'esprit sans vouloir le diriger. Il est clair qu'alors ce n'est pas l'imagination qui agit spontanément, ou sous l'influence de la vie animale. Ce sont d'autres organes, d'autres ressorts plus subtils, plus mystérieux qui sont mis en jeu, soit spontanément, quand les obstacles de la vie organique n'empêchent plus l'action des instruments de cette vie supérieure, soit par une influence extérieure et surnaturelle, comparable à celle du magnétisme, mais supérieure à elle autant que l'esprit de Dieu est supérieur à celui de l'homme.

La mauvaise cœnesthèse, toutes les anomalies de ce sens vital qui ne reste jamais le même deux instants, toutes les aberrations involontaires de l'imagination : il faut supporter tout cela, c'est-à-dire se supporter soi-même, comme la fièvre. Notre existence sensitive n'est-elle pas une fièvre continuelle ? Mais il y a quelque chose de mieux qui console et qui soutient : la pensée continuelle de Dieu, la pensée d'un monde meilleur, des espérances immortelles.

Sait-on bien tout ce qu'on peut gagner de force et de paix, en opposant sans cesse des idées à des impressions ? Mais ces idées, qu'est-ce qui les fait naître ou les maintient en nous ? Il faut recourir toujours à l'influence d'une cause, d'un pouvoir plus haut que nous ; sans ce secours notre vie n'est qu'un songe douloureux. La vie sensitive ou animale a son principe ou son aliment hors de l'être sentant, organisé, qui a besoin d'air, de chaleur, de nourriture pour se soutenir ou continuer à exister. Pourquoi en serait-il autrement de la vie intellectuelle, de celle de l'esprit? Cette vie a bien aussi, à la vérité, un principe intérieur d'activité, le même qui constitue le *moi* ou la personne, mais il tire d'ailleurs sa nourriture, ce qui le fait continuer à exister, le dirige vers sa fin. L'illusion de la philosophie est de regarder le principe de la vie spirituelle comme exclusivement propre au *moi*, et, parce qu'il s'affranchit jusqu'à un certain point de la dépendance des objets sensibles, de le considérer comme indépendant de cette autre influence supérieure d'où lui vient toute cette lumière qu'il ne fait pas. Il faut reconnaître un milieu entre ceux qui placent l'âme sous la dépendance d'une nature inférieure à la sienne, et ceux qui la rendent indépendante d'une nature plus élevée, mais analogue.

Il est impossible de nier au vrai croyant qui éprouve en lui-même ce qu'il appelle les effets de la grâce, qui trouve son repos et toute la paix de son âme dans l'intervention de certaines idées ou actes intellectuels de foi, d'espérance et d'amour, et qui de là parvient même à satisfaire son esprit sur des problèmes insolubles dans tous les systèmes, il est impossible, dis-je, de lui contester ce qu'il éprouve, et par suite de ne pas reconnaître le fondement vrai qu'ont en lui, ou dans ses croyances religieuses, les états de l'âme qui font sa consolation et son bonheur.

Quand nous creusons dans la vérité pour la pénétrer,

elle creuse aussi en nous pour entrer dans la substance de notre âme. Alors seulement elle devient pratique et nous sert comme une partie de nous-mêmes ; autrement nos sentiments les plus tendres et les plus vifs, nos résolutions les plus fermes, toutes nos vues momentanément claires et distinctes ne sont que de vaines ombres, des fantômes passagers.

Je voudrais considérer les effets psychologiques de la prière. Nul doute que ce ne soit l'exercice le plus propre à modifier l'âme dans son fond, à la soustraire aux influences des choses extérieures, et à tout ce monde de sensations et de passions. En se mettant en la présence de Dieu, de cet infini, de ce parfait idéal, l'âme est pénétrée de sentiments d'une autre nature que ceux qu'elle nourrit ordinairement. Quand la lumière divine commence à nous éclairer, alors on voit dans la vraie lumière; il n'y a aucune vérité que l'intuition ne saisisse, les mêmes choses qu'on avait entendues cent fois froidement et sans fruit nourrissent l'âme comme d'une manne cachée. Sont-ce là les produits d'une influence surnaturelle qui s'exerce momentanément? N'est-ce pas le résultat de certaines dispositions, d'une sensibilité plus élevée, au-dessus de celle qui nous met en rapport avec le monde extérieur?

Il n'y a point de doute que les plus grands esprits, tels que Pascal, Bossuet, Fénelon n'aient été retenus dans la foi par ces deux liens, savoir : par le besoin spéculatif d'expliquer la grande énigme du monde et de la nature humaine, et plus encore par le besoin pratique de trouver en soi, dans ses croyances, un point d'appui fixe et stable qui donne du repos à l'esprit et une paix inaltérable à l'âme, en fournissant un aliment à l'espérance et à l'amour qui font sa vie. Mais si nous trouvons sans aucun doute le fondement *subjectif* des croyances religieuses du christianisme, comme on peut le voir dans Pascal qui nous a manifesté dans ses *Pensées* tout l'état de son âme et tout ce qu'il a éprouvé à cet égard, il n'en est pas ainsi du fondement *objectif*; la raison ne se satisfera jamais sur ce point. Il faut que la foi naisse du sentiment (ou du besoin de sentir de telle manière), de la pratique ou d'une grâce surnaturelle.

Paris, 30 *novembre.* Dans l'état ordinaire de l'homme, ayant le *conscium* et le *compos suî*, les impressions du sens vital se joignent nécessairement à toutes les idées, toutes les opérations et toutes les combinaisons actives de l'être pensant. C'est même de cette source que les idées de chaque homme empruntent l'espèce de couleur ou de teinte affective qui leur est propre, comme aussi les caractères tantôt d'assurance, de clarté, de fixité, tantôt de trouble, d'hésitation, de lenteur et de mobilité qui les différencient dans divers individus, ou dans le même, en différents temps. Les résultats de cette association sont généraux et communs à tous les hommes, quoiqu'ils ne s'en aperçoivent pas toujours; et ils n'ont aucun moyen direct de s'en affranchir, quel que soit le degré d'effort et d'activité qu'ils mettent dans le choix des idées élaborées par l'intelligence; toujours ils dépendent, quant à la manière dont ils saisissent ces idées, dont ils y adhèrent avec amour ou dégoût, de certaines dispositions organiques. C'est là ce qui explique l'inconstance, la légèreté de la plupart des esprits, qui s'intéressent et se désintéressent si rapidement pour les mêmes objets d'étude. Cette adhérence de l'esprit à ses propres idées tient donc au corps, et exprime en quelque sorte les rapports que la vie organique ou animale entretient toujours avec la vie active de l'homme. Mais il n'en est pas toujours de même pour la vie de l'esprit. L'âme qui se trouve unie et comme identifiée par l'amour avec l'esprit supérieur d'où elle émane, n'est plus sujette à l'influence de l'organisme; elle ne s'occupe plus de quel côté souffle le vent de l'instabilité, mais elle demeure fixée à son centre, et tend invariablement vers sa fin unique, quelles que soient les variations organiques et les dispositions de la sensibilité. C'est même souvent quand le corps est abattu, que toutes ses fonctions languissent, que la machine tombe en ruine, et que l'animal a perdu toute vivacité, toute énergie vitale, que la lumière de l'esprit jette le plus d'éclat et que l'âme vit le plus complétement de la vie de cet esprit, qu'elle en jouit avec le plus d'amour. L'esprit souffle où il veut; quelquefois il se retire : l'âme tombe dans la langueur et la sécheresse; mais comme ce n'est pas l'organisme qui la soutient et fait ses états d'élévation, ce n'est pas lui non plus qui l'abandonne quand elle tombe en défaillance; tout au contraire elle défaille d'autant plus que l'organisme prévaut.

Tout est inverse dans les deux vies : là où l'animal se réjouit et se sent plein de courage et d'activité, d'orgueil de la vie, l'esprit s'afflige, s'humilie et se sent abattu, comme privé de son unique appui. Réciproquement, où l'homme animal s'inquiète, se trouble, s'attriste et ne trouve en lui que faiblesse, sujet de découragement et de désespoir, l'esprit s'élève et se livre à la plus douce joie. Cette hauteur avec laquelle l'âme qui vit en Dieu juge et méprise souverainement tout ce qui fait la gloire et les joies de la terre, s'allie admirablement avec cette humilité profonde, tant recommandée par le christianisme, et qui fait précisément le caractère distinctif de sa morale. Plus l'esprit est haut ou élevé vers Dieu, plus il humilie l'homme, mieux il lui fait sentir tout ce qu'il y a de dégradation ou d'abjection dans cette nature animale qui l'enveloppe de toutes parts et tend sans cesse à l'absorber.

Les rapports qui existent entre les éléments et les produits des trois vies de l'homme sont le sujet de méditation le plus beau, mais aussi le plus difficile. Le stoïcisme nous montre tout ce qu'il peut y avoir de plus élevé dans la vie active, mais il fait abstraction de la nature animale, et méconnaît absolument tout ce qui tient à la vie de l'esprit; sa morale pratique est au-dessus des forces de l'humanité. Le christianisme seul embrasse tout l'homme; il ne dissimule aucun des côtés de sa nature, et tire parti de ses misères et de sa faiblesse pour le conduire à sa fin, en lui montrant tout le besoin qu'il a d'un secours plus élevé.

6 *décembre.* Il s'agit de se faire dans son âme une solitude où le monde ne puisse pénétrer. Si cette solitude était une fois faite, je pourrais braver le monde et tout son tumulte; mais tant que la solitude de l'âme dépendra du lieu, du temps, de la disposition sensitive, il n'y aura pas de paix assurée.

20 *décembre.* En sortant d'un sommeil plus ou moins agité, je me sens dès le matin triste, languissant et abattu. Le sommeil a changé tout le cours de mes pensées; il semble que j'aie perdu en dormant tout point d'appui intellectuel et moral : *et somnus noctis immutat scientiam ejus* [1].

[1] Livre de l'Ecclésiastique, chapitre XL, verset 5.

Je cherche alors par instinct un point d'appui dans le monde extérieur; je songe aux affaires qui doivent m'entraîner au dehors, aux visites que je dois faire, aux distractions que je pourrai me procurer dans la journée; et déjà mon imagination s'est mise en course, et a parcouru tout le cercle de ces vanités mondaines de chaque jour, avant que le corps se soit ébranlé. C'est là ce qui prouve que je suis toujours le même et qu'il n'y a aucun progrès dans la vie de l'esprit. Je ne sentirai ces progrès qu'autant que s'élevant dès le matin vers le ciel, mon âme y cherchera tout son aliment, son pain quotidien et son repos.

Il n'y a qu'une chose nécessaire [1]. Au lieu de songer aux choses terrestres comme à des buts de vie, il faut les craindre comme des moyens de mort spirituelle et ne les aborder que par devoir, pour obéir à Dieu, en désirant qu'elles s'éloignent de nous chaque jour et nous laissent tranquilles. Je crie sans cesse : *Seigneur ! ouvrez-nous les yeux, de peur que nous ne nous endormions dans la mort* (la mort de l'esprit).

J'ai été autrefois bien embarrassé pour concevoir comment l'Esprit de vérité pouvait être en nous, sans être nous-mêmes, ou sans s'identifier avec notre propre esprit, notre *moi*. J'entends maintenant la communication intérieure d'un esprit supérieur à nous, qui nous parle, que nous entendons au dedans, qui vivifie et féconde notre esprit sans se confondre avec lui; car nous sentons que les bonnes pensées, les bons mouvements ne sortent pas de nous-mêmes. Cette communication intime de l'*Esprit* avec notre esprit propre, quand nous savons l'appeler ou lui préparer une demeure au dedans, est un véritable fait psychologique et non pas de foi seulement.

[1] Evangile selon saint Luc, chapitre X, verset 42.

Toute la doctrine du christianisme, c'est qu'il faut aimer. Lorsque nous avons senti en nous-mêmes l'influence vivifiante de l'Esprit divin, il est naturel que nous l'aimions, que nous l'appelions sans cesse, comme l'aliment, le soutien, le principe de notre vie, que nous l'aimions plus que nous-mêmes, car c'est de lui que nous tenons une existence supérieure à celle du *moi*, et c'est par l'amour seul que nous nous unissons à l'esprit.

Il y a une partie de moi-même faite à l'image de Dieu, la seule où je puis trouver mon repos. C'est là où il faut que je me retire, que je me sauve du monde. J'y suis retiré en effet quand je suis loin des affaires et des intérêts du monde ; mais aussitôt que ce monde se présente et qu'il m'attire, cette partie de moi, image de Dieu, s'éloigne ; peu à peu je ne suis plus, je ne vis plus en elle ; je suis tourmenté, agité et languissant tour à tour ; je me sens défaillir et mourir à la vie de l'esprit ; tout point d'appui m'échappe ; je cours après la vanité et le mensonge, en sachant bien qu'il n'y a que vide dans tout ce que je poursuis, et pourtant en y cherchant des aliments propres à entretenir cette vie sensible que je n'aime plus. Les progrès de cette décadence me frappent périodiquement chaque année ; ils me manifestent les rapports secrets que la vie de l'esprit entretient avec les deux vies inférieures, rapports tels que ces deux vies absorbent la troisième dans certains états.

Quand on a cultivé la troisième vie on n'est plus propre à rien, aussitôt qu'elle nous abandonne. Si l'on se mêle au monde, si on subit sa loi au lieu de le juger et de se tenir au-dessus, par l'esprit qui le met à sa valeur, on est au-dessous de tout ce qui est dans ce monde, car on y fait tout plus mal que les gens du pays, on y est embarrassé, distrait.

« Quand Dieu nous a faits à son image, » dit Bossuet, « il a créé, pour ainsi parler, le secret endroit où il se » plaît d'habiter, car il entre intimement dans la créature » faite à son image ; il s'unit à elle par l'endroit fait à son » image, où il a mis sa ressemblance. O homme, ne com- » prendras-tu jamais ce que Dieu t'a fait ! Nettoie à Dieu » son temple [1] !! Ce n'est pas l'esprit de l'homme qui peut comprendre ce que Dieu l'a fait, comment et dans quelles parties de lui-même Dieu l'a fait à son image, a mis en lui sa ressemblance. L'Esprit de Dieu connaît seul ce qui est de Dieu ; méritons d'en être éclairés.

Ces braves gens que je vois, qui, s'occupent de philosophie, veulent tout faire, tout voir avec leur esprit, et ils ne font, ne voient rien, ne saisissent que des fantômes sans consistance. Je sens du moins pour ma part le vide et le néant de tout ce que je fais et comprends avec mon esprit. Il est vrai que mes facultés me servent plus mal qu'un autre. Si j'étais plus fort, je sentirais moins le besoin de l'appui d'en haut ; mais c'est précisément parce que je suis faible que je sens mieux l'influence d'un esprit qui n'est pas le mien, quand il m'arrive d'être éclairé.

[1] Méditations sur l'Evangile.

ANNÉE 1824.

Grateloup, mars.— *Il vaut mieux plaire à Dieu qu'aux hommes.* Je dis dans un sens encore plus intime : Il vaut mieux se plaire constamment à soi-même (dans le for intérieur de sa conscience) que de plaire aux hommes avec qui l'on se trouve accidentellement en contact. Nous sommes induits sans cesse dans le monde à sacrifier l'un de ces biens, qui est le seul vrai, à l'autre qui est faux et qui est un véritable mal ; car nous ne pouvons plaire au monde qu'autant que nous sommes de ce monde, partageant toutes ses passions, tout son aveuglement.

Jesus-Christ a été en haine au monde parce qu'il n'était pas de ce monde. Il a annoncé à ses disciples, à tous ceux qui voudraient le suivre, qu'ils seraient eux-mêmes haïs et méprisés des hommes à cause de lui et de son nom. Donc l'attachement que le monde a pour nous, ne pouvant être que le prix de celui que nous avons pour le monde, est un véritable malheur. Cependant nous le souhaitons comme si c'était le premier bien et la source de tout notre bonheur. Nous y aspirons par l'instinct même de sociabilité, attribut de la deuxième vie passagère et mortelle. Nous faisons tout pour l'obtenir, nous lui sacrifions notre existence morale, notre vie à venir, et jusqu'à cet autre instinct, le plus élevé de l'âme humaine, qui nous fait un besoin de la justice et de la vérité, de tout ce qui mérite l'estime d'une âme, et qui est si différent par nature de tout ce qui plaît aux hommes et les séduit. Il est temps d'y faire attention, pour mon compte.

Limoges, 19 mars. — *L'homme extérieur se détruit, l'homme intérieur se renouvelle* [1]. Je sens qu'il en est ainsi pour moi. L'homme extérieur avait autrefois une verve et des saillies qu'il n'a plus; mais aussi, ne me fiant plus à cette verve spontanée, je m'efforce de travailler l'homme intérieur, de manière à le rendre indépendant, quant à l'esprit, de ces saillies de sensibilité qui doivent être considérées comme appartenant à l'homme extérieur.

Agir, *méditer* et *prier* sans cesse, voilà les seuls moyens du renouvellement de l'homme intérieur. Le royaume de Dieu, c'est la vie de l'esprit qui n'arrive que pour l'homme intérieur, tout le reste est du dehors, ou de la chair qui meurt à chaque instant. Autrefois, et même encore à présent, j'ai été fort attentif à ces variations brusques et continuelles des dispositions sensitives, regardant sans cesse de quel côté soufflait le vent de l'instabilité, ou celui des passions; non pour me mettre en garde, mais pour m'y laisser aller, et quelquefois avec délices, lorsqu'il arrivait que le vent soufflait à mon gré, comme lorsque j'étais en verve de bonne humeur, de travail d'esprit, de contentement intérieur, d'amour-propre ou d'orgueil de la vie. Aujourd'hui, je sens combien

---

[1] 2ᵉ Epître de saint Paul aux Corinthiens, chap. IV, verset 16.

tout cela est casuel et inférieur à ce qui vient d'une autre source de bon vouloir, soit que cette source tienne à nous-mêmes et qu'elle ne demande qu'à ne pas être arrêtée par les passions animales pour produire ses fruits, soit qu'elle nous soit donnée de plus haut : *étant incapables de former de nous-mêmes aucune bonne pensée comme de nous-mêmes* [1]. Dans les deux cas, l'expérience prouve qu'agir, méditer, prier sont toujours les conditions nécessaires de la manifestation et du développement de la vie de l'esprit. Il n'importe pas que l'homme animal soit triste, abattu, découragé, paresseux, ou gai, confiant, plein d'un sentiment de force et d'énergie vitale.

Sans doute il y a un mode d'exercice des facultés individuelles (et c'est le plus commun) qui dépend tout entier de ces dispositions sensitives, spontanées, et c'est aussi ce rapport qui m'a autrefois exclusivement occupé. Quand j'étais bien disposé organiquement, je me croyais capable de tout ce qu'il y avait de meilleur, de plus élevé ; j'entreprenais ce qu'il y avait de plus difficile, avec une confiance entière dans ces forces propres que je sentais en moi. Mais le vent de l'instabilité venant à souffler, je me laissais aller à la paresse, ou à ce sentiment de faiblesse radicale et intérieure qui rend timide à l'excès vis-à-vis de soi-même, avertit celui qui l'écoute que c'est vainement qu'il voudrait entreprendre quelque travail un peu élevé ou continuer ce qu'il a commencé, qu'il est inutile de se roidir contre un obstacle extérieur plus fort que la volonté, qu'il faut attendre que le vent change, ou que la sensibilité organique se remette d'elle-même sur un autre ton, ou que quelque excitant du dehors, quelque

[1] 2⁰ Épître de saint Paul aux Corinthiens, chap. III, verset 5.

objet de passion vienne rendre à l'esprit le mouvement et la vie qu'il est incapable de se donner à lui-même. Tout cela est vrai de la vie de l'homme animal, en tant que sa plénitude consiste dans un rapport harmonique entre les fonctions de l'organisme ou de la sensibilité intérieure et l'exercice spontané des facultés intellectuelles dont l'allure, la direction même se conforment à l'état organique, ou se meuvent, pour ainsi dire, du même branle. Les fonctions vitales, la digestion, les sécrétions, la circulation des humeurs, et plus généralement l'état nerveux ne peuvent languir, éprouver quelque embarras, ou au contraire s'aviver, s'exciter par des causes quelconques externes ou internes, sans que les facultés intellectuelles: la mémoire, la comparaison, le jugement, la promptitude et la facilité à saisir les rapports entre les idées (images) ou à se les représenter vivement et nettement, ne s'élèvent ou ne tombent comme les forces vitales ou sentives. C'est bien là tout l'homme mondain ou terrestre, alors même qu'il exerce avec les plus grands succès tous les talents de l'esprit, de l'imagination, qu'il parcourt la carrière des arts et des sciences humaines, aux applaudissements de ce monde pour qui il travaille et dont il veut à tout prix obtenir les suffrages. Mais la plus parfaite harmonie entre l'organisme animal et l'automate intellectuel ne constitue pas la vie de l'homme spirituel. Cette vie est supérieure, non-seulement à l'instinct de l'animalité, mais encore à l'instinct de l'humanité, de telle sorte qu'il y a aussi loin de l'homme spirituel ou intérieur à l'homme animal ou extérieur (qui suit le vent des passions et de l'instabilité) qu'il y a loin de l'homme le plus développé dans tout ce qui tient à sa vie terrestre ou mondaine à l'animal dénué de raison, ou incapable de savoir ce qu'il fait et de s'en rendre compte.

Le rapport de subordination est le même entre la deuxième et la première de ces vies ou modes d'existence, qu'entre la troisième et la deuxième. L'homme extérieur n'entend pas plus les choses de l'esprit que l'animal n'entend les choses de l'homme, ou sa propre existence. Ce qui entend est supérieur à ce qui est entendu. L'homme spirituel entend seul les choses de l'homme terrestre. Celui-ci, loin de se chercher, tend bien plus à se fuir; aussi ne se connaît-il, ne s'entend-il lui-même qu'imparfaitement, obscurément, et à ce degré seul qui, constituant la personnalité directe et non réfléchie, suffit néanmoins pour le rendre capable de mérite ou de démérite. Il n'y a que ce degré d'activité irréfléchie qui distingue l'état de veille et de *compos suî* de celui de sommeil et de délire. Cette distinction même n'a pas lieu pour le pur animal dont les facultés sont toujours semblables à celles de l'homme en état de rêve, de somnambulisme ou d'aliénation. Et c'est là une différence essentielle qui suffit pour montrer la supériorité de la nature humaine sur l'animalité pure, à part tout développement de la vie de l'esprit. Le germe de cette vie de l'esprit existe toujours au fond de l'âme, où il a été déposé par l'auteur de la nature, en attendant les occasions propres à le développer dans un temps ou un autre, dans un mode d'existence quelconque prédestiné ou préordonné selon les vues impénétrables de cette providence qui règle tout, même ce que nous attribuons au hasard. C'est dans ce sens que l'homme intérieur se renouvelle en même temps que l'homme extérieur se détruit, comme le dit si bien le grand apôtre.

La vie de l'esprit commence à luire avec le premier

effort voulu : le *moi* se manifeste intérieurement, l'homme se connaît, il aperçoit ce qui est de lui et le distingue de ce qui est du corps. Mais l'homme extérieur prévaut et règne bientôt exclusivement : l'habitude d'agir obscurcit et annule presque le sentiment de l'activité propre. L'homme, mu sans cesse par des passions et des désirs relatifs aux biens sensibles, ignore presque qu'il a une volonté, qu'il n'est lui-même qu'une volonté, ayant en elle la force nécessaire pour surmonter toutes ces impulsions du dehors qui la troublent, la rendent esclave et malheureuse, et prendre son vol vers une région plus haute où est son repos, sa paix, son unique bien. L'instinct de l'homme extérieur acquiert ainsi un empire presque aussi fort que l'instinct animal ; il absorbe la vie de l'esprit, le *moi* divin qui aspire à sortir de cette boue et à rompre ses liens. L'affaiblissement des facultés de l'homme extérieur, qui se détruit peu à peu, fournit à l'homme intérieur des moyens plus faciles de renouvellement. Ce renouvellement ne peut jamais être spontané, mais s'obtient par une action entièrement libre, absolument étrangère aux dispositions sensitives, à toute impulsion de la chair, comme des choses du dehors ; il s'obtient surtout par une méditation soutenue, laquelle n'est elle-même que l'exercice de l'activité intellectuelle dans toute son énergie, et enfin par la prière fervente où l'âme humaine s'élève jusqu'à la source de la vie, s'y unit de la manière la plus intime et s'y trouve comme identifiée par l'amour.

La même disposition qui fait que l'âme s'élève vers Dieu comme d'elle-même, et s'abandonne au sentiment religieux qui la remplit, fait aussi que l'esprit s'ouvre à la lumière des plus hautes vérités intellectuelles, les saisit avec plus de pénétration et y adhère avec plus d'intimité. Au contraire lorsque l'esprit s'affaisse et retombe dans les ténèbres de la chair, lorsque les facultés intellectuelles languissent par des causes quelconques, morales ou physiques, le sentiment religieux s'obscurcit, s'éloigne en même temps ; il semble que l'esprit divin abandonne l'homme en même temps que son propre esprit l'abandonne, ce qui pourrait faire croire que ces deux esprits ne sont qu'*un*, si l'on ne voyait des hommes du plus grand esprit, selon le monde, dénués de tout sentiment religieux.

27 *mars* [1]. L'homme intérieur est spirituel, de même que l'homme extérieur est nécessairement charnel. Si l'homme intérieur est obligé par devoir de s'occuper du monde et des affaires, il ne s'y abandonne jamais en entier, il a toujours, même dans le plus grand mouvement extérieur, un œil tourné vers le dedans; il est en présence de Dieu et de lui-même, il ne perd jamais entièrement de vue ces deux pôles de l'existence; et lorsque le mouvement du dehors a cessé, il rentre de lui-même en possession pleine et entière de sa vie propre. Comment faire pour ne jamais être entraîné tout à fait par les choses dont on est obligé de s'occuper, en sorte que l'homme intérieur reste, quoique l'homme extérieur soit en action ? C'est ce juste tempérament qui semble demander une grâce particulière.

Mon Dieu, délivrez-moi du mal ! c'est-à-dire de cet état du corps qui offusque et absorbe toutes les facultés de

---

[1] M. de Biran sentait déjà à cette époque les premières atteintes de la maladie qui devait terminer ses jours.

mon âme, ou donnez à mon âme cette force qu'elle n'a pas en elle-même pour s'élever vers vous et trouver son repos, quel que soit l'état de son corps et de quelque côté que souffle le vent de l'instabilité. Donnez, Seigneur, et je vous rendrai ; soutenez-moi contre toute ma faiblesse ; sans vous je ne puis rien.

10 avril. Le monde nous crucifie à mesure que nous avançons en âge. Il faut en finir et nous regarder d'avance comme crucifiés, ou morts pour le monde.

25 avril. — *Et factus sum mihimet ipsi gravis* [1]. Tout est résistance, embarras, difficulté de vivre au dedans comme au dehors, dans ma position actuelle. Le principe de la vie (l'âme sensitive) s'affecte de son impuissance à surmonter les obstacles internes qui s'opposent à son déploiement, ou à ses tendances expansives ; elle se retire en elle-même. Toutes les facultés de l'âme pensante languissent et s'affaissent, faute de ce point d'appui vital que demande leur exercice. C'est dans cet état qu'on appelle la force d'en haut ; on sent qu'elle ne peut venir ni de soi-même, ni d'aucune chose du dehors. *Miserere mei, Domine, quoniam infirmus sum* [2].

17 mai [3]. Dans l'état de santé, de faiblesse, de trouble physique et moral où je suis, je m'écrie sur ma croix : *Miserere mei, Domine, quoniam infirmus sum.... Lumbi*

---

[1] Job. Chap. VII, verset 20.
[2] Psaume VI, verset 3.
[3] Cette date, la dernière du journal, précède de deux mois et trois jours celle de la mort de M. de Biran.

mei impleti sunt illusionibus, et non est sanitas in carne meâ [1].

Certainement la source de tant d'illusions malheureuses que ma raison ne peut vaincre, est dans ces organes intérieurs (*lumbi*) qui s'affectent et se montent par des causes quelconques, indépendantes de ma volonté. Leurs produits spontanés, ou les images qui prennent là leur source, sont plus fortes que la raison qui les reconnaît, les juge sans pouvoir les dissiper. C'est dans de tels états qu'on sent le besoin d'une grâce supérieure.

Il faut toujours être deux et l'on peut dire de l'homme, même individuel, *væ soli!* Si l'homme est entraîné par des affections déréglées qui l'absorbent, il ne juge ni les objets ni lui-même ; qu'il s'y abandonne, il est malheureux et dégradé ; *væ soli!* Si l'homme, même le plus fort de raison, de sagesse humaine, ne se sent pas soutenu par une force, une raison plus haute que lui, il est malheureux, et quoiqu'il en impose au dehors, il ne s'en imposera pas à lui-même. La sagesse, la vraie force consiste à marcher en présence de Dieu, à se sentir soutenu par lui ; autrement *væ soli!*

Le stoïcien est seul, ou avec sa conscience de force propre qui le trompe ; le chrétien ne marche qu'en présence de Dieu, et avec Dieu, par le *médiateur* qu'il a pris pour guide et compagnon de sa vie présente et future.

[1] Psaume XXXVII, verset 8.

FIN.

TABLE DES MATIÈRES.

—o——o—

	Pages.
Avant-Propos de l'éditeur.	v
Histoire des manuscrits inédits de M. de Biran.	xiii
Vie de Maine de Biran.	3
I. La Jeunesse de M. de Biran et ses débuts dans la carrière philosophique.	5
II. Maine de Biran dans le département de la Dordogne. — Rédaction de Mémoires couronnés par divers corps savants de l'Europe. — Fonctions administratives.	24
III. Maine de Biran à Paris. — Circonstances extérieures. — Opinions politiques.	51
IV. Maine de Biran à Paris. — Développement religieux. — Dernière direction de ses travaux philosophiques.	72
Pensées de Maine de Biran.	119

www.ingramcontent.com/pod-product-compliance
Lightning Source LLC
Chambersburg PA
CBHW051821230426
43671CB00008B/795